NewSports is fun Enjoy NewSports

제3판

뉴스포츠의 이해

사단법인 한국뉴스포츠협회
KOREA NEWSPORTS ASSOCIATION

도서출판 21세기교육사

머리말

뉴스포츠 지도서 개정 증보판을 발간하게 되어 기쁘게 생각합니다.

뉴스포츠는 이제 학교 및 생활 체육의 저변으로 뿌리를 내려가고 있습니다.
우리 협회에서도 뉴스포츠의 보급 확산을 위해 꾸준히 노력하고 있으며, 체육계의 다양한 단체, 기관들도 뉴스포츠의 효용성에 공감하고 보급 확산을 위해 함께 노력해주고 계십니다.

2014년도에 우리 협회의 연수과정을 수료한 뉴스포츠 지도자는 연간 1천여명 이상의 지도자가 배출되고 있습니다.
2015년 현재까지 총 4,000여명의 지도자가 배출되었습니다.
이러한 지도자들이 뉴스포츠를 현장에 뿌리내리게 하는 원동력이라 생각합니다.

금번 뉴스포츠 지도서 개정 · 증보판 발행과 함께 우리 협회에서는 2015년도 사업계획으로 보다 세밀하고 체계화된 종목별 지도서의 발간도 함께 계획하고 있습니다.

아울러 이러한 자료들이 보다 편리하게 활용될 수 있도록 하기 위해 온라인을 통해 지도자들께 지속적으로 정보가 제공될 수 있도록 계획하고 있습니다.

아직 미흡한 부분이 많습니다만 지속적인 노력을 통해 지도서를 보강해갈 것임을 약속드립니다. 협회 회원 및 지도자 여러분의 건승을 기원합니다.

2015. 6. 22

사단법인 한국뉴스포츠협회
회장 서 상 옥

Contents

뉴스포츠의 이해

뉴스포츠의 교육적 의미

티볼 Teeball

롤링티볼 Rolling Teeball

츄크볼 Tchoukball

플로어볼 Floorball

킨볼 Kinball

플라잉디스크 Flyingdisc

스포츠스태킹 Sport stacking

킥런볼 Kickrunball

넷볼 Netball

핸들러 Handler

프리테니스 Freetennis

인디아카 Indiaca

플로어컬 Floor Curl

셔플보드 Shuffleboard

볼로볼 Bolloball

부메랑 Boomerang

토스볼 Tossball

협동게임

더블더치 Doubledutch

태극유력구 Taichirouliball

스포츠찬바라(스포찬) Sportschanbara(Spochan)

라인댄스 Line dance

한궁 HANGUNG(Korea Hands Archery)

유소년 뉴스포츠 프로그램 Youth Newsports Program

스포밴드 Spoband

뉴스포츠 이론

뉴스포츠의 이해

1. 서언

근대스포츠의 역사를 생각하면, 뉴스포츠의 역사는 매우 일천한 영역의 스포츠문화이다. 스포츠는 생물(生物)이다. 그래서 끊임없이 변화하고 성장하고 또 변화해 갈 것이다. 아직 그 개념이나 정의가 명확하게 정립되지 못한 뉴스포츠 문화가 발전해나가기 위해서는 개념의 정립은 물론 그 실천방안에 대한 다양하게 전개되고 또한 실천되어져야 한다.

이와 같이 스포츠는 시대와 함께 인간의 다양한 요구와 욕구에 따라 진화하고 발전하여 끊임없이 새로이 발전하고 있다. 우리나라에 뉴스포츠가 도입 · 보급된 지 약 20여년의 세월이 흘렀다. 학교체육의 영역에서는 비약적인 발전을 이루었다고 평가받고 있다. 학교체육이라는 영역에 발전을 이루었다는 평가는 분명 맞는 말이다. 그럼에도 불구하고 국가가 주창하는 생애주기별 스포츠의 보급이라는 전체적인 목표에서는 매우 미약한 것이 현실이다.

한 인간이 태어나서 죽음에 이르기까지의 생애주기를 생각하면, 학교체육은 그 일부이다. 학교체육은 청소년을 그 대상으로 하는 활동영역이다. 학교체육을 제외한 나머지 영역, 즉 생활체육(유아체육, 성인체육, 노인체육 등)의 영역에서의 보급이라는 점에서는 아직 시작도 못하고 있는 영역이 있다고 할 수 있을 정도이다. 이것이 한국 뉴스포츠의 현실이다.

우리 모든 개개인은 태어나면서부터 저절로 자신이 처해져있는 환경에서 스포츠를 향유할 기본적 권리를 가지게 된다. 어느 한편에 편중됨이 없이 장애가 있든 없든, 여성이든 남성이든 간에, 유아에게도, 성인에게도, 노인에게도 스포츠는 소중한 가치를 지닌다.

뉴스포츠는 생활체육이다. “생활체육의 뉴 트랜드, 뉴스포츠”라는 슬로건으로 생활체육 현장에 뉴스포츠가 급속도로 보급되고 있다는 현실은 미래의 한국체육을 밝게 전망할 수 있는 하나의 척도이기도 하다.

뉴스포츠를 통해 개인이 변화되고, 가정이 변화되고, 사회가 변화하는 그러한 과정을 우리들은 뉴스포츠의 중요한 가치로 인식하고 있다. 이러한 인식을 바탕으로 뉴스포츠가 국민의(of the people), 국민에 의한(by the people), 국민을 위한 (for people)스포츠가 되어야 한다 것이 기본명제이다.

앞으로 우리들은 스포츠의 가치를 제대로 이해하고 이를 제대로 실천할 수 있어야 한다. 그리하여 모든 국민 한 사람 한 사람이 스포츠의 가치를 알고, 좋아하며, 직접 즐길 수 있어야 한다. 그것이 개인의 차원에서건, 사회적인 차원에서건, 국가적인 차원에서건 간에 그 실천을 위해서 다음의 구절을 음미해본다.

知卽行	Knowledge to be Action	아는 것은 행동에 옮겨야하고,
行卽德	Action to be Virtue	행동은 덕이 되도록 해야 하며,
德卽福	Virtue to be Blessing!	덕은 복이 되도록 해야 한다.

知之者 不如好之者 알기만 하는 사람은 좋아하는 사람만 못하고
好之者 不如樂之者 좋아하는 사람은 즐기는 사람만 못하다.

출처 : 논어(論語) 제6편 옹야(雍也)

위의 구절을 스포츠의 관점에서 해석해보면, "스포츠의 진정한 가치를 알고(知) 있다면, 그 스포츠를 실천함이 마땅하고, 그 실천은 모두에게 덕(德)이 되어야 하며, 스포츠는 모두의 행복(福)으로 이어져야 마땅하다"는 것이다.

이는 또한 "단지 스포츠가 우리에게 이롭다는 사실을 아는데 그치지 말고, 자신들만 좋아하는데 그치지 말며, 진정으로 즐길 수 있어야 한다"는 것으로 해석된다. 뉴스포츠 또한 그러하다. 그렇다면, 우리들은 스포츠를 좀 더 구체적으로 이해할 필요가 있다.

2. 스포츠의 이해

1) 스포츠실천의 권리(유럽스포츠 · 포 · 올 헌장)

1970년대 유럽에서는 스포츠 · 포 · 올(Sports for All)헌장이 채택되었다. 그리고 이 헌장은 전세계적으로 확산되고 있다. 여기에서는 모든 인간이 스포츠를 실천할 권리를 태어나면서부터 부여되는 기본적인 권리로서 스포츠를 실천할 권리를 말한다. 스포츠 · 포 · 올 헌장은 "모든 개인은, 전 생애에 걸쳐서 신분에 구애받지 않고, 스포츠를 자유롭게 실천할 수 있는 권리가 있다"는 점을 명문화한 것이다.

우리나라 헌법은 "국민 개개인이 행복을 추구할 권리(제10조), 교육을 받을 권리(제31조), 인간다운 생활을 할 권리(제34조), 건강하고 쾌적한 환경을 확보할 권리(제35)" 등의 조항이 스포츠를 실천할 권리와 연계성을 지닌다고 해석하고 있다.

따라서, 모든 국민 개개인은 스포츠를 실천함으로써 행복을 추구하고, 체육 및 스포츠를 교육받을 수 있는 환경에 있어야 하며, 또한 스포츠 활동을 통하여 인간다운 생활을 할

수 있어 건강하고 쾌적한 일상을 보낼 수 있는 권리가 주어져야 된다는 것이다.

하버드대학에서 최고의 행복강의를 진행하고 있는 탈 벤 샤하르(Tal Ben-Shahar)는 그의 저서 완벽의 추구(The Pursuit of Perfect)에서 "우리들은 누구나 행복해지고 싶다. 세상에서 가장 중요한 것은 행복이다. 그렇다면 행복의 조건은 무엇인가? 재물, 지위, 건강 등을 그 조건이라 믿고 있다. 그러나 높은 지위, 많은 재물, 명예도 행복과 연결되지 않으면 별 소용이 없다. 그 중에 가장 중요시되어야 하는 것은 무엇인가? 우리들은 아래의 격언을 매우 잘 알고 있고, 또한 친숙하다.

"돈을 잃으면 조금 잃는 것이고, 명예를 잃으면 많이 있는 것이고,
건강을 잃으면 모든 것을 잃는 것이다."

그럼에도 불구하고 우리들은 인생의 가치를 거의 대부분의 사람들이 돈과 명예를 좇는다고 하는 인식을 가지고 있다. 잃고 나서야 비로소 소중하게 깨우쳐지고 얻어지는 그 가치를 우리들은 가까이에 두고 있지 못하다. 주변을 둘러보면 충분히 깨달을 수 있는 것임에도 불구하고, 우리들의 일상에서 잊혀지고, 혹은 잊으려고 노력하는 과정인 것처럼도 보인다. 참으로 안타까운 일이다.

2) 스포츠의 가치

스포츠의 가치나 그 효과에 대해서는 지금까지 다양한 논의가 있었다(그림 1). 그림 1에

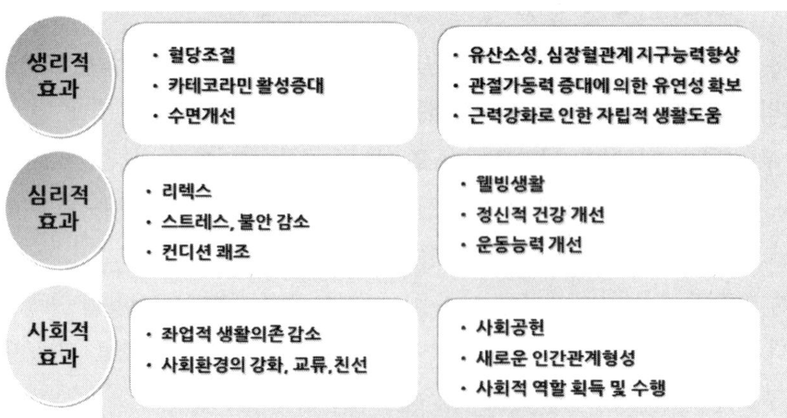

하이델베르그 가이드라인
WHO(The Heiderberg Guidelines for promoting Physical Activity, 1996)

그림 1. 운동 · 스포츠의 가치

서 나타내고 있는 (운동)스포츠는 문화적, 교육적, 복지적, 경제적, 정치적인 다양한 가치를 내포하고 있다. 그것이 개인, 가정, 사회, 국가, 나아가서는 전 인류의 가치로서도 인정받을 수 있는 문화라는 점을 강조하고 있다. 문제는, 이 스포츠를 실제로 향유할 수 있는 환경의 정비 및 실천을 어떻게 할 수 있을 것인가? 라는 점이다.

3) 한국의 스포츠정책

정책의 사전적 의미는 "정치적 목적을 실현하기 위한 방책"이라고 한다. 그렇다면 스포츠정책이란 무엇인가? 스포츠를 통한 목적 실현의 방책이며, 스포츠에 의한 목적 실현의 방책이라는 두 가지의 관점이 있다.

한국의 스포츠정책은 근대스포츠가 진행되면서 다양한 변화를 가져왔다. 한국스포츠정책의 과거와 현재, 그리고 미래를 살펴볼 수 있다면, 과거와 현재의 스포츠를 제대로 이해하고 미래의 스포츠를 판단할 수 있다면, 좋은 정책과 함께 그에 따른 올바른 시책이 전개될 것이다.

한국의 체육의 현상을 주로 학교체육, 생활체육, 전문체육의 분류법으로서 살펴보면, 최근에 와서는 전문체육의 중요성보다는 생활체육, 학교체육의 중요성이 더 강화되었다고 할 수 있다. 이는 정부의 스포츠정책에서도 여실히 나타나고 있다(문화체육관광부, 2013). 그 내용이 바로 표 1에서 소개되고 있는 국가의 정책 환경과 스포츠정책의 실현이다.

표 1. 정책환경과 스포츠의 가치

정책 환경			스포츠의 가치
수명 100세 시대	체력의 질 저하 의료비 부담 증가	→	건강수명 연장 행복증진에 기여
소득 3만불 시대	낮은 행복수준 사회격차 확대	→	사회성 함양 사회통합에 기여
소프트파워 시대	교육, 문화, 스포츠 등이 국가브랜드를 결정	→	국가브랜드 제고에 기여
창조경제 시대	창조경제를 촉진할 핵심콘텐츠 미흡	→	높은 성장잠재력

출처 : 문화체육관광부(2013). 스포츠비전2018"스포츠로 대한민국을 바꿉니다" 문화체육관광부.

표 1의 내용을 4가지 정책환경과 스포츠의 가치라는 관점에서 구체적으로 살펴보자.

수명 100세 시대	체력의 질 저하 의료비 부담 증가	➡	건강수명 연장 행복증진에 기여

100세 시대의 도래가 전망되는 가운데 한국인의 기대수명은 2020년 82.6세, 2030년에는 84.4세(통계청,2011)로 점점 더 늘어나고 있다. 이와는 반대로 중요시되는 건강수명에는 적신호가 들어왔다. 그 이유는 신체활동 감소, 영양공급 과다로 비만 등 「생활습관병」이 증가하면서 건강수명 유지가 관건이 되고, 이에 따른 의료비부담에 대한 우려도 증가하고 있다. 국민의료비는 2010년에 82조 9,270억원(GDP대비 7.1%), 2020년에 242조6,000억원(GDP대비 11.5%)으로 예측하고 있다. 이와 같이 늘어나기만 하는 부담을 감소시키려는 다양한 노력 중에 신체활동, 운동은 매우 높은 가치를 지니고 있다.

규칙적인 체육활동이 건강수명의 연장과 의료비 절감의 효과가 있고, 우울증, 불안장애해소 등 정서적 안정과 행복증진에도 기여한다. 이를 보다 구체적으로 소개하면, 주2~3회 체육활동시 연간 46만원(1인당), 11조원의 경제적 효과(서울대, 2008)가 있으며, 주1회 체육활동 참여자의 행복지수는 71.24점으로 미참여자 67.83점보다 3.41점이 높게 나타났다.

소득 3만불 시대	낮은 행복수준 사회격차 확대	➡	사회성 함양 사회통합에 기여

한편, 국민소득 3만불 시대를 눈 앞에 둔 현재, 세계 7번째의 20-50클럽(소득 2만달러, 인구 5천만명)에 가입하는 등 선진국에 진입하는 개가를 올리고 있는 현실과는 별개로 소득격차의 확대, 실업인구 증가 등으로 사회문제가 발생하고, 삶의 질과 만족도를 측정하는 국민행복지수는 여전히 낮은 수준으로 나타났다(148개국 중 97위로 중하위권, 미국 갤럽, 2012년 12월 조사)(2012년 UN, 156개국 중 49위). 이러한 개인적, 국가적 문제를 해결하기 위한 방안으로 제시되고 있는 것이 바로 스포츠의 가치를 전달하는 것이다. 스포츠를 통하여 사회성이 함양되고, 이로써 사회통합에 기여하는 스포츠의 가치가 구현되는 것이다.

스포츠는 사회성 함양 및 사회폭력 감소에 기여하고, 함께하는 스포츠 활동은 개인주의와 사회격차를 완화하여 사회통합에 기여도 기여한다. 스포츠참여가 청소년 폭력 및 범죄 완화에 긍정적인 영향(영국 환경부, 1997)을 미치는 것이다. 뿐만 아니라 전체인구의 19.4%가 이주민인 독일, 독일스포츠연맹은 스포츠를 통한 이주민 통합프로그램을 운영, 축구대표팀 선수의 절반을 이민자 태생으로 발탁한 사례가 있다.

소프트파워 시대	교육, 문화, 스포츠 등이 국가브랜드를 결정	➔	국가브랜드 제고에 기여

스포츠는 바야흐로 국가브랜드 제고에 큰 역할을 하고 있다. 국제스포츠이벤트 개최 및 국제경기대회 상위 입상은 국가 브랜드 제고에 기여하며, 국제스포츠계에서의 입지는 국력에도 영향을 미치고 있다.

그 단적인 예로, 우리나라 국민은 2002년 월드컵을 통해 95%가 한국인이라는 자부심이 커졌고 국민간의 친밀감(96%), 신뢰(92%)가 높아졌다고 응답하고 있다(한국리서치, 2002). 최근에 와서는 기업, 지방자치단체, 국가에서도 스포츠를 하나의 브랜드로 보고 기업의, 지방자치단체의, 혹은 국가의 경쟁력을 높이는 컨텐츠로 활용하고 있다.

창조경제 시대	창조경제를 촉진할 핵심콘텐츠 미흡	➔	높은 성장잠재력

스포츠는 이미 커다란 산업으로서 자리매김되고 있다. 스포츠산업은 경제적 가치가 높은 차세대 전략산업으로 인정받고 있으며, 타 부문에 비해 부가가치 유발계수와 고용유발계수가 높은 산업이 되었다.

스포츠산업(0.791)의 부가가치 유발계수가 전체산업(0.687)에 비해 높으며 그 중 경기 및 오락스포츠업의 부가가치 유발계수가 0.904로 가장 높다. 산업성장률 역시 오락엔터테인먼트산업을 웃도는 수준이다(Price water house Coopers, Global Entertainment and Media Outlook, 07-11).

이러한 국가의 정책환경과 스포츠의 가치를 구현하기 위한 국가의 스포츠비전, 정책목표, 생애주기별 실천방안을 살펴봄으로써, 보다 구체적으로 국가의 스포츠정책을 이해할 수 있게 될 것이다(그림 2).

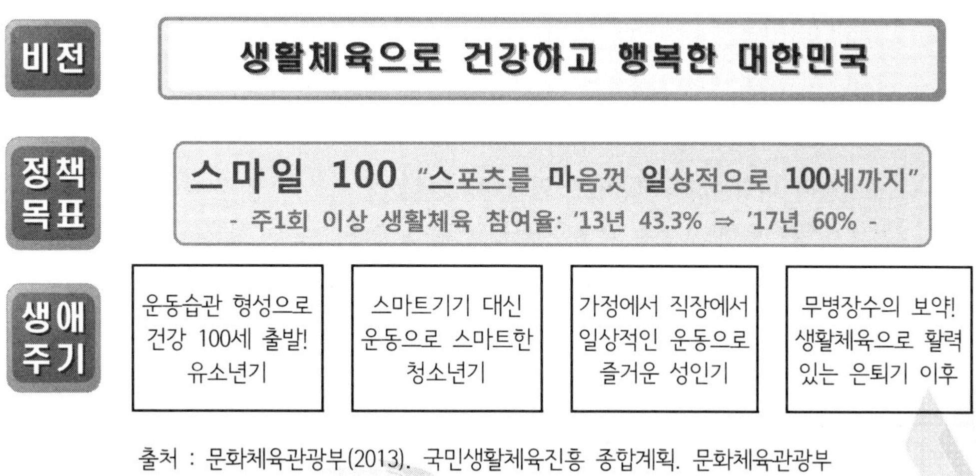

출처 : 문화체육관광부(2013). 국민생활체육진흥 종합계획. 문화체육관광부

그림 2. 국민생활체육진흥 종합계획

"생활체육으로 건강하고 행복한 대한민국"을 건설하고자 하는 스포츠정책의 비전에서, 현재 국가가 목표를 세우고 생애주기별로 생활체육을 실천하고자 하는 구체적인 방안은 아래와 같다(문화체육관광부, 2013).

(1) 유소년기

유아기관 체육 돌봄 프로그램 지원 및 스포츠활동 우수학교 인증제를 도입하고, 유치원 등에 유소년지도자 파견 및 맞춤형 프로그램을 보급하며, 학교 스포츠강사 확대 및 우수 스포츠클럽을 지원한다. 유소년기 신체활동 참여 유인을 위한 관리 프로그램은 아래와 같다.

- **(체육활동 성취인증제 도입)** 신체활동 영역별(건강, 도전, 경쟁, 표현, 여가) 성취 기준 활용, '체육활동 성취인증제' 도입('15~) - 초등학생을 대상으로 스포츠활동 인증과 연계 운영, 메달(배지) 및 인증서 수여
- **(운동발달 측정시스템 개발)** 유소년기 운동발달 측정시스템 개발을 통해 정상적 발육발달 판단 근거 제공
  * 운동발달 부진은 유치원 및 학교생활 적응 및 학업 성취에 부정적 영향 미침
- **('ACTIVE & FIT' 프로그램 운영)** 취약계층 비만아 대상 체육프로그램 개발 및 운영을 통한 건강한 성장 및 체육복지 향상('15~, 복지관, 보건소 등)
  * 비만수준 이력관리, 영양조절, 식습관 개선 등 종합적 처방 제시(복지부 협력)

(2) 청소년기

학교스포츠클럽 정착 및 지역 스포츠클럽과 연계 시스템을 구축하고, 스포츠 활동 이력제 등 스포츠 지원시스템을 구축하며, 여학생 친화적 체육활동 참여 여건을 조성하여 학교체육의 활성화를 꾀한다. 청소년기의 스포츠 활동 참여 유인을 위한 관리프로그램은 아래와 같다.

- **(스포츠참여 이력관리와 '나이스' 연계)** 청소년들의 스포츠 참여 이력관리와 교육행정정보시스템 연계 운영을 통해 생활체육 참여 유인(교육부 협력) - 학교스포츠클럽 활동시간 관리 · 출력기능 시스템(나이스) 반영(교육부,'13년말), 스포츠활동 우수학생에 대한 학교장 포상 확대(생활기록부 기재) - 대입 입학사정관제, 고입 자기주도 학습전형 등에 스포츠활동 반영 확대를 위한 교육청 및 대학(학장, 입학처) 관계자 대상 설명회 개최 및 홍보

- **(스포츠활동 우수학교제 운영)** 청소년 스포츠활동 우수학교에 인증마크 수여 및 시설 지원, 스포츠강사 파견 등에 우대 - 생활체육 프로그램 운영 우수 학교 선정, 시상

(3) 성인기

국민체력 100 정착 및 종합형 스포츠클럽을 지속적으로 육성하고, 여성 및 가족단위 운동 참여 여건을 조성하며, 1직장 1스포츠 운동을 실시하고, 체육지도자 배치, 스포츠교실, 생활체육광장 확대 등의 사업을 촉진한다. 성인기 직장인을 위한 직장토털헬스플랜은 아래와 같다.

- **(직장토털헬스플랜 시행)** 체력 및 건강진단, 생활습관 및 운동상담, 운동실천 등을 종합적으로 지원해주는 '직장토털헬스플랜' 시행 - 국민체력 100 사업팀이 희망 직장에 찾아가 시행('15~)
- **(건강검진과 국민체력 100 연계)** 직장인의 건강검진 시 국민체력 100과 연계하여 건강체력 향상 등 토털헬스관리도모 - 생활체육친화형 시범식상 우수인증제 운영
  * 건강체력은 건강관리 예방에 매우 중요하나, 직장인의 건강체력검진 기회는 제약

(4) 은퇴기 이후

찾아가는 체력관리 및 생활체육교실을 확대하고, 세대간 어울림 프로그램 보급 을 확대하며, 경로시설의 체육활동 거점시설 기능 강화 및 지도자 배치를 확대하는 사업을 전개한다. 은퇴기 이후의 노인건강과 국민체력 100사업 연계 운영은 아래와 같다.

- **(찾아가는 체력관리 서비스)** 국민체력거점센터의 노인서비스 확대 및 노인시설 또는 복지기관 대상 '찾아가는 체력측정 및 운동처방' 서비스 - '국민체력 100'사업과 연계 운영('15~)
- **(국민체력 100 연계)** 어르신생활체육 대회 개최 시 체력진단 및 운동프로그램 처방 등을 통해 스포츠 참여 유인-연령별·성별 체력짱을 선발, 선발된 어르신을 국민체력 100 및 노인체육활성화를 위한 모델로 활용하는 인센티브 제공.

3. 뉴스포츠의 이해

오늘날 스포츠는 올림픽종목중심의 전통스포츠 외에 X-sports, New-sports, Recreation-sports 등 다양한 스포츠가 등장하고 있고, 그러한 스포츠에 참여하는 인구수는 지속적으로 늘어나고 있다. 이와 같이 현대의 스포츠는 끊임없이 변화와 발전을 계속하고 있다(그림 3).

기존스포츠룰의 변혁	뉴게임의 탄생	뉴스포츠로 승격	스포츠로서 시민권 획득
기존의 룰 변형 용구, 구성인원, 코트의 크기, 승패결정 방법 등 변경	새로운 룰은 통일되지 않은 것 참가자의 로컬룰 조직 미결성	룰의 제도화 규정룰은 있으나 비교적 유연함 조직결성, 대회개최 등	제도화 · 성숙화 국내외의 통일룰 참가자 증가 세계대회개최 조직단체정비 국제조직설립 정규국제룰 제정

출처 : ニュースポーツ研究会(1993). ニュースポーツとは何か-そのスポーツ史的考察-. ニュースポーツ研究会.

그림 3. 현대스포츠의 진화 과정

1) 뉴스포츠의 특성

뉴스포츠에 대한 개념을 이해하기에 앞서, 근대스포츠와 뉴스포츠의 특성을 알아보기로 하자(표 2, 3).

표 2. 뉴스포츠의 특성

구분	근대스포츠	뉴스포츠
목표	도전과 경쟁	참여 즐거움
대상	남성중심	남/녀 장애/비장애
참여	객체성	주체성
장소	폐쇄성	개방성
규칙	정형성	유연성
시설 및 용구	복잡성	단순성
종목	제한성	다양성

표 3. 근대스포츠와 뉴스포츠의 성격 비교(이나카키, 류태호, 2006)

근대스포츠	뉴스포츠
이성(중심)주의	감성(중심)주의
경쟁원리(기반)	공생원리(기반)
타자부정(경향)	타자긍정(경향)
(완결된) 닫힌 신체(지향)	열린 신체(지향)
존재(지향)	실재(지향)

이와 같이 아직도 뉴스포츠에 대한 개념정의는 명확히 규정되었다고 할 수는 없다. 그러나 뉴스포츠가 갖는 특징을 살펴보면 기존의 스포츠와 다른 차이점을 확인할 수 있을 것이다. 뉴스포츠는 룰(규정 혹은 규칙)이 참가자의 환경에 맞게 조정할 수 있는 참가자 지향의 스포츠이다. 그 규정 혹은 규칙이 비교적 쉽기 때문에 짧은 시간(기간) 내에 경기를 즐길 수 있다.

예를 들면, 축구나 야구, 농구 등은 경기를 하기 위한 기술습득이나 경기규칙의 숙지가 필요하나, 족구, 티볼, 넷볼 등의 뉴스포츠는 비교적 쉽게 익힐 수 있고, 룰이 쉬워 경기를 쉽게 즐길 수 있다. 또한, 참가대상이나 주변 환경에 따라 참가자 자신들이 즐길 수 있는 로컬룰로 즐길 수 있는 장점이 있다. 이러한 뉴스포츠는 "경기력, 체력, 연령, 성별에 관계없이, 모든 이들이 공유할 수 있는 새로운 개념의 스포츠"를 말하는 것이다(서상옥, 2006).

이 외에도 뉴스포츠에 대한 다양한 견해(이나가키, 류태호 등, 2009)는 한국뉴스포츠협회가 주최 · 주관한 학술세미나의 자료에 그 구체적인 내용이 소개되어 있다(사단법인 한국뉴스포츠협회 홈페이지〈www.newsports.or.kr〉를 참조).

2) 뉴스포츠의 의미

(1) 그 나라에서는 그다지 메이저종목으로 되어 있지 않은 스포츠.(페탕크, 셔플보드 등, 외국에서는 민속스포츠인 종목이 새로이 그 나라에 소개되는 것)

(2) 메이저종목의 룰이나 용구를 어렌지한 스포츠. (인디아카, 소프트발리볼 등은 메이저종목인 배구의 규정을 일부 변형한 것)

(3) 메이저종목의 스포츠와 연계되는 리드업 게임. (티볼, 롤링티볼 등은 야구의 리더업 경기로서 그 효과가 검증된 것)

(4) 옛부터의 놀이가 개량·발전한 것. (스포츠찬바라, 눈싸움 등은 예로부터 전해져오는 어린이들의 놀이에서 용기구를 변형시킨 것)

(5) 새로운 발상, 이념의 아래에서 고안된 것(츄크볼, 킨볼 등은 전혀 새로운 용기구 및 규정의 변형으로 새로이 고안된 것) 등이다.

따라서 뉴스포츠가, 반드시 새로운(new) 스포츠만을 나타내는 것은 아닌 것을 알 수 있다. 즉, 뉴스포츠는 시간적 개념으로서의 old(舊)와 반대되는 new(新)의 개념이라고 하기보다는 공간적 의미를 갖는다고 할 수 있다. 뉴스포츠가, 그 환경이나 장소, 시대에 따라 반드시 새로운 스포츠만을 나타내는 것은 아니라는 점이다.

3) 뉴스포츠의 분류 및 종목

일본에서 처음 소개된 뉴스포츠사전(ニュースポーツ事典,1991)에서는 다음과 같이 분류하였다(표 4).

표 4. 뉴스포츠의 분류

분류	종목
타겟형	커롤링, 샤플보드, 다츠, 유니컬, 말굽던지기
타겟볼형	페탕크, 론볼, 크로켓, 빈볼, 게이트볼, 바운드볼, 우드볼
골프형	디스크골프, 타겟버드 골프, 그라운드 골프, 컨트리볼, 파크골프
테니스형	바운드 테니스, 프리 테니스, 라켓볼, 스쿼시, 소프트 테니스
스틱앤볼형	티볼, 유니 하키, 크리켓, 라크로스, 셔틀볼
배구형	인디아카, 세팍타크로, 넷볼, 비치발리볼, 소프트 발리볼
볼게임형	돗지볼, 미니사커, 풋살, 알티메트
사이클형	외발자전거, 잔디스키, 마운틴바이크, 스케이트보드, 고패드
옥외형	스포츠워킹, 워커랠리, 오리엔티어링, 프리크라이밍, 패러글라이드
복합형	플라잉디스크, 풋백
격투형	줄다리기, 카바디, 암레슬링, 스포츠찬바라

출처: 北川勇人(1991). ニュースポーツ事典. 遊戱社

표 5는 뉴스포츠의 특성이나 특징을 가장 쉽게 이해할 수 있는 분류법이라 할 수 있다. 이 분류 또한 아직은 완성된 것이 아니다. 왜냐하면 앞으로도 수없이 다양하고 예측도 불가능할 정도의 뉴스포츠 탄생을 고려해야하기 때문이다.

표 5. 뉴스포츠의 분류

분류		종목
육상형	축구형	족구, 풋살, 울타리축구
	야구형	티볼, 바운드볼, 파워발야구
	농구형	넷볼, 코프볼
	배구형	인디아카, 세팍타크로, 넷볼, 비치발리볼, 소프트발리볼, 돗지볼, 킨볼
	핸드볼형	츄크볼
	배드민턴형	핸들러
	골프형	디스크골프, 타겟버드 골프, 그라운드 골프, 컨트리볼, 파크골프
	테니스형	프리테니스, 바운드테니스, 라켓볼, 소프트테니스, 바스켓핑퐁, 패들테니스, 스피드민턴
	하키형	플로어볼, 유니하키, 피로폴로
	검도형	스포츠찬바라(스포찬)
	사이클형	외발자전거, 마운틴바이크
	워킹형	스포츠워킹, 워커랠리, 오리엔티어링, 노르딕워킹
	럭비형	얼티미트(프리스비)
	피트니스형	짐볼, 밴드체조
	기타	커롤링, 셔플보드, 다츠, 유니컬, 페탕크, 론볼, 크로켓, 게이트볼, 우드볼, 셔틀볼
해양형		윈드서핑, 카누, 카약, 카이트
산악형		잔디스키, 마운틴바이크
항공형		패러 패러글라이딩, 열기구

출처 : 서상옥(2007). 한국뉴스포츠의 현황과 과제. 중앙대학교 스포츠과학연구소.

4. 뉴스포츠의 발전방안

1) 스포츠발전의 요소

일반적으로 스포츠 진흥을 위한 요소는 하드웨어의 측면에서 시설 및 용기구, 소프트웨어의 측면에서 프로그램의 개발 및 보급, 휴먼웨어의 측면에서 지도자의 양성, 배치 및 활용을 들고 있다.

뉴스포츠를 발전시키기 위한 방안을 위의 3가지 웨어의 측면에서 살펴보기로 한다. 그러나 먼저 위의 3가지 측면보다 선행되어야 할 문제로서는 참가자 혹은 지도자의 스포츠, 특히 뉴스포츠에 대한 기본적인 인식(긍정적, 능동적, 적극적 사고)의 측면이 가장 중요한 요소라 할 수 있다.

우리들은 일반적으로 스포츠를 분류할 때, 학교체육과 생활체육, 그리고 엘리트스포츠와 생활체육이라는 이분법적인 스포츠의 분류방법을 취하고 있다. 이들은 결코 반대개념이 아닌 상호간의 상승효과를 가지는 공생의 개념을 가지는 것이다. 이들 상호간의 영역을 보다 발전시키기 위해서는 생활체육(모든 이를 위한 스포츠, 즉 스포츠 · 포 · 올, Sports for All)이라는 개념을 올바르게 이해하는 데에서 출발되어져야 한다.

즉, 모든 국민을 대상으로 하는 생활체육(스포츠 · 포 · 올)의 실천은 두 가지의 개념으로 해석할 수 있다. 그 하나는 요람에서 무덤까지의 생애주기 전체를 나타내는 개념이며, 또 하나는 어린이나 어른이나 장애인이나 비장애인이나 여성이나 남성이나, 즉 모든 국민의 기본적인 권리로서 받아들여져야 한다는 인식에서 출발하여야 한다는 점이다. 따라서 생활체육은 모든 각 개인이 요람에서 무덤까지의 생애주기에 기본적 인권, 권리로서의 스포츠실천을 행사할 수 있는 장이라는 것이다.

뉴스포츠는 학교체육과 생활체육을 연결하는 중요한 키워드로 등장하고 있다. 또한 뉴스포츠를 통하여 엘리트스포츠의 저변을 확대시킬 수 있다는 긍정적이며 적극적인 의식 및 인식의 전환이 요구되고 있음을 스포츠관계자는 인식하여야 한다. 이러한 점으로 미루어볼 때, 뉴스포츠에 대한 긍정적이며, 능동적이며, 또한 적극적인 인식은 스포츠의 실천현장을 보다 원활하게 진행하기 위한 하나의 중요한 방안이 될 것이다. 이러한 인식을 바탕으로 하드웨어, 소프트웨어, 휴먼웨어의 주요한 요소들을 살펴보기로 한다.

(1) 하드웨어

하드웨어란 뉴스포츠를 실천하기 위한 시설, 용기구 등을 말한다. 먼저 시설에 대해서는, 뉴스포츠가 갖는 장점으로, 시설은 비교적 다양하게 활용할 수 있다는 점이다. 물론 정식 경기, 즉 대회를 치루기 위해서는 규격에 맞는 시설이 필요하게 된다. 그럼에도 불구하고 뉴스포츠의 장점인 참가자들의 일치된 견해로 시설은 변경 혹은 조정가능하다.

따라서 현재의 시설만으로도 뉴스포츠의 보급은 그리 어렵지 않다. 단지 그 활용법이 문제일 것이다. 정부의 지원으로 학교 시설 뿐만 아니라 생활체육 현장에서도 다양하게 시설이 설치 운영되고 있다. 좀 더 바람직한 활용법이 모색되어져야 한다.

이러한 시설을 다목적용으로 설계하여 다양한 스포츠를 즐길 수 있는 환경을 확보하는 방안이 제시되어야 할 것이다. 예를 들면, 인조잔디를 다목적용으로 건설하여 다양한 스포츠를 즐길 수 있는 환경을 만든다.

학교체육이나 생활체육현장에서 종목의 제한이 다소나마 완화될 수 있다면 충분히 활용가능한 시설이 존재한다. 예를 들면, 축구장이기 때문에 축구 외의 종목을 해서는 안된다는 규정이 없다면 축구장에서도 다양한 뉴스포츠를 실시할 수 있다.

다음은 용기구의 문제이다. 다양한 뉴스포츠 용품들이 국내외에서 생신 보급되고 있다. 그러나 현실적으로는 아직도 국내에서 제품을 생산하는 비율보다는 외국에서 수입을 해야 하는 경우들이 많은 것으로 알고 있다. 스포츠산업의 관점에서는 질 좋은 뉴스포츠 용품품을 국내에서 생산하고 그 제품이 경쟁력을 갖을 수 있게 된다면 해외로의 수출도 충분히 가능할 것으로 판단된다.

뉴스포츠 용기구의 개발 및 보급사업 전개는 스포츠산업의 발전에도 기여하게 될 것이다. 제품의 국산화는 국내 보급의 원활화를 꾀할 수 있는 한편, 한국제품의 세계화라는 측면에서도 매우 고무적인 사업이 될 것이다. 현재 대부분의 뉴스포츠가 외국으로부터 수입되고 있는 점을 고려하면, 우리나라 고유의 민속 및 민족스포츠를 뉴스포츠로 발전시켜 새로운 형태의 뉴스포츠 용품으로 개발되면 뉴스포츠의 산업화에도 기여할 수 있는 좋은 계기가 될 것이다.

(2) 소프트웨어

소프트웨어는 프로그램, 즉 경기를 할 수 있는 규칙이나 규정을 말한다. 소프트웨어는 경기를 하기 위한 규정이나 규칙을 이야기한다고 할 수 있다. 그렇다고 반드시 규칙이나 규정만이 소프트웨어가 아니다. 종목의 연습방법, 지도방법, 심판법 등등 다양한 내용들이 소프트웨어에 담겨져 있다. 소프트웨어를 개발하는 일련의 과정은 매우 간단하게 설명할 수도 있지만, 이를 습득해나가는 과정에서는 다양한 지도법이 필요하게 된다.

최근에 학교체육 현장을 중심으로 한 많은 연구회들이 활동하고 있다. 현장에서 뉴스포츠를 연구하는 일선 중등교사들의 모임이나 초등학교를 중심으로 한 스포츠강사들의 뉴스포츠에 대한 열정이 학교체육을 변화시키고 있다.

소프트웨어의 개발에는 뉴스포츠의 재미를 제대로 전달할 수 있는 다양한 방법과 매체가 있다. 과거의 인쇄물에 의존하지 않고 인터넷을 통한 연결방법이나 만화를 통한 흥미유도 등 다양한 방안이 모색될 수 있다.

여기에는 재정적인 지원이 뒷받침되어야 한다. 개인의 역량이나 능력의 한계를 벗어난 다양한 지원책이 필요하다. 국가의 지원이 필요한 경우도 있고, 또는 기업을 활용하는 방법도 있을 것이다.

학교체육, 생활체육, 전문체육의 각 영역에서 "따로 따로"가 아닌 계열성이 있는 소프트웨어의 개발이 필요하다. 그러기 위해서는 상호 소통하여야 하며, 또한 융합하여야 한다. 예를 들면, 역사공부를 만화로 이해하게 하는 일련의 과정이 있듯이, 우리들도 소프트웨어를 보다 쉽게 설명하려는 노력이 필요할 것이다. 만화로 보는 스포츠세상이 보다 쉽게 전달될 수 있다는 긍정적인 사고를 바탕으로, 정보시대에 걸맞는 웹툰으로 스포츠의 세상을 볼 수 있다면 보다 효과적으로 실천할 수 있는 동기가 부여될 것이다.

스포츠를 보다 다양하고 재미있게 즐길 수 있는 방안으로 다양한 프로그램의 개발 및 보급을 들 수 있다. 매우 다양한 뉴스포츠가 보급되고 있으나 한국형 뉴스포츠는 매우 드물다. 우리나라의 대부분의 남성이 즐기는 족구는 매우 좋은 컨텐츠라 할 수 있다. 풋살이나 미니축구 등이 인기를 끌고 있는 점을 고려하면 한국 고유의 축구형 뉴스포츠인 족구가 전 세계적으로 인기를 끌 수 있다는 기대도 충분히 할 수 있을 것이다.

현대사회는 다양성을 추구한다. 스포츠도 다양하게 즐기고자 하는 수요자의 요구에 적절히 대응할 수 있는 새로운 프로그램의 개발은 매우 중요한 요소이다. 최근 우리나라에도 도입되고 있는 골프형의 다양한 뉴스포츠의 전개상황을 보면, 한국의 골프형 뉴스포츠가 탄생되는 날도 머지않았다.

(3) 휴먼웨어

휴먼웨어는 뉴스포츠를 전문으로 지도할 지도자, 그리고 심판, 경기에 직·간접적으로 관여하게 되는 다양한 인적 자원을 말한다. 하드웨어 및 소프트웨어의 활성화를 위한 가장 중요한 요소인 휴먼웨어는 뉴스포츠 지도자의 양성 및 배치, 그리고 활용방안이라 할 수 있다.

전국 각 교육대학 및 체육관련대학의 정규교과목으로 뉴스포츠를 개설할 것을 제안한다. 시대가 요청하고 있는 뉴스포츠에 대한 기본 이론 및 실기의 습득과 함께 뉴스포츠 지도법을 체득할 수 있도록 하여야 한다. 그러기 위해서는 정규과목으로 도입할 필요가 있다.

이는 학교체육 및 생활체육현장에서의 뉴스포츠에 대한 요구에 대응할 수 있는 지도자를 양성하는 기관의 실천의무라 생각한다. 현재 학교체육에서는 뉴스포츠를 정규 교육과정으로 도입하는 적극적인 방안이 강구되고 있다는 점을 충분히 인식하여야 한다. 또한 공공 및 사설 스포츠클럽에서도 뉴스포츠에 대한 수요는 점점 더 늘어나고 있다는 현실을 감안하면 뉴스포츠의 정규 교과목 도입은 지극히 당연한 대응이라고 볼 수 있다.

또한 뉴스포츠 지도자를 2급 혹은 3급 생활체육지도자의 종목으로 선정하여야 한다. 휴먼웨어의 성공적 양성, 배치, 활용이 생활체육의 활성화를 위한 가장 중요한 키라고 할 수 있다.

학교체육, 생활체육, 전문체육의 지도자들이 서로 협업하여야 한다. 그래야만 시너지 효과가 더 커진다. 학교교사의 전문성이 필요하다. 생활체육 전문지도자의 현장성이 필요하다. 전문체육 지도자들의 기능성이 필요하다. 각각의 전문성이 조화롭게 융합된다면 그야말로 금상첨화(錦上添花)이다. 체육인도 국민의 한사람이다. 모든 국민이 잘 살 수 있는 스포츠 환경조성에 힘을 실어야 한다.

(4) 기타

한 종목의 뉴스포츠가 보급되기 위해서는 다양한 요소가 필요하다. 뉴스포츠를 보급하는 단체의 영향력일 수도 있고, 그 종목을 홍보하는 능력이 될 수도 있다.

학교체육 및 생활체육의 활성화를 위한 다양한 연구(참고문헌 참조)에도 불구하고 현재의 학교체육 및 생활체육의 활성화에는 많은 문제점이 지적되고 있다. 하드웨어인 체육시설 및 용기구의 문제, 소프트웨어인 교육내용(프로그램)의 부족, 휴먼웨어인 지도자의 양적 질적 확보문제 등 총체적인 문제점이 다양하게 지적되고 있다.

뉴스포츠 아카데미를 개설하여 산학연의 컨소시엄을 구성하여 연구와 개발, 그리고 보급에 대한 다양한 방안을 모색할 필요가 있다. 각 대학의 전문가들과 전공학생들을 활용하고 기업의 메니지먼트 능력을 융합한다면 커다란 성과를 거둘 수 있을 것이다. 현재 체육인재육성재단에서 실시하는 인턴십의 활용방안도 적극적으로 검토할 만한 사안이라 할 수 있다.

앞으로 다양한 요구가 예상되는 유아체육 및 노인체육, 장애인체육, 그리고 여성을 위한 뉴스포츠 커리큘럼의 개발과 보급 확대도 매우 시급한 과제가 될 것이다. 각 특성에 맞는 뉴스포츠의 제공은 물론 성별, 장애 · 비장애를 초월한 다양한 뉴스포츠가 개발되고 보급되어져야 할 것이다.

마지막으로, 국내에 뉴스포츠의 보급이 일천한 상황에도 불구하고 뉴스포츠에 대한 긍정적이며 적극적인 관심과 참여는 스포츠전반에 발전적인 효과를 기대할 수 있을 것으로 기대한다.

2) 뉴스포츠발전 방안

(1) 뉴스포츠 리터러시(Newsports Literacy) 향상시키기

리터러시(Newsports literacy)의 사전적 의미는, 무엇인가를 "읽고 쓰는 능력"이다. 즉, 스포츠 리터러시란 스포츠를 제대로 읽고 제대로 쓰는 능력이라고 할 수 있다. 여기에서 우리들이 주목하여야할 내용이 있다.

오늘날 스포츠는 개인, 가정, 사회, 나아가 국가에서 그 가치를 인정받고 있는 문화의 한 영역이다. 이러한 스포츠가 갖는 개인적, 가정적, 사회적 및 국가적 가치를 제대로 파악하고 제대로 전달하는 과정이 필요하다. 따라서 스포츠문화가 제대로 발전하기 위해서는 스포츠가 가지는 효과 및 그 가치를 제대로 전달하는 노력이 필요하다.

스포츠의 가치는 그림 4와 같이 다양하게 나타나는데, 이 내용은 전 세계적인 인정을 받은 사실이라 할 수 있는데, 이 가치를 어떻게 실현할 것인가? 라는 문제해결을 위해서 각국의 다양한 노력이 정책적으로 펼쳐지고 있다고 할 것이다.

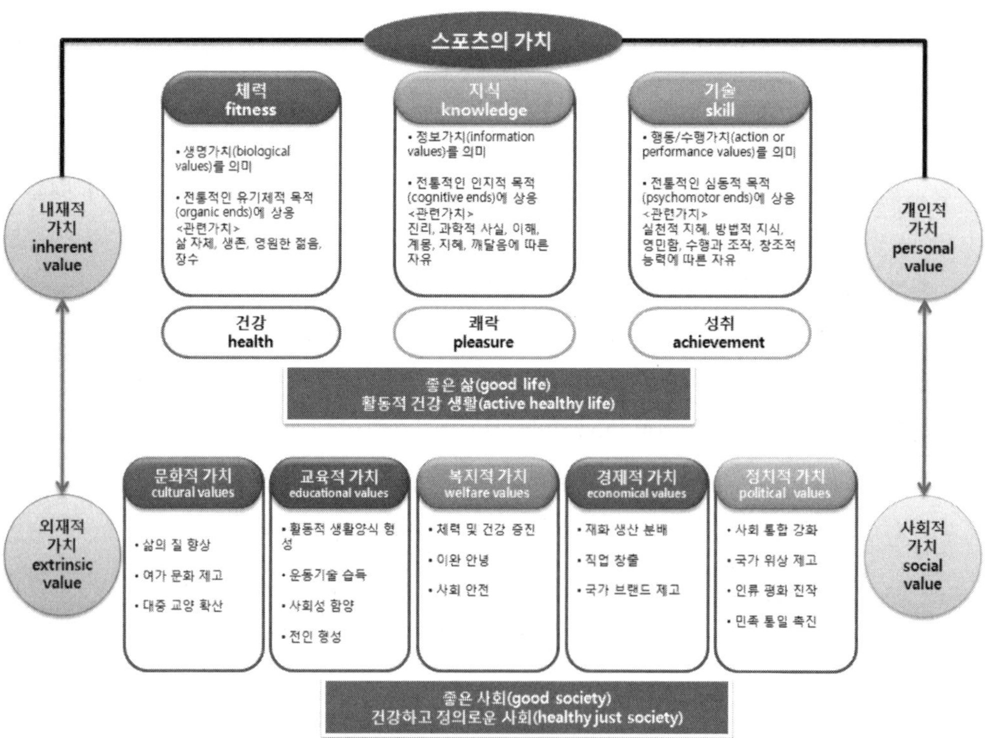

그림 4. 스포츠의 가치

(2) 모든 국민을 대상으로한 스포츠의 보급 및 전개 방안모색

스포츠정책에서 거론되고 있는 생애주기별 스포츠정책을 전개하는데 있어서 각 영역의 통합 및 융합이 필요하다. 즉, 학교체육과 생활체육, 그리고 전문체육의 연계성을 강화하는 방안이 모색되어야 한다. 여기에서는 통합적 체육의 발전방안이 모색되어져야 하는데, 먼저 생활체육의 측면에서는 학교체육의 중요성이 고려되어져야 한다. 생활체육의 발전을 위해서는 학교체육의 대상을 생활체육의 대상으로 인식하여야 하는 문제가 있다. 최근에 학교체육을 담당하는 교육부와 문화체육관광부의 연계, 예를 들면 학교체육활성화를 위한 공동협력방안의 실천이 바로 그것이다.

(3) 종합적 뉴스포츠의 발전

현재, 사단법인 한국뉴스포츠협회를 중심으로 국내에 소개되고 있는 뉴스포츠의 대부분은 육상형이다. 앞으로 해양형 뉴스포츠, 산악형 뉴스포츠, 항공형 뉴스포츠 또한 보급되어야 한다. 또한 미래의 뉴스포츠로서 탄생할 수 있을 융합형 뉴스포츠, 예측이 불가능한 미래형 뉴스포츠도 생각할 수 있다.

미래에는 전혀 예측이 불가능한 스포츠의 세계도 생각할 수 있어야 할 것이다. 과거에 우리들이 만화를 상상이냐 공상이냐로 시시비비했던 적이 있었지만, 이제는 확연하게 생활화되고 보편화되는 과정들을 보고 있다. 미래의 스포츠를 상상해보면, 우리들의 일상이 그리 재미없는 일상만은 아닐 수도 있다.

(4) 한국적 뉴스포츠의 개발 및 보급

지금까지 뉴스포츠에 대한 비판적인 시각의 하나는 대부분의 뉴스포츠가 수입형스포츠라는 점이다. 그렇다. 그래서 우리들의 한국적인 뉴스포츠를 만들 수 있는 기회가 제공되어져야 한다. 그 방법은 매우 다양할 수 있다. IT기술과 융합한 전혀 새로운 도전도 가능할 것이다. 또한, 지금까지 수없이 도전하고 있는 전통스포츠, 전래놀이, 민속스포츠 등으로부터의 개발도 가능하다. 그리고 전혀 다른 의미의 스포츠를 개발할 수 있는 창의적인 활동으로부터도 그 시작은 가능할 것이다.

(5) 스포츠와 또 다른 문화와의 융합

이미 잘 알려진 내용이다. 융합을 통한 발전을 도모하고 있는 각 분야에 걸맞게, 스포츠와 다양한 영역이 융합할 때, 보다 커다란 상승효과를 볼 수 있을 것이다. 하나의 예를 들면, 스포츠와 관광의 융합이라고 할 수 있다. 최근 스포츠관광에 대한 시도들이 국내에서도 실천되고 있는데, 이에 대한 준비가 더 구체화되고 더 다양한 논의를 거쳐, 스포츠산업으로서의 관광의 측면이 고려되어져야 한다. 협조와 협력의 시스템이 반드시 필요한 영역이다.

이 밖에도 수없이 많은 발전의 방안이 있으리라 생각된다. 그렇지만 여기에서 그 모든 사안들을 다 밝힐 수는 없을 것 같다. 우선 먼저 정리되어지기를 바라는 몇 가지를 두서없이 소개하였다.

5. 결언

아직 우리들에게 뉴스포츠는 스포츠의 "새롭고, 낯선" 트랜드이다. 이 새로운 트랜드를 한 마디로 표현하기도 또한 이해하기도 쉽지 않은 것 같다. 그래서 "왜 우리들은 스포츠하는가?"에서부터 출발하였다. 그것이 스포츠권리라는 것이었다. 스포츠권리란 "스포츠가 개인적, 가정적, 사회적, 국가적, 나아가 인류적 가치를 가지고 있는 문화"라는 점을 인식하는 것으로 출발하게 된 것이다. 이 문화가 국민의, 국민에 의한, 국민을 위한 가치로서 거듭날 수 있도록 상호보완적으로 노력하여야 한다는 명제를 깨닫게 되었다.

이와 같이 현대사회에서 스포츠의 가치가 보다 중요시되고 있다는 사실은, 그 반대편에서 나타나고 있는 각종 병리현상이 매우 심각하다는 하나의 증거이기도 하다. 국가에서도 "보는 스포츠"를 넘어 "하는 스포츠"를 스포츠정책의 기조로 삼고 있다. 그렇다. 스포츠는 "실천하는 것"이다.

이러한 스포츠를 보다 쉽고 안전하게 접할 수 있는 계기를 마련해주는 것이 바로 뉴스포츠이다. 뉴스포츠가 가지고 있는 효과와 가치를 보다 확대하고 확산시킬 수 있는 다양한 해법을 공통의 관심사로 삼아, 현대사회의 현상을 제대로 파악하고 그에 대한 철저한 분석과 문제해결방안을 찾아, 그 실천을 도모하는 것이 우리들에게 주어진 사명이다.

앞으로도 스포츠, 뉴스포츠는 끊임없이 변화해갈 것이다. 그리고 또 다른 스포츠문화 또한 탄생할 것이다. 이러한 스포츠를 충분히 즐길 수 있는 몸과 마음의 준비를 해 나가야 한다.

참고문헌

강기현, 오수학(2009). 뉴스포츠를 적용한 체육수업이 중학생들의 정의적 영역 발달에 미치는 영향. 스포츠과학논문집, 21, 51-68

고문수, 이양구(2011). 초등 예비교사의 뉴스포츠 체험에 대한 경험과 인식. 한국체육교육학회지, 16(3), 11-25.

광주체육교사연구회 다음 카페 : http://cafe.daum.net/gjpet

광주체육교사연구회(2006). 뉴스포츠 종목 교수학습자료집. 광주: 청해문화사.

교육부 홈페이지 http://www.mest.go.kr

교육부(2013). 전국 학교스포츠클럽대회 개막식 경기 개최. 2013년 5월 3일, 교육부 장관 보도자료.

교육부(2013). 학교체육 활성화 추진 계획. 2013년 6월 24일, 교육부 장관 보도자료.

국민생활체육회 홈페이지 http://www.sportal.or.kr

국민생활체육회(2009). 2009 뉴스포츠국제학술 세미나 자료집. 국민생활체육회

국민체육진흥공단 체육과학연구원(2007). 미래체육 발전을 위한 100대 연구 주제. 국민체육진흥공단 체육과학연구원.

권진규(2007). 고등학생의 뉴스포츠 참여에 따른 수업만족도와 스포츠 참여의사의 관계. 미간행석사학위논문. 한국체육대학교 교육대학원.

김규성, 류태호, 이병준(2007). 여중생들의 넷볼(NETBALL)을 활용한 이해중심게임수업 체험. 한국스포츠교육학회지, 14(2), 139-156.

김무영, 조미혜(2006). 여학생이 경험하는 스포츠 교육과 양성 평등, 한국스포츠교육학회지, 13(4), 145-161

김문휘 · 이규일(2008). 뉴 게임을 활용한 여학생의 체육수업참여 개선 연구. 한국스포츠교육학회지.

김미자 · 이정연(2006). 초등학교 특기 · 적성 교육으로서의 댄스스포츠 ; 인식론적 특성과 교육적 성찰. 한국체육학회지. 제45권 제6호. pp.355-364.

김성곤(2008). 초등학교 예비교사의 뉴스포츠종목을 활용한 체육실기 수업에 대한 인식. 한국체육학회지. 제47권 제3호. pp.151-163.

김승재, 김진희, 홍석표(2008). 뉴스포츠 운영을 통한 학교체육 활성화 방안. 한국체육학회지, 47(2), 197-208.

김승재 · 김진희 · 홍석표(2008). 뉴스포츠 운영을 통한 학교체육 활성화 방안. 한국체육학회지. 제47권 제2호. pp.197-208.

김윤희(2003). 운동기능이 낮은 학생의 체육수업 체험에 관한 질적 연구. 한국스포츠교육학회지, 10(1), 57-76.

김윤희(2005). 체육수업에서 학생소외 측정을 위한 척도개발, 한국스포츠교육학회지, 12(3), 121-142

김윤희(2007). 체육수업에서 양성평등에 관한 학생의 인식과 체험, 한국스포츠교육학회지, 14(4), 63-80

김윤희 · 강신복(2000). 중학생 체육수업 걱정거리 분석. 한국체육학회지,39(2), 583-593.

김임철(1993). 한국민속놀이의 스포츠화 방안에 대한 조사연구. 한국체육교육학회지 제 1권 2호. 72-80.

김임철(1996). 한국민속놀이의 스포츠화 방안에 관한 조사연구. 한국체육교육학회지 제1권 2호. pp.72-80

김현우(2010). 뉴스포츠를 적용한 체육수업과 전통적 체육수업의 수업참여요인 및 수업만족도 비교. 한국체육학회지, 49(6), 323-334.

김현우, 윤이중(2007). 뉴스포츠(New Sports) 수업에 대한 체육교사들의 의식 조사 연구, 한국스포츠리서치, 18(1), 71-82

김홍집(2003). 초등체육 지도교사가 인식하는 체육수업 정상화 저해요인. 미간행 석사학위논문. 한국교원대학교 대학원.

김희상(2003). 뉴스포츠 개발을 위한 노인의 스포츠 활동유형 및 요구 분석. 고려대학교 대학원.

남상우(2001). 고등학생 체육수업의 재미거리와 걱정거리에 관한 연구. 미간행 석사학위논문. 충남대학교 대학원.

뉴스포츠산업 홈페이지 http://www.newsports.co.kr

뉴스포츠학교 http://cafe.daum.net/newsport2005

류태호(2006). 뉴스포츠의 이해와 실천. 도서출판 무지개사.

류태호, 이병준(2006). 뉴스포츠(New Sports)의 개념과 교육적 의미 한국스포츠교육학회지, 13(1), 67-82

문제민(2006). 초등교사의 체육수업에 대한 교수관심사 분석. 한국체육학회지. 제45권 제 4호. 317-328.

문화관광부(1999). 생활체육으로서 민속 · 무예 · 뉴스포츠 종목의 방향 정립 및 발전방안 /문화관광부.
문화체육관광부 홈페이지 http://www.mcst.go.kr
문화체육관광부(2013). 국민생활체육진흥 종합계획(안). 문화체육관광부.
문화체육관광부(2013). 스포츠비전2018 "스포츠로 대한민국을 바꿉니다". 문화체육관광부.
박동섭(2000). 초등학교 체육교과전담교사의 수업 운영 실태 미간행 석사학위논문, 한국교원대학교 교육대학원.
박명신(1997). 초등학교 여교사의 체육수업 실태에 관한 연구. 미간행 석사학위논문. 연세대학교 대학원.
박성준(2006). 전통적 스포츠와 뉴스포츠 수업 참여자의 운동 능력별 동기요인 분석. 고려대학교 대학원.
박이수(2003). 스포츠 교육모형에 기초한 넷볼 수업의 교육 효과 미간행 석사학위논문, 인천대학교 교육대학원.
박철호 · 서상옥 · 황의룡(2006). 티볼지도서. 도서출판 21세기교육사.
사단법인 한국뉴스포츠협회 홈페이지 http://www.newsports.or.kr
사단법인 한국뉴스포츠협회 · 고려대학교 스포츠과학연구소(2006). 뉴스포츠의 새로운 이해를 위한 학술세미나. 사단법인 한국뉴스포츠협회 · 고려대학교 스포츠과학연구소.
사단법인 한국체육진흥회(2003). 뉴스포츠-특수체육지도자연수교재-노인체유지도자 교육과정(1). 사단법인 한국체육진흥회.
서상옥(1999). 21세기 레크리에이션, 뉴스포츠. 사단법인 한국여가레크리에이션협회 뉴스레터. 한국여가레크리에이션협회.
서상옥(2004). 21C 신스포츠로서 익스트림게임의 국내외 현황 및 전망. 서울익스트림게임즈월드컵기념학술세미나.
서상옥(2004). 민속경기 및 전통무예의 뉴스포츠적 접근방안. 민속경기 및 전통무예활성화를 위한 세미나. 문화관광부. pp.99-120.
서상옥(2006). 야구형 뉴스포츠, 티볼 Teeball. 스포츠과학. 제95호. pp.56~61.
서상옥(2007). 한국 뉴스포츠의 현황과 과제. 중앙대학교스포츠과학연구소.pp.1-7.
서상옥(2009). 우생순=핸드볼 츄크볼로 새롭게 탄생. 스포츠과학106호. pp.55-59.
서상옥외(2001). 교사레크리에이션 전국순회강습지도서 -뉴스포츠-. 사단법인 한국뉴스포츠협회.
손준구(1994). Rousseau의 철학과 체육사상 이해. 인문과학연구, 12, 21-36.
손준구(2006). 초등학교 초임교사의 체육교수 전문성 제고를 위한 직전교사교육의 과제 한국스포츠교육학회지, 13(4), 5-22
손준구(2013). 학교체육의 인성교육 실현을 위한 논의. 한국초등체육학회지, 19(3), 115-124.
손천택, 최환영, 고문수(2007). 교육대학 체육심화과정에 관한 현상학적 분석, 한국스포츠교육학회지, 14(1), 57-74
송광섭, 권성진, 정상원(2014). 반성적 뉴스포츠 프로그램 적용이 초등학생의 창의적 인성에 미치는 영향. 한국초등체육학회지, 19(4), 19-30.
송춘현, 조필환(2001). 초등학교 체육전담제의 교사유형별 인식조사를 통한 개선방안연구 한국체육교육학회지, 5(2), 27-36
안제헌(2006). 뉴스포츠 체육수업 경험 유·무와 인구통계학적 특성에 따른 중학생들의 체육수업 만족도 조사연구 미간행 석사학위논문 중앙대학교 교육대학원
양갑렬(2000). 초등 체육수업을 소홀히 하는 원인 분석. 한국체육교육학회지 제4권 제2호. pp.18-27.
양갑렬(2005). 초등 예비교사의 체육실기 수업에 대한 인식 분석. 한국초등체육학회지, 11(2), 161-170
양갑렬 · 김종욱(1999). 초등학교 체육수업 내용선택과 수업대체 분석. 한국스포츠교육학회지 제6권 제1호. pp.57-67.
양갑렬 · 김종욱(2000). 초등 체육수업의 교수 행동 분석. 한국체육교육학회지 제5권 제1호. pp.47-60.
여정권 · 이창섭 · 남상우(2005). 초등학생들의 체육수업 재밋거리 분석. 한국체육학회지. 제44권 제3호. pp.315-327.
오세복 · 남희은(1997). 전래놀이의 효과와 방안에 관한 연구. 한국체육교육학회지 제5권 1호. 97-106.
오세북 · 남희은(2001). 전래놀이의 효과와 활성화 방안에 관한 연구. 한국체육교육학회지 제5권 1호. pp.97-107
위성식(2003). 생활체육육성종목의 범위와 내용. 국민생활체육회 홈페이지. www.sportal.or.kr
유응욱 · 김종욱(2002). 여학생의 학교체육 인식에 관한 질적 연구. 한국체육학회지. 제41권 제2호. pp.181-197.

유정애(2002). 체육과 교육 목표 및 내용 체계 연구(1). 한국교육과정평가원 RRC2002-6
유정애(2004). 제7차 교육과정에 따른 초등학교 체육 교육과정 및 수업 운영 실태 분석. 한국체육학회지. 제43권 제3호. pp.245-263.
유정애(2005). 교사 수준의 체육과 교육과정 개발 과정 및 내용. 한국스포츠교육학회지, 12(1), 31-56
유정애(2007). 체육과 교육과정 총론, 서울: 도서출판 대한미디어
유정애(2009). 체육과 교육과정 총론. 서울: 도서출판 대한미디어.
윤구석(2004). 초등학교 교사의 체육수업 스트레스 요인 내용 분석. 미간행 석사학위논문. 경남대학교 대학원.
윤석용(2001). 장애인과 노약자를 위한 개인 맞춤형 복지시대. (주)새로운사람들.
이근모(2008). 청소년 교육을 위한 학교체육정책의 비전과 과제. 한국체육학회지. 제47권 제3호. pp.113-126.
이근오(2007). 뉴스포츠 활동이 초등학생의 체육학습에 미치는 효과 미간행 석사학위논문 한국 교원대학교 교육대학원
이병관(2007) 체육수업에서 뉴스포츠 종목의 도입 방안 모색 한국스포츠리서치, 18(2), 395-406
이인범(2003). 고등학생의 체육수업 걱정거리 분석. 미간행 석사학위논문. 강원대학교 교육대학원.
이현주, 김원경(2012). 지적장애학생의 뉴스포츠 적용 체육수업 관련연구. 지적장애연구, 14(4), 127-148.
이호철 · 권오륜 · 정우식(2005). 초등 여교사의 체육수업 걱정거리. 한국체육학회지. 제44권 제3호. pp.329-340.
임우택(2001). 지역활성화를 위한 뉴스포츠 도입방안. 한국스포츠산업경영학회지, 제6권 2호, pp.239-251
임현주(2004). 혼성체육수업과 동성체육수업에 관한 교사와 학생의 인식 및 경험 한국체육학회지, 43(5), 193-204
정경미(2005). 뉴스포츠 종목 중심의 즐거운 중학교 체육수업 모형 구안. 학교체육연구논문집. pp.155-193.
정종일, 강효영(2008) 체육교과 전담교사제 운영에 따른 초등학교 아동의 체육수업 만족도 한국초등체육학회, 2008 한국초등체육학회 동계 학술발표회, 초등체육이 나아갈 길.
조동싱(2012). 일과 여가의 균형을 통한 행복사회 만들기. 한국여가문화학회.
조선일보(2013/5/4). 우리나라 청소년, 어린이 행복지수 OECD 국가 중 최하. 남정미 기자. http://news.chosun.com/site/data/html_dir/2013/05/04/2013050400665.html.
중부교육청 초등교육교과연구회(2007). 8차 교육과정을 위한 체육수업의 새로운 가능성 탐색-체육교육현장에서 뉴스포츠의 적용계획-. 서울특별시 중부교육청.
중부교육청 초등체육교과교육연구회(2007). 체육과 교과교육 연수자료. 서울특별시 중부교육청.
차은주, 김영재, 허정훈(2013). 스포츠참가 청소년 인성 평가도구 타당화 검증. 한국체육과학회지, 22(2), 361-373.
체육과학연구원 http://www.sports.re.kr
하성화(2004). 교육환경에 변화에 따른 뉴스포츠의 현장 활용 소개와 적용 방안 미간행 석사학위논문 연세대학교 교육대학원.
한국청소년정책연구원(2010). 학교폭력 가해청소년 선도를 위한 스포츠활동 적용 연구. 한국청소년정책연구원 보고서.
한국체육학회(2009). 2009 학교체육진흥세미나 -학교체육정책의 현황과 과제-. 한국체육학회.
허일웅(2002). 신종레저스포츠의 육성방안. 국민생활체육회 홈페이지.
高井純 · 片岡暁夫(2003).野球型スポーツの「アクセス可能性」についての検討:ティーボールを例にして.日本体育学会大会号(54)170.
高瀬博(2001).ニュースポーツに関する一考察(2)母体スポーツによる分類とその特徴.関東学園大学紀要9.pp.41-52.
久保和之 · 道用亘 · 吉澤洋二 · 守能信次(2000).大学体育におけるニュースポーツ選択者の特性.中京大学体育学論叢 41(2).pp.71-79.
吉田博幸(1995).各種球技の運動強度:特にニュースポーツに着目して.東京家政学院大学紀要35.pp.403-408.
吉田豊(2004).生涯スポーツとしてのニュースポーツ(1)生涯スポーツのパラダイムを求めて.四国学院論集(通号114 · 115).pp.75-106.
吉田豊(2005).生涯スポーツとしてのニュースポーツ(2)ニュースポーツの諸相(応用社会学科特集号--21世紀を生き残る:応用社会学科の課題と展望).四国学院論集(通号 116).pp.169-196.
大川耕平(1998).スポーツ · レジャースタイル(10)ニュースポーツの可能性.レジャー産業資料 31(6).pp.200-203.
大川耕平(1998).スポーツ · レジャースタイル(11)ニュースポーツアイテム「フライングディスク」.レジャー産業資料 31(7).pp.177-179.

大川耕平(1998).スポーツ・レジャースタイル(12)ニュースポーツアイテム「ボディボード」.レジャー産業資料 31(8).pp.193-195.
大川耕平(1999).スポーツ・レジャースタイル(18)ニュースポーツアイテム「ビーチバレー」.レジャー産業資料 32(2) (通号 389).pp.146-148.
大川耕平(1999).スポーツ・レジャースタイル(17)ニュースポーツアイテム「スノーボード」.レジャー産業資料 32(1).pp.175-177.
渡邊志保美・佐藤誠(1999).ニュースポーツを用いた高等専門学校の体育授業に関する一考察:沼津工業高等専門学校4学年の場合.沼津工業高等専門学校研究報告 33.pp.163-174.
鈴木理・檜山康(1996).ニュースポーツの教材価値--ユニホックにおける学習内容の検討を通して.工学院大学共通課程研究論叢(通号 34).pp.213-222.
李丙俊・尹相俊(2006).韓国における「ニュースポーツ」の展開と教育的意味の模索.Iphigeneia (7).pp.187-207.
李真・仲野隆士・金子守男・守能信次・江橋慎四郎(1989).チームの年齢構成の違いが地域スポーツクラブへの参加に及ぼす影響に関する一考察.中京大学体育学論叢30(2).pp.1-10.
木下茂昭(1993).健康・体力つくりとニュースポーツに関する一考察.研究紀要 26.pp.7-15.
福島基・山本博男・的場茂樹(1995).フライングディスクにおける投動作の基礎的研究 : 小学校児童を対象にした横断的研究.日本体育学会大会号(46)657.
福島基・安田従生・的場茂樹・山本博男(1996).フライングディスクにおける捕動作の基礎的研究 : 小学校児童を対象にした横断的研究.日本体育学会大会号 (47)619.
北川隆・広瀬勝弘(1997).ニュースポーツにおける運動術語作成の試み.自然科学論叢(通号29).pp.57-64.
体育施設出版 編(2004).ターゲット・バードゴルフ(特集ニュースポーツのゴルフ、生涯スポーツのゴルフ).月刊体育施設 33(7) (通号 419).pp.12-15.
体育施設出版編(2004).特集 ニュースポーツのゴルフ、生涯スポーツのゴルフ.月刊体育施設33(7)(通号419).pp.4-27.
体育施設出版編(2004).グラウンド・ゴルフ(特集ニュースポーツのゴルフ、生涯スポーツのゴルフ).月刊体育施設33(7)(通号419).pp.8-11.
体育施設出版編(2004).ディスクゴルフ(特集ニュースポーツのゴルフ、生涯スポーツのゴルフ).月刊体育施設33(7)(通号419).pp.16-19.
体育施設出版編(2004).パークゴルフ(特集ニュースポーツのゴルフ、生涯スポーツのゴルフ).月刊体育施設33(7)(通号419).pp.20-23.
体育施設出版編(2004).マレットゴルフ(特集ニュースポーツのゴルフ、生涯スポーツのゴルフ).月刊体育施設33(7)(通号419).pp.24-27.
濱田晴明(1998).ニュースポーツの教材化.授業の研究 138.pp.28-29.
師岡文男(1993).ニュースポーツの普及戦略:フライングディスク普及事例からの考察.日本体育学会大会号(44A)92.
師岡文男(1996).生涯スポーツとニュースポーツ,スポーツの原点を求めて.ソフィア45(2)(通号178).pp.240-247.
山口泰雄・野川春夫・菊池秀夫・池田勝(1990).生涯スポーツイベントの参加者研究:ねんりんピックの事例から.日本体育学会大会号 (41A)99.
山田力也・谷口勇一(2001).ニュースポーツの変容過程に関する社会学的研究.福岡大学スポーツ科学研究 31(1/2).pp.23-332.
三原大介(2007).ニュースポーツと疲労に関する一考察.小山工業高等専門学校研究紀要39.pp.19-22.
三浦恵子・松井外喜子・前山直・猪原卓磨(2006).ニュースポーツ実施前後におけるRPE別心身の変化について.梅花女子大学現代人間学部紀要 3.pp.55-60.
箱岩松男(2002).スポーツを通じて学ぶこと--豊栄ニュースポーツクラブの実践から (特集「総合型地域スポーツクラブ」もいいけれど…).月刊社会教育46(3)(通号557).pp.40-46.
星尾尚志(2006).小学校体育におけるフラッグフットボールの教材化に関する研究.教育実践研究紀要 6.pp.71-80.
松本芳明(2000).スポーツ文化の"いま"を考える(その3)生涯スポーツとニュースポーツの視点から.大阪学院大学通信 31(6).pp.515-525.
手塚麻美(2001).大学体育におけるアルティメットについての一考察.大学保健体育研究(21).pp.9-20.

新谷崇一(2000).〈論文・レポート〉 生涯スポーツとしてのニュースポーツ「木球」: 第1回木球世界大会に出場して.生涯学習教育研究センター年報5.pp.87-94.
深瀬吉邦(1998).生涯スポーツ論考(3)ニュースポーツ「ゲートボール」の再生策.体育研究(通号32).pp.77-85.
若林弘紀(2002).エッセイ,インラインホッケーに見るニュースポーツの展開.現代スポーツ評論 (6)13.pp.6-13.
薗田碩哉(1995).ニュースポーツのすすめ(楽しむスポーツ〈特集〉).教育と情報(通号451).pp.2-7.
有木信子・山奥恵梨子・桐山千世子他(2007).幼児の健康づくり(6)伝承あそびとニュースポーツごっこを導入した運動プログラムの改善と実践.幼少児健康教育研究 13(1).pp.76-80.
日本レクリエーション協会編(1997).案内 これがおすすめのニュースポーツ!重点10種目決定.レクリエーション (通号454).pp.22-23.
日本レクリエーション協会編(1997).トライ!ニュースポーツ--今月チャレンジしたニュースポーツ「フィンスイミング」.レクリエーション(通号458).pp.17-20.
日本レクリエーション協会編(1997).レッツ・エンジョイ・レクリエーションクラブ・ライフ--ニュースポーツクラブ編VOL.5〈今月のクラブ活動〉「スポーツチャンバラ」.レクリエーション(通号451).pp.17-20.
日本レクリエーション協会編(1998).トライ!ニュースポーツ今月チャレンジしたニュースポーツ,「チュックボール」.レクリエーション(通号472).pp.1-4.
日本レクリエーション協会編(1999).トライ!ニュースポーツ--今月チャレンジしたニュースポーツ,「リズムなわとび」.レクリエーション(通号483ママ).pp.1-4.
日本レクリエーション協会編(2000).トライ!ニュースポーツ(23)ネイチャーゲーム.レクリエーション(通号493).pp.1-4.
日丸哲也(1985).NEW(ニュー)スポーツで仲良く楽しもう-上-グランド・ゴルフ篇.健康保険 39(6).pp.17-21.
日丸哲也(1985).NEW(ニュー)スポーツで仲良く楽しもう-下-手軽に楽しむスポーツアラカルト.健康保険 39(7).pp.51-54.
長谷川愛子・菊幸一(1996).スポーツ・キャリアパターンからみたニュースポーツ参加者の特徴:全国スポ・レク祭奈良大会の調査結果から.日本体育学会大会号 (47)155.
前薗良一(2007).環境対策事業福岡ニュースポーツと花いっぱい.航空と環境(通号 56).pp.10-15.
中嶋弘二(2000).ニュースポーツの研究,小学3年生のシッティング・ビーチボール・バレー.尚絅短期大学研究紀要32.pp.1-5.
仲野隆士(2006).ニュースポーツの人口動態(特集スポーツ運動の実施動態).体育の科学56(5).pp.361-365.
川尻優(2006).「かかわり」をとおして学び合う子どもの育成を目指した体育授業 : 高学年ニュースポーツの実践から.教育実践研究 16.pp.113-118.
川原真人他(1989).ニュースポーツユーティリティビークル・UCR/Sの紹介.いすず技報(通号81).pp.77-95.
村上寿裕・杉山喜一(2004).大学体育におけるニュースポーツの導入:タッチラグビーとタッチフットを比較して.北海道教育大学紀要.自然科学編 55(1).pp.53-63.
秋山晃(2007).子どもの身体とかかわりに着目した体育実践:動きの観察とニュースポーツの実践から.教育実践研究17.pp.79-84.
樋口和洋(2005).ニュースポーツ「バドポン」を通じた地域教育機関との連携(〈特集〉地域との関わりを目指した効果的な教育事例).信州短期大学紀要17.pp.74-75.
片山昭義(2006).ニュースポーツの楽しみ--パークゴルフの紹介を通して(特集生涯スポーツのすすめ).体育の科学56(2).pp.103-105.
平野泰宏・新谷崇一・周仲忽(2007).ニュースポーツから近代スポーツを超克した木球への発展--木球に関する国際アンケート調査を手がかりに.福島大学地域創造 18(2).5803-5811.
荒木貞光(1997).ニュースポーツの現況と事業的魅力(特別企画多様化するウインタースポーツ事業).レジャー産業資料30(5).pp.146-155.
稲垣正浩(2006).講演録 ニュースポーツとはなにか.Iphigeneia(7).pp.169-185.
関澤治(2003).[特殊教育]「病弱養護学校における運動に親しむ体育活動の実践」:筋疾患児・慢性疾患児らが自ら開発するニュースポーツを通じて.教育実践研究13.pp.113-118.
ニュースポーツ研究会(1993). ニュースポーツとは何か-そのスポーツ史的考察-.ニュースポーツ研究会.

<부록 1>

1) 사단법인 한국뉴스포츠협회 소개

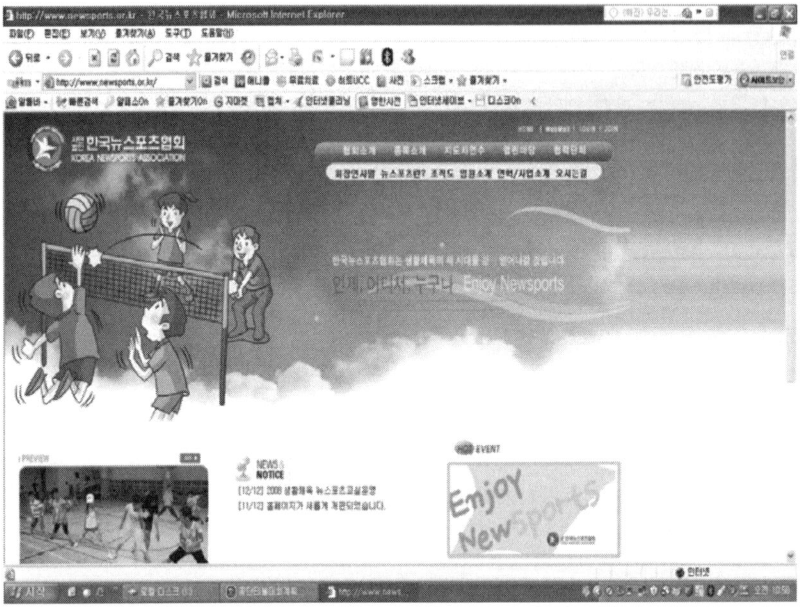

사단법인 한국뉴스포츠협회 홈페이지 www.newsports.or.kr

■ 설립목적

본 협회는 뉴스포츠를 통하여 건강한 국민육성과 사회조성에 기여하며 학교체육의 보급, 진흥과 생활체육의 보급, 진흥을 위하여 유아에서부터 고령자에 이르는 전국민을 대상으로 한 새로운 형태의 뉴스포츠를 개발, 보급하여 뉴스포츠의 진흥활동을 통하여 국민의 체위 향상과 국제친선에 기여함을 그 목적으로 한다.

■ **사업소개**

지도자 양성	▶	ㅇ 뉴스포츠 1, 2급 지도자 양성 ㅇ 유소년스포츠 1급 지도자 양성 ㅇ 실버뉴스포츠 1,2급 지도자 양성 ㅇ 초.중등 교원 연수
이벤트 개최	▶	ㅇ 지역 및 전국뉴스포츠대회 개최 ㅇ 뉴스포츠 관련 학술대회 개최
사회활동	▶	ㅇ 유아 뉴스포츠 현장지도 ㅇ 청소년 뉴스포츠 현장지도 ㅇ 노인 뉴스포츠 현장지도 ㅇ 장애인 뉴스포츠 현장지도
국제교류	▶	ㅇ 미국, 일본, 중국 등 각국의 관련협회와 교류
조사연구	▶	ㅇ 뉴스포츠 조사 및 연구 지원 ㅇ 각종 뉴스포츠 프로그램 개발 ㅇ 뉴스포츠 관련 용기구 개발
홍보 및 출판	▶	ㅇ 뉴스포츠 지도서 발행 ㅇ 뉴스레터 발간 ㅇ 초.중등 교원용 지도서 발행 ㅇ 연령별 뉴스포츠 지도서 발행 ㅇ 뉴스포츠관련 각종 영상물 제작

2) 뉴스포츠에 대한 일반적인 오해와 편견

- 뉴스포츠란 무엇인가요? 도대체 뉴스포츠가 뭔가요?

뉴스포츠가 점점 일상의 스포츠로 전개되기 시작하면서 뉴스포츠에 대한 다양한 의견이 개진되고 있다. 참으로 감사하고 고마운 일이다. 뉴스포츠에 대한 관심의 표명이라고 생각하면서 그에 대해 지속적으로 대응하고 있다.

"티볼이 한국에 도입된 지도 벌써 15년이나 되었는데... 아직도 티볼이 뉴스포츠인가요?"라고 물어온다. 어떻게 답을 해야 하나?

사실 아직도 고민이다.

"뉴스포츠, 차~암 조은데...
모~두한테 참 조은데...
뭐라 표현할 방법이 없네..." 어디서 많이 들어본 것 같은데...?

이렇게 우선은 뉴스포츠의 장점에 대해서 좀 더 강하게 어필(!)을 하고 있는 중이다. 뉴스포츠가 갖는 메리트와 디메리트를 생각한다면, 필자는 아직, 어쩌면 메리트만 전하고 있는지도 모른다. 그럼에도 불구하고 뉴스포츠는 계속 학교체육 현장에, 생활체육 현장에, 장애인체육 현장에 더 가까이 다가가고 있다. 이것이 현실이다.

- 왜 외국에서 온 스포츠만 있나요?

참으로 답하기 곤란했던 애로(隘路)였다. 왜 한국 것은 알려주지 않고 매번 외국의 뉴스포츠만 알려주는가?라고 항의(?)를 해온다. 예전에는 그냥 미안한 마음으로 이를 받아들였다. 그러던 차에, 왜? 라고 되물어 보았다. 그렇다면 한국의 스포츠를 좀 살펴보자. 지금까지의 스포츠, 흔히 이야기하는 메이저스포츠의 발상지를 좀 알아보았다.

우리나라에 보급되고 있는 스포츠는 얼마나 될까? 대한체육회, 대한장애인체육회, 국민생활체육회, 기타 종목단체 등등에서 보급하고 있는 스포츠종목은 아마도 100여 가지는 넘는 듯하다. 축구, 야구, 농구, 배구, 송구, 골프 등등... 이 대부분의 스포츠가 외국으로부터 한국에 들어와서 이미 100년이 넘은 종목도 있다. 이러한 메이저 스포츠가 왜 외국에서 왔는지에 대해서는 그리 캐묻지 않는다. 그렇다고 해서 "왜 나만~가지고 그래~"라고 할 수도 없다.

그렇다. 진심으로 감사한 일이라고 생각하고 있다. 그 관심과 열정에 힘입어 뉴스포츠가 우리나라에 이 정도로라도 자리매김할 수 있었으니 말이다. 뉴스포츠가 외국으로부터 도입되게 된 것은 여러 가지 현상들을 생각할 수 있다.

- 한국의 뉴스포츠는 왜 안 만드나요? 왜 없나요?

한국에서 만들어진 대표적인 뉴스포츠가 있다. 하나는 축구형 뉴스포츠이다. 한국 남자들이라면 한번 정도는 해 본 경험이 있는 뉴스포츠! 족구(足球)이다. 족구는 매우 많은 사람들이 즐기는 뉴스포츠 종목이다. 특히 한국에서는... 그럼에도 불구하고 국제적으로는 그리 널리 보급되고 있지는 않은 것 같다. 그 이유는 무엇일까? 홍보, 하드웨어, 소프트웨어, 휴먼웨어, 재정... 등이 있다고 한다. 해결방안은? 있다. 포기하지 않고 계~속 하는 것이다. 〈정확한 룰을, 제대로〉, 〈다양한 언어로...널리〉 알리고 또 알리면 알아가는 사람이 분명 생겨날 것이다. 그리고 또... 계속 다음 단계를 밟아가는 것이다. 우선은 당면해 있는 우리들의 과제를, 해결할 수 있는 것부터 하나씩, 또 하나씩 풀어나가는 것이다. 아마도 이것이 답이 아닌가 한다.

또 한가지는 핸들러이다. 핸들러는 한국에서 만들어진 매우 흥미있는 배드민턴형 뉴스포츠이다. 핸들러는 최근에 와서 패드민턴으로 불려지기도 한다. 원조(元祖)는 핸들러이다. 그러니 당연히 종목명은 핸들러인 것이다. 학교체육에서 배드민턴의 재미를 톡톡히 맛볼 수 있는 주요종목으로도 소개되어 활발하게 보급되고 있다.

- 너무 쉬워서 금방 싫증내지 않나요?

뉴스포츠는 리드업 게임이라고 한다. 예를 들면, 티볼(Teeball)은 야구협회와 소프트볼연맹이 어린이와 여성들에게 흥미를 유도하여, 보다 야구를 쉽게 이해하고 쉽게 배울 수 있도록 고안한 뉴스포츠이다. 그 기본에는 야구가 깔려있었다.

국내에 티볼이 처음 소개될 당시만 해도 야구관계자조차 이를 외면하고 있었다. 스포츠가 아닌 아이들의 놀이로만 받이들여졌던 시기늘이 있었다. 그러나 지금은 한국야구위원회(KBO)에서도 야구협회에서도 티볼의 중요성을 인식하여 보급에 박차를 가하고 있다.

"티볼은 야구의 씨앗이다. 티볼이 잘 되면 야구도 소프트볼도 잘 된다"라는 말은 야구의 리드업 게임으로서의 티볼을 아주 잘 표현한 것으로 해석할 수 있다.

3) 뉴스포츠의 연혁 및 보급 실적

2006년 1월26일	**사단법인 한국뉴스포츠협회 설립**
2006년 7월	전남 교원 직무연수(순천 청암대학)
2006년 8월	중등 1급 정교사 자격연수(전남대학교 중등교육연수원)
2006년 8월16일	제1회 유아체육 강습회
2006년 9월20일	전국 청소년지도사 강습회
2006월 9월22일	뉴스포츠의 새로운 이해를 위한 학술세미나
2006년 9월23일	서울특별시 뉴스포츠체험한마당 주최
2006년11월 5일	시민생활체육 건강한마당 뉴스포츠체험존 운영
2007년 3월	전국생활체육지도자 교육(국민생활체육협의회)
2007년 4월 -11월	여성가족부 공동협력사업 추진(전국 어린이집 육아데이 실천행사 실시)
2007년 6월16일	한·일 유아체육학술세미나(21세기 유아의 건강과 육아데이의 역할)
2007년 9월19일	뉴스포츠이론 및 종목소개(중부교육청 초등체육교과교육연구회)
2007년11월24일	뉴스포츠 발전 및 체험 소개(체육인재양성프로그램 체육인재 아카데미)
2007년11월27일	뉴스포츠소개 및 실습(서울특별시 성동교육청)
2007년12월 1일	서울특별시 장애청소년체육대회 뉴스포츠체험 공동주관
2007년12월	서울특별시 장애인어울림체육대회 뉴스포츠체험 공동주관
2007년12월 5일	뉴스포츠의 현황과 비전 소개(서울특별시 중부교육청)
2007년 6월16일	유아체육학술세미나(21세기 유아의 건강과 육아데이의 역할)

2007년 8월	중등 1급 정교사 자격연수(경희대학교 교육대학원)
2007년12월 1일	서울특별시 장애청소년체육대회 뉴스포츠체험 공동주관
2007년12월 9일	서울특별시 장애인어울림체육대회 뉴스포츠체험 공동주관
2007년12월 9일	체육인재양성 전문프로그램 뉴스포츠 소개 및 체험
2008년 4월 9일	장애인의날 개성마당 뉴스포츠 체험마당 주관
2008년 4월16일	경기교육청 뉴스포츠 시범학교 강습회 - 경기 화성초등학교
2008년 5월 2일	대한장애인체육회 어울림 파크볼프대회 - 뉴스포츠 체험존 운영
2008년 6월 7일	제1회 한국티볼협회장배 전국초등학교 티볼대회(애니파크 후원)
2008년 6월28-30일	제2회 국제유아체육세미나 및 강습회(부산여자대학, 동국대 경주캠퍼스)
2008년 7월11일	스포츠사회학회 뉴스포츠 강습회 - 성균관대학교 수원캠퍼스
2008년 7월21-25일	서울특별시교육청 특수분야연수기관지정(뉴스포츠 교원 직무연수 주관)
2008년 8월 2- 3일	한겨레신문사 마인드비전캠프 - 뉴스포츠 프로그램 운영
2008년 9월27일	제2회 전국초등학교 티볼대회 개최(국민체육진흥공단 후원사업)
2008년10월11일	제1회 전국여자중학생 티볼대회 개최(국민체육진흥공단 후원사업)
2008년10월25일	제1회 뉴스포츠협회장배 전국여자대학생 티볼대회 개최(국민체육진흥공단 후원)
2008년12월15 - 29일	국민생활체육 김포시연합회 뉴스포츠 교실 주관
2009년 1- 2월	서울, 경기지역 초등학교 스포츠강사 뉴스포츠 연수회 주관
2009년 1- 2월	대전, 충청지역 초등학교 스포츠강사 뉴스포츠 연수회 주관
2009년 3월14-15일	제3회 유소년스포츠 학술세미나 및 유소년스포츠 지도자 강습회
2009년 3월20일	World Sportstacking Association 스포츠스택킹 강습회 - 중앙대학교
2009년 4월 4일	제주도 초중등교원 티볼강습회 - 제주 한라중 / 70명(애니파크 후원)
2009년 4월15일	서울 초중등교원 티볼강습회 - 목동야구장 / 70명(애니파크 후원)
2009년 5월 9일	제3회 한국티볼협회 총재배 전국 초등학교 티볼대회(애니파크 후원)
2009년 5월15일	국민생활체육대축전 뉴스포츠 국제학술세미나 개최 - 중앙대학교
2009년 5월 22 - 24일	전국국민생활체육대축전 뉴스포츠 체험한마당 개최 (국민생활체육회 후원)
2009년 6월 5일	영동대학교 산학협력 체결
2009년 6월 13일	문경시생활체육회 뉴스포츠 체험한마당 운영 - 문경새재 잔디마당
2009년 6월26-28일	부산외국어대학교 뉴스포츠 지도자 강습회(보건복지가족부 후원)
2008년 7월20-24일	뉴스포츠 2급 지도자 연수회(일반연수/자격취득과정) - 중앙대학교
2009년 7월27-31일	서울특별시교육청 특수분야연수기관지정(뉴스포츠 교원 직무연수 주관)
2009년 8월23일	서울시장애인체육회 한강어울림수영건너기행사 -뉴스포츠 체험마당 운영
2009년 9월 4- 5일	강원도립대학 유아체육 지도자 연수회 - 주문진 강원도립대학
2009년 9월19-21일	제63회 일본 전국레크리에이션대회 참가(나가사키)
2009년 9월26일	제4회 한국티볼협회총재배 전국초등학교 티볼대회(국민체육진흥공단후원)
2009년 9-11월	서울시생활체육회 뉴스포츠 종목보급 강습회 - 18회
2009년 9-11월	경기도생활체육회 뉴스포츠 종목보급 강습회 - 18회
2009년 9-11월	충청북도생활체육회 뉴스포츠 종목보급 강습회 - 12회
2009년 10월10일	제2회 한국티볼협회장배 전국 여자중학생 티볼대회(국민체육진흥공단 후원)
2009년 10월31일	제2회 한국뉴스포츠협회장배 전국여자대학생 티볼대회(국민체육진흥공단 후원)
2009년 10월24일	강원도 속초 초중등교원 티볼강습회(한국야구위원회 후원)
2009년 11월 7일	제3회 전국교육대학교 티볼대회(한국야구위원회 후원)
2009년 11월14일	전라북도 전주 초중등교원 티볼강습회(한국야구위원회 후원)
2009년 11월28일	경기도 안양 초중등교원 티볼강습회(한국야구위원회 후원)
2010년 1월22일	아시아티볼연맹 창립(일본, 중국, 대만, 한국대표단)
2010년 2월27일	제1차 티볼 2급 지도자/심판 강습회(자격발급과정)

2010년 3월22일	제2차 티볼 2급 지도자/심판 강습회(자격발급과정)
2010년 3월20-21일	뉴스포츠 2급 지도자 연수회(일반연수/자격취득과정) - 중앙대학교
2010년 4월10일	제주특별자치도 교육청 초중등교원 티볼강습회(애니파크 후원)
2010년 4월17일	학교스포츠클럽 활성화를 위한 초등학교 교사 스포츠강사 티볼강습회
2010년 5월 8일	제5회 한국티볼협회 총재배 전국초등학교 티볼대회(애니파크 후원)
2010년 6월11일	2010 부산 전국생활체육대축전 뉴스포츠 체험한마당(국민생활체육회후원)
2010년 6월19일	2010 비만예방을 위한 건강증진 페스티벌 뉴스포츠 체험한마당(서울시교육청)
2010년 6월19일	제3차 티볼 2급 지도자/심판 강습회-의정부
2010년 6월 24-25일	제18회 전라남도 장애인체육대회 뉴스포츠 체험경기(전라남도장애인체육회)
2010년 6월26일	전라남도 초중등교원 티볼강습회 - 나주초등학교(애니파크 후원)
2010년 6월30일	부산광역시 초중등교원 티볼강습회(부산광역시 교육청 후원)
2010년 7월 5일	대전광역시 교육청 산하 초등학교 티볼강습회(한화 이글스 후원)
2010년 7월 20-23일	뉴스포츠 2급 지도자 연수회(일반연수/자격취득과정) - 중앙대학교
2010년 7월 24-25일	International Tchoukball Instruction / C-coaching Seminar 2010
2010년 7월 26-30일	서울특별시교육청 특수분야연수기관지정(뉴스포츠 교원 직무연수 주관)
2010년 8월 9일	제1회 아시아 티볼선수권 대회 참가-(애니파크후원)-서울오현초 우승
2010년 8월28일- 9월 5일	2010 춘천월드레져 총회 및 경기대회 뉴스포츠 체험한마당 개최
2010년10월 2일	제1회 전국유소년 티볼대회 (사단법인 한국뉴스포츠협회 후원)
2010년10월 9일	제6회 한국티볼협회 총재배 전국초등학교 티볼대회(국민체육진흥공단 후원)
2010년10-11월	2010 서울특별시 생활체육 소외계층을 위한 뉴스포츠 체험마당(서울특별시 후원)
2010년10월10일	2010 세계한민족대축전 뉴스포츠 체험마당(국민생활체육회 후원)
2010년10월22일	서울 학생 7560+뉴스포츠 체험마당-서울광장(서울특별시 교육청 후원)
2010년10월24일	제3회 한국티볼협회장배 전국여자중학생 티볼대회(국민체육진흥공단 후원)
2010년10월30일	제3회 한국뉴스포츠협회장배 전국여자대학생 티볼대회(국민체육진흥공단 후원)
2010년11월 6일	제4회 전국교육대학교 티볼대회-부산 사직야구장(한국야구위원회 후원)
2010년11월 7일	부산,경남 티볼2급 지도자/심판 강습회-김해시
2010년11월13-14일	뉴스포츠 2급 지도자 연수회(단체연수/자격취득과정)-안동대학교
2010년11월20-21일	강원도립대학 유아체육 지도자 연수회 - 주문진 강원도립대학
2010년12월11일	찾아가는 서울시 초중등교원 티볼강습회(국민체육진흥공단 후원)
2010년12월21-23일	제6회 아시아유아체육학회 학술세미나-중앙대학교
2010년12월22-24일	서울시 교육청 창의 인성 교육주간 뉴스포츠 체험마당
2010년12월27일	2010 시즌 한화이글스 겨울 어린이 야구교실 티볼대회
2011년 1월28-30일	뉴스포츠 2급 지도자 연수회(단체연수/자격취득과정) - 광주화정중학교
2011년 1월22일	아시아 티볼연맹 정기총회
2011년 2월18-20일	뉴스포츠 2급 지도자 연수회(단체연수-스포츠강사연합회/자격취득과정)
2011년 2월 24-26일	뉴스포츠 2급 지도자 연수회(단체연수/자격취득과정)-부산용호중학교
2011년 2월 24-27일	2011 내나라여행박람회 뉴스포츠 체험마당 - 코엑스 플레이존
2011년 3월12일	제4차 티볼 2급 지도자/심판 강습회(자격발급과정)
2011년 3월14일	서울시교육청-문화,예술,체육교육 활성화를 위한 업무협약
2011년 3월20일	서울YMCA 티볼 지도자 강습회 - 서울YMCA 서대문지회
2011년 3월 7일	제5차 티볼 2급 지도자/심판 강습회(자격발급과정)
2011년 4-11월	어린이 신체활동화 지원 사업(서울특별시 자치구 보건소)
2011년 4월 9일	서울특별시, 경기도 특수학교 교원 티볼강습회(애니파크 후원)
2011년 4월30일	제2회 아시아 티볼선수권 대회 - 서울 COEX D홀(국민체육진흥공단 후원)
2011년 5월 7일	제7회 한국티볼협회 총재배 전국초등학교 티볼대회 (애니파크 후원)

2011년 5월14일	한마음마라톤대회(뚝섬 한강공원)
2011년 5월26-28일	2011 대한민국 청소년 박람회(대전컨벤션센터)
2011년 6월 2- 3일	전남장애인체육대회(전남 화순)
2011년 6월25일	제6차 티볼 2급 지도자/심판 강습회(자격발급과정)
2011년 6월20-23일	경기도생활체육회 월례강좌 뉴스포츠2급 연수(양지파인리조트)
2011년 7월16-17일	International Tchoukball Instruction C-coaching Seminar in Korea 2011
2011년 7월19-22일	뉴스포츠 2급 지도자 연수회(일반연수/자격취득과정) - 중앙대학교(안성)
2011년 7월25-29일	서울특별시교육청 특수분야연수기관지정 - 뉴스포츠 교원 직무연수 주관
2011년 7월30-31일	스포찬 2급 연수 및 국제대회(오현초등학교)
2011년 8월 5- 6일	티볼 1 / 2급 지도자 및 심판 강습회
2011년 9월 1- 3일	Sendex 2011(KINTEX)
2011년 9월25일	시민생활체육 건강가족축제(여의도 한강공원)
2011년 9월30일-10월 4일	2011 대한민국 스포츠과학 박람회(태백 고원체육관)
2011년10월 8일	사랑밭 장애인&가족 가을운동회(인천문학경기장)
2011년10월15일	서울 스포츠의 날(한국체육대학교)
2011년10월22-23일	제5회 현대중공업 평생학습축제 뉴스포츠 체험마당(울산)
2011년10월22-30일	뉴스포츠 2급 지도자 연수(일반연수/자격취득과정)-울산남목초등학교
2011년10월24일	제4회 한국뉴스포츠협회장배 전국여자대학생 티볼대회(목동주경기장)
2011년11월11-13일	아시아퍼시픽 대학생 츄크볼 대회
2011년 11월26일	제8회 한국티볼협회 총재배 전국초등학교 티볼대회(구로동 4개 학교)
2011년 12월 3일	제4회 한국티볼협회장배 전국여자중학생 티볼대회(목동주경기장)
2012년 1월 8일	티볼2급 지도자 / 심판 자격 연수(호원대학교)
2012년 1월12일	사)한국뉴스포츠협회 강원도 지부 현판식
2012년 1월14일	티볼 2급 지도자/심판 연수(대구 계명대학교)
2012년 2월 4일	티볼 2급 지도자/심판 연수(울산 한마음회관)
2012년 2월 4-12일	뉴스포츠 2급 지도자 연수(일반연수/자격취득과정) - 금오초등학교
2012년 2월11-19일	뉴스포츠 2급 지도자 연수(일반연수/자격취득과정) - 춘천교육대학교
2012년 3월10-11일	뉴스포츠 2급 지도자 연수(일반연수/자격취득과정) - 안동대학교
2012년 3월24일- 4월14일	뉴스포츠 2급 지도자 연수(일반연수/자격취득과정) - 남서울대학교
2012년 3월24-25일	현대중공업 평생학습축전 체험마당(울산 한마음회관)
2012년 3월31일	티볼 2급 지도자/심판 연수(목동주경기장)
2012년 4월14일	티볼 2급 지도자/심판 연수(목동주경기장)
2012년 4월21일	티볼 2급 지도자/심판 연수(광명 광문초등학교)
2012년 4월28-29일	뉴스포츠 2급 지도자 연수(일반연수/자격취득과정) - 광주송우초등학교
2012년 5월 4- 5일	뉴스포츠 2급 지도자 연수(일반연수/자격취득과정) - 전남대학교
2012년 5월13일	티볼 2급 지도자/심판 연수(선문 대학교)
2012년 5월17일	서울 중구 장애인의날 뉴스포츠 체험마당-장충단공원
2012년 5월19일	서울 YWCA 가족건강 걷기대회 뉴스포츠 체험마당-상암월드컵공원
2012년 5월20일	티볼 2급 지도자/심판 연수(광주 서림초등학교)
2012년 5월28일	티볼 2급 지도자/심판 연수(NC 다이노스, 마산대학교)
2012년 5월26-28일	뉴스포츠 2급 지도자 연수(일반연수/자격취득과정) - 울산 남목초등학교
2012년 5월30- 1일	전라남도 장애인 체육대회(뉴스포츠 체험마당, 대회)나주시 다목적체육관
2012년 6월 2일	티볼 2급 지도자/심판 연수(경남 김해 화포천체육공원)
2012년 6월 2-3일	뉴스포츠 2급 지도자 연수(일반연수/자격취득과정) - 순천 청암대학교
2012년 6월 6일	티볼 2급 지도자/심판 연수(계명대,대구 교육 대학교)

2012년 6월 9일	제 9회 사단법인 한국티볼협회장배 전국 초등학생 티볼대회
2012년 6월 9-10일	뉴스포츠 2급 지도자 연수(일반연수/자격취득과정) 울산과학대학교
2012년 6월10일	티볼 2급 지도자/심판 연수(단국 대학교)
2012년 6월23일	티볼 2급 지도자/심판 연수(울산 남목초등학교)
2012년 6월23일	서울시교육청 댄스 페스티벌 뉴스포츠 체험마당 - 잠실 학생 체육관
2012년 6월 30- 1일	국제츄크볼 연맹(FITB) 지도자,레프리 연수 - 서울 교육 대학교
2012년 7월 2- 4일	뉴스포츠 2급 지도자 연수(일반연수/자격취득과정) - KBS 88체육관
2012년 7월 5일	티볼 2급 지도자/심판 연수(KBS 88체육관)
2012년 7월 6일	남부교육청 직무 연수(서울 영문초등학교)
2012년 7월11일	서울 상지초등학교 체험마당-서울 상지초등학교
2012년 7월 7-15일	뉴스포츠 2급 지도자 연수(일반연수/자격취득과정)-충북 청주대학교
2012년 7월14-15일	대한민국 레저스포츠 페스티벌-율포해수욕장(대한레저스포츠협의회)
2012년 4월 1일- 7월27일	뉴스포츠 2급 지도자 연수(직무연수/자격취득과정)-가온 초등학교(1기)
2012년 7월30- 8월 2일	뉴스포츠 2급 지도자 연수(직무연수/자격취득과정)-가온 초등학교(2기)
2012년 8월11-12일	티볼 1급,2급 지도자/심판 연수(대구 경상중학교)
2012년 8월16일	2012 교육청관계자 강변 뉴스포츠 체험행사 뉴스포츠 체험한마당
2012년 8월24-28일	2012 춘천월드레져 총회 및 경기대회 뉴스포츠 체험한마당
2012년 9월15일	2012 학교 체육교사 강변 체험행사 뉴스포츠체험한마당
2012년 9월22일	2012 학교 체육교사 강변 생활체육 뉴스포츠체험한마당
2012년10월14-28일	뉴스포츠 2급 지도자 연수(일반연수/자격취득과정) - 선문대학교
2012년10월20-28일	뉴스포츠 2급 지도자 연수(일반연수/자격취득과정) - 의정부 영석고등학교
2012년11월 3일	제 5회 사단법인 한국뉴스포츠협회장배 전국 여자대학생 티볼대회
2012년11월10-11일	2012 전국학교스포츠클럽 티볼대회 - 대구 율하체육공원
2012년11월10일	2012 서울특별시장애인생활체육대회 - 잠실보조경기장
2012년 11월 16-17일	뉴스포츠 2급 지도자 연수(일반연수/자격취득과정)-동서대학교
2012년 11월 15-17일	2012년 방과후 학교 컨텐츠페어 뉴스포츠 체험한마당-일산 킨텍스
2012년 11월18일	티볼 2급 지도자/심판 연수(의정부 영석고등학교)
2012년 11월 8-21일	2012 생활체육프로그램 개발종목 지도자 강습회-경북 마우나오션리조트
2012년 11월18일	2040 체육인 한마당 뉴스포츠 체험마당-한국체육대학교 운동장
2012년 11월 24 -25일	뉴스포츠 2급 지도자 연수(일반연수/자격취득과정)-목포대학교
2012년 12월 8 -16일	뉴스포츠 2급 지도자 연수(일반연수/자격취득과정)-제주고등학교
2012년 12월10일	서울 상지초등학교 체험마당-서울 상지초등학교
2012년 12월16일	츄크볼 지도자 연수회-서울교육대학교
2013년 1월12일	티볼 2급 지도자/심판 연수(서울오현초등학교)
2013년 1월14-18일	세종시 직무연수-연기도원초등학교
2013년 1월 21 - 23일	뉴스포츠 2급 지도자 연수(일반연수/자격취득과정)-KBS 88체육관
2013년 1월 19 - 27일	2013 제1차 지부 강사 뉴스포츠 1급 지도자 연수-한국교원대학교
2013년 1월 25일	경상대학교 티볼 단체연수-경상대학교
2013년 1월26일- 2월3일	뉴스포츠 2급 지도자 연수(일반연수/자격취득과정)-영석고등학교
2013년 2월23- 3월 2일	뉴스포츠 2급 지도자 연수(일반연수/자격취득과정)-충북 한국교원대학교
2013년 3월 16-24일	뉴스포츠 2급 지도자 연수(일반연수/자격취득과정)-광주 적십자회관 수련원
2013년 3월 16-23일	유소년 뉴스포츠 지도자 연수(자격취득과정)-상도교회교육관
2013년 3월 24일	티볼 2급 지도자 연수회(충북)-한국교원대학교 체육관
2013년 3월 30일	츄크볼 3급 지도자 연수회(자격취득과정)-진성고등학교
2013년 3월 31일	티볼 2급 지도자 연수(경남)-김해 관동초등학교

2013년 4월 6일	뉴스포츠 2급 지도자 연수 (단체연수)-충남 선문대
2013년 4월 7일	티볼 2급 지도자 연수(전남)-목포대학교 체육관
2013년 4월 14일	티볼 2급 지도자 연수(광주)-광주 금당중학교
2013년 4월 21일	2013 서울시교육감배 학교스포츠클럽 티볼대회 심판 강습회-광문중학교
2013년 4월20-28일	뉴스포츠 2급 지도자 연수(일반연수/자격취득과정)-의정부 영석고
2013년 5월11-12일	뉴스포츠 2급 지도자 연수(제주)-제주고등학교 체육관
2013년 5월11일	뉴스포츠 농아인 체육대회-중랑물재생센터
2013년 5월12일	티볼 2급 지도자 연수회(서울)-서울 대림초등학교
2013년 5월18-19일	위덕대학교 단체연수-위덕대학교
2013년 5월18-19일	뉴스포츠 2급 지도자 연수(충남)-선문대학교 체육관
2013년 5월21-22일	전남 장애인 체육대회 - 구례
2013년 5월23-25일	제9회 대한민국 청소년박람회 뉴스포츠체험마당 - 송도 컨벤시아
2013년 5월25-26일	대학 단체연수 (영동대학교)
2013년 5월25일	티볼 2급 지도자 연수(부산교육대학교)
2013년 5월25-26일	티볼 심판강습회 (서울 대림초등학교)
2013년 5월25-26일	뉴스포츠 2급 지도자 연수(일반연수/자격취득과정)-전북 호원대학교
2013년 5월29일	부산과학기술대학교 츄크볼 단체연수-부산과학기술대학교
2013년 6월 1일	제 10회 사단법인 한국티볼협회장배 전국 초등학생 티볼대회 - 여주대학교
2013년 6월 2일	티볼 심판 연수회(마루야마 특별 강의) - 서울 문래초등학교
2013년 6월1-2일	뉴스포츠 2급 지도자 연수(일반연수/자격취득과정)
2013년 6월15-16일	뉴스포츠 2급 지도자 연수(일반연수/자격취득과정) - 한양대부속중학교
2013년 6월23일	뉴스포츠 2급 지도자 연수(일반연수/자격취득과정) - 문현중학교
2013년 6월23일	티볼 2급 심판 연수회(전남)-목포대학교 체육관 및 운동장
2013년 6월29-30일	뉴스포츠 2급 지도자 연수(경남)-마산대학교 체육관
2013년 6월24-25일	나사렛대학교 단체연수-나사렛대학교
2013년 7월18일	티볼 2급 지도자 연수(단체연수/자격취득과정)-인천스포츠강사(부평남초)
2013년 7월25일	뉴스포츠 2급 지도자 연수(일반연수/자격취득과정)-서울 신흥초교
2013년 8월11일	뉴스포츠 2급 지도자 연수(일반연수/자격취득과정)- (제주) 애월읍체육관
2013년 8월11일	티볼 2급 지도자 연수(일반연수/자격취득과정)-(울산) 한마음회관
2013년 8월13일	뉴스포츠 2급 지도자 연수(단체연수/자격취득과정)-부산외대
2013년 8월13일	뉴스포츠 2급 지도자 연수(단체연수/자격취득과정)-대전스포츠강사
2013년 8월14일	티볼2급 지도자 연수(일반연수/자격취득과정)-경기도장애인체육회- 한신대
2013년 8월24일	티볼 특별 강습회-(서울) 목동운동장
2013년 9월 1일	뉴스포츠 2급 지도자 연수(일반연수/자격취득과정)-전남 성남초
2013년 9월 7일	꿈 나르샤 뉴스포츠 체험마당(서울 공릉중학교)
2013년 9월 8일	티볼2급 지도자 연수(일반연수/자격취득과정)-경기 광문초
2013년 9월 8일	티볼2급 지도자 연수(일반연수/자격취득과정)- 광주 조선대학교
2013년 9월15일	뉴스포츠 2급 지도자 연수(일반연수/자격취득과정)-(울산) 한마음체육관
2013년 9월29일	뉴스포츠 2급 지도자 연수(단체연수/자격취득과정)-천안 상명대
2013년10월 4일	츄크볼 2급 지도자 연수(자격취득과정)-부산과학기술대
2013년10월 5일	티볼 2급 지도자연수(일반연수/자격취득과정)-제주 애월체육관
2013년10월 5일	티볼 2급 심판연수(일반연수/자격취득과정)-제주 애월체육관
2013년10월 6일	티볼 2급 심판연수(자격취득과정)-부산과학기술대
2013년10월 6일	티볼 2급 지도자연수(일반연수/자격취득과정) - 전남 순천성남초
2013년10월 6일	뉴스포츠 2급 지도자 연수(일반연수/자격취득과정) - 광주 진제초교

2013년10월13일	뉴스포츠 2급 지도자 연수(단체연수/자격취득과정) - 대구 카톨릭대
2013년10월20일	티볼2급 지도자연수(단체연수/자격취득과정) - 부산여대
2013년10월20일	티볼2급 심판연수(일반연수/자격취득과정) - 경기 의정부영석고
2013년10월27일	티볼2급 지도자연수(일반연수/자격취득과정) - 경남 장유중
2013년11월 1일	티볼2급 지도자연수(단체연수/자격취득과정) - 동서대
2013년11월 1일	티볼 2급 지도자연수(단체연수/자격취득과정) - 서울시 장애인체육회
2013년11월10일	뉴스포츠 2급 지도자연수(단체연수/자격취득과정) - 충북 청주대
2013년11월10일	티볼 2급 지도자연수(단체연수/자격취득과정) - 경남 진주평초교
2013년11월15일	티볼강습회 - 강원도 횡성실내체육관
2013년11월15-16일	뉴스포츠 2급 지도자연수(단체연수/자격취득과정) - 부산과학기술대
2013년11월17일	티볼 2급 심판연수(일반연수/자격취득과정) - 울산 한마음회관
2013년11월21-22일	국제 츄크볼 연맹 (FITB)지도자 연수
2013년11월22-24일	2013 아시아 태평양 대학생 츄크볼 대회
2013년11월30일/12월 8일	뉴스포츠 2급 지도자 연수(일반연수/자격취득과정) - 호원대
2013년12월 6- 7일	뉴스포츠 2급 지도자연수(단체연수/자격취득과정) - 충청대학교
2013년12월14-15일	뉴스포츠 2급 지도자연수(단체연수/자격취득과정) - 목포대학교
2013년12월21-22일	뉴스포츠 2급 지도자연수(단체연수/자격취득과정) - 화성 매성초교
2013년12월22일	티볼 2급 지도자연수(일반연수/자격취득과정) - 서울 거원초교
2013년12월27-29일	뉴스포츠 2급 지도자연수(단체연수/자격취득과정) - 서울 거원초교
2014년 1월 5일	티볼 2급 심판연수(일반연수/자격취득과정) - 전남 목포대학교
2014년 1월20일	티볼 2급 지도자연수(일반연수/자격취득과정) - 양산 양주초등학교
2014년 1월25-27일	뉴스포츠 2급 지도자연수(일반연수/자격취득과정) - 경기 광주고등학교
2014년 2월 9일	티볼2급 지도자연수(일반연수/자격취득과정) - 전남 목포대학교
2014년 2월16일	티볼2급 지도자연수(일반연수/자격취득과정) - 경기 안산원곡고교
2014년 2월23일	티볼2급 지도자연수(일반연수/자격취득과정) - 대전 충남여중
2014년 2월24-27일	뉴스포츠 2급 지도자연수(일반연수/자격취득과정) - 충북 다사랑체육관
2014년 2월23일	뉴스포츠 2급 지도자연수(일반연수/자격취득과정) - 전남 목포대학교
2014년 3월 1- 2일	뉴스포츠 2급 지도자연수(단체연수/자격취득과정) - 구미 장애인체육센터
2014년 3월 8일	티볼 2급 지도자 연수(일반연수/자격취득과정) - 울산한마음회관
2014년 3월 8일~9일	뉴스포츠 2급 지도자연수(일반연수/자격취득과정) - 경남 마산대학교
2014년 3월 16일	티볼 2급 심판연수(일반연수/자격취득과정) - 충북다사랑학생체육관
2014년 3월 23일	티볼 2급 지도자 연수 (일반연수/자격취득과정) - 충북다사랑학생체육관
2014년 3월 23일	티볼 2급 심판연수(일반연수/자격취득과정) - 서울 거원초등학교
2014년 3월 22일~23일	뉴스포츠 2급 지도자연수(일반연수/자격취득과정) - 강원 춘천교육대학교
2014년 3월 22일~23일	뉴스포츠 2급 지도자연수(일반연수/자격취득과정) - 광주 진제초등학교
2014년 3월 30일	츄크볼 3급 지도자연수(일반연수/자격취득과정) - 서울 거원초등학교
2014년 4월 5일~6일	뉴스포츠 2급 지도자연수(일반연수/자격취득과정) - 의정부 영석고등학교
2014년 4월 6일	티볼 2급 지도자연수(일반연수/자격취득과정) - 광주 조선대학교
2014년 4월 13일	티볼 2급 지도자연수(일반연수/자격취득과정) - 경남 관동초등학교
2014년 4월 20일	티볼 2급 지도자연수(일반연수/자격취득과정) - 서울 거원초등학교
2014년 4월 27일	티볼 2급 지도자연수(일반연수/자격취득과정) - 천안 신안초등학교
2014년 5월 10일	티볼 2급 지도자연수(일반연수/자격취득과정) - 제주고등학교
2014년 5월 10일	티볼 2급 지도자연수(단체연수/자격취득과정) - 남부대학교
2014년 5월10~16일	뉴스포츠 2급 지도자연수(일반연수/자격취득과정) - 제주고등학교
2014년 5월 16~17일	뉴스포츠 2급 지도자연수(단체연수/자격취득과정) - 대진고등학교

2014년 5월 17~25일	뉴스포츠 2급 지도자연수(일반연수/자격취득과정) - 전북 호원대학교
2014년 5월 24일~25일	뉴스포츠 2급 지도자연수(단체연수/자격취득과정) - 선문대학교
2014년 6월 1일	츄크볼 3급 지도자연수(일반연수/자격취득과정) - 전남 목포대학교
2014년 6월 1일	스포츠스태킹 지도자연수(일반연수/자격취득과정) - 전남 목포대학교
2014년 6월 6일	티볼 2급 심판연수(일반연수/자격취득과정) - 대진대학교
2014년 6월 7~8일	뉴스포츠 2급 지도자연수(단체연수/자격취득과정) - 국제사이버대학교
2014년 6월 14~15일	뉴스포츠 2급 지도자연수(단체연수/자격취득과정) - 충남 남서울대학교
2014년 6월 14~22일	뉴스포츠 2급 지도자연수(일반연수/자격취득과정) - 서울 성수고등학교
2014년 6월 20일	뉴스포츠 2급 지도자연수(단체연수/자격취득과정) - KBS 아카데미
2014년 6월 24일~25일	뉴스포츠 2급 지도자연수(단체연수/자격취득과정) - 부산과학기술대학교
2014년6월 30일~7월 1일	뉴스포츠 2급 지도자연수(단체연수/자격취득과정) - 경기대학교
2014년 6월 29일	티볼 2급 지도자연수(일반연수/자격취득과정) - 김해 관동초등학교
2014년 6월30일~7월1일	뉴스포츠 2급 지도자연수(단체연수/자격취득과정) - 부산외대
2014년 7월 2일	티볼 2급 지도자연수(단체연수/자격취득과정) - 부산외국어대학교
2014년 7월 26일	티볼 2급 지도자연수(일반연수/자격취득과정) - 울산 한마음체육관
2014년 7월 26일	티볼 2급 지도자연수(일반연수/자격취득과정) - 충북 청주농업고교
2014년 7월 27일	티볼 2급 심판연수(일반연수/자격취득과정) - 충북 청주농업고교
2014년 8월 10일	티볼 1급 지도자연수(심화연수/자격취득과정) - 선문대학교
2014년 8월 17일	티볼 2급 지도자연수(일반연수/자격취득과정) - 서울 거원초등학교
2014년 8월 16~24일	뉴스포츠 2급 지도자연수(일반연수/자격취득과정) - 울산한마음체육관
2014년 8월 23일	티볼 2급 지도자연수(일반연수/자격취득과정) - 부산과학기술대학교
2014년 8월 24일	티볼 2급 지도자연수(일반연수/자격취득과정) - 전남 목포대학교
2014년 8월 14~17일	뉴스포츠 2급 지도자연수(일반연수/자격취득과정) - 유리체육공원
2014년 8월 23~31일	뉴스포츠 2급 지도자연수(일반연수/자격취득과정) - 상지초등학교
2014년 8월 14~17일	뉴스포츠 2급 지도자연수(일반연수/자격취득과정) - 충북체육공원
2014년 9월 28일	티볼 2급 지도자연수(일반연수/자격취득과정) - 의정부 영석고교
2014년 9월 28일	티볼 2급 지도자연수(단체연수/자격취득과정) - 부산외국어대학교
2014년 10월 3일	티볼 2급 심판연수(일반연수/자격취득과정) - 의정부영석고등학교
2014년 10월 9일	티볼 2급 지도자연수(단체연수/자격취득과정) - 부산여자대학교
2014년 10월 9일~12일	뉴스포츠 2급 지도자연수(단체연수/자격취득과정) - 제주대학교
2014년 10월 18일	제1회 국회의장배 여자중학생 티볼대회 - 국회의사당
2014년 10월 25일~26일	뉴스포츠 2급 지도자연수(단체연수/자격취득과정) - 경남정보대
2014년 10월 25일~26일	2014 전국학교스포츠클럽 티볼대회 - 경주축구공원
2014년 10월 26일	티볼 2급 지도자연수(단체연수/자격취득과정) - 경남 관동초등학교
2014년 10월 31일	티볼 2급 지도자연수(단체연수/자격취득과정) - 부산과학기술대
2014년 11월1일~8일	학교폭력예방 선도학교 사제동행 뉴스포츠교실 - 동국대부속고교
2014년 11월 15일~22일	흡연예방 선도학교 사제동행 뉴스포츠교실 - 동국대부속고등학교
2014년 11월 16일	뉴스포츠 2급 지도자연수(단체연수/자격취득과정) - 경주 동국대
2014년 11월 17일	뉴스포츠 2급 지도자연수(단체연수/자격취득과정) - KBS
2014년 11월 17일	티볼 2급 지도자연수(단체연수/자격취득과정) - KBS
2014년 11월 15일~23일	뉴스포츠 2급 지도자연수(일반연수/자격취득과정) - 인천대학교
2014년 11월 24일	뉴스포츠 2급 지도자연수(단체연수/자격취득과정) - 충북 영동대학교
2014년 11월 30일	티볼 2급 지도자연수(일반연수/자격취득과정) - 서울 거원초등학교
2014년 12월 7일	뉴스포츠 2급 지도자연수(단체연수/자격취득과정) - 대구카톨릭대
2014년 12월 7일	뉴스포츠 2급 지도자연수(단체연수/자격취득과정) - 경남 위덕대

2014년 12월 7일	뉴스포츠 2급 지도자연수(단체연수/자격취득과정) - 충북 충청대
2014년 12월 19일	티볼 2급 지도자연수(일반연수/자격취득과정) - 전북 비전대학교
2014년 12월 20일	뉴스포츠 2급 지도자연수(단체연수/자격취득과정) - 명지대학교
2014년 12월 20일	뉴스포츠 2급 지도자연수(일반연수/자격취득과정) - 전남 산산초교
2014년 12월 21일	뉴스포츠 2급 지도자연수(단체연수/자격취득과정) - 부산여대,외대
2015년 1월 12일~28일	경기도교육청 교직원 연수(단체연수/자격취득과정) - 경기도9개권역
2015년 1월 10일~18	뉴스포츠 2급 지도자연수(일반연수/자격취득과정) - 김해관동초교
2015년 1월 18일	티볼 2급 심판연수(일반연수/자격취득과정) - 제주 도리초교
2015년 1월 18일	뉴스포츠 2급 지도자연수(일반연수/자격취득과정) - 제주도리초교
2015년 1월 24일	티볼 2급 심판 연수(일반연수/자격취득과정) - 전남 화순초등학교
2015년 1월 26일~29일	뉴스포츠 2급 지도자연수(일반연수/자격취득과정) - 충북체육공원
2015년 1월 30일	티볼 2급 지도자연수(일반연수/자격취득과정) - 충북체육공원
2015년 1월 30일~31일	뉴스포츠 2급 지도자연수(단체연수/자격취득과정) - 동덕여자대학교
2015년 2월 7일~15일	뉴스포츠 2급 지도자연수(일반연수/자격취득과정) - 경기 영석고교
2015년 2월 14일	티볼 2급 지도자연수(일반연수/자격취득과정) - 전남 나주남평초교
2015년 2월 24일~25일	뉴스포츠 2급 지도자연수(단체연수/자격취득과정) - 충남기민중학교
2015년 2월 24일~25일	뉴스포츠 2급 지도자연수(단체연수/자격취득과정) - 경기 해솔학교
2015년 2월 24일~26일	뉴스포츠 2급 지도자연수(일반연수/자격취득과정) - 전남 나주남평초교
2015년 3월 1일	티볼 2급 지도자연수(일반연수/자격취득과정) - 울산 한마음체육관
2015년 3월 7일~15일	뉴스포츠 2급 지도자연수(일반연수/자격취득과정) - 서울 성수고교
2015년 3월 8일	티볼 2급 지도자연수(일반연수/자격취득과정) - 서울 거원초교
2015년 3월 8일	티볼 2급 지도자연수(일반연수/자격취득과정) - 경남 경상대학교
2015년 3월 15일	티볼 2급 심판연수(일반연수/자격취득과정) - 서울 거원초등학교
2015년 3월 29일	티볼 2급 지도자연수(일반연수/자격취득과정) - 경기 수원고색초교
2015년 4월 5일	츄크볼 3급 지도자연수(일반연수/자격취득과정) - 서울 관악중학교
2015년 4월 5일	티볼 2급 심판연수(일반연수/자격취득과정) - 경기 안양덕천초교
2015년 4월 11일~19일	뉴스포츠 2급 지도자연수(일반연수/자격취득과정) - 서울 관악중학교
2015년 4월 18일~19일	뉴스포츠 2급 지도자연수(단체연수/자격취득과정) - 울산대학교
2015년 4월 18일~19일	뉴스포츠 2급 지도자연수(단체연수/자격취득과정) - 대구카톨릭대
2015년 4월 25일	티볼 2급 지도자연수(일반연수/자격취득과정) - 서울 관악중학교
2015년 4월 26일	티볼 2급 지도자연수(일반연수/자격취득과정) - 광주 조선이공대
2015년 5월 2일~3일	뉴스포츠 2급 지도자연수(단체연수/자격취득과정) - 전북 호원대
2015년 5월 23일~24일	뉴스포츠 2급 지도자연수(일반연수/자격취득과정) - 나주 남평초등학교
2015년 5월 31일	티볼 2급 지도자연수(일반연수/자격취득과정) - 전북 비전대학교
2015년 6월 4일~5일	뉴스포츠 2급 지도자연수회(일반연수/자격취득과정) - 충남 생활체육회
2015년 6월 6일	티볼 2급 지도자연수(일반연수/자격취득과정) - 광주 마재초등학교
2015년 6월 12일~14일	뉴스포츠 2급 지도자연수(단체연수/자격취득과정) - 청주대학교

<부록 2>

1) 칼럼 1 : 뉴스포츠 실천의 필요성과 그 효과

[학교 체육의 새바람, 뉴스포츠 '각광']

체육 교육과정이 경기종목 중심으로 채워져 있다는 교육계 안팎의 지적에 따라 흥미 유발과 동시에 성장발달에 도움을 줄 수 있도록 기존 종목을 변형 또는 혼합한 이른바 '뉴(New) 스포츠'가 각광을 받고 있다.

OO중 양OO교사는 "통일된 규격과 딱딱한 룰이 적용되는 기존 경기종목과 달리 규칙이 유연하고 게임이 간결해선지 아이들이 쉽게 배우고 즐거워들 한다"며 "특기 · 적성 교육과 맞물린 방과 후 자율활동에도 확대, 적용될 수 있는 것이 또 다른 장점"이라고 밝혔다.

이OO교사는 "학생들의 체격은 향상된 반면 체력은 자꾸만 떨어지고, 강당이나 체육관 보급이 늘면서 운동장마저 협소화되고 있는 것이 요즘 학교의 현실"이라며 "뉴스포츠야말로 시간, 장소에 구애받지 않고 학생들의 생활체육을 활성화시키고 운동부족을 해결하는 대안이 될 수 있을 것"이라고 밝혔다. SOO기자 g***@newsis.com

["학교체육 뉴스포츠가 대안"]

국제적으로 규격이 통일된 기존의 스포츠와 달리 규칙이 유연하고 게임이 간결해 누구나 즐길 수 있는 새로운 형태의 스포츠를 이르는 뉴스포츠는 학생 스스로가 자신의 특기종목을 개발해 즐길 수 있고 체육 동아리를 활성화시켜 특기·적성교육과 연계한 방과 후 자율 체육활동을 확대할 수 있어 체육수업의 내실화를 위한 대안으로 평가되고 있다.

〈중략〉 "뉴스포츠야말로 학생들의 생활체육을 활성화시키고 운동부족을 해결하는 대안이 될 수 있을 것"이라고 말했다.

[제주: 학교체육수업이 새롭게 변모되고 있다!]

〈전략〉 2009년부터 단계적으로 적용되는 교육과학기술부의 2007년 개정 교육과정에는 뉴스포츠가 도입되어 있으며, 새로운 교육과정에서의 체육교과는 운동기능중심 교육과정에서 신체활동가치중심 교육과정으로 전환되므로 초 · 중등체육(담당)교사들에게 뉴스포츠의 보급이 필요하고 이를 통한 체육수업의 질 개선의 토대 마련은 물론, 학교체육교육이 크게 활성화가 될 것이며, 점차 제주도내 초 · 중등학교 체육수업에 적용하는 학교가 점차 증가될 것으로 예상된다.

따라서 저하되고 있는 학생들의 체력을 향상시키기 위한 방안으로 학생들이 흥미를 가지고 보다 쉽게 운동기능을 습득하고 활용할 수 있는 뉴스포츠의 보급이 필요한 시점에 찾아가는 연수로 체육수업을 변모시키려는 시도는 매우 시의적절하다 하겠다.

2) 칼럼 2. 뉴스포츠 연수 후기

무엇보다 충격 그 자체였다. 늘 정형화된 규칙과 제도 속에서만 경험했고 또 지도 해왔던 스포츠를 벗어나 전혀 새로운 개념의 다양한 스포츠들을 접하게 됨으로써 닫혀있던 눈이 시원하게 떠지는 느낌이었다.

이런 뉴스포츠가 우리 교육 현장으로 도입된다면, 지금까지 여자이기 때문에 잘하지 못했건, 남자이지만 기능이 낮아서 어울리지 못했던 우리 아이들까지도 즐겁게 수업에 참여할 수 있다는 확신이 들었다. 특히 정해진 규칙이 없으므로 언제든지 아이들끼리 새로운 규칙을 정하고 변경하면서 누구든지 참여하여 자신의 능력을 마음껏 발산할 수 있을 것 같다(권OO, OO초등학교).

인내, 끈기, 경쟁을 목표로 하는 근대스포츠와 달리 즐거움, 기쁨, 재미를 목표로 하는 뉴스포츠가 학교체육의 문제에 대한 명쾌한 답이 될 것으로 믿는다.

다양한 뉴스포츠 종목을 현재의 체육수업에 적용하면 더 이상 체육시간을 단순히 노는 시간이 아닌 즐거움, 협동심, 배려심, 그리고 자아성취를 느낄 수 있도록 만드는 것이 우리 교사들의 소명이 아닐까 싶다(김oo. oo초등학교) .

기능이 우수한 학생, 남학생 위주의 체육 수업이 진행되다 보니 자연적으로 기능이 낮은 학생과 여학생은 뒤로 빠져서 구경을 하거나 흥미를 잃어버리는 경우가 많이 생겼는데, 이번에 접한 뉴스포츠 강습회 직무연수가 이런 문제점을 해결할 수 있는 좋은 방법이라고 생각한다. 〈중략〉 실제 수업에 어떻게 적용할 수 있을 것인지, 그리고 어떤 종목을 적용해 볼 것인지 구안할 수 있게 한 좋은 시간이었다.

물론 아직 대중화가 되어 있지 않아 쉽게 접하기가 어려우며, 장비의 고가로 인해 보급이 잘 되어 있지 않은 점, 그리고 배울 수 있는 기회가 부족한 것은 앞으로 우리 모두가 해결해야 될 문제라고 생각한다(양**, **초등학교).

올해 들어 교직 기간 중 처음으로 체육 교과 담당을 맡게 되면서 평소에 잊고 지냈던 체육 활동에 대한 고민을 하게 되었다. 그 고민은 다름 아닌'좀 더 친근하게 와 닿을 수 있는 체육 활동과 교수 방법'에 대한 것이었다. 그러한 물음에 대한 해답을 이번 '대구초등 뉴스포츠 연구회'에 참여하게 되면서 실마리를 찾게 되었다.

지난 4월 티볼 강습회 참가를 시작으로 뉴스포츠 활동을 1학기 동안 티볼 한 종목을 실제 수업 과정에 적용시켜보면서 체육 활동에 대한 학생들의 흥미와 즐거움을 얻을 수 있음과 동시에, 체육 활동에 쉽게 다가가게 할 수 있었으며 무엇보다도'즐길 수 있는 체육'을 할 수 있었다는 점이 가장 인상적이었다(최##, ##초등학교).

<부록 3>

1) 2015년도 전국학교스포츠클럽대회 종목현황(23개 종목)

ㅇ 예산지원 종목 19개, 대회명칭 사용 종목 4개 중 뉴스포츠 9개 종목 선정
(대한체육회 가맹경기단체 9개, 국체회 전국종목별연합회 8개, 기타 6개)

구분	연번	종 목	종목별 주관단체 대한체육회 가맹 경기단체 (대한체육회관리)	국민생활체육회전국종목별연합회 (국체회 관리)	기타단체 (대한체육회 관리)
예산 지원 종목	1	넷볼(뉴)			(사)한국넷볼협회
	2	농 구	대한농구협회(사)		
	3	배 구	대한배구협회(사)		
	4	배드민턴	대한배드민턴협회(사)		
	5	소프트볼	대한소프트볼협회(사)		
	6	야구(연식)			한국야구연맹
	7	족 구		국민생활체육전국족구연합회	
	8	줄넘기(뉴)		국민생활체육전국줄넘기연합회	
	9	창작댄스			(사)한국문화예술진흥회
	10	축 구	대한축구협회(사)		
	11	탁 구	대한탁구협회(사)		
	12	킨볼			한국킨볼협회
	13	티 볼(뉴)			(사)한국뉴스포츠협회
	14	풋 살		국민생활체육전국풋살연합회	
	15	플라잉디스크(뉴)		국민생활체육전국플라잉디스크연합회	
	16	플로어볼(뉴)			(사)대한플로어볼협회
	17	피구(뉴)		국민생활체육전국피구연합회	
	18	핸드볼	대한핸드볼협회(사)		
	19	빙상(쇼트트랙)	대한빙상경기연맹		
	소계	19종목	8단체	6단체	5단체
대회 명칭 사용 종목	1	검도	대한검도회		
	2	국학기공		국민생활체육회 전국국학기공연합회	
	3	치어리딩		국민생활체육회등록단체 (사)대한치어리딩협회	
	4	프리테니스		국민생활체육전국프리테니스연합	
	소계	4종목	1단체	2단체	1단체
	계	23종목	9단체	8단체	6단체

뉴스포츠의 교육적 의미

경상대학교 **이병준***

* 이번 원고를 의뢰받고 이 주제를 다룰 자격이 있는지 등의 여부 때문에 많이 망설였다. 고민 끝에 청탁을 수락하였다. 글을 새롭게 쓰기도 하고, 기존의 발표했던 내용을 정리 편집하는 방식으로 원고를 마감했다. 뉴스포츠를 열심히 가르쳤던 체육교사, 각종 연수의 강사로서 뉴스포츠를 보급했던 연수강사, 뉴스포츠에 대한 책을 집필하고, 뉴스포츠에 관한 연구를 수행했던 연구자로서, 다시금 뉴스포츠에 대한 애정을 확인하고, 뉴스포츠 운동에 대한 책임감을 느끼게 되었다. 본 글은 류태호, 이병준(2006) 뉴스포츠의 개념과 교육적 의미, 이병준, 최영진, 이환(2006) 후근대 스포츠의 전개와 교육적 의미 탐색에 실려있는 일부 내용을 약간 수정하여 재구성하였다.

1. 서론

우리나라 체육교육은 진화를 거듭하며 발전해 왔다. 무엇보다도 체육교육의 변화를 긍정적인 방향으로 이끌어온 흐름은 2000년경부터 시작된 현장교사들의 '뉴스포츠 운동'1)이다. 넷볼과 티볼로 시작되어 플라잉 디스크, 플레그 풋볼, 대나무춤 등의 개별종목 보급 및 교육적 활용으로 이어지는 큰 물줄기는 우리나라 체육교육의 풍경을 근본적으로 바꾸어 놓았다. 류태호와 이병준(2006)은 이러한 변화의 움직임을 근대 스포츠 중심의 전통적인 체육교육이 포스트모던 시대에 맞추어 대안을 찾아가는 필연적인 흐름으로 파악하였다. 그리고 새롭게 보급되는 다양한 스포츠 종목들을 통칭하여 '뉴스포츠(new sports)'로 명칭을 통일하였다. 이후 뉴스포츠는 다양한 종목의 현장적용 - 체육교사 연수를 통한 보급 - 체육과 교육과정에의 통합 - 체육수업의 양 · 질적 변화라는 선순환 구조를 정착시켜, 체육수업의 변화와 발전에 기여해왔다.

현재는 학교 체육수업에서 2011 개정 체육과 교육과정이 대부분 적용되고 있다. 이 시점에서 뉴스포츠와 체육교육과의 관계를 돌아볼 때 여러 가지 의미있는 변화를 확인할 수 있다. 가장 두드러진 변화 중 첫째로, 뉴스포츠가 체육과 교육과정에서 합법적인 지위를 갖게 되었다는 점이다. 7차 체육과 교육과정까지는 축구, 농구, 배구와 같은 올림픽 종목을 중심으로 교육내용을 구성하였다. 이로 인해 체육수업에서 뉴스포츠로 수업을 한다는 것은 체육과 교육과정에 대한 적극적 재해석을 통해서만이 가능했다. 단체운동 단원에서 '얼티미트'와 같은 뉴스포츠 종목을 가르치기 위해서는, 얼티미트 종목이 단체운동의 단원 목표를 성취하는데 적합하다는 근거를 제시해야만 수업이 가능했다. 그러나, 2007 개정 체육과 교육과정 문서에 뉴스포츠 종목이 주요한 교육내용으로 포함되게 된다. 체육교사가 뉴스포츠 종목을 쉽게 선택하고 자유롭게 가르칠 수 있는 근거를 갖게 되었고, 어떤 뉴스포츠 종목을 가르치더라도 학교의 관리자나 학부모에게 특별한 설명을 곁들일 필요가 없는 상황이 된 것이다.

둘째로, 뉴스포츠가 다른 급별이나 분야로 급속히 확대되었다는 점이다. 2000년대 초의 뉴스포츠는 중등중심으로 보급되고 적용되었다. 그러나 2000년대 중반 이후로 남성중심 -

1) 우리나라 체육의 발전 과정에서 뉴스포츠는 독특한 발전경로를 걷고 있다. 근대 스포츠가 정부나 관의 주도에 의한 하향식 발전을 했다면, 뉴스포츠는 시장이 주도하고 현장교사들의 자발적인 노력에 기초하여 성장했다는 점에서 상향식의 발전경로를 거쳐왔다고 평가된다. 체육과 교육과정에 포함되어 있는 현재의 상황에서도 현장의 교사들은 끊임없이 새로운 뉴스포츠 종목을 보급하고 활용하며 체육수업의 질을 높이는데 힘쓰고 있다고 생각된다. 필자는 이와 같은 뉴스포츠의 발전과정을 총칭하여 '뉴스포츠 운동'이라고 명명한다. 우리나라 뉴스포츠의 발전과정에 대해서는 류태호, 이병준(2006)의 자료를 참고하기 바란다.

양성으로, 중등에서 - 초등으로, 보통 교육 - 특수 교육 및 체육 분야로의 확산이 급속히 진행되었다. 그 결과 초등 현장에서 뉴스포츠의 의미와 효과에 대한 연구(권성진, 송광섭, 정상원, 2014; 신현섭, 2013), 특수체육 현장에서 뉴스포츠의 의미와 효과(김영대, 2013; 이연기, 2013)에 대한 연구가 다수 수행되고 보고 되었다.

뉴스포츠가 중등 체육수업을 넘어, 초등학교와 특수체육 분야로 확대된 이유에 대해 류태호와 이병준(2006)은 뉴스포츠가 근대 스포츠와 달리 참여와 즐거움을 지향하며 양성 중심적이고, 단순한 특성을 갖고 있기 때문이라고 주장한다. 뉴스포츠의 이러한 특성은 체력이나 운동 능력이 미숙한 여학생, 초등학생, 장애 학생이나 유아 및 노인 연령의 사람들이 더 즐겁게 스포츠 활동에 참여할 가능성을 높인다는 것이다.

셋째로, 뉴스포츠 관련 연구의 폭발적 증가와 긍정적 반응이다. 국회도서관의 전자도서관 검색창에 '뉴스포츠'라는 검색어를 입력했을 때, 뉴스포츠를 주제로 한 90여편의 석박사 논문을 볼 수 있다. 이중 40편은 2006-2010년 사이에, 50편은 2011 이후에 이루어져, 뉴스포츠에 대한 연구가 최근 들어 활발해 지고 있음을 확인할 수 있다. 또한, 한국학술정보에서 제공하는 학술데이터베이스에서 '뉴스포츠'로 검색할 경우 27편의 연구물이 검색되는데, 대부분 2006년 이후에 연구가 진행되었다. 이들 연구물들을 분석해 볼 때, 뉴스포츠의 교육적 가치에 대해 대부분의 연구가 긍정적으로 인식하고 있다는 것을 확인할 수 있다. 뉴스포츠를 활용한 체육수업이 학생의 심리적 변인(학교생활만족도, 수업참여와 만족도, 신체활동가치 만족도, 수업만족도, 자기개념 등), 학생의 사회적 변인(사회성, 인성, 창의성 등), 학생의 인지적 변인(주의집중력, 의사결정균형, 문제해결능력 등), 학생의 신체적 변인(체력 향상, 운동체력, 물체조작운동기능 등), 학생의 생리적 변인(골대사지표, 뇌기능, 신체구성, 대사증후군 등)에 긍정적으로 영향을 미친다는 주장이 제기되고 있다.

2000년 이후 진행된 뉴스포츠 운동은 우리 나라 체육교육의 발전과 변화에 큰 영향을 끼쳤다. 이제는 체육교육계를 넘어 다른 체육 분야(유아, 노인, 특수 등)로 확대되고 있는 상황이다. 현재의 뉴스포츠 운동은 인간의 성장단계에 비유하자면, 유아기를 거쳐 청소년기로 접어들고 있다고 평가된다. 뉴스포츠가 건강하게 성년기에 이르기 위해서는, 뉴스포츠 운동의 어제와 오늘을 돌아보고 새로운 미래를 설계하기 위한 새로운 노력이 필요한 시점이다. 이러한 관점에서 안동수 등(2010)은 레크리에이션의 관점에서 뉴스포츠의 개념과 특성이 무엇인가?라는 질문을 던지고 답을 구하는 연구를 수행했다. 이규일과 류태호(2010)는 "뉴스포츠가 체육교육의 정당화에 기여하고 있는가?"에 대해 탐구하였다.

고문수와 김재운(2012)은 초등교육의 입장에서 뉴스포츠수업의 교육적 가능성과 한계에 대해 탐구하고 논의하였다. 이러한 연구는 뉴스포츠의 성장과 발전에 필요한 의미 있는 연구라고 생각된다.

본 글은 필자가 2006년 발표한 “뉴스포츠의 개념과 교육적 의미”에 대한 연구를 현재적 관점에서 고쳐 쓴 것이다. 뉴스포츠를 배우는 사람들이 뉴스포츠의 개념과 특징, 뉴스포츠의 현황, 그리고 뉴스포츠의 교육적 의미를 이해하는데 도움을 줄 수 있기를 고대한다.

2. 뉴스포츠의 배경

스포츠는 시대에 따라 형식과 내용뿐만 아니라 사회적 의미도 변화한다. 후근대 사회를 살아가는 우리들에게 스포츠는 어떤 의미가 있을까? 어느 사회에 어떤 스포츠가 존재하는지, 누가 그것에 참여하는지, 어디서 행해지고 있는지, 그것에 어떤 사회적 기능이 기대되고 있는지 등의 물음은 스포츠가 행해지고 있는 사회의 일반 상황 및 정치, 경제, 사회, 문화적 조건들, 그리고 그 사회가 안고 있는 문제들의 포괄적인 분석을 통해서 가능하다. 이러한 관점에서 인류의 역사를 전근대 · 근대 · 후근대로 나누고, 이들 시대에 따른 스포츠현상의 특징을 찾으려는 시도들이 있어왔다. 전근대 스포츠와 근대 스포츠의 차이에 대한 거트만(Gutman)의 연구가 대표적이다(송형석, 2005 재인용).

표 1. 근대스포츠의 특징

시대구분 / 특징	선사시대	역사시대			
		고대		중세	근대(광의)
		그리스시대	로마시대		
세속성	0/X	0/X	0/X	0/X	0
평등	X	0/X	0/X	X	0
전문화	X	X	X	X	0
합리화	X	X	X	X	0
관료화	X	0/X	X	X	0
수량화	X	X	0/X	X	0
기록추구	X	X	X	X	0

근대 이전의 스포츠와 근대스포츠는 세속성, 평등, 전문화, 합리화, 관료화, 수량화, 기록추구의 일곱 가지 관점에서 근본적으로 다른 특성을 갖고 있다는 주장이다. 이러한 논의는 지금까지 근대 스포츠의 특징을 이해하고 설명하는데 많은 시사점을 주어 왔다. 그렇다면, 근대의 스포츠와 후근대의 스포츠는 어떻게 다를까? 다르다면, 그 다름의 기준은 무엇일까?

이 문제는 근대 산업사회의 특성과 후기 근대산업사회의 특성을 바탕으로 이해가 가능하다. 스포츠 문화는 정치 · 경제와 같은 사회구조의 특징을 그대로 반영하기 때문이다. 이종영(1995)은 토플러의 산업사회와 후기 산업사회의 특징이 스포츠 문화에 어떻게 투영되는지를 아래의 표 2와 같이 밝히고 있다.

표 2. 토플러의 산업사회와 정보화 사회의 비교를 근거로 한 후기 산업사회에서의 스포츠 변화 방향 예측

구분	산업사회	정보화 사회(제 3의 물결)
생산과 소비	프로 스포츠의 발달	참여 스포츠의 발달
주요 산업과 생산 방식	스포츠의 공해 유발 엄격한 규칙의 대중화	스포츠와 공해 무관 개성있는 개인 스포츠
생활과 문화	규격화된 소수의 스포츠 발달, 물질적 생활수준 향상의 유용성	탈규격화된 다양한 스포츠발달 정신적 욕구의 충족의 유용성
미디어	획일화된 대중스포츠 방영	소규모의 다양한 개인스포츠 방영
지배적 6원칙	표준화, 분업화, 동시화, 집중화, 극대화, 중앙집권화	탈표준화, 탈분업화, 탈동시화, 탈극대화, 탈중앙집중화
국가와 정부	체제의 우월성 경쟁에 의존	복지를 위한 스포츠

후기 산업사회, 정보화 사회에서의 스포츠는 참여스포츠가 발달하고, 개성있는 개인스포츠가 만들어지고, 미디어에서는 개성있는 다양한 개인 스포츠가 방영된다고 예측하고 있다. 또한, 근대의 특성인 표준화 ·분업화·집중화를 탈피한 새로운 유형의 스포츠 문화가 나타날 것을 전망했다. 이러한 예측은 많은 부분에서 현실로 드러나고 있다. 마라톤과 인라인 인구의 급속한 증가, 스포츠 채널의 증가와 중계 방송 종목 수의 급격한 증가, 새로운 형식과 속성을 가진 뉴스포츠, 익스트림 스포츠 등의 출현 등이 그 증거이다.

송형석(2005)은 후근대 스포츠가 나아갈 지향점을 자연지향, 신체지향, 체험지향으로 제시하였다. 그는 후기 산업사회에서 인간의 삶은 물질만능주의와 개인주에 따른 인간성의 상실, 개발지상주의에 따른 자연 환경의 파괴, 과학기술의 발달에 따른 사회의 빠른 변화 등에 따라 인간의 삶과 생활이 '부조화' 상태에 놓이게 된다고 지적하고, 후근대 스포츠의 역할은 사람들이 자신을 둘러싸고 있는 부조화를 극복하도록 도와주어야 한다는 것이다. 아래의 표 3은 후근대 스포츠의 지향점을 정리한 것이다.

표 3. 현대 사회의 특징과 후근대 스포츠의 지향점

구분	현대 사회의 특징	후근대 스포츠의 특징
외면적 환경	자연과 문화의 부조화	자연지향성
노동 방식	신체와 정신의 부조화	신체지향성
인간의 내면	감성과 이성의 부조화	체험지향성

출처:근대성, 몸 그리고 스포츠: 현대스포츠의 특징(송형석, 2005)을 재구성

이종영의 논의가 후기 산업사회의 특징이 후근대 스포츠에 어떻게 투영되는지를 다루었고, 송형석은 후근대를 살아가는 인간의 삶과 후근대 스포츠의 지향점에 초점을 두고 있다. 두 사람 논의의 기본전제는 후근대 사회에서는 근대 스포츠와는 질적으로 다른 형태의 새로운 스포츠 활동이 나타나고 전개될 것이라는 지적이다. 예를 들어, 인라인과 요가의 열풍, K1, 프라이드 등과 같은 오락형 스포츠의 탄생, 교육현장에서 뉴스포츠의 적극적 활용 등과 같은 현상은 근대 사회에서는 볼 수 없었던 후근대 사회의 특성을 반영하여 새롭게 탄생한 스포츠문화라는 것이다.

그렇다면, 무엇이 후근대 스포츠인가? 후근대 스포츠의 특징이 무엇인지에 대한 합의는 쉽지 않다. 이러한 어려움에 대해 Sidentop은 스포츠 역사에서 지금처럼 스포츠의 기본적인 특징을 정의하기 어려웠던 적이 없었다고 지적했다(Charies A, Bucher, 1999 재인용). 표 2에서 알 수 있듯이 이종영은 스포츠의 생산이 "개성있는 개인스포츠"로 이루어질 것이라고 예측했다. Appleton(2005)은 미국은 거의 매주마다 새로운 익스트림 스포츠가 태어나고 있다고 보고했고, 서상옥(2005)은 일본의 경우 매년 1,000여개의 뉴스포츠가 만들어진다고 주장했다. 오랜 문화적 전통 속에서 공유되고 확산되는 과정을 거쳐 발전해온 근대스포츠의 형성과정과는 매우 다른 생산방식이다. 후근대 스포츠의 이와 같은 생산방식은 후근대 스포츠의 특징을 규정하는 주요인이다.

후근대 스포츠의 이러한 생산방식은 근대스포츠의 목적과 가치, 전일적이고 규범적인 특징과 대조를 이루는 후근대 스포츠의 특징을 만들어 낸다. 종목의 다양화가 가능해지고 그만큼 참여자의 폭은 넓어지는 대중화현상이 일어날 수 있다. 후근대 스포츠의 또 다른 특징은 스포츠 문화의 유통과 소비과정에서 나타난다. 스포츠 문화의 유통과 소비가 다양성과 대중성을 확대하는 방식으로 진행되는데, 이는 규칙을 단순화하고 경기자의 수, 경기장

과 규칙 등의 변형이 가능하도록 했을 때 가능하다.

뉴스포츠는 후기 산업사회를 바탕으로 탄생한 후근대 스포츠의 특성을 온전히 반영하고 있다. 때문에 일본과 우리나라의 경우 후기 산업사회의 스포츠는 대부분 뉴스포츠로 표상된다. 이러한 관점에서 류태호(2005)는 근대 스포츠와 뉴스포츠를 여러 가지 측면에서 비교하였다.

표 4. 근대스포츠와 뉴스포츠의 특성 비교

	근대스포츠	뉴스포츠
목표	도전, 경쟁	참여, 즐거움
대상	남성 중심	양성중심
참여	객체성	주체성
장소	폐쇄성	개방성
규칙	정형성	유연성
시설/용구	복잡성	단순성
종목	제한성	다양성

근대 스포츠가 "보다 빨리, 보다 높이, 보다 멀리"라는 올림픽 표어에서 알 수 있듯이 경쟁을 강조하고, 남성중심으로 발전되어 왔다. 근대스포츠의 이러한 특징은 각 종목의 규칙이나 경기장, 경기인 수 등을 표준화하여 대상에 관계없이 획일적으로 적용되도록 한다. 이에 비해 후근대 스포츠는 극한 경쟁보다는 참여에 가치를 두고 표준화를 통한 획일화보다는 많은 사람들이 스포츠문화에 참여할 수 있도록 장비나 규칙을 변형하고 유연하게 적용하여 많은 사람들이 스포츠문화를 향유할 수 있게 한다는 것이다. 뉴스포츠에 대한 류태호의 설명은 뉴스포츠 뿐만 아니라 익스트림 스포츠 등과 같은 후근대 사회의 새로운 스포츠현상을 설명하는데 있어서 의미있는 통찰을 제공한다.

3. 뉴스포츠의 개념과 종류

위 장에서 뉴스포츠가 후기 산업사회를 바탕으로 탄생한 새로운 차원의 후근대 스포츠를 표상하고 있음을 밝혔다. 그러나, 뉴스포츠가 무엇인지에 대한 정의는 쉽지 않다. 500

개가 넘는 뉴스포츠 종목이 있고, 매주 마다 새로운 뉴스포츠 종목이 탄생하고 진화하는 상태이기 때문이다. 또한, 여러 학자들의 뉴스포츠에 대한 정의 또한 어디에 중점을 두느냐에 따라 그 정의가 다양하다.

우리나라에서 뉴스포츠라는 용어는 레크리에이션 지도서(2000)에 처음 등장한다. 이 책에서 서상옥[2)](2000)은 "국제적으로 규칙이 통일된 기존의 스포츠와는 달리, 룰의 유연성과 게임의 간이성 등을 특징으로 하는 참가자 지향의 스포츠를 총칭하는 것"으로 뉴스포츠를 정의하고 있다. 이 후에 논의된 뉴스포츠의 개념에 대한 논의는 학문적인 차원의 논의이기보다는 뉴스포츠를 소개하는 수준에서 진행되었다. 이병준(2003), 정기채(2005), 유정애(2005)는 위의 개념 정의를 약간 변형하거나 그대로 따르고 있다.

이 개념은 세 부분으로 이루어져 있다. 첫째는, "국제적으로 규칙이 통일된 기존의 스포츠와는 달리"에서 근대스포츠와의 차별성을 드러낸다. 둘째는, "룰의 유연성과 게임의 간이성 등을 특징"에서 운동형식이 근대 스포츠의 운동형식에 비해 간소화되었음을 드러낸다. 셋째는, "참가자 지향의 스포츠를 총칭하는 것"에서 참여자의 의도와 목적 능력에 맞는 스포츠 활동이 뉴스포츠의 지향점임을 드러내고 있다.

이나가기 마사히로(2003)는 뉴스포츠의 '뉴'의 의미를 다섯 가지로 해석하면서 뉴스포츠의 개념 확장을 시도한다.

첫째, 민속 스포츠의 이입에 의해 처음 알게 된 새로운 스포츠(민속스포츠). 세팍타크로, 써핑 등. 둘째, 실용술에서 놀이와 스포츠로 파생한 새로운 스포츠. 스쿠버 다이빙, 스카이다이빙 등. 셋째, 기술혁신에 의한 새로운 소재의 개발에 따라 처음으로 가능해진 새로운 스포츠(둘째와 합쳐서 레져형 스포츠). 페러글라이딩, 헹글라이딩, 스포츠카이트 등. 넷째, 근대 스포츠를 간이화를 통해 만들어진 새로운 스포츠(간이형 스포츠). 비치발리볼, 소프트발리볼 등이다. 다섯째, 영적 세계로 접근하는 스포츠(명상형 스포츠). 기공술, 요가, 명상, 합기도, 태극권 등이다. 이러한 '뉴'에 대한 해석을 기초로 이나가기 · 마사히로는 뉴스포츠를 "올림픽이나 세계선수권 등에서 경쟁을 하는 근대 스포츠와는 다른 또 다른 스포츠의 총칭"이라고 정의하였다.

이상의 논의를 종합해 볼 때, 뉴스포츠의 정의가 '뉴'를 어떻게 해석하느냐에 따라 다양하게 이루어지는데, 크게 네 가지로 분류할 수 있다. '뉴'의 첫 번째 의미는 '새로움(new)으로서의 '뉴'이다. 이나가기가 지적한 "새로운 스포츠"가 이 분류에 해당한다. 둘째는 기존의

2) 서상옥은 1999년 티볼을 일본에서 우리나라에 처음 들여와 보급하기 시작한 인물이다. 2000년 레크리에이션 협회 학술이사를 맡고, 레크레이션지도서의 뉴스포츠 부분을 집필하였다. 이 글이 우리나라에 뉴스포츠를 처음 소개한 글이다. 이후 티볼협회(2000년)를 만들고, 뉴스포츠협회(2005)를 만들어 다양한 뉴스포츠 종목을 보급하고 있다. 우리나라 뉴스포츠 연구와 보급과정의 산증인으로 평가된다.

스포츠 종목을 간소화함으로서 새로운 종목을 만든다는 점에서 재창조(re-creation)로서의 '뉴'이다. 간이형 스포츠, 게임의 간이성 등이 이에 해당한다. 셋째는 뉴스포츠가 근대 스포츠와는 다른 특성을 갖고 있다는 점에서 '안티(anti)'로서의 '뉴'이다. 앞 장에서 언급한 근대 스포츠와 뉴스포츠와의 차이점을 강조하는 경향이 이에 해당한다. 넷째는 뉴스포츠가 경쟁, 남성 중심의 스포츠 문화에 대한 대안을 지향한다는 점에서 '대안(alternative)'으로서의 '뉴'이다. 참가자 지향의 스포츠나 명상형 스포츠 등이 이에 해당한다.

이를 바탕으로 다양한 뉴스포츠 종목을 유형화하고 뉴스포츠의 개념을 적용하여 해석해 보자. 500종이 넘고, 끊임없이 새롭게 만들어지는 뉴스포츠의 특성 때문에 뉴스포츠 전체를 소개하고 유형화하는 작업은 매우 어렵다. 아래의 표 5는 뉴스포츠 사전에 나와 있는 종목을 바탕으로 뉴스포츠를 유형화한 것이다. 뉴스포츠의 모든 종류와 특성을 포괄하지는 않지만, 다양한 뉴스포츠의 세계를 이해하는데 도움을 줄 수 있다.

표 5. 뉴스포츠의 종류

유형	종 목
타겟형	셔플보드, 다트, 유니컬, 커롤링, 말굽던지기, 고리던지기, 부메랑, 어트럭게임, 어쿼러쉬
타겟볼형	페당크, 론볼, 인도어론볼, 크로켓, 범퍼, 게이트볼, 프로벤컬, 보취, 겐타마, 미니볼링
골프형	타겟버드 골프, 그라운드 골프, 런볼, 크로겟 골프, 베이비골프, 말렛골프, 컨트리볼, 풋풋골프, 파링, 파크골프, 디스크 골프
벽형	라켓볼, 스쿼시, 플레시 볼, 리코치트, 하이어라이
테니스형	패들테니스, 바운드테니스, ESCI테니스, 테니스뱃, 프리테니스, 하프코트테니스, 플렛폼테니스, 라운드테니스, 링테니스, 판퐁, 바스켓 핑퐁, 서클 핑퐁
스틱앤드볼형	유니하키, 크리켓, 칸야크리겟, 스트리트하키, 박스하키, 브룸볼, 라크로스, 셔틀볼,
배구형	인디아카, 세팍타크로, 배구형 넷볼, 비치발리볼, 소프트발리볼
볼게임형	츄크볼, 도지볼(피구), 미니사커, 케노 폴로, 넷볼, 얼티미트, 고프볼
사이클형	외발자전거, 다브링, 잔디스키, 바이클모터스, 바이클트라이얼, 산악자전거, 땅 요트
옥외형	워커랠리, 스포츠워킹, 오리엔티어링, 프리클라이밍, 아이스클라이밍, 스노우보드, 나스타 레이스, 패러글라이드, 열기구, 웨이브 스키, 보디 보드, 카누, 볼더링
복합형	플라잉디스크, 풋백
격투형	카바디, 줄다리기, 스맥, 팔씨름

출처: 뉴스포츠사전(北川勇人, 1993)을 재구성

테니스형의 경우 기존의 테니스와 형식은 유사하지만 다양한 형태의 변형을 통해 종목을 다양화했고, 경쟁수준을 낮추기 위한 다양한 장치들을 제공한다. 이는 용품의 개량과 룰의 변형을 통해서 가능해졌는데, 패들테니스의 경우 라켓을 작게 해서 다루기가 쉽도록 만들었고 공의 탄성은 줄였다. 룰의 경우는 공을 바운드시켜 튀어 오르는 공을 스트록을 치듯이 서브하도록 규정하여 공격성을 줄였다. 플레그풋볼이나 넷볼 등과 같은 영역침범형은 신체접촉이나 규칙의 단순화를 통해 참여자의 안전과 기술을 습득하는데 걸리는 시간을 줄일 수 있도록 했다. 이는 더 많은 사람들이 각 종목의 스포츠 활동에 참여할 수 있는 가능성을 열어준다. 기존의 종목을 간소화한 재창조로서의 '뉴'에 해당하는 종목들이다.

옥외형의 경우 인공적이고 허구적인 공간에서 벌이는 경쟁의 목적보다는 자연 속에서 '즐기고', '체험'하는 스포츠 활동이다. 이는 근대스포츠의 경쟁 중심의 스포츠 활동과는 달리 자연을 체험하는 과정을 통해 '즐거움', '체험', '도전'과 같은 다양한 신체활동의 가치를 실현할 수 있도록 한다(송형석, 2005). 다시 말해서 스포츠 활동의 가치를 경쟁뿐만 아니라 즐거움, 체험, 도전으로 확대할 가능성을 열어준다. 근대 스포츠와의 다른 특성을 강조하는 안티로서의 '뉴'와 경쟁보다는 즐거움이나 체험을 강조한다는 점에서 대안으로서의 '뉴'에 해당하는 종목들이다.

또한, 페탕트, 크리켓, 얼티미트, 페러글라이드, 열기구 등은 외국의 민속스포츠이거나 과학기술의 발달로 가능해진 스포츠 종목이다. 이들 종목은 스포츠 활동으로서의 가치뿐만 아니라 신체활동 속에 담겨져 있는 외국의 문화를 이해할 수 있는 기회를 제공하기도 하고, 과학기술의 도움으로 하늘에서 스포츠 활동을 즐길 수 있는 길을 열어주고 있다. 새로움으로서의 '뉴'에 해당하는 종목이다.

4. 체육과 교육과정과 뉴스포츠

2007 개정 체육과 교육과정부터 뉴스포츠는 체육과 교육과정에 편입되기 시작하였다. 건강, 도전, 경쟁, 표현, 여가와 같은 신체활동 영역에 여러 종류의 뉴스포츠 종목이 교육내용으로 소개된 것이다. 아래의 표 6은 2011 개정 체육과 교육과정의 중학교 내용체계표이다.

표 6. 중학교 신체활동의 활용 예시

대영역	중영역	중학교 1~3학년군 신체 활동의 활용 예시
건강 활동	(가) 건강과 환경	· 달리기, 걷기, 트래킹, 등산, 수영, 요가, 에어로빅스, 줄넘기, 맨손 체조, 스트레칭, 웨이트 트레이닝
	(나) 건강과 체력	· 약물 및 기호품의 올바른 사용 방법, 성 폭력 예방 활동, 구급 처치 활동 등
	(다) 건강과 안전	· 환경 보호 활동, 안전사고 예방 활동, 재난 대피 활동, 수상 안전 등
도전 활동	(가) 기록 도전	· 트랙 경기, 필드 경기, 경영, 스피드 스케이팅, 알파인 스키, 역도, 스피드 스택 등
	(나) 동작 도전	· 마루 운동, 도마 운동, 평균대 운동, 철봉 운동, 슬랙라인 등
	(다) 표적/투기 도전	· 사격, 국궁, 양궁, 볼링, 골프, 태권도, 씨름, 유도, 카바디, 피구, 다트, 게이트볼, 게이트골프, 디스크골프, 보치아, 커롤링 등
경쟁 활동	(가) 영역형 경쟁	· 축구, 농구, 핸드볼, 하키, 럭비, 미식축구, 풋살, 넷볼, 플로어볼, 플레그풋볼, 얼티미트, 골볼 등
	(나) 필드형 경쟁	· 소프트볼, 야구, 크리켓, 티볼, 발야구, 킨볼, 킥런볼 등
	(다) 네트형 경쟁	· 배구, 배드민턴, 탁구, 테니스, 족구, 소프트발리볼, 인디아카, 핸들러, 소프트 테니스 등
표현 활동	(가) 심미 표현	· 피겨 스케이팅, 창작 체조, 음악 줄넘기, 치어리딩 등
	(나) 현대 표현	· 리듬 체조, 현대 무용, 댄스 스포츠, 라인 댄스, 힙합 등
	(다) 전통 표현	· 우리나라의 민속 무용, 외국의 민속 무용, 발레 등
여가 활동	(가) 생활 환경과 여가	· 마라톤, 자전거 타기, 인라인 롤러, 스케이팅, 부메랑, 저글링, 스쿼시, 라켓볼, 아이스하키 등
	(나) 자연 환경과 여가	· 캠핑, 산악자전거, 윈드서핑, 낚시, 래프팅, 스키, 스노보드, 수상스키, 웨이크보드 등
	(다) 지구촌 여가	· 줄다리기, 널뛰기, 제기차기, 투호, 스포츠 클라이밍, 카누, 카약, 스피드 스택, 플라잉 디스크 등

5개의 신체활동 영역에 전통적인 종목과 뉴스포츠 종목이 어우러져 있다. 신체활동 가치를 실현하는데 있어서 교사가 학교의 상황이나 학생들의 요구 등을 고려하여 교육의 소재로 활용할 수 있도록 한 것이다. 위 표 6에 제시된 여러 가지 종목 중 건강 활동의 트레킹, 등산, 요가, 줄넘기, 도전활동의 스피드스택, 슬랙라인, 카바디, 피구, 다트, 게이트볼, 게이트골프, 디스크골프, 보치아, 커롤링, 경쟁활동의 풋살, 넷볼, 플로어볼, 플레그풋볼, 얼티미트, 골볼, 크리켓, 티볼, 발야구, 킨볼, 킥런볼, 족구, 소프트발리볼, 인디아카, 핸들

러, 소프트 테니스, 표현활동의 치어리딩, 라인댄스, 여가활동의 자전거 타기, 인라인 롤러, 스케이팅, 부메랑, 저글링, 스쿼시, 라켓볼, 산악자전거, 래프팅, 웨이크보드, 스포츠 클라이밍, 스피드 스택, 플라잉 디스크 등이 뉴스포츠로 분류될 수 있다.

표 7. 체육교과서에 나타난 영역형 경쟁활동

출판사	제목	럭비	미식축구	아이스하키	하키	길거리농구	풋살	넷볼	플로어볼	츄크볼	얼티미트	계
A출판사 (p.544/ 41)	다양한 스포츠 맛보기	○	○							○		6
		1								1		36
B출판사 (p500/ 51)		○	○	○	○	○	○	○	○			11
		1	1	1	2	1	1	1	1			45
C출판사 (p.496/ 55)	NEW SPORTS						○	○		○		6
							2	2		1		51
D출판사 (p.459/ 39)							○	○		○		6
							1	2		2		31
E출판사 (p.479/ 43)									○			4
									2			32
F출판사 (p.456/ 41)	다른 활동 해보기						○	○	○	○		8
							1	1	1	1		36
G출판사 (p.464/ 47)	함께 즐기기						○	○	○			6
							2	2	2			34
H출판사 (p.508/ 47)	이런 종목도 있어요						○	○	○			6
							1	2	2			40
I출판사 (p.567/ 55)	두배로 즐기는 경쟁 활동							○	○	○	○	7
								2	2	2	2	50
계		2	2	1	1	1	6	7	6	5	1	
		1.5	1.5	1	2	1	8	12	10	7	2	

2011개정 체육과 교육과정에 근거하여 만들어진 체육 교과서를 분석해 보면 뉴스포츠 종목이 5개 신체활동 가치 영역에서 전반적으로 다루어지고 있음을 알 수 있다. 아래의 표 7은 체육교과서의 영역형 경쟁 활동에 소개된 뉴스포츠 종목과 뉴스포츠 종목을 어떤 제목으로 소개하는지, 뉴스포츠 종목에 배정된 쪽수 및 다루고 있는 내용이 무엇인지 등을 조사하였다.

그 결과 뉴스포츠를 "뉴스포츠"로 소개하는 책도 있지만, "다양한 스포츠 맛보기", "다른 활동 해보기", "함께 즐기기", "이런 종목도 있어요", "두배로 즐기는 경쟁활동"과 같은 이름으로 다루고 있다. 분량에 있어서도 전통적인 종목이 10쪽 내외에 기본기능과 전술을 포함하여 종합적이고 구체적으로 다루어 지는 반면에 뉴스포츠 종목은 1-2 쪽에 종목을 소개하는 방식으로 다루고 있다. 영역형 경쟁활동에서 다루고 있는 뉴스포츠 종목은 길거리 농구, 풋살, 넷볼, 플로어볼, 츄크볼, 얼티미트 종목 등이며, 이들 종목 중에서 출판사별로 2-3 종목을 선정하여 소개하고 있다.

2011 개정 체육과 교육과정과 교과서를 살펴볼 때, 뉴스포츠로 분류되는 대부분의 종목이 체육과 교육과정의 교육내용 즉 "신체활동의 활용 예시"에 포함되어 있다. 또한, 체육 교과서에 제시된 5개 신체활동 영역 모두에서 기존의 종목과 뉴스포츠 종목이 동시에 다루어지고 있음을 확인할 수 있었다. 이러한 현상은 2009개정 체육과 교육과정을 시작으로 2011 개정 체육과 교육과정에서는 그 흐름이 더 강화된 것으로 평가된다.

5. 뉴스포츠에 대한 학생의 반응

2000년대 초에 뉴스포츠를 체육수업에 도입한 교사들은 전통적인 종목의 리드 업(lead-up)게임, 다양한 게임 활동의 체험, 기능이 낮은 학생과 같은 소외 학생의 최소화, 혼성학급 수업의 대안으로 생각했다(이병준 2006, 정기채 2005). 그렇다면 학생들은 뉴스포츠에 대해 어떻게 체험하고 인식할까?

2000년대 중반부터 뉴스포츠에 대한 연구 결과가 활발히 진행되고, 뉴스포츠에 대한 예비교사, 학생 등의 반응이 공식적으로 보고되었다. 먼저 예비 교사인 교대 학생들의 뉴스포츠에 대한 경험과 인식을 알아보자. 김성곤(2008)은 예비교사인 교육대학교 학생들을 대상으로 뉴스포츠에 대한 인식과 체험에 대한 연구를 수행하였다. 그 결과 교대 학생들은 뉴스포츠를 "수업의 기회균등 및 양성평등의 체육교육 실현에 적합한 종목", "게임에 대한

안목을 확대시키는데 적합한 종목", "초등 체육수업 현장에 적합한 종목", "교육대학교 학생들의 운동능력 수준에 적합한 종목"으로 인식한다고 보고하였다.

중학교 학생들도 뉴스포츠를 통해 새롭게 체육수업을 경험하고 인식하는 것으로 나타났다(하성화, 2004; 김낭규, 2009). 아래의 학생 소감문은 하성화(2004)의 연구에 나타난 학생들의 여러 가지 뉴스포츠 종목에 대한 반응이다.

> 티볼은 내가 해본 스포츠 중에 제일 재밌다. 난 계속 아웃 당했는데, 그래도 좋다(PSC).
>
> 게이트골프는 골프 같다. 골프를 거의 본 적도 해본적도 없는데 재밌고 신기했다. 처음 하는데도 어렵지 않아서 좋았다(JHJ).
>
> 플라잉디스크는 잘 던졌을 때는 기분이 좋아진다. 쫓아가서 받는 것도 운동도 되고 재밌다(JMK).
>
> 넷볼은 몸싸움이 없어서 좋다. 그리고 무엇보다 친구들과 넷볼을 통해 친해지는 것 같다(LBN).

위와 같은 학생들의 뉴스포츠에 대한 소감은 , 신체접촉의 완화, 낮은 기술수행 등과 같은 뉴스포츠의 특징이 학교현장에서 뉴스포츠가 급속하게 전파되는 힘으로 작용하고 있음을 보여준다. 또한, 김낭규는 "뉴스포츠의 혼성 체육수업 적용 가능성 탐색: 학생체험을 중심으로"라는 제목의 연구에서 그 결과를 아래와 같이 보고하였다.

> 첫째, 뉴스포츠를 새로운 느낌과 신기하고 재미있는 스포츠로 인식하는 '참신'으로, 둘째, 뉴스포츠를 재미와 흥미, 성취에 따른 '만족'으로, 셋째, 뉴스포츠 활동은 학생들을 '몰입'하게 하여 완전한 순간과 절정체험을 가능케 하고, 넷째, 뉴스포츠를 통해 스포츠의 진정성을 자각하게 되는 '이해'로, 다섯째, 간단한 규칙과 쉬운 운동으로 인식하는 '간편'으로 나타났다(김낭규, 2009).

김낭규의 연구 결과는 학생들이 뉴스포츠를 통해 체육수업을 새롭게 인식하고 체험함을 잘 보여주고 있다. 아래의 소감문은 뉴스포츠 보급에 가장 열정적이고 뉴스포츠 중심의 창의적인 체육수업을 진행하고 있는 교사[3]로부터 1년동안 수업을 받았던 학생의 소감문이다. 하나의 단원이 아니라 1년동안 지속적으로 뉴스포츠 중심으로 진행되는 체육수업을 받았을 때, 학생들이 체육수업을 어떻게 경험하고 인식하는지를 잘 보여주는 사례이다.

---

3) 정기채선생님은 현재 전남에 있는 00고등학교에 근무하고 있다. 뉴스포츠 보급 초기부터 광주 전남 지역 체육교사를 대상으로 뉴스포츠 보급을 위한 연수를 조직하고 발전시켰다. 2000년대 중반 이후에는 전국을 다니며 뉴스포츠 보급에 힘을 쏟았고, 정년을 앞두고 있는 현재도 체육교육 발전을 위한 노력을 지속하고 있다. 포털 다음에 2006년부터 "뉴스포츠교실"이라는 카페를 개설하여 현재까지 운영하고 있다. 이 카페는 체육교사들에게 뉴스포츠의 보물창고로 인식될 정도로 뉴스포츠 및 체육교육에 관한 다양한 자료를 탑재하고 있다.

> 난 체육 종목 중에는 달리기, 축구, 배구, 배드민턴 밖에 없는 줄 알았다. 내가 배운 종목은 이게 다였기 때문이다. 그래서 난 체육수업은 그저 머리 안 굴려도 되는 수업, 어차피 맨날 똑같은 거 배우는 거 얼렁뚱땅 수업 받고 종치면 그만인 그런 수업이었다. 왜 체육을 배워야 할까, 체력은 뛰놀며 키우면 되는 것이고. 체육수업은 정말 지루한 것이다라는 생각뿐인데 말이다. 난 이런 체육수업이 정말 싫다. 중학교 체육수업도 별로 궁금하지도 않게 되고, 기대되지도 않게 되었다. 체육수업을 또 3년 동안 해야 한다고 정말 괴로웠다. 가요에 맞춰 에어로빅 같은 체조를 배우니 즐거웠다. 중학교 체육에 기대를 가져도 괜찮을 듯 싶었다. 그리고 난 다음 체육수업은 뭐가 될지 궁금해지기까지 했다. 정말 보도 듣도 못한 기구들로 이렇게 몸을 움직이고 즐거워 질 수 있다니 나로선 신기할 뿐이었다. 이제 체육은 남자만이 하는 것이 아니라 여자도 함께 하는 것이라는 것을 알게 되었다. 두 번째로 배운 것은 티볼이라는 경기였는데 처음 해보는 것이라서 조금 이해하기도 어려웠지만 선생님과 몇 번 해보고 경기를 직접 하면서 설명을 들으니 어떤 게임인지 쉽게 알 수 있었다. 선생님께서 이제 경기장 설치도 우리 스스로 해보라는 지시를 내리셨을 땐 그 자신감이 땅으로 푹 떨어졌다. 하지만 선생님께서 스스로 해보는 것이 얼마나 중요한지 가르쳐 주시고 나선 나도 할 수 있다는 자신감이 생겼다. 하지만 반 듯 해야 하는 콘은 왜이리 삐뚤삐뚤 한지, 간격은 왜 이리도 왔다 갔다인지 정말 쥐구멍에라도 숨고 싶은 심정이었다. 선생님과 차근차근 알아가며 하자 우리도 우리 스스로 경기장을 만들 수 있었고 내가 만든 경기장에서 게임도 스스로 할 수 있었다. 그리고 자주적으로 생활하는 것의 깨달음도 얻을 수 있었다. 우리는 그 후로도 많은 종목들을 배웠다. 그리고 체육이 얼마나 즐거운 것인지 몸소 느낄 수 있었다. 그리고 선생님께서 체육을 하면서 하나하나 가르쳐 주신 도덕정신도 잊을 수 없을 것 같다. 난 움직이기만 하면 그게 체육인 줄 알았다. 서로 타협하고, 즐기고, 배려하면서 하나하나 배우며 올바른 정신을 배우는 것이 체육이다. 선생님께선 항상 말씀하신다. 알아가는 기쁨이 얼마나 큰 것 인지. New Sports 몰랐다면 난 체육을 쭉 싫어했을 것이고 이렇게 수많은 종목이 있는지 미쳐 몰랐을 것이다. 정말 끝도 없는 체육 종목들을 하며 평생 즐겁게 살아갔으면 좋겠다. (1학년 D양)

위 소감문에는 체육수업에 대한 흥미가 없던 여학생이 에어로빅 같은 체조, 티볼 등과 같은 다양한 뉴스포츠 활동을 통해 체육수업에 대한 인식이 바뀌는 과정을 잘 보여준다. 이제 이 여학생에게 체육수업은 "그저 머리 안 굴려도 되는 수업, 어차피 맨날 똑같은 거 배우는 거 얼렁뚱땅 수업 받고 종치면 그만인 그런 수업"에서 "평생 즐겁게 살아가는데 필요한 것"으로 의미가 변화되었음을 알 수 있다.

초등학생들의 뉴스포츠 경험에 대한 연구도 수행되었다(고문수, 이양구, 김무영, 2011). 고문수 등은 초등학교 학생들이 뉴스포츠를 경험함으로써 체육수업의 의미를 찾게 되었으며, 동료 간에 협동을 경험하며, 내면적인 경쟁과 도전의식 같은 신체활동의 가치를 경험하고, 학교체육의 경험이 가정으로 전이되는 경험을 하였다고 주장한다.

지금까지 뉴스포츠에 대한 교육대학교 예비교사, 중학교, 초등학교 학생들의 반응을 살펴보았다. 교육대학교 예비교사들은 뉴스포츠의 교육적 활용 가능성을 높게 평가하고 있고, 중학교 초등학교 학생들의 뉴스포츠 수업 경험도 매우 긍정적인 것으로 확인되었다. 또한, 학생들의 뉴스포츠 경험은 뉴스포츠 종목을 즐겁게 경험하고, 즐거움은 적극적 참여의 동기가 되며, 적극적 참여는 학업성취 및 수업만족도에 긍정적인 영향을 미치는 선순환 구조의 출발점으로 해석된다.

6. 뉴스포츠의 교육적 의미

뉴스포츠의 교육적 의미에 대한 논의는 다양한 측면에서 이루어 질 수 있다. 뉴스포츠가 체육수업의 수업내용을 늘릴 수 있다는 좁은 의미부터 후근대 사회가 요구하는 참여자 지향의 스포츠를 구현한다는 광의의 의미까지 다양한 측면에서 의미를 부여하고 논의를 전개할 수 있다. 이는 뉴스포츠의 교육적 의미를 해석함에 있어서 다차원적인 해석이 시도되어야 함을 의미한다.

첫째는, 체육과 교육과정 철학과 관련된 뉴스포츠의 의미이다. 뉴스포츠의 탄생 배경이나 교육과정의 변화요구는 시대 상황의 변화와 직접적인 관련이 있다. 근대와 달리 후기 산업사회에서는 개인중심, 다양성, 양성평등 등이 사회의 중요한 가치가 된다. 체육과 교육과정에서도 이러한 시대적 특징을 반영한 교육과정을 설계해야 한다. 이 때 근대의 전통적인 스포츠보다는 참여자 중심적이고, 다양하며, 양성을 지향하는 뉴스포츠의 특징이 교육과정 설계에 직접적인 도움을 줄 수 있다.

둘째는, 체육목표와 관련된 뉴스포츠의 의미이다. 산업시대의 체육교육은 근대스포츠 종목 중심으로 내용을 구성하고 기능습득에 목표를 두어왔다. 이러한 체육교육은 그 교육적 효용성에 대한 많은 도전에 직면해 왔다. 이에 대한 반응으로 시작된 것이 체육교육의 목표에 대한 재검토 작업이다. 체육교육의 목표가 바뀌어야 하는데, 그 방향은 기존의 '스포츠 기술(sports skill) 습득'에서 '활동적인 생활 기술(active life)'의 습득이다. 앞에서 살펴보았듯이 뉴스포츠는 경쟁보다는 참여와 즐거움에 그 활동의 목표를 두고 있다. 뉴스포츠 활동이 학생들에게 신체활동의 즐거움을 제공하고, 참여의 기회를 높여서 활동적인 삶의 기술을 습득하는데 기여할 수 있다는 것이다.

셋째, 수업 내용의 다양화와 관련된 뉴스포츠의 의미이다. 기존의 체육수업 내용은 근대스포츠 중심으로 하여 구성되어 왔기 때문에 수업 내용이 제한적이고 다양하지 못했다(정영린 1996). 앞에서 살펴보았듯이 뉴스포츠의 종류는 500여종 이상이고, 끊임없이 새롭게 만들어지는 특성이 있다. 또한, 이나가기의 뉴스포츠 분류처럼 민속형, 개발형, 간이형, 명상형과 같은 다양한 신체활동을 포함한다. 때문에 교육과정의 신체활동 영역의 수업 내용을 다양화하는데 크게 기여할 수 있다. 실제로 2011 개정 체육과 교육과정의 내용체계표에 나타나 있는 대부분의 신체활동이 뉴스포츠 종목이다. 이는 체육수업 프로그램을 다양화하는데 뉴스포츠가 핵심적인 역할을 수행하고 있음을 의미한다.

넷째, 운동형식과 관련된 뉴스포츠의 의미이다. 기존의 근대 스포츠 종목은 제한된 공간에서 높은 수준의 기술을 요구하는 운동형식을 갖고 있다. 때문에 경기에 참여하고 즐기기 위해서는 기술 습득을 위한 연습시간과 체력이 요구된다. 이러한 운동형식은 기능수준이 낮고 체력이 약한 학생들에게는 커다란 진입 장벽으로 느껴질 수 있다. 이에 반해 뉴스포츠는 근대 스포츠의 운동형식을 변형하여 학생들이 쉽게 익히고 참여할 수 있는 방식을 추구한다. 경기장을 축소하고, 경기인 수를 줄이며, 용구와 용품을 변형하고, 규칙을 단순화하여 여학생이나 운동 능력이 낮은 학생도 쉽게 배우고 즐길 수 있도록 한다.

위에서 뉴스포츠가 교육과정 철학, 체육교육의 목표, 수업 내용, 학습자 측면에서 어떤 교육적 의미를 갖고 있는지 알아보았다. 이를 이해하기 쉽도록 그림으로 표현해 보았다.

구분		뉴스포츠의 특징		교육적 가치
목표		참여, 도전, 모험, 낮은 경쟁	➡	교육 가치의 다양화
종목		개념의 확대 : 활동유형의 다양화 종목의 확대 : 테니스류-프리테니스, 패들테니스 등	➡	내용의 다양화
운동형식	룰	유연화 - 신체접촉 금지,	➡	참여자 중심
	용구	단순화 - 안전성 강화		
	경기장	개방화 - 생활환경 중심		
결과		참여자의 운동욕구에 따른 맞춤형	➡	학습자 중심의 체육교육

그림 1. 뉴스포츠의 교육적 의미

참고문헌

이종영(1995). 후기 산업사회의 스포츠사회학. 한국스포츠사회학회

황의룡외 2인(2003). 스포츠문화의 탈구축 : 도서출판 21세기교육사

松本芳明외(2001), 근대 스포츠의 초극, 叢文社

이병준(2006), 15년의 수업기록과 그 의미, 스포츠교육학회 춘계학술대회

박남환외(2004). 문화로서의 스포츠, 무지개

송형석(2005). 근대성, 몸 그리고 스포츠, 이문출판사

최의창(2010). 인문적 체육교육과 하나로 수업. 서울: 레인보우북스.

이규일, 이병준(2013). 뇌과학적 관점에서 바라본 운동기술 학습의 의미 및 체육 수업방안 탐색, 한국체육학회지, 52권 2호, p215-233.

이병준(2010). 운동의 효과에 대한 신경과학적 접근. 우리체육. 5권. p10-20.

이병준, 최영진, 이환(2006). 후근대 스포츠의 전개와 교육적 의미 탐색. 스포츠문화 과학연구지, 13(0). p25-36.

류태호, 한만석, 이지은(2014). 학교체육교육의 새로운 담론:매일체육의 정당성에 관한 논의. 한국스포츠교육학회지 21권 2호. p21-48.

김재중, 손천택(2013). 한 중학교 체육교사의 협동학습모형 적용경험의 이해. 중등교육연구 61권 1호. p261-289.

손천택, 최기표, 제성준(2012). 협동학습모형의 체육수업 적용에 따른 고등학생의 자기주도학습하기. 한국스포츠교육학회지 19권 4호, p167-182.

이재용(2011). 팀 활동하기 도전으로 인성 함양하기. 우리체육 8권, p 8-21.

이규일, 류태호(2010). 체육 교과 교육의 논리로 바라본 뉴스포츠 수업의 교육적 한계 및 실천 방안 탐색. 한국스포츠교육학회지, 17(4), p83-100.

안동수, 양희원, 강현욱(2010). 레크리에이션 관점에서의 뉴스포츠의 정체성 재고, 한국여가레크리에이션학회지, 34(4), p51-66.

고문수, 김재운(2012). 초등교사의 눈으로 바라본 뉴스포츠 수업의 교육적 가능성과 한계. 교과교육학연구, 16(4), p1123-1141.

김성곤(2008). 초등학교 예비교사의 뉴스포츠 종목을 활용한 체육실기 수업에 대한 인식. 한국체육학회지, 47(3), p151-163.

류태호.(2006). 뉴스포츠의 이해와 실천. 서울: 무지개사.

김문휘.·이규일.(2008). 뉴. 게임을 활용한 여학생의 체육수업참여 개선연구. 한국체육학회지, 47(6), 303-313.

고문수, 이양구, 김무영(2011). 뉴스포츠 활용 체육수업에 대한 초등학생의 경험. 한국체육교육학회지, 16(1), 101-113.

김규성,·류태호·,이병준(2007). 여중생들의 넷볼을 활용한 이해중심게임수업 체험. 한국스포츠교육학회지, 14(2), 139-156.

김낭규(2009). 뉴스포츠의 혼성 체육수업 적용 가능성 탐색: 학생체험을 중심으로. 한국스포츠교육학회지, 16(3), 17-34.

유정애(2005). 체육과 교육과정 개정(시안) 연구 개발. 한국교육과정평가원.

유정애(2005). 체육과 교육과정 개선 방안 연구. 한국교육과정평가원.

뉴스포츠 종목별 해설

티볼

Teeball

1. 개 요

1) 티볼이란?

소프트볼과 야구는 투수와 포수, 타자 중심의 경기라 할 수 있으나 티볼은 투수가 없는 야구형 게임으로서 타자는 홈플레이트의 후방에 놓은 베팅 티에 볼을 놓고 정지된 볼을 타격하는 경기로서 누구나 타격의 기쁨을 느낄 수 있고 볼을 기다릴 필요도 없으며 헛 스윙도 거의 없기 때문에 경기에 대한 즐거움을 맛볼 수 있어 남녀노소 불문하고 함께 즐길 수 있으며 초·중·고등학교 정규 체육수업 활동으로 최적의 스포츠 경기이다.

2) 티볼의 특징

① 티볼 경기 용구는 특수 재질을 이용하여 고안되어 안전하다.
② 슬라이딩, 터치아웃 등 금지하고 있기 때문에 부상의 염려가 적다.
③ 남 · 녀 혼성학교 체육 수업이나 유아, 여성, 고령자의 생활체육활동을 최적이다.
③ 경기규칙이 간단하여 누구나 쉽게 즐길 수 있다.
④ 경기 참가자들의 협동심과 책임성, 집중력이 길러진다.

<티볼과 야구의 다른점>

구 분		야 구	티 볼
경기용구	배트	나무, 금속(딱딱함)	우레탄(부드럽고 탄력있음-안전함)
	볼	가죽, 인조피혁(딱딱함)	우레탄(부드럽고 탄력있음-안전함)
	글러브	사용함(의무)	사용함(비의무)
투 수		있 음	없음 (배팅티에 볼을 올려놓고 타격함)
인원수		9인제	10인제(로컬룰은 인원제한없음)
도 루		허 용	금지 (사고예방)
번 트		허 용	금지
남 녀		구분 있음	남녀혼성가능
게임방법		쓰리아웃제	전원타격제
슬라이딩		허 용	금지 (사고예방)

2. 경기장

1) 경기장 그리기

① 평탄한 지역으로 선정한다.

② 페어지역과 파울지역으로 나눈다.

③ 경기장 안에 장애물 등을 방치해서는 안 된다.

④ 경기장 상황에 따라 특별한 규칙을 만들 수 있다.

2) 경기장 레이아웃

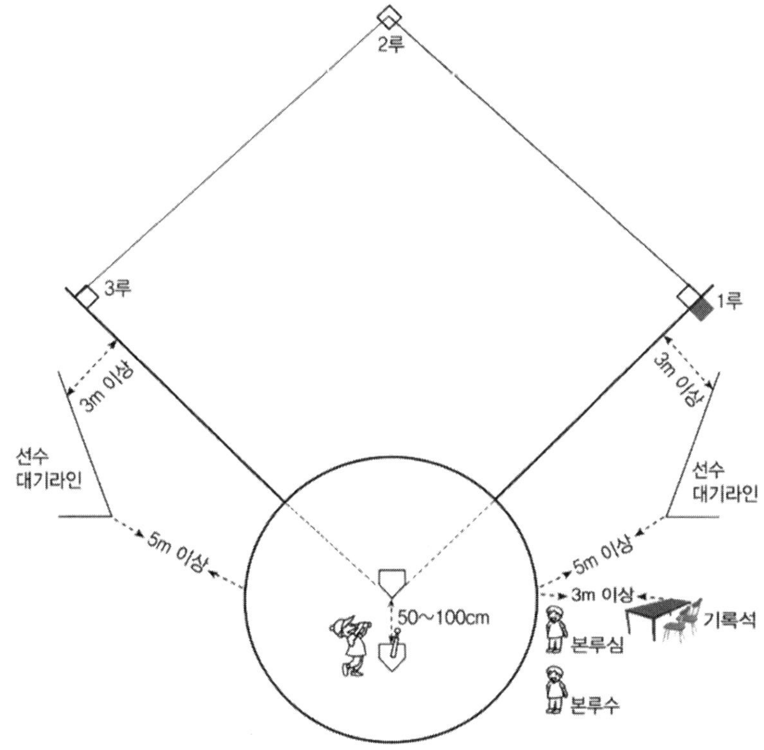

장소	사용볼	베이스 간격	외야팬스 거리 (좌,우 : 중앙)	대상	글러브
실내	10.5인치 티볼	10~12m	30m이상 : 36m이상	유아, 초등학생 중고생이상의 여자	사용
옥외 운동장 · 야구장	10.5인치 티볼	14m	40m이상 : 48m이상	초등학교 저학년	사용
		18.29m	45m이상 : 54m이상	초등학교 고학년	사용
		20m	45m이상 : 54m이상	여자중학생 여자고등학생	사용
		20m	55m이상 : 66m이상	성인여자	사용
		23m	55m이상 : 66m이상	남자중학생	사용
		23m	60m이상 : 72m이상	남자고등학생 성인 남자	사용

※ 외야펜스의 거리비율은 좌, 우 : 중앙 = 5 : 6

* 학교운동장이나 일반 경기장의 환경에 따라 각 베이스간격 및 외야펜스 거리 등은 변경할 수 있다. (장소의 특성이나 현장사정을 고려하여 로컬룰을 적용한다.)

3. 용 구

(사)한국티볼협회의 공인용구를 사용한다.

1) 운동화

직물 또는 고무로 만든 것으로 착용한다.(사고방지를 위해 스파이크 착용은 금지)

2) 유니폼

같은 팀의 선수는 배번이 있는 같은 유니폼을 착용한다.(배번이 있는 같은 티셔츠 착용도 무관함), 모자 착용을 권장한다.

3) 위험물 착용금지

선수는 경기 중에 위험방지를 위해 장신구 등의 착용금지 한다.

4) 용구의 방치금지

① 용구를 경기장 안에 방치를 금지한다.(안전을 위함)

② 심판은 경기장의 안전을 확인한 후에 시합을 진행한다.

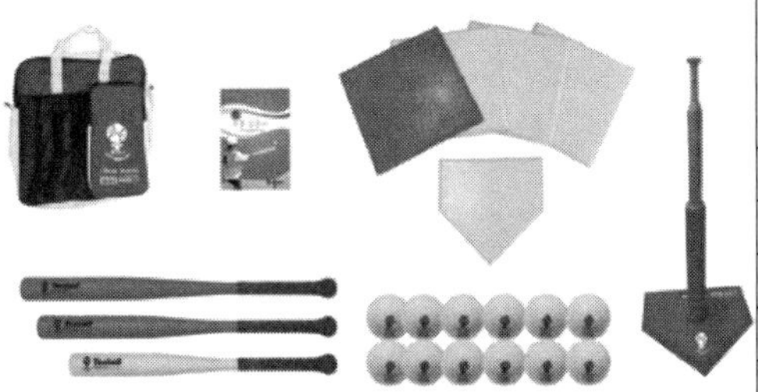

구분		수량
배트	대	1개
	중	1개
	소	1개
볼(11, 12인치)		8개
배팅티(상,하)		1세트
베이스(세트)		1루(2매), 2루, 3루, 본루
가방		1개
티볼입문서		1권

5) 배 트

 (소)	중량	480g
	길이	71cm
	재질	표면/폴리우레탄
	색상	노랑색
 (중)	중량	530g
	길이	76.5cm
	재질	표면/폴리우레탄
	색상	파랑색
 (대)	중량	580g
	길이	약 86cm
	재질	표면/폴리우레탄
	색상	빨강색 ※ 실내외 공용

6) 볼

볼(10.5인치)	내 용	
	중 량	85 ± 5g
	직 경	약8.5cm (둘레 10.5인치)
	재 질	폴리우레탄
	색 상	노랑색

볼(9인치)	내 용	
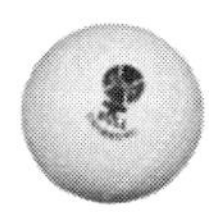	중 량	95 ± 5g
	직 경	약9.3cm (둘레 9인치)
	재 질	폴리우레탄
	색 상	노랑색

7) 배팅 티

우레탄으로 제작, 공을 칠 수 있도록 올려놓는 티와 티판을 말하며, 티의 높이 조절이 가능하도록 고안 되었다.

중 량	4.0 ± 1kg
높이 조절폭	50-90cm
재 질	폴리우레탄(친환경 소재)
색 상	파랑(다양하게 연출)

8) 글러브

티볼 전용글러브가 있으며 모든 선수가 사용할 수 있다.
그러나 사정에 따라 맨손으로 경기해도 무리는 없다.

9) 베이스

홈플레이트 1장, 1루 베이스 2장(빨강 : 타자주자용, 흰색 : 수비용),
2루, 3루 베이스 각 1장을 사용한다.

크 기	43.2 × 21.6 × 30.5cm
재 질	우레탄
색 상	흰색

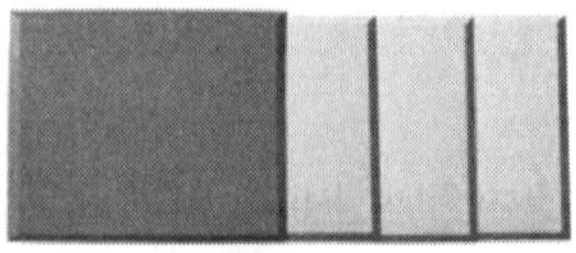

(루베이스)

크 기	가로31 × 세로 31cm
재 질	우레탄
색 상	흰색(3개), 빨강색(1개 : 타자주자용)

4. 경기방법 및 경기규칙

1) 팀구성

① 한 팀의 등록선수(엔트리)는 주장, 부주장을 포함하여 20명 이내로 하며, 시합에 참여하는 선수는 10명으로 한다.(혼성경기의 경우 남자 13명, 여자 7명)

② 본루수 이외의 각 수비수는 타자가 타격할 때, 페어지역 안에 있어야 한다.

③ 본루수는 타자가 타격을 완료할 때까지 타자서클 밖에 있어야 한다.

④ 수비수는 타격 전에 1루와 3루의 가상의 연장선(그림 점선) 안에 들어와 수비할 수 없다.

2) 수비구성

수비위치의 명칭		약호	번호
본루수	Home Baseman	H	1
1루수	First baseman	1B	2
2루수	Second baseman	2B	3
3루수	Third baseman	3B	4
제1유격수	First Short stop	1SS	5

수비위치의 명칭		약호	번호
제2유격수	Second Short stop	2SS	6
좌익수	Left fielder	LF	7
제1중견수	First Center fielder	1CF	8
제2중견수	Second Center fielder	2CF	9
우익수	Right fielder	RF	10

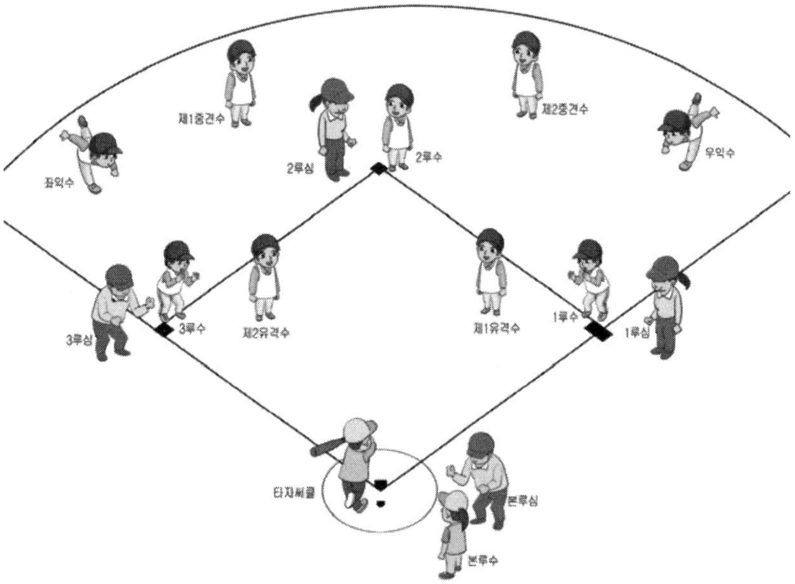

3) 선수 교대

① 팀에 참여하고 있는 선수는 한 경기당 한 회 이상 출장하든지, 한 번은 타격을 하도록 권장한다.

② 선수 교대는 주장 또는 부주장이 본루심에게 신청한다.

③ 한 번 교대된 선수는 경기 종료까지 재출전하지 못한다.

④ 위 선수 교대 방법은 학교 현장에 알맞게 규정을 정하여 활용할 수 있다.

4) 타자와 타자주자

① 타자란 타자 써클 안에서 타격을 하는 선수를 말한다.

② 타자주자란 타격을 완료하고 주자가 된 선수를 말한다.

5) 공격과 수비

① 공격은 공격측의 타자 모두가 타격을 완료함을 원칙으로 하나 학교현장에서는 알맞게 규정을 정하고 공격을 할 수 있다.

② 수비는 규정된 선수 전원이 수비를 한다.

6) 콜드 게임

① 우천, 일몰, 천제지변 등의 부득이한 사정에 의해 경기속행이 불가능할 경우에는 정규 경기 시간을 경과했다면 콜드 게임을 선언할 수 있다.

② 득점 차에 의한 콜드 게임은 대회 요강이나 자율적으로 정해진 규정에 의거한다.

7) 몰수 게임

① 팀이 경기 개시 시각까지 경기 장소에 도착하지 않았을 때

② 몰수 게임 시 득점은 14 : 0로 기록한다.

8) 시합의 진행과 종료

① 시합 시작은 본루심이 플레이볼을 선언한다.

② 시합 종료는 본루심이 게임 셋을 선언한다.

③ 본루심의 타임 선언은 타자의 타격이 완료되어 수비자의 플레이가 일단락 되었다고 판단되면 선언한다.

④ 타임 : 시합 정지

⑤ 득점 : 1루~본루의 순서로 베이스를 밟고 한 바퀴 돌았을 때 1점 인정한다.

9) 페어 볼

① 페어 지역에 멈춘 타구로 내야에서 외야로 튕겨진 타구가 1루, 3루 베이스를 스치거나 위를 통과 했을 때

② 최초의 낙하지점이 1루, 2루 및 2루, 3루 선상일 경우와 외야의 페어 지역일 경우

③ 페어 지역 내의 공중에서 심판원 또는 수비 측 선수의 몸에 닿았을 때

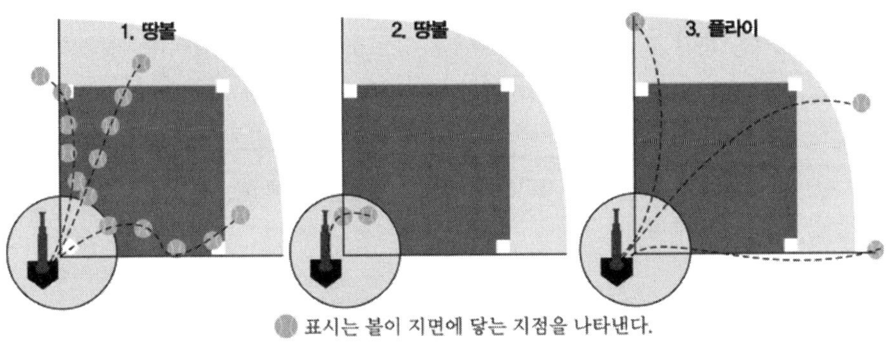

<페어볼>

10) 파울 볼

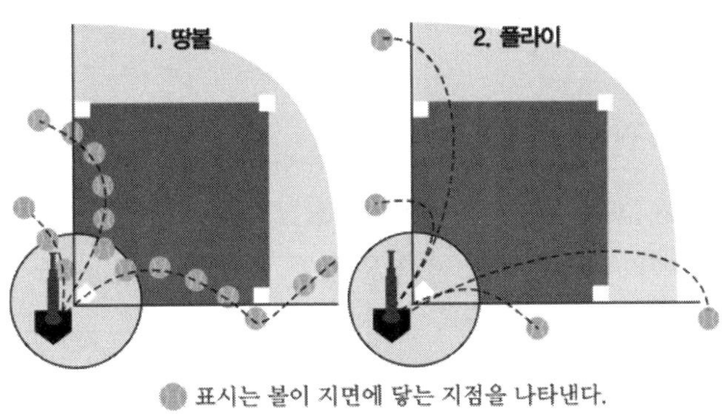

<파울 볼>

① 페어 볼을 제외한 타구 전부를 말한다.

② 타격한 볼이 홈플레이트 안에 최초로 닿았을 때

11) 주자

① 주자란 타격을 완료한 후에 1루에 도달해서 아직 아웃이 되지 않은 선수

② 역진루와 진루

- 타자는 주자가 된 후에 1루~본루의 순서로 각 베이스를 밟고 진루해야 한다.
- 인플레이 중에 주자가 원래의 베이스에 돌아가려 할 때는 본루~1루에 역순으로 밟고 지나가야 한다.

12) 베이스 이탈

① 타자가 타격을 한 이후라야 주자는 루를 출발하여 다음 루로 진행할 수 있다.

② 타자가 타격을 하기 전에 베이스를 벗어날 경우에는 베이스 이탈이며 이를 위반했을 경우에는 수비팀의 어필이 있을 때 심판의 판단에 따라 주자는 아웃되고 이를 위반했을 경우에는 수비 팀의 어필이 있을 경우 주자는 아웃이 되고 볼데드가 된다.**(단, 어필시 심판의 확인이 필요하며, 심판이 불가피하게 확인을 못했을 경우에는 어필이 인정되지 않는다)**

③ 주자의 진루

- 타자의 타구가 페어 볼일 때
- 플라이 또는 라이너가 야수에 의해 캐치되었을 때 (태그업 가능) 이 경우에도 처음으로 야수에게 볼이 닿았을 때 진루가 가능하다.
- 페어볼이 불가항력으로 심판 또는 루상의 주자에 닿았을 때 (볼인플레이) 페어볼이 루상의 주자에 닿았을 때 그 주자는 바로 아웃 처리되고, 볼은 인플레이 상황이 된다.

13) 베이스 점유권

① 베이스 점유권은 후속 주자의 진루에 의해 그 베이스를 비워야 할 때까지

② 2인 이상의 주자가 동일 베이스를 점유할 수 없다.(이 경우 먼저 점유한 주자에게 점유권이 있다)

14) 주자 안전 진루권

① 야수가 수비한 페어 볼이 악송구 등에 의해 파울지역의 경기장 경계선을 벗어났을 때는 볼이 나간 시점에서 점유하고 있던 베이스를 기준으로 원칙적으로 안전진루권 1개를 준다.

② 주자가 진루 방해를 받아 아웃되었을 때는 방해의 상황에 따라 원칙적으로 안전 진루권 1개를 준다.

③ 파울 지역의 경기장 경계선 부근에서 플라이 또는 라이너를 캐치한 야수가 두 발 모두 밖으로 나갔을 경우에 볼 데드로 타자는 아웃이 되지만 주자에게 원칙적으로 안전 진루권 1개를 준다.

④ 야수가 글러브 · 모자 등을 고의로 송구에 던져 맞혔을 때는 원칙적으로 안전 진루권 2개를 준다. 또한 페어볼에 고의로 던져 맞혔을 때는 안전 진루권 3개를 준다.

15) 어필 플레이

어필 플레이란 선수로부터 어필(요구)이 있을 때는 심판원이 판정하는 플레이

(1) 어필 플레이 대상

- 타순에 잘못이 있을 때
- 타자주자가 1루 베이스를 밟은 후에 즉시 베이스로 돌아오지 않을 때
- 타자주자가 진루 또는 귀루를 할 때 베이스를 밟지 않았을 때
- 플라이나 라이너를 야수가 캐치하기 전에 주자가 베이스를 벗어났을 때
- 주자가 타격 전에 베이스를 밟고 있지 않았을 때

(2) 어필 플레이 방법

- 위 대상 중 (1)에 해당하는 경우는 말로 한다.
- 위의 대상 중 (2)~(4)인 경우는 볼을 갖고 있는 야수가 손으로 베이스 또는 주자를 터치함으로 어필한다.

(3) 어필권 상실

- 본루심이 플레이 또는 경기종료를 선언했을 때
- 수비 측의 모든 선수가 페어지역을 벗어났을 때

16) 볼 데드와 볼 인플레이

(1) 볼 데드(시합 정지 상태)가 되는 경우

- 무효타격, 반칙타격, 파울볼, 타격방해 가 선언되었을 때

- 주루방해, 수비방해, 타임이 선언되었을 때
- 볼이 경기장 경계선 밖으로 나가서 볼을 처리할 수 없을 때

(2) 볼 인플레이(시합 진행)가 되는 경우

- 플레이볼이 선언되어 경기가 진행되고 있을 때

17) 프로테스트

① 프로테스트란 심판원의 판정에 대해 항의하는 것을 말한다.

② 프로테스트는 주장과 부 주장만이 할 수 있다.

18) 경기방법

티볼 경기방법은 홈플레이트 뒤에 있는 Tee에 볼을 올려놓고 정지되어 있는 볼을 타자가 치기 때문에 투수가 필요 없으며 인원수에 상관없이 즐길 수 있는 게임으로 경기에 참여하는 사람들의 상황에 따라 적절하게 팀을 편성할 수 있으며 다음과 같은 방법으로 경기를 진행 한다.

① 전원타격제로 각 팀이 공격과 수비로 나뉘어 공격측의 타자 모두가 타격을 완료했을 때 득점이 많은 팀이 승자가 된다. 이 경우에 잔루의 주자는 다음 이닝에 이어지는 것을 원칙으로 한다.

② 두 팀이 공격과 수비로 나뉘어 공격측이 7명인 경우도 위와 같은 방법으로 진행한다.

③ 두 팀이 공격과 수비로 나뉘어 쓰리 아웃(아웃카운트는 현 상황에 맞게 적용)이 되면 공수를 교대하고, 규정 회수(이닝)를 끝냈을 때 득점이 많은 팀 이 승자가 된다.

19) 경기규칙 (간단요약)

(1) 스트라이크

다음의 경우에 본루심은『스트라이크』를 선언한다.

① 스윙한 배트가 볼을 맞히지 못했을 때(헛스윙시)

② 타자가 배팅 티만 쳤을 때 (공을 동시에 친 경우는 제외)

③ 타구가 파울볼이 되었을 때

④ 번트, 또는 푸쉬번트를 시도했다고 본루심이 판단했을 때

⑤ 심판의 신호 후, 10초 이내에 타격하지 않았을 때
⑥ 타격 시 축이 되는 발을 2보 이상 움직였을 때
⑦ 본루심의 『플레이』 선언 전에 타격을 했을 때 (진루나 득점 허용 안됨)

(2) 무효타격

뜻밖의 사태가 일어나서 타격 시 심판원이 타임을 선언했을 때

(3) 반칙타격

- 타자가 시합 전에 심판원이 인정한 배트 이 외의 것을 사용했을 때
- 타자가 수비를 혼란시키는 타격을 했을 때
- 반칙타격이 선언되었을 때 타자 아웃으로 인정한다.

(4) 타자가 아웃 되는 경우

- 투 스트라이크 후 헛스윙 했을 때
- 투 스트라이크 후 배팅 티만을 쳤을 때
- 투 스트라이크 후 타구가 파울 볼이 되었을 때
- 투 스트라이크 후 번트 또는 푸쉬 번트를 시도했다고 본루심이 판정했을 때
- 투 스트라이크 후 축이 되는 발을 2보 이상 움직였을 때
- 파울 · 페어볼이 야수에 의해 캐치되었을 때
- 타자가 본루심에 의해 반칙타격으로 판정 받았을 때
- 타자가 타격후 배트를 타자 써클 밖으로 던진 행위가 위험한 행위라고 본루심이 판단 될 때에는 해당 팀에게 첫 번째는 경고, 두 번째 부터는 모두 아웃 처리한다. (단, 배트가 굴러간 경우는 제외)

  ※ 타자가 타격 후 배트를 던지는 동시에 타격한 타구가 플라이볼이 되어 야수가 정상적으로 포구하였을 경우 바로 아웃처리 된다.
- 투 스라이크 후에 본루심의 "플레이" 선언 전에 타격했을 때
- 본루심의 플레이란 신호이전에 타격을 하여 플라이볼을 수비가 포구 하였을 때
- 공격 도중 수비 측에 의해 타순의 잘못을 지적 받았을 때(이 경우는 정규 타순의 타자가 아웃된다.)
- Infield Fly Out : 투 아웃 이전에 주자가 1루와 2루, 그리고 1루, 2루, 3루에 주자가 있을 때에 타자가 친 볼이 내야 플라이가 되었을 경우 타자는 아웃이 된다.

(5) 타자주자가 아웃 되는 경우

- 타자주자가 페어지역 안에서 타구에 닿았을 때
- 플라이 또는 라이너가 야수에 의해 캐치되었을 때 (Force Out)
- 타자주자가 착각하여 자기 팀 벤치로 들어갔을 때
- 타자주자가 1루에 도달하기 전에 야수에게 터치되었을 때
- 타자주자가 1루에 도달하기 전에 야수가 1루 베이스를 볼을 갖고 밟았을 때
- 타자주자가 타구를 처리하려고 하는 수비를 방해하거나 송구를 고의로 방해했을 때와 심판의 판정에 따라 선행주자가 아웃이 되거나 타자주자 · 선행주자 모두 아웃이 될 수 있다.
- 타자주자가 슬라이딩을 했을 때(단, 1루 베이스를 달려서 지나가는 것은 아웃이 아니며, 2루, 3루 베이스에서 인정 되지만 진루의 의도가 있었다고 판단될 경우에는 인정하지 않는다.)

(6) 주자 진루

- 타자의 타구가 페어 볼일 때
- 플라이 또는 라이너가 야수에 의해 캐치되었을 때(이 경우에도 처음으로 야수에게 볼이 닿았을 때 진루가 가능하다.)
- 페어 볼이 불가항력으로 심판원 또는 루상의 주자에 닿았을 때(볼 인 플레이)

(7) 주자가 아웃 되는 경우

- 주자가 베이스를 이탈하여 야수에 의해 터치되었을 때
- 주자가 야수의 터치를 피하려고 베이스 사이를 연결하는 직선으로부터 양쪽 1m 이상 벗어났을 때
- 주자가 포스플레이로 다음 베이스로 진루해야 할 경우 그 베이스에 도달하기 전에 야수가 볼을 갖고 베이스를 밟았을 때
- 주자가 내야수 전방의 페어 볼에 닿았을 때
- 주자가 야수를 혼란 시킬 우려가 있는 주루를 했을 때
- 공격 측 벤치에 있는 선수가 비신사적인 야유 등으로 상대를 방해했을 때

5. 티볼 기본기술 및 훈련법

1) 타격법

(1) 배트 잡는 방법

① 올바른 그립

손가락의 두 번째 마디가 일직선이 되도록 잡는다.

양 손목을 젖히듯이 잡으면, 자연스럽게 겨드랑이가 닫혀지게 되고 릴렉스한 자세를 취할 수 있다. 손가락의 안쪽부분으로 배트를 쥔다.

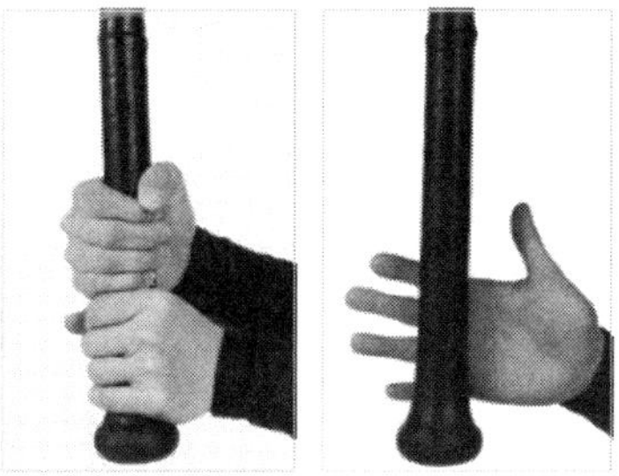

② 잘못된 그립

양 손목을 반대로 젖히게 되면, 겨드랑이가 열리게 된다. 이렇게 되면 어깨와 팔에 힘이 들어가게 되어 부드러운 스윙을 할 수가 없다. 또한 위의 오른쪽 사진처럼 손바닥부분으로 잡는 그립법은 파워가 좋은 외국인선수가 사용하는 경우가 있으나, 추천하지 않는다.

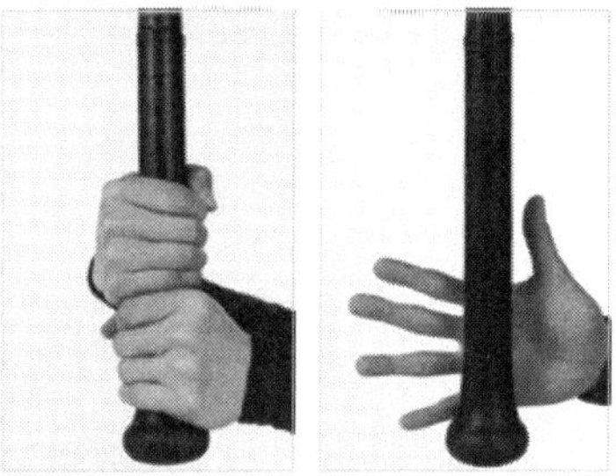

* 배트를 잡는 길이에 따라 자신에게 맞는 타격을 할 수 있다.

(2) 그립법의 종류

① 풀 랭스 그립

타자인 경우, 왼손을 그립 앤드(그립 끝)에 붙이고 오른손을 왼손에 붙이면서 배트를 길게 잡는 그립이며 중·장거리 타자가 사용한다.

② 초크그립

배트의 중간정도를 잡는다는 의미로 그립앤드에서 두 주먹 정도 위로 올려 배트를 짧게 잡는 그립이며 단·중거리 타자가 주로 사용한다.

③ 변형 초크그립

그립을 왼손과 오른손의 간격을 조금 띄우고 배트의 중간 정도를 잡는 그립이며 볼을 정확히 치기 쉽기 때문에 초심자나 · 여자 선수들이 자주 사용한다.

(3) 스탠스의 종류

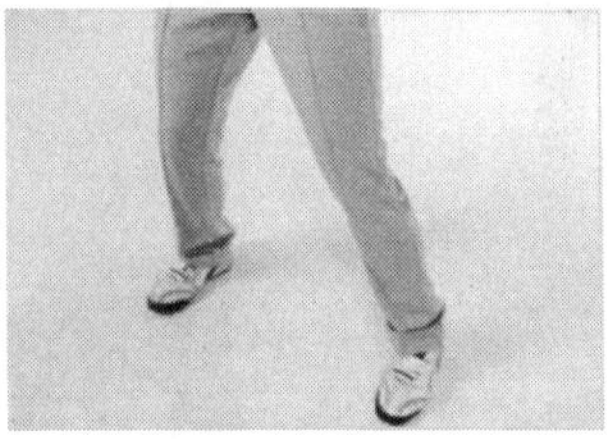

① 스퀘어 스탠스

배팅티를 중심으로 양 발을 수평으로 하여 서는 스탠스로 가장 기본적인 스탠스이다. 앞 발을 배팅티와 일직선이 되게 맞춰서 적당한 어깨 넓이로 타격자세를 취한다.

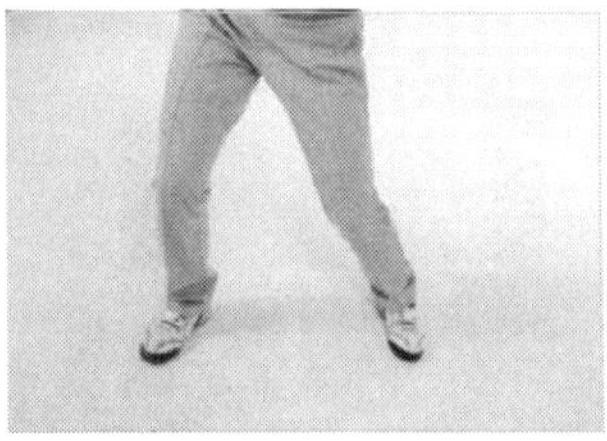

② 오픈 스탠스

앞 쪽 발을 약간 몸의 뒤편으로 빼내서 우타자는 몸의 중심선이 약간 왼쪽으로, 좌타자는 오른쪽으로 오픈되는 자세를 말한다. 즉 우타자는 앞발(왼발)이 3루 쪽으로, 좌타자는 앞발(오른 발)이 1루로 향한다.

③ 크로스 스탠스

오픈 스탠스와는 반대로 앞발이 몸의 전방으로 향하는 스탠스이다.

즉 우타자의 경우 왼발을 1루 방향으로 좌타자는 오른발을 3루 방향으로 내딛고 타격자세를 취하는 스탠스이다.

(4) 스윙법의 종류

① 레벨스윙

공을 수평으로 치는 타법이며, 강한 직선타를 날릴 수 있는 타격법이다.

② 다운스윙

위에서 아랫방향으로 내리치는 타격법이며, 땅볼타구를 날릴 수 있다.

③ 어퍼스윙

아래에서 위로 올려치는 타격법미여, 먼 거리와 높은 타구를 보낼 수 있다.

2) 송구법

(1) 볼 쥐는 방법

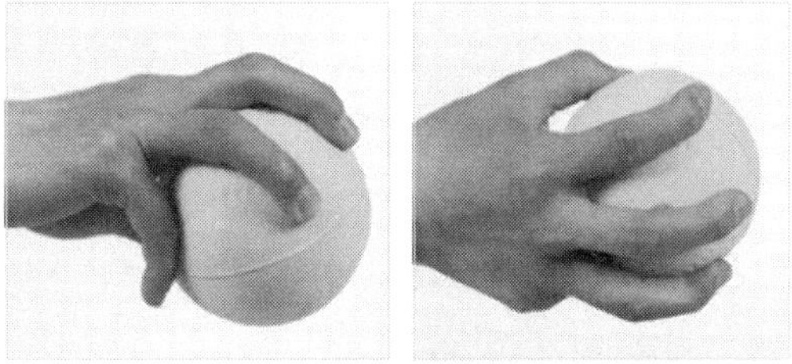

① 엄지손가락 안쪽측면에 볼을 올려 놓고 둘째손가락과 셋째손가락을 조금 벌려서 위에서 감싸듯이 쥔다.

② 넷째손가락과 다섯째 손가락은 볼의 옆쪽에 둔다.

③ 둘째손가락과 셋째손가락으로 볼을 쥘 수 없는 사람은 넷째손가락을 동시에 이용한다.

④ 볼은 너무 세게, 깊이 쥐지 않도록 한다. 볼과 손바닥이 조금 떨어지듯이 쥔다. 세게, 깊이 쥐게 되면 손목을 자유롭게 쓸 수 없게 된다.

(2) 손목을 이용하는 방법

공을 잘 던지기 위해서는 어깨나 팔의 힘만으로 공을 던지기 보다는 손목을 잘 이용하여야 한다.

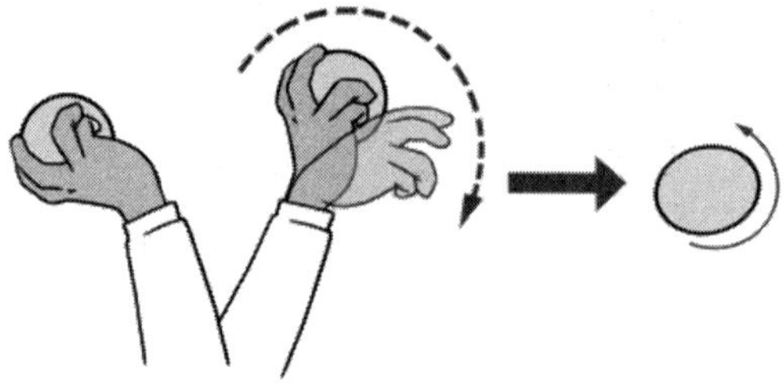

① 방향은 직각으로 똑바르게 챈다.
(발 앞 땅에 볼을 이용하여 손목채보기)

② 바닥에 목표지점을 정해놓고 공을 손목을 이용하여 땅에 던져본다.

③ 손목을 사용하여 머리 위로 이용하여 볼을 던져본다.

(3) 송구하는 방법

① 내딛는 발에 체중을 실어 허리를 비틀고, 내딛는 발 무릎 안쪽이 목표와 평행이 되게 선다. 이때 어깨가 벌어지지 않도록 하여 어깨너머로 목표를 본다.

② 볼을 쥔 손, 글러브를 쥔 손은 몸의 안쪽으로 백스윙한다.

③ 볼을 쥔 손을 뒤쪽으로 뺄 때에는 안쪽을 조금 비틀듯이 하여 팔꿈치로 리드하듯이 볼을 들어올린다. 이때 손의 회전은 강한 스냅과 가슴의 파워를 만들어 준다.

④ 내딛는 발 안쪽에서 발가락 끝 부분으로 체중을 이동시키면서 허리를 중심으로 하반신을 회전시킨다. 이때 발가락 끝부분이 열려지지 않도록 한다.

⑤ 스탭한 발이 착지하였을 때의 힘의 배분은 축이 되는 발에 6/10, 스탭한 발가락 끝부분에 4/10가 된다. 이 상태는 축이 되는 발 안쪽과 스탭한 엄지발가락의 중심 끝으로 지탱하고 있는 것을 말한다.

(4) 릴리스 포인트(볼을 놓는 순간)

① 볼을 던지는 순간은 먼저 팔꿈치가 펴지고 이어서 손목을 뻗는다. 세손가락을 같은

힘으로 던지게 되면 회전이 제대로 먹히는 스핀의 볼을 던질 수 있게 된다.

② 볼이 릴리스 되는 순간에는 먼저 엄지손가락이 볼에서 떨어지게 되고 그 다음에 나머지 손가락(세 손가락)이 떨어지게 된다.

③ 또한 릴리스 순간, 글러브를 쥔 팔은 팔꿈치를 구부려 뒤로 뺀다. 이때 양 팔의 균형이 매우 중요하다.

3) 포구법

(1) 글러브 사용법

① 글러브 착용방법

글러브는 손등을 덮을 정도까지만 끼면 된다.
너무 깊이 끼게 되면 오히려 포구하기 힘들다.

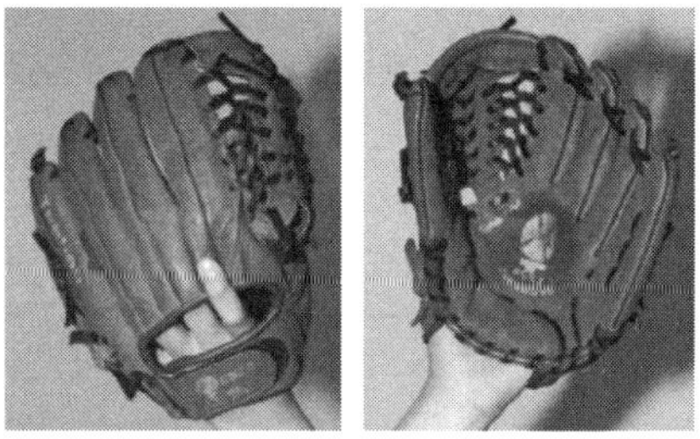

② 글러브 사용 시 유념해야 할 사항

- 볼이 글러브에 들어 올 때까지 끝까지 본다.
- 받는 손의 손바닥을 볼에 향하게 한다.
- 가슴과 배의 정중앙에서 볼을 포구한다.
- 글러브를 낀 손으로만 포구하려 하지 말고, 반드시 공을 던질 손으로 글러브를 덮어 두 손으로 포구한다.

(2) 글러브 포구 시 기본자세

① 올바른 포구자세

정면 송구는 무릎을 살짝 낮춘 상태에서 가슴 앞에서 정확히 두 손으로 포구한다.

② 잘못된 포구자세

③ 포구별(좌, 우, 위, 아래) 글러브 사용방법

- 무릎을 살짝 낮춘 상태에서 허리선을 기준으로 허리위에 오는 볼은 손가락 끝이 위를 향하며, 허리선 아래로 오는 볼은 손가락이 아래를 향한다.
- 좌 · 우로 오는 송구는 손가락이 옆쪽을 향하도록 지도한다.

(3) 땅볼 포구법

땅볼 타구는 가능한 정면에서 위치하여 절대 후방으로 빠뜨리지 않겠다는 마음이 중요하다. 따라서 평상시의 연습에서도 무릎을 굽히고 자세를 낮추어 양손으로 확실히 포구할 수 있도록 노력해야 한다.

- 발은 어깨넓이보다 약간 넓게 벌린다.
- 엉덩이는 무릎과 같은 높이가 되도록 무릎을 굽힌다.
- 오른손은 글러브의 가까운 곳에 두어 포구하면서 덮어준다.
- 발끝은 조금 벌린다.
- 무릎은 발끝방향으로 구부린다.
- 글러브는 발끝보다 앞에서 볼을 향하게 한다.

※ 잘못된 땅볼 포구 자세

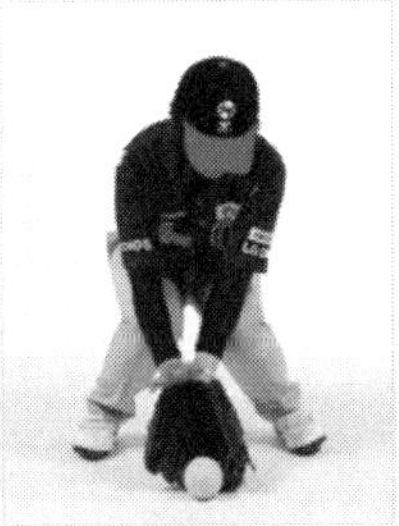
무릎을 안쪽으로 굽힌다

주저 앉는다

글러브가 위쪽으로 향한다

※ 일반적으로 외야는 내야에 비하여 그라운드가 잘 정비되어 있지 않다. 항상 불규칙 바운드에 대한 대비를 하여야 한다.

(4) 플라이볼(뜬볼) 포구법

- 발은 어깨 넓이만큼 벌린다.
- 글러브는 얼굴 앞(약간왼쪽)에서 준비하되 공의 시야를 가리면 안된다.
- 글러브를 볼에 향하게 한다.
- 무릎은 약간 구부린다.
- 포구 후 오른손으로 옆에서 글러브를 받쳐준다.

※ 잘못된 뜬볼 포구자세

포구시 글러브로 시야를 가린다

공이 오기도 전에 글러브를 뻗어 잡는다

4) 수비법

(1) 수비연습의 필요성

- 티볼은 티의 위에 올려 진 볼을 치는 재미있는 야구형 스포츠이다. 정지된 볼과 티의 높이를 조절할 수 있어 언제나 자신이 좋아하는 높이의 공을 칠 수가 있다. 조금만 연습하면 누구라도 강타자가 될 수 있다.
- 수비는 어떻게 연습해야하며 왜 필요한가?
  타자가 정지된 볼을 치게 되므로 수비자는 볼 하나하나의 수비에 있어서 집중력을 높일 수 있다. 또한, 타자의 타격자세나 스탠스를 관찰하면 타자가 수비위치의 어디를 노리고 있는지 순간적으로 판단할 수 있는 것도 수비자의 즐거움이다.

(2) 내야의 기본 수비자세

- 일반적으로 발뒤꿈치를 무리하게 들 필요는 없다. 어느 방향으로도 순간적으로 움직일 수 있는 자세가 제일 중요합니다. 그러나 수비수가 수비위치를 의식적으로 깊게 잡고 전방의 타구를 경계하기 위하여 발뒤꿈치를 드는 경우나 그와 반대로 전진 수비의 위치를 잡고 후방의 타구를 경계하기 위하여 발 뒤꿈치를 붙이는 수비자세는 상황에 따라 변한다는 사실을 기억해둘 필요가 있다.
- 양발은 어깨의 폭보다 약간 넓게, 발끝은 약간 벌린다. 중심은 엄지발가락 부분에 두고 양쪽 무릎의 안쪽을 가볍게 붙여주는 기분으로 체중이 약간앞쪽으로 기울게 수비자세를 잡는다.

- 양손은 무릎에서 가볍게 앞으로 내어 몸의 앞쪽에 놓는다.
- 시선은 항상 볼에 집중하여 나에게 볼이 온다는 적극적인 자세와 마음으로 수비에 임한다.

※ 내야 기본 수비자세

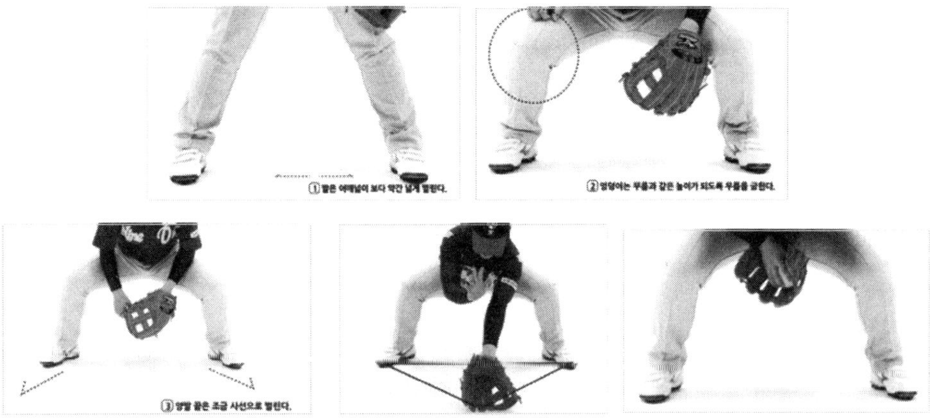

- 발은 어깨 넓이보다 약간 넓게 벌린다.
- 엉덩이는 무릎과 같은 높이가 되도록 무릎을 굽힌다.
- 양발 끝은 조금 사선으로 벌린다.
- 글러브는 양발의 삼각형 꼭지점 지점에 갖다 댄다.
- 공을 포구 후에는 가슴 가운데로 끌어 당긴다.

(3) 포핸드 / 백핸드 땅볼타구 내야 수비자세

- 허리를 낮춰 낮은 자세로 취한 상태에서 최대한 공을 따라가 포핸드포구는 왼발근처에 최대한 붙여서, 백핸드포구는 왼발 근처에 최대한 붙여서 공을 포구하는데 이때 반대쪽 발 무릎이 땅에 끌릴 정도로 구부린다. (오른발, 왼발 편한쪽 발을 앞으로 내밀어 포구한다.)

① 포핸드 땅볼타구 자세

② 백핸드 땅볼타구 자세

- 포핸드포구는 왼쪽 발을, 백핸드포구는 앞으로 하고 발을 전후로 벌린다.
- 양 무릎을 구부리고 자세를 낮춘다.
- 왼쪽 발 앞쪽에 글러브를 내민다.
- 글러브의 끝을 지면에 대고 벌린다.
- 글러브는 볼이 굴러오는 방향을 향하게 한다.
- 포구위치는 얼굴 앞에서 이루어진다.

6. 티볼 심판법

1) 심판의 구성

- 심판은 원칙적으로 2인제이며 본루심과 루심으로 구분한다.
- 경기운영사정에 따라 최대 심판인원 4인제, 최소 심판인원 1인제로 구성 할 수도 있다.

2) 심판의 역할

(1) 시합전의 임무

- 시합개시 예정시간의 30분전에는 경기장을 점검하고 시합개시를 준비한다.
- 한국티볼협회의 공인용구를 필히 확인하고 용구의 손상 유무를 확실히 점검한다.
- 양 팀의 선수를 집합시켜 라인업 시킨 후, 안전사항과 로컬룰이 있을 경우 상세한 설명을 해주고 양 팀 공수를 결정한다.
- 그라운드의 정비를 양 팀에게 준비시킨다.

(2) 시합개시

- 본루심, 루심은 양 팀이 벤치에 대기상태를 확인 후에 타격서클(안전구역)의 후방에 위치(본루심의 우측에 루심)하여 자세를 갖춘다.
- 양 팀이 벤치에 정렬됨을 확인하고 시합준비를 크게 외친다.
- 심판의 라인업 호령과 함께 배팅서클의 라인에 따라 집합시킨다.
- 양팀 차렷, 경례의 순으로 구령하고 심판도 모자를 벗고 인사에 동참한다.
- 본루심은 타자의 정면에 위치하고, 루심은 1루베이스 후방 4~5m 후방의 라인을 양다리사이에 두고 위치한다.
  (주자가 있을 경우 1루와 2루사이 외야수비가 방해되지 않게 위치한다)
- 시합진행 전 라인업 시 안전진루권에 대해서는 진행 전에 다시 한 번 주지시킨다.
- 민감할 수 있는 경기규칙이나 상황에 대해서는 먼저 설명한다.
- 경기 중 심판이 볼데드나 파울을 선언하기 전까지는 모두 볼 인플레이상황임을 주지시킨다.
- 주자진루 시 주자가 베이스를 밟지 않고, 리드를 나가있지는 않는지 꼭 확인하고 『플레이』 선언을 한다.
- 지도자가 경기장 안으로 들어와서 어필을 하거나 할 경우는 심판이 자제시키고, 주장을 통해서 할 수 있도록 설명한다.

(3) 시합종료

- 심판은 경기결과를 통보 후, 양팀 선수가 정렬하여 서로 돌면서 하이파이브를 하도록 설명한다.
- 하이파이브를 하며 인사 후 서로 상대팀 감독선생님께 가서 인사하도록 설명한다.
- 경기 시 착용했던 팀 조끼는 탈의 후 선수대기라인에 정리정돈 할 수 있도록 주지시킨다.

3) 심판의 강령

- 공명정대하게 경기를 진행시키며, 정직하고 공평하게 심판하여야 한다.
- 심판은 언제나 평정심을 유지하여야 한다.
- 티볼의 이념 및 목표를 생각하여야 한다.
- 경기를 주도하고 책임감과 사명감이 있어야 한다.
- 경험 및 규칙을 정확하게 적용한다.
- 심판이라서 존경하는 것이 아니고 올바른 판정을 하니까 존경하는 것이다.

4) 심판의 시그널

(1) 플레이 볼

플레이볼은 시합을 개시하는 신호이다. (1회 초 경기시작 전에 한번만 한다)

차렷 자세에서 공을 든 오른손을 머리 높이까지 올리고 그라운드를 주시하여 수비수의 경기준비를 확인한 후, 큰소리로 "플레이 볼"을 외친다.

(2) 플레이 선언 후 심판의 자세

본루심은 타자가 휘두른 배트가 볼을 제대로 타격하였는가를 확인하기 위하여 허리를 숙이고 팔을 옆구리에 붙이고 타자가 볼의 타격시 접점에 시선을 주시한다.

(3) 파울 볼

양발을 어깨넓이만큼 가볍게 벌리고 서서 양팔을 V자 형태로 만들어 올리며 큰소리로 "파울"이라고 외친다.

(4) 페어 볼

오른손을 쭉 뻗어 페어지역 안으로 향하게 한다.
(페어볼인지 파울볼인지 애매한 경우에만 시그널을 해준다)

(5) 세이프

허리를 가볍게 내려서 양손을 가슴안쪽에서 바깥쪽으로 펴주며 큰소리로 "세이프"라 외친다.

(6) 아웃

오른손을 펴서 전방으로 뻗어 주먹을 가볍게 쥐어 팔꿈치를 90도 각도로 접어 올리며 "아웃" 이라 외친다.

(7) 타임(볼데드)

양손을 90도 각도로 접어 올리면서 "타임"이라 외친다.

(8) 스트라이크 선언

타자가 배팅티만 치거나, 헛스윙을 하였을시 하는 시그널이다.
오른손 팔꿈치를 45도 각도 위로 구부린 상태로 정면으로 내민다.
이때 왼손은 가볍게 팔꿈치를 받쳐주면서 "스트라이크"를 외친다.

(9) 플레이 신호

타격 개시나 플레이를 재개할 때 하는 시그널이다.
타자와 마주보고 서서 무릎과 허리를 숙인다.
플레이볼 이후 타자가 타격을 할 준비가 된 상태를 확인 후, 팔을 그라운드 방향으로 뻗으며 "플레이"하고 외친다.

부록

1. 자주 묻는 질문과 대답

Q1. 태그아웃과 포스아웃은 무엇이며, 어떻게 적용하는가?

A1. 태그플레이란 수비수가 주자를 아웃시키기 위해 공 잡은 손을 주자의 신체 일부에 접촉하는 동작을 말한다.

- 태그플레이를 해야 하는 주자 상황 : 주자 2루, 주자 3루, 주자1, 3루(1루주자는 제외), 주자 2, 3루 포스플레이란 베이스를 차지하고 있던 선행주자가 후발주자나 타자주자에게 베이스를 내어주어야 하는 상황에서 벌어지는 플레이를 말한다. 주자는 자신이 있던 베이스로 돌아갈 수 없고, 무조건 진루해야 하는 상황이므로 수비수는 주자에게 직접 터치하는 태그아웃을 하지 않아도 송구를 잡은 후 베이스를 밟거나 터치하면 주자는 아웃된다.
- 포스플레이를 해야 하는 주자 상황 : 주자 1루, 주자 1, 2루, 주자 1, 2, 3루, 주자 1, 3루(3루 주자는 제외)

Q2. 타격한 공을 타자 주자가 건드리거나 같은 팀 주자에게 맞았을 경우?

A2. 타구에 맞으면 아웃 처리된다.

Q3. 타격한 공이 땅에 떨어지기 전에 파울지역에서 수비자의 몸이나 글러브를 맞고 페어지역으로 들어왔다면?

A3. 공이 떨어지는 지점에 따라 페어볼과 파울볼이 결정된다.

Q4. 선수 교체를 한 이후 교체하여 나갔던 선수가 다시 경기에 참여할 수 있는가?

A4. 한번 교체된 선수는 재출전이 불가능하다.

Q5. 매 이닝의 10번 타자가 타격 이후 1루에서 아웃되었을 때, 주자의 진루가 인정되는가?

A5. 마지막 타자(10번타자)가 1루에서 아웃이 되는 경우는 주자의 진루는 허용되지 않는다. 마지막 타자(10번타자)의 타격이 플라이 아웃되는 경우 태그업에 의한 진루는 허용되지 않는다.

Q6. 매 이닝의 타자(10번 타자)가 1루를 돌아 1루 이후(2루, 3루 또는 홈)에서 아웃되었다. 이 경우 이미 진루해있던 주자들의 추가 진루나 득점은 인정되는가?

A6. 마지막 타자가 아웃이 되는 시점을 기준으로 진루는 인정된다.

Q7. 타격 전에 주자가 베이스를 이탈하여 리드(다음 베이스로 진출해 있는 것)를 하고 있다가 타격 후 달려 나갔다. 이 때 심판은 어떻게 판정해야 하는가?

A7. 타자가 타격한 후에 주자는 루(베이스이탈)를 출발하여 다음 루로 진행할 수 있다. 이를 위반했을 경우에는 볼을 갖고 있는 수비수가 볼이나 볼을 잡은 글러브로 베이스 또는

주자를 태그하고 어필이 있을 경우 주자는 아웃이 되고 볼데드가 된다.

Q8. 플라이볼이 수비수에 의해 잡히기 전에 주자가 베이스를 이탈하여 리드하고 있다가 수비수가 공을 잡은 후 다음 루로 진루하는 플레이를 하였다. 이 경우 심판은 어떻게 판정해야 하나?

A8. 타자가 타격한 후에 플라이볼이 아웃되었을시 수비수가 볼을 잡은 후 주자는 루(베이스 이탈)를 출발하여 다음 루로 진행할 수 있다. 이를 위반했을 경우에는 수비팀의 어필이 있을 경우 주자는 아웃이 되고 볼데드가 된다. 수비 팀에서 베이스이탈에 대한 어필부분과 이런 과정이 없었다면 수비 팀에서 볼을 들고 해당 베이스를 밟은 후 그 주루 플레이에 대한 어필이 있을 경우에만 아웃이 된다.

Q9. 타자가 친 타구가 외야 플라이로 떴다. 수비수는 이 타구를 잡으려고 하는 과정에서 정확하게 포구하지 못하고 땅에 떨어뜨리지 않은 상태에서 한 두번의 펌볼을 하며 포구하였다. 이 과정에서 공격 팀인 주자가 베이스를 밟고 있다가 수비수가 타구를 잡았다가 펌볼하기 전에 다음베이스를 향하여 태그업을 시도하였다. 하지만 이에 상대팀에서는 태그업 한 주자의 스타트가 빨랐다며 해당 베이스를 터치후 어필을 하였다. 심판은 어떤 판정을 해야 하는가?

A9. 타자는 수비수가 땅에 떨이뜨리지 않고 포구하였기에 아웃으로 인정된다. 태그업을 시도한 주자 역시 수비수가 처음 포구한 시점에서 정상적으로 태그업을 시도하였기에 세이프가 된다.

Q10. 홈런성 타구의 경우 경기장 펜스 설치시 홈런라인을 고깔콘 등의 용기구를 이용하여 설치하였을 시 수비수가 홈런성 타구를 홈런존 넘어가서 잡았다. 이 때 어떻게 판정 해야 하는가?

A10. 수비수가 홈런라인을 두발다 넘어가서 잡았을 시 정상적으로 포구하였어도 홈런으로 인정된다. 다만, 홈런라인을 사이에 두고 한발을 걸쳐서 포구하였을 경우나, 홈런라인은 넘어가지 않은 상태에서 팔을 뻗어 정상적으로 포구하였을 경우에는 아웃으로 인정된다.

Q11. 마지막 타자(10번 타자) 의 타격 전 주자는 2루,3루에 있었다. 마지막 타자(10번 타자)가 외야쪽으로 안타를 쳤다. 마지막 타자(10번 타자)는 1루를 지나서 2루 베이스를 향하고 있었고, 그 사이 3루 주자는 홈을 밟았다. 그리고 2루 주자는 3루를 지나 홈으로 뛰고 있는 사이 마지막 타자(10번 타자)가 2루에서 태그아웃 되었다. 심판은 어떤 판정을 해야 하는가?

A11. 마지막 타자(10번 타자)의 경우 득점과 진루가 허용되는 상황은 1루에 무사히 진루한 경우에 해당된다. 마지막 타자(10번 타자)가 1루를 지나 2루나 3루로 진루하는 경우에는 다른 주자의 득점과 진루는 허용된다.
(단, 다른 주자의 득점이나 진루가 마지막 타자가 아웃되기 전에 이루어져야 인정된다.)
따라서 위와 같은 상황은 3루 주자 득점 허용, 2루 주자는 홈을 밟기 전에 마지막 타자(10번 타자)가 2루에서 아웃되었기에 2루 주자는 득점 허용 안되고 잔루 3루로 선언된다.

2. 기록방법

주자표시란 : 타자가 안타로 진루시 : O, 타자가 아웃시 : X
진루후 득점을 못하고 아웃되었을시 득점표시란 : X
잔루표시란 - 타순 또는 등번호 기재 / 득점표시란 - 득점 했을시 : O

[예]

팀명	1회	2회	3회
OO초	1	2	
OO초			

1회						2회						3회					
선공 팀			후공 팀			선공 팀			후공 팀			선공 팀			후공 팀		
OO초			OO초			루	잔루	득점	루	잔루	득점	루	잔루	득점	루	잔루	득점
						1			1			1			1		
						2	10	X	2			2	9		2		
						3	9	O	3			3			3		
타순	주자	득점	타순	주자	득점	타순	주자	득점	타순	주자	득점	타순	주자	득점	타순	주자	득점
1	O	O	1			1	O	O	1			1			1		
2	X	X	2			2	O		2			2			2		
3	O	X	3			3	X		3			3			3		
4	O		4			4	O		4			4			4		

[1회 선공팀 공격]

1번타자 : 안타로 진루 후 후속타자 때 득점
2번타자 : 아웃
3번타자 : 안타로 진루 후 후속타자 때 루에서 아웃
4번타자 : 안타로 진루
⋮
10번 타자까지 타격 후 잔루 2,3루 선언되면 2회 선공팀에 잔루 2루, 3루에 타순 또는 등번호 기재 표시
* 득점에 있는 O표시 개수 파악 후 1회 득점란에 기재.

[1회 후공팀 공격]

- 선공팀 표시하듯 동일하게 기록

[2회 선공팀 공격]

1번타자 : 안타로 진루 / 그로인해 잔루에 있던 3루주자 득점. 득점에 O 표시
2번타자 : 안타로 진루 / 그로인해 잔루에 있던 2루주자 득점 시도하려다가 아웃. 득점에 X표시
3번타자 : 아웃
4번타자 : 안타로 진루
⋮
10번타자까지 타격 후 잔루 2루 선언되면 2회 선공팀에 잔루 2루타순 또는 등번호기재 표시
* 득점에 있는 O표시 개수 파악 후 2회 득점란에 기재.

[2회 후공팀 공격]

- 선공팀 표시하듯 동일하게 기록

제 회 한국티볼협회 배 전국티볼대회

대 회 기 록 용 지

년 월 일		구장 제 시합
시합개시 시 분	시합종료 시 분	시합시간 분
주 심 :	부 심 :	기록원 :

팀명	1회	2회	3회	4회	5회	합계

						2회						3회						4회						5회					
선공 팀			후공 팀			선공 팀			후공 팀			선공 팀			후공 팀			선공 팀			후공 팀			선공 팀			후공 팀		
						루	잔루	득점	루	잔루	득점	루	잔루	득점	루	잔루	득점	루	잔루	득점	루	잔루	득점	루	잔루	득점	루	잔루	득점
						1			1			1			1			1			1			1			1		
						2			2			2			2			2			2			2			2		
						3			3			3			3			3			3			3			3		
타순	주자	득점	타순	주자	득점	타순	주자	득점	타순	주자	득점	타순	주자	득점	타순	주자	득점	타순	주자	득점	타순	주자	득점	타순	주자	득점	타순	주자	득점
1			1			1			1			1			1			1			1			1			1		
2			2			2			2			2			2			2			2			2			2		
3			3			3			3			3			3			3			3			3			3		
4			4			4			4			4			4			4			4			4			4		
5			5			5			5			5			5			5			5			5			5		
6			6			6			6			6			6			6			6			6			6		
7			7			7			7			7			7			7			7			7			7		
8			8			8			8			8			8			8			8			8			8		
9			9			9			9			9			9			9			9			9			9		
10			10			10			10			10			10			10			10			10			10		
11			11			11			11			11			11			11			11			11			11		
12			12			12			12			12			12			12			12			12			12		
13			13			13			13			13			13			13			13			13			13		
14			14			14			14			14			14			14			14			14			14		
15			15			15			15			15			15			15			15			15			15		

제 회 한국티볼협회 배 전국티볼대회

출 전 선 수 명 단

구장 제 경기

팀 명	
감 독	
주 장	

타순	No.	성 명	성별	선수교대(회)
1				
2				
3				
4				
5				
6				
7				
8				
9				
10				
후보				
11				
12				
13				
14				
15				

※ 경기시작 10분전까지 해당 구장 경기운영요원에게 제출해 주십시오.

뉴스포츠 종목별 해설

롤링 티볼

Rolling Teeball

1. 개 요

1) 롤링 티볼이란?

롤링 티볼과 티볼은 투수가 던지는 볼을 타격해야 하는 야구나 소프트볼과 달리 손쉽게 누구나 참여하여 참여자 전원이 운동의 기본 동작인『치고, 달리고, 받고, 던지는』즐거움을 만끽할 수 있다. 티볼 경기에서의 정적인 단점을 보안하여 다양한 연령층에서 안전하고, 재미있는 야구형 경기를 즐길 수 있도록 고안된 경기이다.

2) 롤링 티볼의 특징

티볼과 롤링 티볼은 투수가 없는 야구형 뉴스포츠라고 이해하면 쉬울 것이다. 즉, 티볼은 타자가 홈플레이트 뒤에 있는 배팅티 위에 볼을 올려놓고 정지된 볼을 타격 한다면, 롤링 티볼은 본루수가 볼을 투입하여 위에서 떨어져 튀어 오르는 볼을 타격하면 경기가 진행되는 차이점이 있다. 롤링 티의 높이와 각도를 달리하여 움직이는 볼을 타격하기 때문에 티볼보다 한단계 업그레이드 된 것이 특징이다.

2. 경기방법

1) 경기장 그리기

기본 - 운동장은 평탄, 반듯하고 크기가 충분하며, 1.3루쪽에 장애물이 없는 곳으로 루간거리 20m 홈플레이트와 2루길이 28.28m로 한다.

① 홈플레이트 위치를 정한다.

② 홈 위치에서 2루위치(28.28m)를 정한다.

③ 2루표시 부분에서 1루, 3루쪽에 20m의 원호를 그린다.

④ 홈에서 1루, 3루 쪽에 20m의 원호를 그린다.

⑤ 1-3, 1-4에서 그린 원호가 만나는 지점이 각각 1루와 3루가 된다.

⑥ 플링 티의 위치 : 홈베이스 뒤쪽 1m 뒤에 둔다.

장소	사용볼	베이스 간격	외야팬스 거리 (좌,우 : 중앙)	대상	글러브
실내	10.5인치 티볼	10~12 m	30m이상 : 36m이상	유아, 초등학생 중고생이상의 여자	사용
실외	9인치 롤링티볼 전용공	14m	40m이상 : 48m이상	초등학교 저학년	사용
		18.29m	45m이상 : 54m이상	초등학교 고학년	사용
		20m	45m이상 : 54m이상	여자중학생 여자고등학생	사용
		20m	55m이상 : 66m이상	성인여자	사용
		23m	60m이상 : 72m이상	남자중학생	사용
		23m	60m이상 : 72m이상	남자고등학생 성인 남자	사용

※ 외야펜스의 거리비율은 좌, 우 : 중앙 = 5 : 6

* 학교운동장이나 일반 경기장의 환경에 따라 각 베이스간격 및 외야펜스 거리 등은 변경할 수 있다. (장소의 특성이나 현장사정을 고려하여 로컬룰을 적용한다.)

3. 경기용구 및 복장

1) 운동화

직물 또는 고무로 만든 것으로 착용한다. (사고방지를 위해 스파이크 착용은 금지)

2) 유니폼

같은 팀의 선수는 배번이 있는 같은 유니폼을 착용한다.(배번이 있는 같은 티셔츠 착용도 무관함), 모자 착용을 권장한다.

3) 배트

 (소)	중량	480g
	길이	71cm
	재질	표면/폴리우레탄
	색상	노랑색
 (중)	중량	530g
	길이	76.5cm
	재질	표면/폴리우레탄
	색상	파랑색
 (대)	중량	580g
	길이	약 86cm
	재질	표면/폴리우레탄
	색상	빨강색 ※ 실내외 공용

4) 볼

볼(9인치)	내 용	
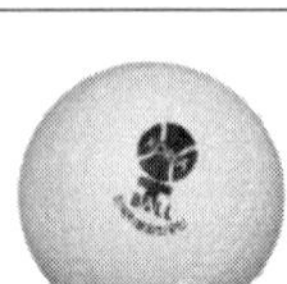	중 량	80 ± 10g
	직 경	약9.3cm (둘레 9인치)
	재 질	폴리우레탄
	색 상	노랑색

5) 롤링 배팅티

투명 아크릴 홈통으로 볼이 경사에 맞게 구르도록 제작되었다.

홈통지름	11인치이상
홈통길이	80cm이상
홈통각도	70도

*** 롤링 배팅티 높이**
⇨ 본루수의 신장을 고려하여 양 팀이 합의한 높이로 정함
(높이가 결정되면 경기가 끝날 때까지 변경불가)

대 상	홈통 지름	홈통 길이	홈통 각도	
유아, 초등학생 중고생이상의 여학생	11인치 이상	80cm이상	70	본루수의 신장을 고려하여, 양 팀이 합의한 높이 (높이가 결정되면 경기 끝날때까지 변경 불가)
초등학교 저학년	11인치 이상	80cm이상	70	
초등학교 고학년	11인치 이상	80cm이상	70	
여자중학생	11인치 이상	80cm이상	60	
여자대학생	11인치 이상	80cm이상	60	
남자중학생	11인치 이상	80cm이상	60	
성인	11인치 이상	80cm이상	50	

6) 롤링 배팅 티의 위치

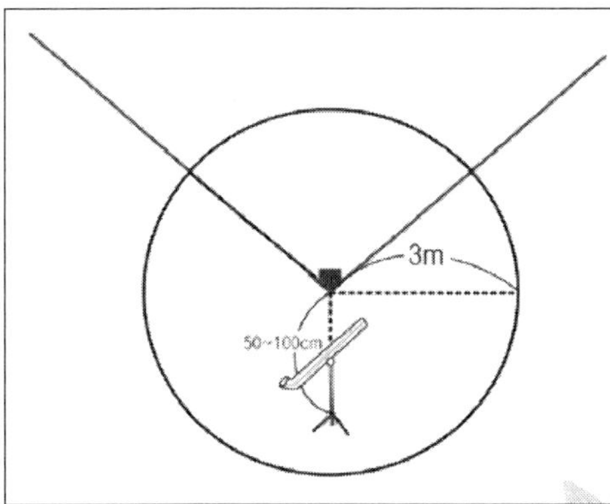

*** 롤링 배팅티의 위치**
⇨ 홈베이스 끝부분을 기준으로 롤링 배팅 티대의 가운데 지점을 일직선으로 맞춘다.

7) 글러브

티볼 전용글러브를 사용하며, 모든 선수가 착용을 원칙으로 한다.

8) 베이스

홈플레이트 1장, 1루 베이스 2장(빨강 : 타자주자용, 흰색 : 수비용),
2루, 3루 베이스 각 1장을 사용한다.

크 기	43.2 × 21.6 × 30.5cm
재 질	우레탄
색 상	흰색

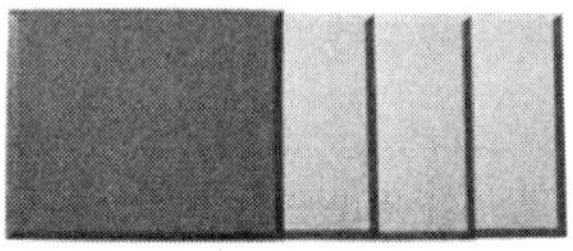

(루베이스)

크 기	가로31 × 세로 31cm
재 질	우레탄
색 상	흰색(3개), 빨강색(1개 : 타자주자용)

4. 팀(Team)구성과 선수 수비의 명칭

1) 팀구성

① 한 팀의 등록선수(엔트리)는 주장, 부주장을 포함하여 20명 이내로 하며, 시합에 참여하는 선수는 10명으로 한다.

② 본루수 이외의 각 수비수는 타자가 타격할 때, 페어지역 안에 있어야 한다.

③ 본루수는 타자가 타격을 완료하고 주루시 주루 방해가 없어야 한다.

④ 수비수는 타격 전에 1루와 3루의 가상의 연장선 안에 들어와 수비할 수 없다.

2) 수비구성

수비위치의 명칭		약호	번호
본루수	Home Baseman	H	1
1루수	First baseman	1B	2
2루수	Second baseman	2B	3
3루수	Third baseman	3B	4
제1유격수	First Short stop	1SS	5

수비위치의 명칭		약호	번호
제2유격수	Second Short stop	2SS	6
좌익수	Left fielder	LF	7
제1중견수	First Center fielder	1CF	8
제2중견수	Second Center fielder	2CF	9
우익수	Right fielder	RF	10

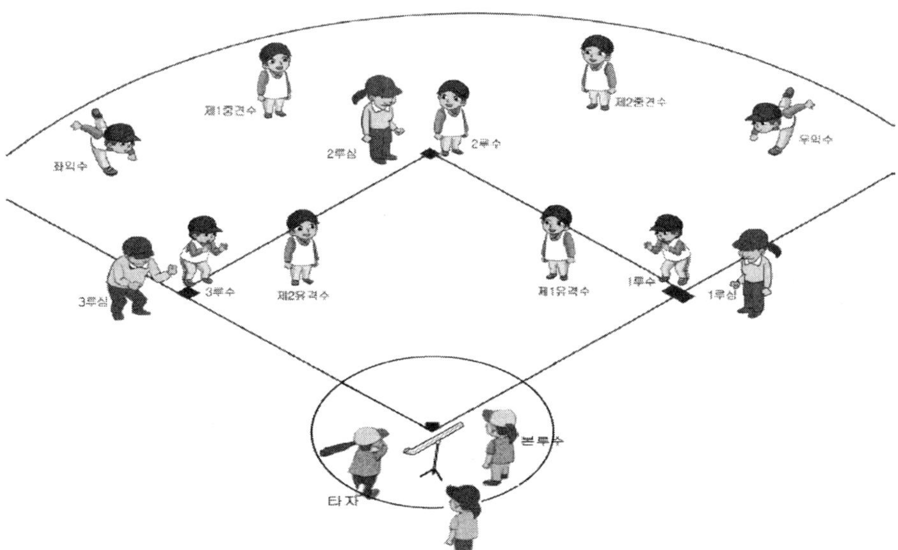

5. 시합

1) 공격과 수비

① 정식 시합은 전원타격제를 실시한다.

② 두 팀이 공격과 수비로 나뉘어 공격 측의 타자 10명 모두가 타격을 완료 했을 때 공·수를 교대하고 규정회수(이닝)를 끝냈을 때 득점이 많은 팀이 승자가 된다.

③ 그 외 정식시합이 아닌 때는 7명 타격제, 쓰리아웃제 등의 방법으로 경기를 진행할 수 있다.

2) 규정횟수 및 시간

① 정식 시합의 규정횟수는 3~5회까지로 한다.

② 정식 시합의 경우에는 대회요강이 정한 바에 따르고, 경기시간에 제한을 둘 수 있다. 이 경우에 제한시간은 ①의 규정회수에 따른다.

③ 시합 종료 시 동점일 경우에는 시합을 연장 할 수 있다. 연장전 방법에 관해서는 대회요강이 정한 바에 따른다.

3) 시합의 진행과 정지

① 시합은 본루심의 "플레이볼" 선언으로 시작하고, "경기종료" 선언으로 종료된다.

② 본루심은 타자의 타격이 완료되고, 수비수의 플레이가 종료되었다고 판단되면 언제든지 "타임"을 선언한다.

③ 경기의 재재는 본루심의 "플레이" 선언에 따른다.

④ 팀에서 요구하는 "타임"은 주장, 부주장만이 할 수 있다.

※ 본루심이 "플레이"를 선언하면 볼 인플레이가 되고, 규칙에 따라 심판이 "타임(시합정지)"를 선언하거나 "타임"을 선언하여 경기를 정지시키지 않는 한 볼 인플레이 상태는 지속된다. "타임(시합정지)"가 선언 되었을 때 선수는 아웃되거나, 진루를 하거나, 득점 할 수 없다. 단, 안전진루권에 의한 진루나 득점은 인정된다.

4) 콜드게임

① 우천, 일몰 등의 부득이 한 사정에 의해 경기속행이 불가능 할 경우에는 대회 요강

이 정한 실질 경기시간을 경과 했다면 경기위원은 심판과 의논한 후에 "콜드게임"을 선언하고 중도 종료를 결정 할 수 있다.

② 득점 차에 의한 콜드게임은 대회 요강이 정한 바에 따른다.

5) 몰수 게임

① 다음과 같은 경우 본루심은 "몰수게임"을 선언하고 과실이 없는 팀을 승자로 한다.

a. 팀이 경기개시 시각까지 경기 장소에 도착하지 않았을 때

b. 몰수게임의 득점은 1-0으로 한다.

6) 득점

① 주자가 그 회 종료까지 1루, 2루, 3루, 본루의 순서로 베이스를 밟고 한 바퀴 돌았을 때마다 1점씩 득점이 된다.

7) 선수교대

① 등록선수(엔트리)는 한 경기당 한 회이상 출장하거나 또는 적어도 한 번 이상은 타격하는 것을 권장한다.

② 선수교대는 주장 또는 부주장이 본루심에게 신청 했을 때만 성립된다.

③ 한번 교대한 선수는 그 경기가 종료시까지 재출전 하지 못한다.

8) 출전 선수 명단(배팅오더) 교환

① 경기의 연기 또는 경기개시의 지연을 사전에 알려왔을 경우를 제외하고는 1명이상의 심판은 경기시작 10분전에 경기장 안에서 양팀 감독과 만나야 한다.

② 양팀 감독은 경기시작 10분전에 본루심에게 2통의 출전선수 명단(배팅오더)를 제출한다.

③ 본루심은 받은 출전선수명단(배팅오더)의 정본이 부본과 같은가를 대조한 뒤 경기시작 전 양팀 인사 시에 본루심이 상대팀의 감독에게 각각 상대팀 출전선수명단(배팅오더)의 부본을 건네준다. 본루심이 가지고 있는 것이 정본이 된다. 본루심이 기록원에게 출전선수명단(배팅오더)를 건네면 각 팀의 타격순은 확정된다. 그 다음 각 팀은 선수를 교대시키려면 규칙에 따라야 한다.

9) 경기 중 선수의 금지사항

① 말, 사인 등으로 상대팀의 선수를 자극하는 것.

② 어떤 방법으로나 상대팀의 선수, 심판원에 대하여 욕설을 하거나 폭언을 하는 것.

10) 타자와 타자주자

① 타자란 타자 서클 안에서 타격하는 선수를 말한다.

② 타자주자란 타격을 완료하고 주자가 된 선수를 말한다.

③ 타자는 타자 서클 안에서 타격 준비 자세를 취해야 한다.

④ 타자는 본루심의 "플레이볼" 선언 후 본루수가 굴려주는 볼을 타격해야 한다.

⑤ 다음 타자는 타자 대디 서클에서 대기해야 한다.

⑥ 타자 대기 서클에서는 배트를 휘두를 수 없다.

⑦ 공격 측 선수는 경기개시 전에 본루심에게 제출한 타순표의 순서에 따라 타석에 서야한다.

⑧ 교대한 선수는 물러난 선수의 타순을 이어 받는 것으로 한다.

⑨ 수비측에 의해 타순의 잘못을 지적 받았을 경우 본루심은 같은과 같이 처리한다.

- 공격 중에 타순의 잘못을 지적 받아 그 것이 인정된 경우에는 그 타자에 의해 일어난 플레이, 득점 전부를 무효로 하고 정규 타순의 타자를 아웃으로 한다.
- 공격 종료 후에 타순의 잘못을 지적 받았을 경우에 그 회의 플레이, 득점 전부를 유효로 한다.

5. 경기규칙

1) 스트라이크

① 다음의 경우에 본루심은『스트라이크』를 선언한다.
- 타자가 헛스윙을 했을 때
- 타자가 롤링 배팅티를 쳤을 때
- 타구가 파울 볼이 되었을 때
- 타자가 푸쉬번트를 시도했을 때(본루심이 판정함)
- 굴러오는 볼을 치지 않았을 때

2) 무효타격

① 다음의 경우에 본루심은『무효타격』을 선언한다.
- 뜻밖의 사태가 일어나서 타격 시 심판원이 타임을 선언했을 때
- 본루심의 플레이 선언 전에 본루수가 공을 굴렸을 때
- 본루심의 플레이 선언 전에 본루수가 굴린 공을 타자가 타격하였을 때

3) 반칙타격

① 다음의 경우에 본루심은『반칙타격』을 선언한다.
- 타자가 시합 전에 심판원이 인정한 배트 이외의 것을 사용했을 때
- 반칙티격이 선언되었을 때 타자 아웃으로 인정한다.

4) 타자가 아웃 되는 경우

① 다음의 경우에 타자는 아웃이 된다.
- 투 스트라이크 후 헛스윙 했을 때
- 투 스트라이크 후 롤링 배팅 티대를 쳤을 때
- 투 스트라이크 후 파울 볼이 선언되었을 때
- 투 스트라이크 후 번트 또는 푸쉬번트를 시도했다고 본루심이 판정했을 때
- 파울, 페어볼이 야수에 의해 캐치 되었을 때
- 타자가 본루심에 의해 반칙타격으로 판정 받았을 때

- 타자가 타격 시 배트를 던진 행위가 위험한 행위라고 심판이 판단 할 때
- 공격 도중 수비 측에 의해 타순의 잘못을 지적 받았을 때
  (이 경우는 정규 타순의 타자가 아웃된다.)
- 인필드 플라이 아웃(Infield Fly Out) : 주자가 1.2루 또는 만루의 경우에 타자가 친 볼이 내야 플라이가 되었을 경우 타자는 아웃이 된다.

5) 타자주자가 아웃 되는 경우

① 다음의 경우에 타자주자는 아웃이 된다.
- 타자주자가 페어지역 안에서 타구에 닿았을 때
- 플라이 또는 라이너가 야수에 의해 캐치되었을 때
- 타자주자가 착각하여 자기 팀 선수대기석으로 들어갔을 때
- 타자주자가 1루에 도달하기 전에 야수에게 터치되었을 때
- 타자주자가 1루에 도달하기 전에 야수가 1루 베이스를 볼을 갖고 밟았을 때
- 타자주자가 타구를 처리하려고 하는 수비를 방해하거나 송구를 고의로 방해했을 때 심판원의 판정에 따라 선행주자가 아웃이 되거나 타자주자, 선행주자 모두 아웃이 될 수 있다.
- 타자주자가 슬라이딩을 했을 때

6) 주자 진루

① 다음의 경우에 주자는 진루할 수 있다.
- 타자의 타구가 페어 볼일 때
- 플라이 또는 라이너가 야수에 의해 캐치되었을 때(이 경우에도 처음으로 야수에게 볼이 닿았을 때 진루가 가능하다.)
- 페어 볼이 불가항력으로 심판원 또는 루상의 주자에 닿았을 때(볼 인플레이)
- 본루수가 공을 투입하는 과정에서 보크를 했을 경우 타자와 주자에게 기본적으로 안전진루권 1개가 주어진다.
- 타자가 타격한 후에 주자는 루(베이스 이탈)를 출발하여 다음 루로 진행 할 수 있다. 위반했을 경우에는 수비팀에서 어필이 있을 경우 주자는 아웃이 되고 타임(일시정지) 상황이 된다.

7) 주자가 아웃 되는 경우

① 다음의 경우에 주자는 아웃이 된다.
- 주자가 베이스를 이탈하여 야수에 의해 터치되었을 때
- 주자가 야수의 터치를 피하려고 베이스 사이를 연결하는 가상의 직선으로부터 양쪽 1m이상 벗어났을 때
- 주자가 포스플레이로 다음 베이스에 진루해야 할 경우 그 베이스에 도달하기 전에 야수가 볼을 갖고 베이스를 밟았을 때
- 주자가 타자의 타격한 페어볼에 닿았을 때
- 주자가 야수를 혼란시킬 우려가 있는 주루를 했을 때
- 공격 측 선수대기석에 있는 선수가 비신사적인 야유 등으로 상대를 방해했을 때

② 다음과 같은 경우 주자는 수비방해로 아웃이 된다.
- 주자가 타구를 처리하려는 야수를 방해하거나 송구를 고의로 방해했을 경우에 심판원의 판정에 따라 선행주자가 아웃이 되거나 타자주자, 선행주자 모두 아웃 될 수 도 있다.
- 주자가 내야수 전방의 페어 볼에 닿았을 때, 타자주자는 1루 진루를 인정하나 고의적으로 닿았을 경우 타자주자는 아웃이 된다. 이 때 다른 주자의 진루는 인정되지 않는다.

8) 본루수의 보크

① 다음의 경우에 공격팀 주자에게 안전진루권 1개가 주어진다.
(기본적으로 타자에게 안전진루권 1개가 주어진다. 단, 타자가 타격을 희망하면 타격을 원칙으로 하고, 본루수가 그 타자에게 재차 보트를 하면 퇴장을 명할 수 있다.)
- 이중동작으로 공을 투입시킬 경우
- 볼을 투입할 때 회전을 주었을 경우
- 소리를 지르면서 볼을 투입하는 경우(타자의 혼란야기)
- 본루심이 “플레이볼” 선언 후 3초 이내에 볼을 투입하지 않았을 경우
- 고의적으로 롤링 배팅 티대를 움직였을 경우

9) 페어볼

① 페어볼이란 올바르게 타격한 볼로 다음과 같은 타구를 말한다.

- 페어지역에 멈춘 타구
- 내야에서 외야로 튕겨진 타구가 1루, 3루 베이스 위를 통과했을 경우
- 1,3루 베이스를 스쳤을 경우
- 최초의 낙하지점이 1,2루 및 2,3루 선상일 경우, 또는 외야의 페어지역일 경우
- 페어 지역 내의 공중에서 심판원, 또는 수비 측 선수의 몸에 닿았을 경우

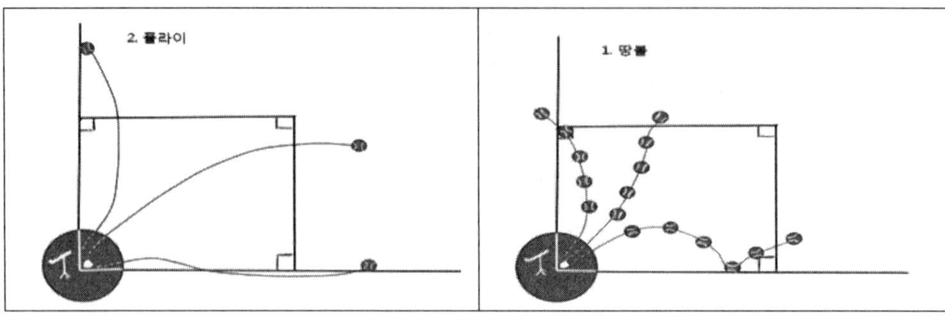

※ 타구가 페어볼인지 파울볼인지 판정은 볼에 닿았을 때 야수의 수비위치가 아니라 타구와 파울 라인과의 위치관계에 따른다. 파울라인도 페어지역에 포함된다.

10) 파울 볼

① 페어 볼을 제외한 타구 전부를 말한다.

② 타자서클 안에 있는 타구는 파울볼, 단 페어지역내의 타자 서클라인은 페어지역에 포함된다.

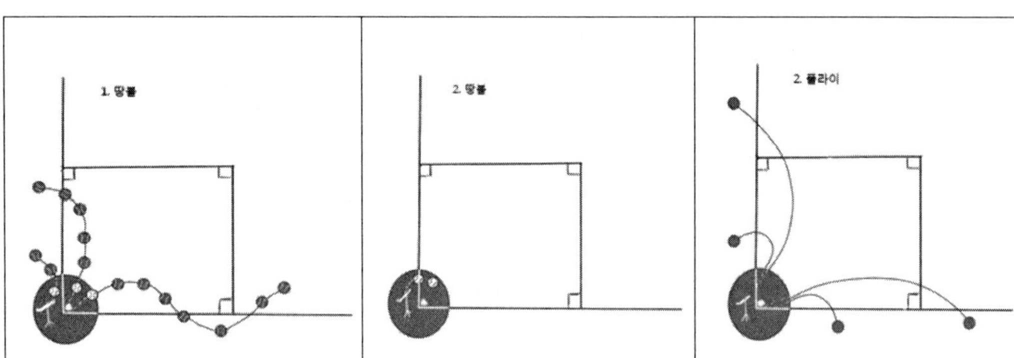

11) 베이스 점유권

① 주자의 베이스 점유권은 후속 주자의 진루에 의해 그 베이스를 비워야 할 때까지로 한다.

② 2인 이상의 주자가 동일 베이스를 점유 할 수 없다. 이 경우 선행주자에게 점유권이 있다.

12) 어필 플레이

① 어필 플레이란 선수로부터 어필(요구)이 있을 때 심판이 판정하는 플레이를 말한다.

13) 어필 플레이의 대상

① 다음의 경우에 어필플레이의 대상이 된다.

- 타순에 잘못이 있었을 때
- 타자주자가 1루 베이스를 밟은 후에 즉시 베이스로 돌아오지 않았을 때
- 타자주자가 진루 또는 귀루(베이스로 돌아옴)를 할 때 베이스를 밟지 않았을 때
- 플라이나 라이너를 야수가 캐치하기 전에 주자가 베이스를 벗어났을 때
- 주자가 타격 전에 베이스를 밟고 있지 않았을 때

14) 어필의 방법

① 13) ①항 첫 번째경우 구두로 주장이 가능하다.
또한 나머지의 경우에는 볼을 가지고 있는 야수가 볼을 가진 손으로 베이스나 주자를 터치 하고 난 이후 어필을 한다.

15) 어필권을 상실하는 경우

① 본루심이 "플레이" 또는 "경기종료"를 선언 했을 때

② 수비 측의 모든 선수가 페어지역을 벗어났을 때

16) 타임

① 타임이란 경기가 정지 상태에 있는 것을 말하며 다음과 같은 경우 타임상황이 된다.

- "무효타격"이 선언 될 경우
- "반칙타격"이 선언 될 경우
- "파울볼"이 선언 될 경우
- "타격방해"가 선언 될 경우

- "주루방해"가 선언 될 경우
- "수비방해"가 선언 될 경우
- 볼이 경기장 경계선 밖으로 나가서 처리 할 수 없을 경우
- "타임"이 선언될 경우
- 주자가 진루의사가 없다고 판단했을 경우
- 그 외에 볼 인플레이를 제외한 모든 경우

17) 볼 인플레이(시합진행)

① 볼 인플레이란 시합이 진행 상태에 있는 것을 말한다.
② 다음과 같은 경우 볼 인플레이가 된다.
- "플레이 볼"이 선언되어 경기가 진행되고 있을 때
- 그 외에 타임을 제외한 모든 경우

18) 프로테스트

① 프로테스트란 심판 판정에 항의하는 것을 말한다.
② 프로테스트는 주장과 부주장만이 할 수 있다.
③ 프로테스트가 가능한 경우
- 심판의 경기규칙 해석이 잘 못 되었을 때
- 심판의 경기규칙 적용에 잘못이 있었을 때

④ 프로테스트는 그 해당 플레이가 있은 후에 신속히 "타임"을 걸고 항의의 의사표시를 하여야 한다.
※ 이 외의 규칙은 사)한국티볼협회 티볼 규정집에 따른다.

5. 심판의 시그널

플레이볼	플레이볼 선언 후	파울 볼

페어볼	아웃 1	아웃2

세이프	타임	

뉴스포츠 종목별 해설

츄크볼

Tchoukball

1. 개요

1) 츄크볼이란?

츄크볼은 탄력성이 있는 약 1m의 바운드에 슛을 하여 튀어나오는 공을 수비 측이 잡아내지 못하면 득점을 하는 경기로서 핸드볼형 뉴스포츠이다.

볼의 패스, 캐치, 슛의 기술은 핸드볼과 비슷하지만 드리블은 없다. 또 패스 커트 등 상대 팀에 방해가 되는 모든 행위가 금지되고 있기 때문에, 구기에 서투른 사람들도 쉽게 즐길 수 있으며, 높은 수준의 선수들은 매우 박진감 넘치는 경기를 할 수도 있다. 즉, 츄크볼은 참가자의 운동능력과 숙련도에 맞추어 다양한 참가자들이 즐길 수 있는 운동이다.

츄크볼은 모든 공격 및 수비의 방해행위가 허용되지 않으며 전혀 몸싸움이 없다는 점에서 여성들도 즐기기에 매우 좋은 운동이다.

츄크볼은 슛과 슛한 공을 여하히 캐치할 것인가 하는 공격과 수비의 두 가지 초점에 경기 목표가 집약된다. 이런 특징 때문에 츄크볼은 예측의 게임이라 불린다.

츄크볼의 유래는 1970년에 스위스의 생물학자 H.브랜드가 '팀 게임의 과학적 비판'이라는 논문에서 종래의 구기운동을 "침략적"이라 규정하고, 그 대안으로 "비침략적"인 게임을 구상하면서 만들어졌다.

츄크볼이라는 용어는 공이 골대를 스치면서 내는 '추우욱'하는 소리를 따서 츄크볼이 되었다.

현재 국제츄크볼연맹(FITB: Federation of International TchoukBall)에는 40여 개국 이상의 정식 가맹국이 있어 이 기구를 중심으로 국제교류 또한 매우 활발하게 이루어지고 있다.

World championship, Europe Championship, Asia Pacific Championship 등 활발한 국제대회가 개최 중이며, Sports Accord의 한 종목으로 진입하기 위해 노력하고 있다.

한국에서는 2005~2006년경 한국뉴스포츠협회를 통해 국내에 소개되기 시작했으며, 2011년 한국뉴스포츠협회 산하에 한국츄크볼연맹을 설립하고 FITB의 정식 가맹국이 되었다.

매년 국내에서 국제츄크볼연맹 강습회를 시행하고 있으며, 2013년에는 제주에서 아시아 태평양 대학생 츄크볼대회를 성황리에 개최한 바 있다.

2) 특징

① 츄크볼은 나의 코트(또는 골대), 남의 코트가 따로 없다. 어느 곳에 있는 바운더에건 슛할 수 있다.

② 공격이나 수비 활동에 방해되는 모든 행동은 금지되어 있다. 블로킹, 패스컷, 진로

방해 등이 금지되며 어떤 몸싸움도 허용되지 않는다.

③ 츄크볼은 드리블이 없다. 공이 바닥에 닿게 되면 공격과 수비가 전환되게 된다. 드리블이 없는 만큼 개인기에 크게 의존하지 않고 팀 플레이를 통해 경기가 진행되게 된다.

④ 츄크볼은 다른 구기 종목과 달리 슛을 하다가 실패를 하면 공격 팀이 실점을 한다.

⑤ 츄크볼의 특성 때문에 경기가 매우 느슨하게 진행될 것이라는 오해와는 달리 나의 진영, 남의 진영이 없는 만큼 풀 코트를 완전히 사용하며 다양한 전략적 경기를 필요로 하기 때문에 츄크볼을 일컬어 “The fastest handball” 이라고 칭하기도 한다.

⑥ 공수가 전환(Turn Over)되는 상황에서는 공으로 바닥을 찍는 Break Down을 하고 경기를 재개한다.

⑦ 나의 진영, 남의 진영이 없이 풀 코트를 사용하는 만큼 경기 시작과 득실점 후 재시작 등의 상황에서는 공이 중앙선을 넘어간 이후 다시 어느 쪽으로건 공격할 수 있다.

⑧ 경기 시작이나 득실점에 따른 재 시작 상황이 아닌 한, 모든 턴 오버 상황에서는 드로우 인을 하지 않고 경기장 내에서 브레이크 다운하여 경기를 재개한다.

<츄크볼과 핸드볼의 차이점>

내용	츄크볼	핸드볼
골키퍼	×	○
골대	자기 골대 없다	자기 골대 지정
드리블	×	○
패스 횟수	3회로 제한	×
공격실패	실점 할 수 있다	실점없이 공격권만 넘어간다
수비	×(수비방해, 신체접촉 불허)	○

2. 경기장

츄크볼은 체육관, 운동장, 모래사장 등 어디에서나 할 수 있지만 체육관 안에서 하는 것이 일반적이다.

정식 코트의 넓이는 구획선을 포함하여 폭 15~17m 길이 26~29m의 코트에 양쪽 끝 엔드라인 중앙에 2개의 바운더를 놓고 경기를 한다.

하나의 바운더를 놓고 하는 하프코트 경기를 할 수도 있는 데 이 때는 정규 코트의 절반의 크기로 정하면 된다.

바운더 앞에는 진입 금지구역을 표시하는 반경 3m의 반원이 있으며, 이 출입금지구역은 공을 잡고 들어가거나 들어가서 슛을 할 수는 없다.

츄크볼 경기장 코트를 구획하는 라인은 5cm 정도의 폭으로 그리며, 경기장의 일부로 포함되지만 포비든 존을 구획하는 구획선은 플레이 가능 공간이 아니라 진입금지 구역의 일부로 포함한다.

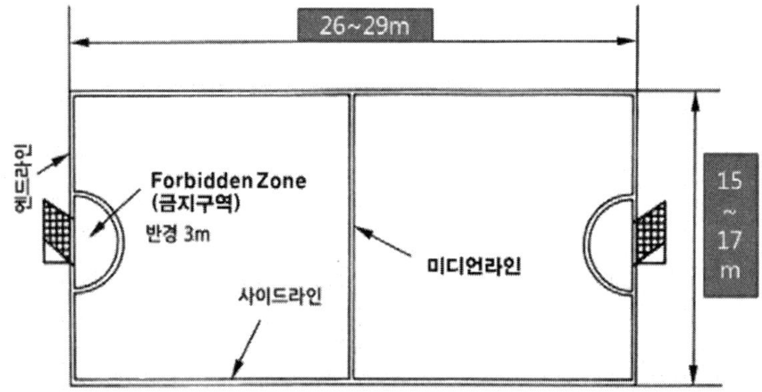

츄크볼 코트

3. 용구

1) 바운더

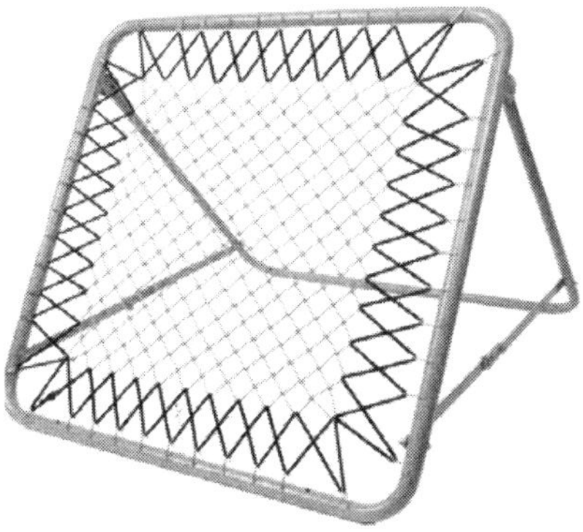

바운더
95~100cm 정사각형 철로 된 틀에 고무로 된 네트

2) 공

성인 남자 경기: 둘레: 58~60cm, 무게: 25~475그램 (핸드볼 3호구)

성인여자와 18세 이하, 남녀 혼성 경기에서는 둘레 54~56cm, 무게 325~400그램의 공을 사용(핸드볼 2호구)

12세 이하 어린이들의 경기에서는 둘레 50~52cm, 무게 290~330그램의 공을 사용(핸드볼 1호구)

4. 경기방법

1) 경기시간

① 남자 일반부 : 15분 3피리어드(피리어드간 휴식 5분)

② 여자 일반부 및 주니어부 : 12분 3피리어드(휴식 동일)

③ 16세 이하 주니어 : 10분 3피리어드(휴식 동일)

2) 경기인원

① 경기 엔트리: 12명

② 시합 참여 인원: 7명 (최소 4명 이상이면 경기 참여 가능)

3) 경기의 시작 및 재개

① 가위 바위 보 또는 코인의 토스로 이긴 팀이 엔드라인 밖에서 드로잉 하여 시합을 개시한다. 2 피리어드에서는 상대팀이 시합을 개시 하고 3피리어드는 2피리어드까지의 합산 점수에서 지고 있는 팀이 선공으로 시작한다.

② 시합 개시(재개) 후, 공이 중앙선(미디언 라인)을 지나고 나면 어떤 방향에 있는 바운더로건 공격(슛)을 할 수 있다.

③ 득점 또는 실점의 경우 실점한 팀이 시합을 재개, 시합 재개 방법은 시합시작 방법과 동일하다.

4) 심판: 주심 1명 + 부심 2명

5) 득점과 실점

(1) 공격팀의 득점

① 슛하여 리바운드 된 공을 수비자가 잡지 못하고 바닥에 떨어지거나 코트 밖으로(포비든 존을 포함하여) 나갔을 때
② 슛한 공이 수비자의 무릎아래 신체부위에 닿았을 때
③ 슛한 공이 금지구역 안이나 경기장 밖의 수비자에게 닿았을 때 또는 수비위치로 이동하기 위해 금지구역을 지나가는 동안에 닿았을 때

(2) 공격팀의 실점 (수비팀의 득점)

① 슛한 공이 프레임을 벗어났을 때
② 슛한 공이 금지구역이나 필드 밖으로 나갔을 때
③ 슛한 공이 슛한 사람의 몸에 닿았을 때
④ 슛한 공이 금지구역이나 코트 바깥에 있는 동료에게 맞았을 때
⑤ 슛한 공이 같은 팀원에게 맞고 금지구역이나 코트 밖으로 나갔을 때

6) 선수 교체

① 선수 교체는 득실점이 이루어진 후 경기가 재개되기 전에 해야 한다.
② 선수 교체는 누구와 교체해도, 몇 번 교체해도 상관없으며, 한 번 이상 교체한 선수도 다시 교체될 수 있다.
③ 교체 방법은 코트 바깥의 미디언 라인 앞 3m 이내의 구역에서 대기하고 있다가 득

실점이 이루어지면 플레이하고 있던 교체자가 나온 후 새로운 선수가 코트로 들어가야 한다.

④ 교체 실수 시 다시 코트 밖으로 나가야 하며, 다음번 득실점이 이루어질 때까지 기다려야 한다.

5. 경기규칙

1) 기본적인 규칙

① 시합 개시(재개) 후, 중앙선을 지나야 어느 쪽 바운더로건 슛이 가능하다. 이를 어기면 공격권을 상대팀에게 넘긴다.

② 공수 전환 시에는 반드시 브레이크 다운(두 손으로 바닥에 공을 찍고 경기를 재개하는 것)한 후 경기를 재개해야 한다.

③ 공이 코트의 바깥으로 나가거나 진입금지구역(포비든 존)에 떨어지거나 하는 경우의 상황으로 인한 Turn Over시에도 코트 바깥으로부터 안으로 드로우인 하는 것이 아니라 공이 나간 지점에서 가장 가까운 플레이 에어리어 안에서 브레이크 다운하고 경기를 재개한다.

④ 브레이크 다운을 한 후에 곧바로 슛으로 연결할 수는 없으며 한 번 이상 패스를 한 후 슛으로 연결되어야 한다.

⑤ 시합을 시작하거나 득실점으로 경기를 재개하는 상황에서만 엔드라인에서 드로우 인한다.

⑥ 경기 시작, 재시작시 바깥에서 드로우 인 되는 것은 패스 횟수에 포함되지 않으나 브레이크 다운을 포함하여 코트 내에서 공을 주고받는 모든 동작은 패스로 간주된다.

⑦ 모든 방해 동작, 심지어는 패스나 슛 동작 위치에서 비켜주지 않는 것도 반칙이다.

2) 신체 사용 범위

① 무릎 (또는 무릎 보호대) 위쪽의 몸은 어디건 사용 가능하다.

② 공을 잡거나 치거나 던지거나 밀거나, 그 어떤 형태도 허용한다.

③ 누워서는 몸을 구르지 않는 이상 누워서의 캐치나 패스, 슛은 허용한다.

3) 규칙

① 공을 잡고 3미터 안전구역에 신체의 일부가 닿는 것은 파울이다.

② 공을 잡고 3보 이상 발을 딛는 것 (코트에 양 발 또는 한쪽 발을 붙인 상태에서 볼을 캐치 하더라도 1걸음 걸었다고 간주한다. 또, 공중에서 볼을 캐치하고 한쪽 발로 착지하면 1걸음 걸었다고 간주하며, 두 발로 착지했을 경우에는 2걸음으로 간주한다.)

③ 볼을 잡고 3초 이내에 패스하거나 슛해야 한다.

④ 3회 이내의 패스로 슛까지 연결되어야 한다. 즉, 3회까지는 패스를 허용하나, 슛을 하지 않고 4번째 패스하는 것은 반칙이다.

⑤ 한쪽의 바운더에 양 팀 합쳐 3회 이상 연속해서 슛을 하는 것은 반칙이다. 한 쪽 바운더에 3회까지 연속해서 슛을 하고 나면 반드시 중앙선(미디언 라인)을 다시 넘어갔다가 와야 어느 쪽 바운더로건 슛할 수 있다. 단, 플레이 도중에 Turn Over가 일어나 공수가 전환된 경우 그 때부터 다시 슛 횟수를 카운트한다.

⑥ 코트에 무릎이 닿거나, 누운 채로 플레이하는 것은 허용된다.

⑦ 반칙을 범했을 때는 상대 팀이 반칙을 했던 지점에서 상대팀에게 공격권이 넘어가고, 상대팀은 그 지점에서 브레이크 다운한 후 공격한다. 단, 브레이크다운을 하고 곧바로 직접 슛 할 수는 없다.

⑧ 패스한 공이 코트 밖(진입금지구역을 포함한다)에 떨어지거나 공을 잡은 사람이 코트 바깥을 밟는 경우 상대팀에게 공격권이 넘어간다. 이 경우 코트 바깥에서 드로우 인하는 것이 아니라 코트 안쪽, 공이 나가기 직전의 지점에서 브레이크 다운한다.

⑨ 슛한 공을 같은 팀이 잡거나 몸에 맞은 후 코트 안에 떨어지면 공수 전환한다.

⑩ 슛한 공이 바운더의 프레임에 맞고 코트 안으로 떨어진 경우 공수 전환한다.(단, 수비팀이 공을 받으면 브레이크 다운 없이 그 즉시 공수가 전환됨)
(*프레임의 범위: 바운더의 쇠로 된 부분, 고무줄, 연결 링까지를 포함)

⑪ 드로우 인 이후, 또는 3회까지 한 쪽 바운더에 슛을 한 후 중앙선을 넘지 않고 슛을 하는 경우 공수 전환한다.

⑫ 볼이 무릎 이하의 신체 부위에 닿는 경우 공수 전환한다.

4) FAQ

(1) 3 스텝에 대한 규칙

① 공중에 떠서 공을 잡은 후 두 발로 바닥에 착지하면 2 스텝으로 간주

② 두 발로 바닥에 착지한 상태에서 공을 잡으면 1 스텝으로 간주

③ 공을 잡고 바닥에 발이 미끄러지거나, 끌리거나 또는 바닥에 넘어지거나 넘어져 미끄러져 나가거나 하는 경우 2 스텝으로 간주

(2) 아웃 사이드로 공이 나가는 경우 어디에서 경기를 재개하는가?

① 공이 나간 앤드 라인 또는 사이드라인 바로 앞에서 브레이크 다운을 하여 시합을 재개 (드로우 인하는 것이 아니다. 드로우 인은 득점 이후에만 엔드 라인에서부터 드로우 인이 이루어진다.)

(3) 플레이 영역을 벗어나고 있는 공을 공중에서 안으로 쳐 넣은 후 바깥으로 착지했다. 이 경우 공은 라인 아웃인가?

① 아니다. 공을 잡은 채로 라인 바깥을 밟지 않으면 라인 아웃이 아님

(4) 숏한 공이 같은 팀 멤버에게 터치되거나 숏한 사람의 몸에 맞았다?

① 같은 팀이 공을 잡거나 터치하게 되면 반칙으로 공수가 전환 하지만 숏한 본인의 몸에 공이 바로 닿으면 실점 인정

6. 기본 기술 및 훈련법

1) 패스

츄크볼은 각 위치로 움직이면서 진행하는, 패스로 시작해서 패스로 끝나는 운동이다. 주된 동작은 손에서 이루어지지만 머리, 어깨, 허리와 두 발의 움직임 또한 완전한 패스를 위해 적절한 타이밍에 정확히 이루어져야 한다.

패스야말로 가장 중요한 기본 스킬이며 타이밍과 방향, 스피드, 포지션 등을 고려한 많은 패스방법이 있다.

(1) 오버암 패스

① 준비자세

두 다리를 어깨 넓이로 벌리고 서서 가슴 높이에서 공을 잡고 몸은 패스를 하고자 하는 방향을 향한다.

눈은 패스할 위치를 바라보고 몸의 무게는 양발에 분산하여 선다.

② 패스 준비

왼쪽 발을 앞으로 한발 내딛고, 상체를 뒤로 젖히고 허리는 전방을 향한다. 몸의 중심은 뒷쪽(오른쪽) 다리로 옮긴다.

공은 손가락을 벌려 자연스럽게 잡고 어깨와 팔꿈치는 뒤쪽으로 향한다.

③ 패스동작

패스하고자 하는 방향을 주시하면서 허리를 왼 발쪽으로 앞으로 틀면서 어깨 팔꿈치, 허리, 손가락의 순서로 공을 앞으로 밀어내듯 공을 패스 목표방향으로 던진다.

④ 패스한 후

공을 던진 후 자연스럽게 오른발을 앞으로 한발 내딛는다.

(2) 사이드 패스

① 준비자세

발은 어깨 넓이로 벌리고 공은 배 앞에서, 몸은 패스하고자 하는 방향을 향해, 그리고 무게 중심은 양발에 분산하여 선다.

② 패스하기 전

패스할 때 몸을 오른쪽으로 약간 튼다. 몸의 중심은 오른발로 옮기고 오른 손으로 공을 바닥과 수평이 되게 잡고 왼발을 앞으로 내밀고 목표를 쳐다보면서 옆으로 선다.

③ 패스동작

왼쪽 팔을 자연스럽게 뒷 쪽으로 휘두르면서 오른쪽 팔은 전방을 향해 수평으로 휘두른다.

허리를 돌리면서, 팔꿈치와 무릎을 사용해 스피드를 가한다. 그리고 손가락을 이용해 공의 방향을 콘트롤 한다.

> <참고>
> 이 패스방법은 중간거리의 패스를 위한 기술이다.
> 사이드 패스를 컨트롤하는 것은 쉽지 않으며 정확도도 떨어진다. 따라서 능숙하게 될 때까지 계속 연습해야 한다.
> 무게 중심이 매우 중요하다. 패스 연습을 꾸준히 해야 한다

(3) 언더 패스

① 준비자세

양발을 앞뒤로 벌리고 몸의 중심을 앞으로 약간 내밀고 공은 양손으로 잡고 배 아래쪽 중앙에서 잡는다.

② 패스 전

허리와 엉덩이를 뒤로 흔들면서 공은 몸 오른쪽 대퇴부높이로 향하게 한다.

③ 패스동작

오른쪽 팔을 진동추처럼 흔들어서 던진다. 또한 팔꿈치와 허리와 손가락의 힘을 사용해서 볼을 던진다.

> <참고>
> 이 기술은 짧은 거리에서 빠르게 패스하는 데 사용된다. 또한 패스 파워를 조절할 필요가 있다.
> 패스의 정확도를 높일 수 있도록 몸의 리듬과 템포를 이용해야 한다.

2) 캐치

(1) 서서 받기

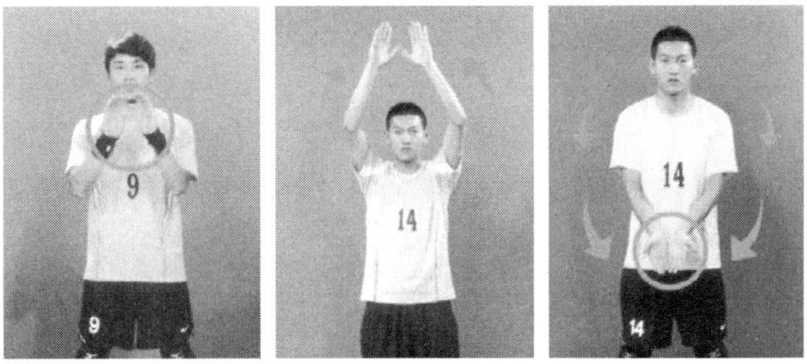

① 어깨 부분에서 머리 윗 부분으로 원을 그리듯이 팔을 올려 손바닥이 정면을 향하도록 하여 볼을 받는다.

② 어깨 부분에서 허리 아랫 부분으로 원을 그리듯이 팔을 내려 손바닥이 정면을 향하도록 하여 볼을 받는다.

③ 가슴쪽으로 오는 볼은 양 손을 모으고 팔꿈치는 몸통을 벗어나지 않을 정도로 벌려 손바닥과 팔꿈치가 V자 형태가 되도록하여 받는다. 이때 손바닥 바깥쪽이 약간 안쪽으로 향하고 손가락은 완전히 펴지 않고 살짝 구부린 상태로 유연하게 유지해야 볼을 떨어뜨리지 않고 받을 수 있다.

(2) 앉아서 받기

①

②

③

④

네트(바운더)에 튕겨서 출입금지지역(3m)을 벗어나 낮게 떨어지는 볼을 수비하기 위해서는 자세를 최대한 낮춰야 한다. 따라서 무릎을 바닥에 대고 앉아 낮게 오는 볼을 잡거나(그림①, ②, ③) 위로 쳐올리는(그림 ①, ④) 자세와 동작을 취한다.

그림 ①의 자세는 손바닥을 펴서 정면으로 오게 하고 손가락은 바닥을 향하게 하여 볼을 잡거나, 공중으로 쳐올려서 같은 팀 선수가 잡도록 하는 두 가지 목적의 자세이다.

그림 ②와 ③은 낮게 날아오는 볼을 정확하게 잡는 자세이다.

옆의 그림 ④는 정면 머리 윗부분으로 세게 날아 오는 무리하게 볼을 잡으려다 떨어뜨리는 실수를 범하지 않고, 공중으로 볼을 쳐올려서 같은 팀 선수가 안전하게 잡도록 하는 자세와 동작이다.

3) 포메이션

7-player~Defense Formation

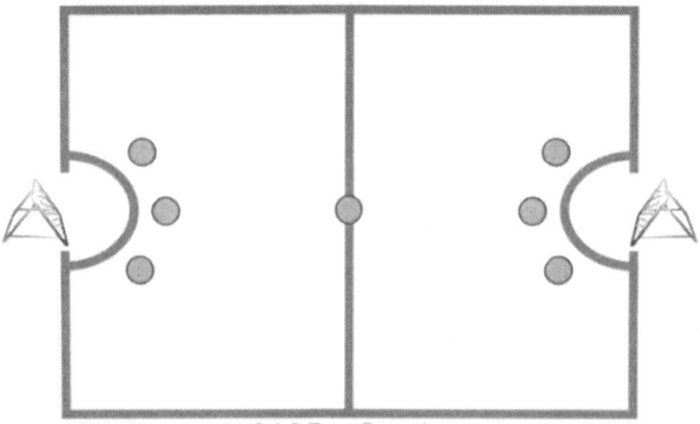

3-1-3 Team Formation

(1) 기본 포메이션

양쪽 골대(네트, 바운더)에 골고루 선수를 배치하여 공격팀이 어느 쪽으로 공격해 오던 원만하게 수비할 수 있도록 대비하는 기본 전술이다.

중간에 배치한 선수는 볼의 배급과 공수의 전환을 빠르게 하는 역할을 한다.

(2) 볼의 투입에 따른 움직임

공격으로 전환하게 되면 공격 방향의 골대를 향해 선수들이 빠르게 이동해야 한다. 엔드라인에서 패스는 0번째 패스이므로 가능한 멀리 패스해 순간적으로 공격 숫자를 늘려 유리한 상황을 만들어야 하며, 반대편 선수들도 중앙선 쪽으로 이동해서 공격을 돕도록 연습한다.

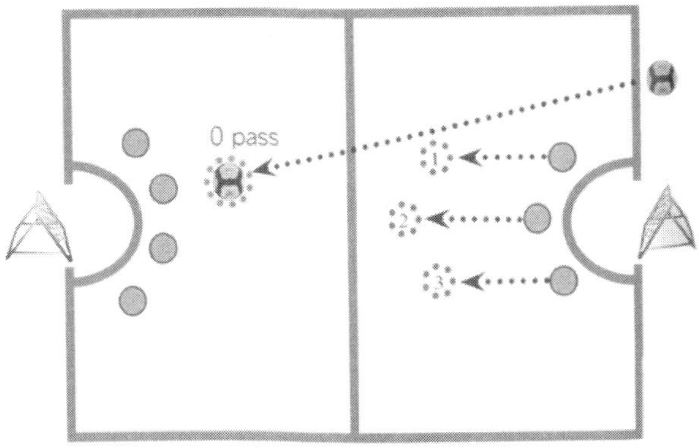

4·3 Formation 【Diagram 2~2】

2) 슛의 각도에 따른 연습

네트에 슛한 볼이 튕겨져 나오는 기본 각노 45도, 70도, 80도를 의미한다. 네트의 한 쪽에 수비하는 선수들을 세워 놓고, 45도, 70도, 80도로 이동하면서 지도자가 슛한 볼을 받는 연습을 실시한다. 네트에 튕겨지는 볼의 각도를 숙지하는데 도움이 되는 기본 연습법이다.

선수를 2조로 나누어 A조는 슛을 하게 하고, B조는 수비를 하도록 할 수도 있다. 이 연습법은 슛한 사람에 따라 불규칙한 각도로 튕겨 나오는 볼에 대한 적응력과 순발력을 향상시키는 기본 연습법이다.

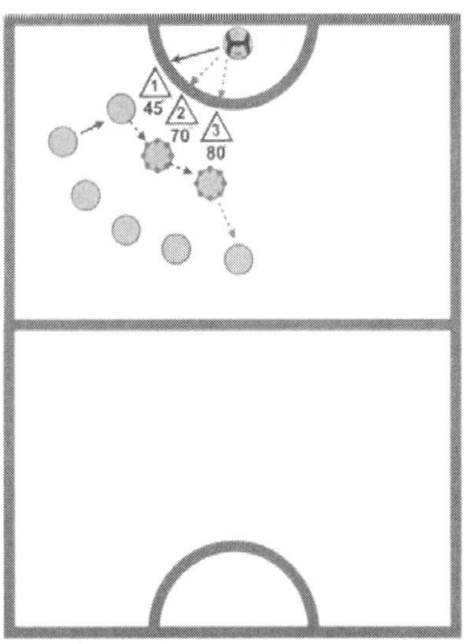

3) 1:1 공격과 수비 연습법

(1) 아래로 던지고 받기

한 선수는 낮은 자세로 무릎을 바닥에 대고 앉고, 한 선수는 약 1m 전방에 서서 손목의 스냅만을 이용해 볼을 밑으로 던진다. 약하게 던지는 동작을 서서히 강하게 진행하고 거리도 점차 늘려나가서 수비의 적응력을 높이고, 공격시 손목스냅 훈련을 동시에 진행 할 수 있다.

(2) 정면으로 던지고 받기

바닥에 무릎을 대고 앉은 선수 전방 1m 정도 떨어져 서서, 앉은 선수 정면(가슴, 얼굴 등)으로 볼을 던져 받게 한다.

약하게 던지는 동작을 서서히 강하게 진행하고 거리도 점차 늘려나가서 받는 연습을 시킨다.

던지는 선수는 정확한 동작의 던지기 연습을 할 수 있는 방법이다.

7. 츄크볼 즐기기(경기의 변형)

① 기존의 구기경기에 익숙하여 공격과 패스 방해, 가로채기 등 츄크볼이 금지하는 행동이 많이 나타나 경기가 혼란스럽고 재미없게 될 수 있다. 따라서 비침략적이고 신체접촉을 허용하지 않는 츄크볼의 특징(규칙)을 잘 이해시켜야 재미있고 즐거운 츄크볼을 할 수 있다.

② 경기장의 크기는 성별이나 개인의 능력에 따라 변형해서 실시할 수 있다.

③ 저학년이나 여학생의 경우 출입금지구역에 볼이 떨어져 실점하는 경우가 많으므로 3m인 출입금지구역을 1~2m정도로 줄여서 실시하면 초기 연습법으로 좋은 효과를 볼 수 있다.

④ 선수의 숫자는 상황에 따라 5~9명까지 자유롭게 실시할 수 있다.

⑤ 공인구가 딱딱하여 볼에 대한 두려움을 느끼는 저학년이나 여학생의 경우는 부드러운 볼(스페이스볼, 폼볼 등)로 대체하여 실시할 수 있다.

⑥ 경기의 박진감을 높이기 위해서 공격 성공은 2점, 공격 실패는 1점을 부과하는 변형 규칙을 적용할 수도 있다.

뉴스포츠 종목별 해설

플로어볼

Floorball

1. 개요

1) 플로어볼이란?

플로어볼은 농구코트보다 약간 넓은 플로어(floor)에서 부드러운 플라스틱 재질로 만들어진 스틱과 볼을 사용하여 골대에 골을 넣는 스포츠 경기를 말한다.

[플로어(floor)란 마룻바닥이나 우레탄 재질의 바닥]

<마룻바닥 경기장>

<우레탄 재질 경기장>

2) 역 사

1950년대 미국과 캐나다에서 장난감 플라스틱 하키 스틱과 볼이 제작되었는데 이 제품들이 1960년대 후반 스웨덴으로 도입되어, 사람들이 스포츠클럽에서 경기형태로 즐기기 시작하였다. 이후 아이스하키와 같은 유사 스포츠의 영향을 받기도 하였지만 처음 시작은 장난감(Toy)에서 유래된 하키형 스포츠라고 할 수 있다.

International Floorball Federation

1981 스웨덴 플로어볼협회 발족
1986 International Floorball Federation 창립
1997 World Games 시범종목 채택
2004 GAISF(국제스포츠총연합회) 정식종목 가입
2005 AOFC(아시아연맹) 창립
2008 IOC 준가맹단체 승인
2011 IOC 정가맹단체 승인
2013 평창 스페셜올림픽 시범종목 실시

Korea Floorball Federation

2004 대한플로어볼협회 창립
2009 대한체육회 인정단체 승인
2010 제1회 교과부장관상 전국 초중고 대회 개최
2011 제92회 전국체육대회 동호인종목 참가
2012 전국학교스포츠클럽 플로어볼 대회 정식종목
2013 여자부 아시아선수권대회 개최(포천시)
제7회 전국장애학생체육대회 정식종목
클럽 1,183개 / 선수 19,975명 등록

3) 특 징

- Easy : 규칙과 기본기술의 습득이 쉬워 짧은 시간에 경기 참여가 가능한 스포츠
- Safety : 스틱과 볼이 연성의 플라스틱 재질로 장비에 의한 부상위험이 적고 격렬한 몸싸움은 경기규칙으로 제약이 되어 안전한 스포츠
- Space : 체육관의 마룻바닥은 물론 야외운동장, 잔디밭 등 어디서든 즐길 수 있어 공간의 제약을 크게 받지 않는 공간 스포츠
- Exercise : 체육관 전체를 사용하며 오프사이드가 없기 때문에 어느 스포츠 못지않게 운동량과 민첩성 등 운동효과와 집중력 향상에 탁월한 스포츠
- Everybody : 남녀노소 누구나 함께 즐길 수 있는 스포츠로 남녀혼성 경기가 가능하며, 특히 여학생들의 신체활동 증진에 탁월한 효과를 가진 스포츠

2. 플로어볼 경기장

플로어볼 경기장은 직사각형이며 마룻바닥이나 우레탄 재질의 바닥에서 경기를 진행한다. 경기장 위에 표시되어야 하는 선은 바닥 색상과 확실하게 분별할 수 있는 색상의 라인테이프(넓이 4~5cm)를 사용하도록 한다.

경기장 라인을 따라 플로어볼 링크(보드)가 설치되어야 하며 보드가 없을 시에는 체육관 벽면을 이용하여 경기를 진행할 수 있다.

1) 경기장 규격

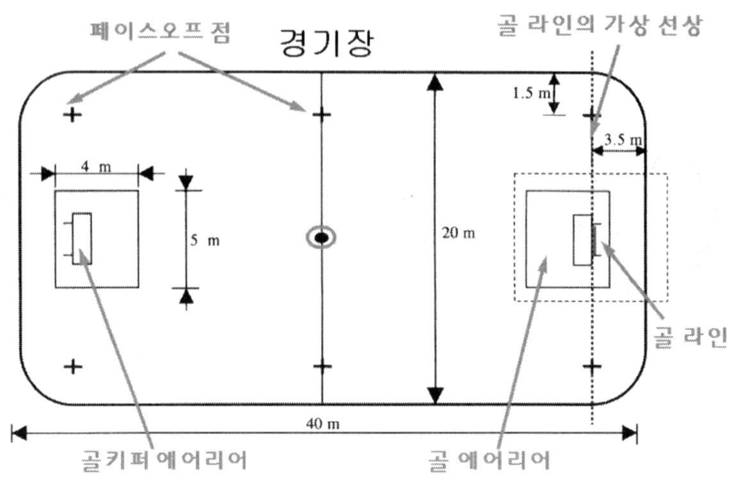

(1) 플로어볼 경기장 사이즈 비교

구 분	국제 대회	국내 대회 (일반부/대학부)	국내 대회 (초.중.고)
경기장 규격	40m × 20m	36m × 18m	28m × 16m
골에어리어	4m × 5m	3m × 4m	3m × 4m
골키퍼에어리어	2.5m × 1m	2.5m × 80cm	2.5m × 80cm

(2) 경기장 위의 표시사항

① 중앙 라인

경기장의 반 크기에 평행하게 표시

② 중앙 지점

경기 시작 및 득점을 한 후에는 반드시 중앙 지점에서 진행

③ Face-off 지점

- 양쪽 코너와 중앙 라인에 6개의 Face-off 지점 표시 경기장 라인에서 1~1.5m 지점에 표시 (열십자 형태로 표시)

④ 선수교체 경계라인

선수들이 수시로 교체할 경우 반드시 이 라인 안쪽으로만 교체가 가능(중앙라인에서 초, 중고등부는 3m, 대학, 일반부는 5m 지점에 표시)

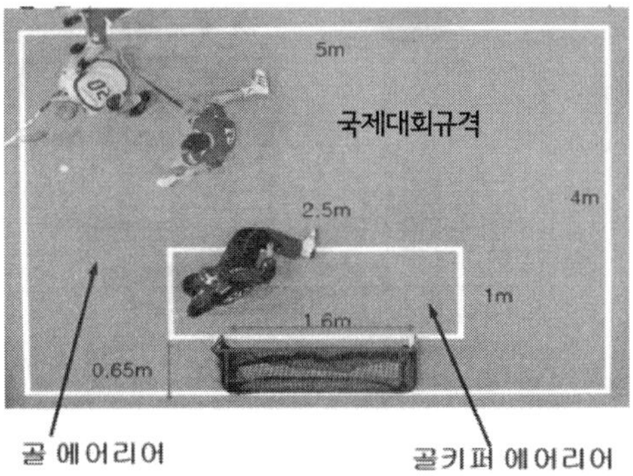

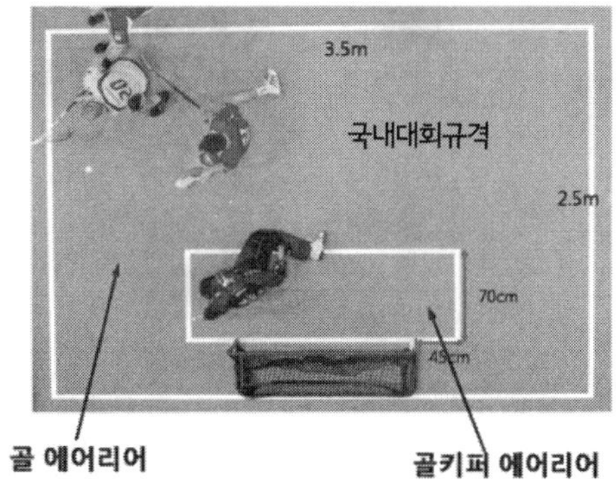

※ 참고사항

골에어리어 (Goal Area)	골키퍼 에어리어
골키퍼가 활동할 수 있는 영역 골에어리어를 벗어나면 골키퍼도 필드선수의 룰을 적용하기 때문에 공을 손으로 잡거나 누워서 방어할 수 없다.	골키퍼의 고유영역 모든 필드선수(공격수, 수비수 포함)는 신체 일부가 들어가서 플레이할 수 없다. (스틱은 가능)

2) 플로어볼 국내 경기장 배치도

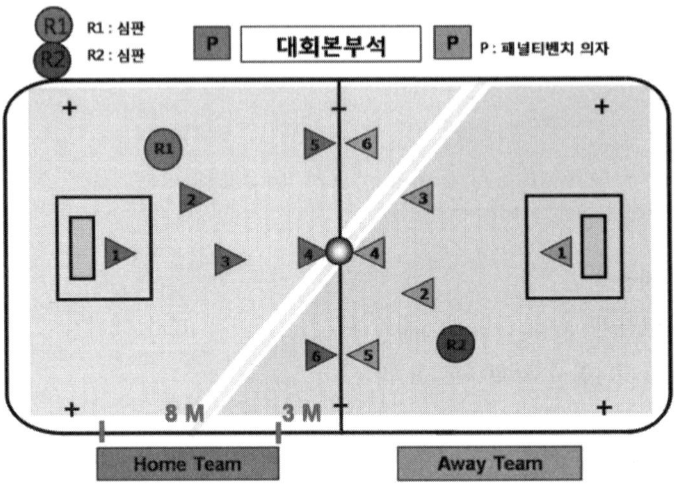

<플로어볼 전용보드(링크) 설치 시>

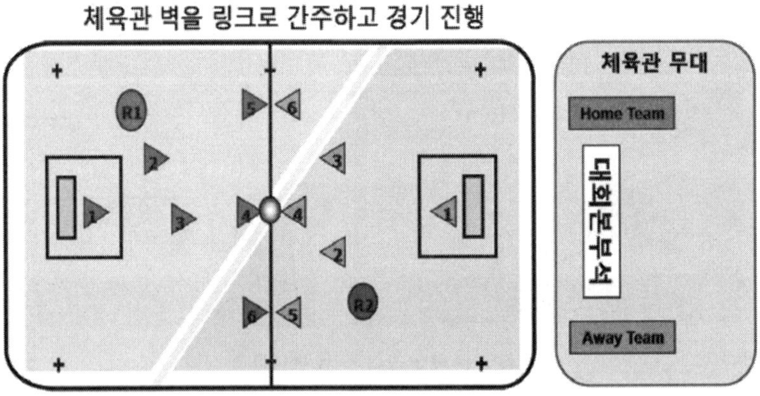

<플로어볼 전용보드(링크) 없을 시>

- 플로어볼 전용 링크가 없는 경우, Hit-in 상황은 링크 높이(50cm)를 넘어갔다고 심판이 판단한 경우 그 지점에 놓고 다시 경기를 재개 한다.

3. 용 구

플로어볼은 많은 장비가 필요하지 않기 때문에 누구나 쉽게 시작할 수 있는 스포츠이다. 필드 선수는 스틱, 운동화와 간편한 운동복을 착용하고 골키퍼는 보호 장비인 헬멧과 골키퍼유니폼, 무릎보호대 등이 필요하다.

1) 스 틱

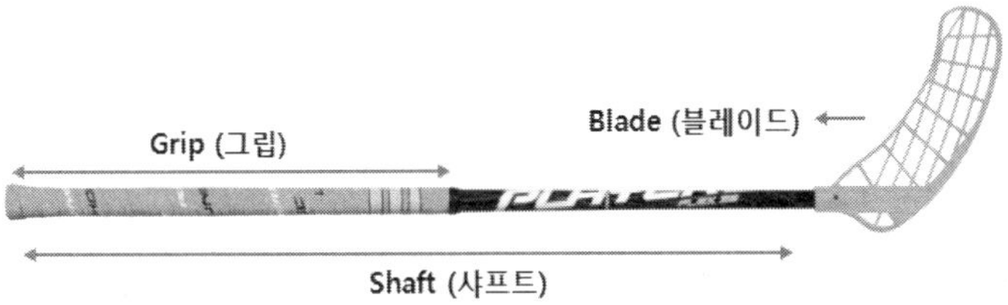

스틱은 손으로 잡는 부분인 그립(grip)을 포함한 샤프트(shaft)와 볼을 다루는 부분인 블레이드(blade)로 구분된다. 스틱의 재질에 따라 샤프트의 무게나 견고성에 영향을 미치며 초보자에게는 연성의 플라스틱 재질의 샤프트를 권장하는데 이는 볼 컨트롤을 보다 쉽게 해주기 때문이다.

2) 볼

볼의 무게는 23그램으로 매우 가볍고 연성의 플라스틱 재질로 만들어져 위험성이 없다.

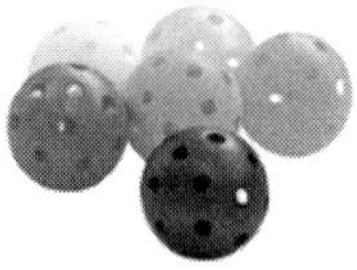

3) 골 대

경기용골대: 115(H)×160(W)×60cm(D)
초등부골대: 112(H)×137(W)×60cm(D)
미니골대 : 60(H)×90(W)

4) 골키퍼 장비

골키퍼의 필수장비는 골키퍼 유니폼과 헬멧을 착용해야 한다. 또한 골키퍼는 무릎을 굽힌 상태에서 활동하기 때문에 무릎보호대를 착용하는 것이 좋으며 장갑과 가슴보호대와 같은 보호 장비 착용도 의무사항은 아니지만 학교현장에서는 사용을 권장한다.

5) 플로어볼 링크 (보드)

경기장 라인을 따라 설치되는 보드는 FRP 재질로 1개의 길이가 2m이며 이동과 분리가 쉽게 이루어져 경기 중 선수들끼리 충돌 시 부상을 방지해주는 보호막 역할을 한다.
보드가 없는 경우에는 체육관 벽면, 탁구펜스, 나무판자 등과 같은 보드 역할을 대체할 수 있는 시설을 이용할 수 있다.

<문의 : 02-2278-0012 >

6) 필드선수 유니폼

상 의 : 동일한 색상과 디자인의 반팔 또는 긴팔 착용 (뒷면 등번호)
하 의 : 동일한 색상의 반바지 (길이 최대 무릎까지) 착용
경기 전 양 팀 모두 비슷한 색상의 유니폼을 착용한 경우에는 경기대진표 상 어웨이 팀이 팀조끼를 착용한다.

4. 플로어볼 경기규칙

> 플로어볼 경기 중의 조정 상황은 경기 타이머를 정지시키는 상황을 의미하며, 대표적으로 ① face-off, ②free-hit, ③hit-in 3가지 형태로 구분한다.
> 플로어볼 경기규칙 적용의 핵심은 '의도적인가' '의도적이지 않은가'

1) 페이스오프 (Face-off)

경기를 시작할 때 혹은 재개할 때 행해지는 조정상황으로 경기장에는 총7개의 페이스오프 지점이 있어서 경기의 처음 시작과 각 피리어드를 재 시작할 경우에만 중앙지점에 볼을 놓고 시작하며 그 밖의 상황은 나머지 6개의 페이스 오프지점에서 행해진다.

명 칭	상 황	규 칙
face-off (페이스오프)	**(중앙지점)** - 경기의 최초 시작 - 피리어드 종료 후 다시 경기 재개 - 득점 및 실점 후 다시 경기 재개 **(가까운 페이스오프 지점-중앙제외)** - 공이 찌그러 졌을 때 - 부상선수가 발생한 후 경기 재개할 때 - 심판 몸에 공이 맞은 경우 - Free-hit이나 Hit-in의 상황을 결정할 수 없는 애매모호한 상황 발생 - 경기 중 부자연스러운 상황 발생 ■ 경기장의 시설물 장애 ■ 경기집행부 오류 신호	- 양 선수의 블레이드는 평행 - 선수의 어깨 방향도 평행 - 경기재개 시에는 어웨이 팀이 블레이드 위치 선택 - 양쪽 코너지점의 페이스오프는 수비진영의 팀이 블레이드 위치 선택 - 샤프트의 페이스오프 라인이라 불리는 위치까지 잡을 수 있음 - 반경 3m이내에는 다른 선수들은 진입불가

2) 프리히트 (Free-hit)

정당한 방법이 아닌 반칙을 행하였을 경우 반칙을 당한 팀에게 부여되는 조정상황으로, 축구에서의 프리킥과 유사하다. 다만, 플로어볼 경기는 어드밴티지 룰을 적용하는 경우가 많아 공격자가 반칙을 당했다 하더라도 공격 상황이 유지 되고 있으면 휘슬을 불지 않고 경기를 지속시키며, 3초 이내에 공격 상황에 영향을 준 경우에는 휘슬을 불어 반칙 지점에서 free-hit이 주어진다.

명 칭	상 황	규 칙
free-hit (프리히트)	-반칙을 범했을 때 다시 시작하는 방법 (축구의 프리킥과 유사) -어드밴티지 룰 적용	-패스 및 직접 슈팅 가능 -Hit 방식으로 전개 (바닥을 끌면서 드래그하는 패스 불가) -반경 3m 이내 수비수 몸이나 스틱 진입 불가 -공이 터치되는 순간 3m이내 진입가능 -Free-hit을 시작하는 선수는 2번 연속 터치 불가 -득점으로 연결 가능

3) 히트인 (Hit-in)

경기 도중에 공이 링크 밖으로 나간 경우 다시 경기를 재개하기 위해서 행해지는 조정 상황으로 축구에서의 드로잉 공격과 유사하다. 단, 사이드방향으로 넘어간 경우에는 나간 지점에서 1m~1.5m 이내 지점에서 볼을 놓고 재시작 하지만, 골대 뒤쪽 진영(가상의 골라인)에서 넘어간 경우에는 양쪽 코너 페이스오프 지점에서 재시작 한다.

명 칭	상 황	규 칙
hit-in (히트인)	-공이 링크 밖으로 나간 경우	-사이드 방향에서 링크 밖으로 볼이 나갔다면 그 지점에 볼을 놓고 재시작 (링크로부터 1m~1.5m 떨어진 지점) -골대 뒤쪽 진영에서 나간 경우 양쪽 코너 페이스오프 지점에서 재시작 -Hit 방식으로 전개 (바닥을 끌면서 드래그하는 패스 불가) -반경 3m 이내 수비수 몸이나 스틱 진입 불가 -공이 터치되는 순간 3m이내 진입가능 -Hit-in을 시작하는 선수는 2번 연속 터치 불가 -득점으로 연결 가능

4) 프리히트(Free-hit)를 초래하는 반칙

(1) 필드 선수에 의한 반칙

상황		내용
스틱에 의한 반칙	하이 스틱	스틱의 블레이드를 무릎높이 이상 올려서 플레이한 경우 슈팅을 하였을 때 허리이상 올린 경우
	스틱파울	상대방 스틱의 샤프트나 공이 없는 블레이드를 가격 한 경우
	다리 사이	스틱 혹은 다리를 공격자의 다리 사이로 넣는 경우
	스틱 던지기	스틱을 던지는 등 비신사적인 행동을 한 경우
	스틱 누르기	상대방의 스틱(샤프트 등)을 눌러 플레이를 방해한 경우
	스틱 들기	상대방의 스틱(샤프트 등)을 들어 올려 플레이를 방해한 경우
몸에 의한 반칙	수비자 Pushing	상대 선수를 고의적으로 밀친 경우 (어깨 싸움은 허용)
	진로방해	상대방의 진로를 고의적으로 막은 경우
	공격자 Pushing	공을 가진 공격자가 자리를 잡고 있는 수비자를 밀치며 가는 경우
	슬라이딩	양쪽 무릎 혹은 양 손이 바닥에 닿은 채 플레이하는 경우
	점프	골키퍼를 제외한 필드선수가 점프해서 플레이를 하는 경우
	헤딩	필드선수가 플레이 중 헤딩을 하는 경우
	영역침범	골키퍼에어리어에 신체 일부가 들어간 경우 (공격, 수비 모두 불가)
	투터치	발로 공을 잡을 경우 1회만 허용 (연속 2회는 불가) **※ 가슴으로 잡은 후에 다시 발로 1번 터치하는 경우는 가능**
	발 패스	발을 이용하여 같은 팀 동료에게 의도적으로 패스한 경우

(2) 골키퍼와 관련된 규칙

상 황		내 용
골키퍼와 관련된 규정	영 역	골 에어리어를 벗어나면 필드선수와 같은 규칙을 적용
	던지기	중앙라인에 넘어가기 전에 스틱, 바닥, 링크, 선수 등 1회 바운더 필수 (위반 시 통과된 중앙라인에서 free-hit으로 재시작)
	점프	골에어리어 안에서 **점프 가능**
	no 스틱	골키퍼는 스틱 없이 **손을 사용하여 플레이**
	Kick	공을 세이브하기 위해 **공을 발로 차는 행동 가능**
	슬라이딩	골키퍼는 공을 세이브하기 위해 **슬라이딩 가능**
	플레이영역	골 에어리어에 **신체 일부가 닿은 상태에서는 라인 바깥의 공을 잡거나 발로 차기 가능**
	3초	공을 잡은 상태에서 3초간 지체하여 경기를 지연시킨 경우는 반칙
	백패스	골키퍼에게 고의적으로 백패스 한 경우 - 의도적이지 않은 백패스는 골키퍼 catch 가능 - 의도적인 백패스가 온 경우 손이 아닌 몸으로 블록만 가능

5. 기본자세 및 기초기능

1) 스틱잡기

스틱을 똑바로 잡고 오른손으로 스틱의 끝을 잡는다. 왼손은 어깨넓이로 가볍게 잡는다. (양손의 간격은 어깨 넓이가 적당)

그림 1과 같이 어깨 넓이로 스틱을 잡고 오른손은 맨 끝을 잡는다.

그림 2와 같이 오른손을 너무 깊게 잡으면 스틱을 길게 사용 할 수 없고 손목 관절을 부드럽게 사용할 수 없으며 양손의 간격이 너무 좁으면 안정된 플레이를 할 수 없다.

그림 1.
스틱잡기 바른 자세

그림 2.
스틱잡기 잘못된 자세

2) 기본자세

① ② ③

그림 3. 기본자세

①과 같이 어깨넓이로 다리를 벌리고 무릎을 구부린 상태에서 허리는 항상 편다.

②와 같이 스틱을 그대로 왼발 옆에 약간 직각이 되게 놓는다.

③과 같이 오른발을 한발 앞으로 옮겨서 스틱이 앞쪽으로 45도 정도 기울어지도록 한다.

※ 스틱이 몸에서 멀어지지 않도록 하고 전방을 주시하도록 노력한다.

그림 4. 잘못된 기본 자세

그림 4와 같이 무릎을 굽히지 않고 허리를 숙인 채 시야가 바닥만 보는 것은 안 좋은 자세이다. 또한 스틱을 한 손으로 잡고 스틱이 몸에서 멀어지는 것도 잘못된 자세이다.

3) 수비자세

그림 5.
수비 바른 자세

그림 6.
수비 잘못된 자세

그림 5와 같이 양 발이 수직으로 선 상태의(펜싱선수 자세) 수비 자세는 다리 사이로 볼이 통과되는 것을 막을 수 있고 한 손을 사용하면 넓은 공간을 견제 할 수 있다.

그림 6과 같이 양 발이 수평으로 서게 되면 상대 선수가 다리 사이로 볼을 쉽게 통과할 수 있으며 양손을 사용하면 넓은 공간을 견제 할 수 없어 불리하다.

4) 페이스오프 자세

페이스오프 자세

① 페이스오프(Face off)는 일반적으로 경기를 시작할 때나 득점 상황이 벌어지면 중앙에서 경기를 재개하는 방법이다. 또한 경기 중에 반칙상황이 애매모호하거나 볼이 경기 중 손상되었을 때 양 팀 모두에게 공평한 게임 상황을 제공해 주기 위해 페이스오프를 하게 된다.

② 양선수가 중앙 지점에 서서 볼을 가운데 두고 스틱의 블레이드를 11자로 놓고 심판의 호각이 울리면 뒤에 있는 자기 진영으로 볼을 보내는 것이 페이스오프의 방법이다.

③ 모든 경기용 스틱에는 블레이드로 부터 20cm정도 위에 Face-off라인이 되어 있는데 아래 손을 그 라인까지 최대한 깊게 잡는다.

④ 위의 그림과 같이 양 발을 넓게 수평으로 놓고 최대한 무릎을 구부려 자세를 낮춘다.

5) 드리블

(1) 드리블 종류

① 숏 드리블 ② 롱 드리블 ③ 드래그 드리블(원 핸드, 투 핸드)

④ 3각 드리블 ⑤ 리버스 드리블

(2) 숏 드리블

그림 7. 숏 드리블 기본 자세

① 양 발 간격보다 짧게 끊어 치는 드리블로 주로 볼 키핑 할 때 사용 한다.

② 항상 몸의 중심(가슴) 아래에 볼을 두고 드리블을 해야 한다.

- 강, 약 조절로 볼을 컨트롤 하면서 빠르게 방향 전환하며 이동
- 주변상황을 파악하며 볼 컨트롤에 집중하도록 한다.

(3) 롱 드리블

그림 8. 롱 드리블 기본 자세

① 양 발 간격보다 넓게 볼을 좌, 우로 크게 이동시키며 주로 페인팅(Feinting)할 때 쓰는 드리블 기술이다.

② 드리블을 할 때 몸의 중심이 좌, 우로 이동을 하여야 한다.

- 숏 드리블과 마찬가지로 스틱과 볼은 몸에서 멀리 떨어지지 않도록 한다.

(4) 드래그 드리블

그림 9. 드래그 드리블

① 볼을 최대한 몸 쪽으로 키핑 한 상태에서 블레이드로 볼을 끌면서 상대 진영으로 이동하는 드리블이다.

② 원 핸드 : 한 손으로 블레이드의 뒷면을 이용하여 끌면서 이동하는 드리블

③ 투 핸드 : 양손으로 블레이드의 앞면을 이용하여 볼을 몸으로 키핑하며 이동하는 드리블

④ 기습공격 (Counter attack)이나 단독으로 돌파 할 때 주로 사용하는 공격형 드리블이다.

6) 패 스

(1) 패스의 종류

① 롱 패스 ② 숏 패스(논스톱) ③ 공중패스 ④ 라인패스
⑤ 삼각패스 ⑥ 무빙패스

(2) 롱패스

경기상황 중 가장 많이 사용되는 패스 방법으로 볼 캐치 후 정확하게 동료선수에게 패스하도록 한다. 볼을 받을 때는 블레이드를 앞쪽으로 45도 정도 숙여서 스틱을 뒤로 빼면서 볼의 속도를 줄여야 쉽게 컨트롤 할 수 있다.

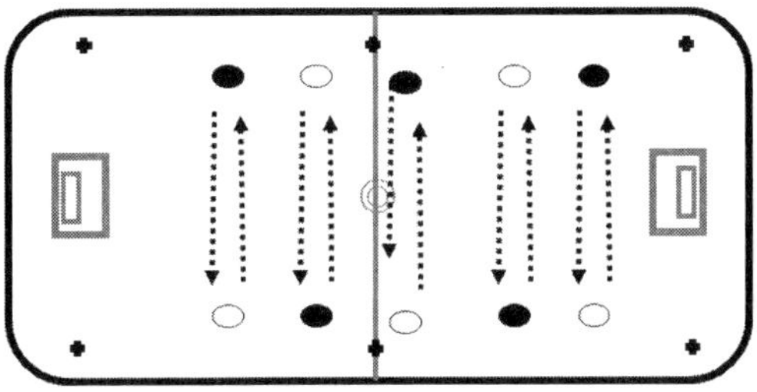

① 그림과 같이 2인 1조가 되어 10~15m 간격을 유지하며 서로 마주보고 선다.

② 자세는 낮추고 최대한 바운드 되지 않게 상대선수의 블레이드 쪽으로 패스한다.

(3) 숏 패스

좁은 거리에서 볼을 캐치하지 않고 바로 다이렉트 패스하는 기술이며 볼에 대한 집중력과 컨트롤 향상에 주력하도록 한다.

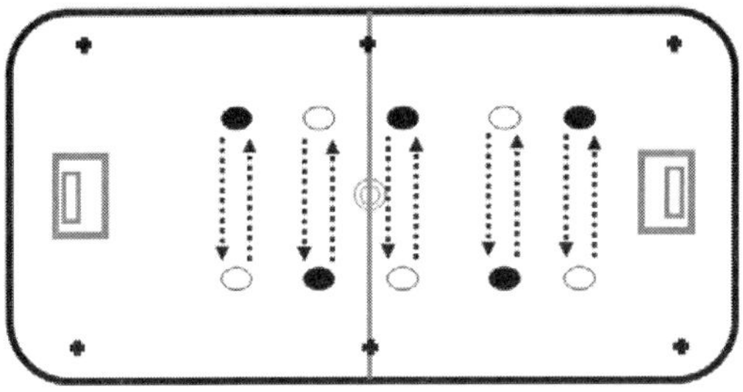

① 그림과 같이 2인 1조가 되어 4~5m 간격을 유지하며 서로 마주보고 선다.

② 자세는 낮추고 볼을 잡지 않고 바로 바로 서로에게 패스한다. (노 바운드)

③ 블레이드의 양면을 사용하여 패스 훈련을 한다.

④ 숙달된 이후부터는 두 선수의 간격을 좁혔다 넓혔다 변경하며 훈련한다.

(4) 공중 패스

① 무릎 정도 높이나 상대방 가슴으로 볼을 패스한 후 바운드나 공중 볼을 어떻게 컨트롤 할 것인가를 훈련 한다.

② 머리와 팔을 사용할 수 없고 점프도 하면 반칙이다. 발을 사용할 때는 원터치만 가능하며 같은 편에게 발로 패스하는 것은 반칙이다.

7) 슈 팅

(1) 슈팅의 종류

① 리스터(Wrister)슈팅 ② 드래그(Drag)슈팅 ③ 슬래퍼(Slapper)슈팅

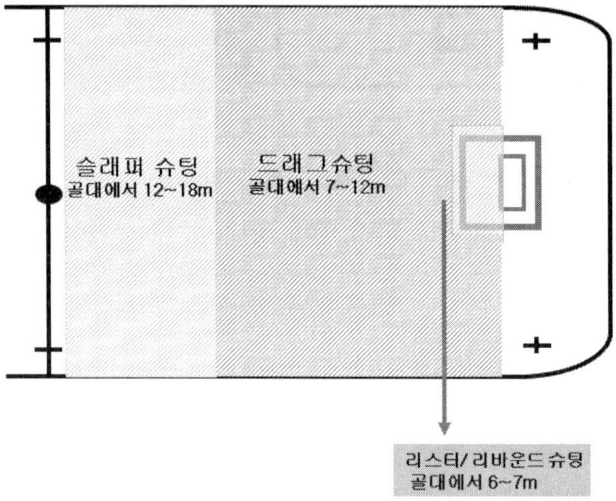

그림 10. 구역별 슈팅 방법

(2) 리스터(Wrister)슈팅

① 양 손목(wrist)의 스냅만을 이용한 근거리 슈팅

② 골대 근처에서(7m이내) 상대 수비수와의 혼전 중에 주로 사용되는 슈팅 기술로 강하게 슈팅 하는 것보다는 정확성에 초점을 맞춘 슈팅기술

③ 슈팅을 위해 스틱을 뒤로 들 때나 슈팅 후 블레이드가 무릎이상 올라가지 않도록 한다.

④ 몸의 중심을 왼발에 두고 손목의 힘을 주로 이용하여 슈팅한다.

그림 11. 리스터 슈팅 방법

(3) 드래그(Drag)슈팅

① 드래그 슈팅은 롱패스와 유사하게 블레이드에 볼이 붙은 상태로 강하게 끌어서 볼을 보내는 중장거리 슈팅. 정확하고 공의 속도가 빨라 가장 많이 사용되는 슈팅 기술이다.

② 강력하고 정확한 슈팅을 위해서는 다른 스포츠와 마찬가지로 몸의 중심이동이 필수이다.

③ 스틱의 탄성(Flex)을 많이 이용하게 되는데 가급적 스틱을 직각으로 세워야 쉽게 스틱의 탄성(Flex)을 이용하여 강력한 슈팅을 사용할 수 있으며 정확한 자세로 몸의 체중을 실어야 강하고 정교한 슈팅을 할 수 있다.

④ 임팩트(Impact) 순간은 공이 몸의 중심(다리 사이)에 있을 때이며 이때 스틱의 하단부를 잡은 손목이 틀어지지 않게 하여야 정확한 슈팅이 된다.

- 가장 기본적인 슈팅 기술로 공격수와 수비수 모두에게 가장 많이 사용됨.

그림 12. 드래그 슈팅 방법

(4) 슬래퍼(Slapper)슈팅

① 샤프트의 탄성(Flex)을 가장 많이 이용하여 슈팅 하는 방법으로 볼을 바로 치는 것이 아니라 볼을 치기 전에 먼저 바닥을 쳐서 그때 스틱의 샤프트가 휘는 탄성으로 슈팅하는 가장 강력한 슈팅

② 스틱을 뒤로 허리 높이보다 낮게 올린다.

③ 볼 보다 먼저 바닥을 쳐서 순간적으로 스틱이 휘는 탄성을 이용하여 강하게 슈팅을 한다. 바닥을 치는 임팩트 순간 손목을 강하게 쥐어야 한다.

④ 순간적으로 스틱이 휘게 되어 그 탄성으로 볼이 나가게 된다.

⑤ 몸의 중심이 왼발에서 오른발로 완전히 이동하게 되며 스틱의 블레이드는 골대를 향하도록 뻗어 준다.

⑥ 드래그 슈팅과 마찬가지로 몸의 중심이 왼발에서 오른발로 이동한다.

6. 플로어볼 관련 Q & A

Q1. 어떻게 하면 플로어볼을 잘 할 수 있을까요?

A1. ① Practice… Practice…. Practice….. 플로어볼 기술을 향상시키기 위한 지름길은 없습니다. 꾸준한 연습만이 유일한 방법입니다.

② 세계 최고의 국가대표 선수들의 조언

[Mika Kohonen (핀란드)]

"집이나 밖에서 언제 어디서든지 스틱과 볼을 가지고 하루에 30분 ~ 1시간만 놀아라! 1년 후엔 달라진 자신의 모습을 보게 될 것이다."

[Hermine Dahers (前 스웨덴 여자 국가대표 주장)]

"플로어볼을 즐기는 것이 가장 중요하다. 그 다음 중요한 것은 최대한 빨리 플레이하는 것을 배우는 것이다. 빠른 템포의 슈팅과 패스능력이 훌륭한 선수를 만든다. 빠르게 생각하는 것이 결정적 요인이며 볼을 받기 전에 무엇을 할 것인지를 미리 판단해야 한다."

<전 세계 플로어볼 국가대표 선수>

Q2. 오른손잡이인데 왜 Left stick을 사용해야 하나요?

A2. ① 오른손잡이가 Right stick을 사용하게 되면 오른손이 스틱의 중간을 잡게 되는데 이때 몸의 중심이 자주 사용하는 손인 오른손으로 이동하게 되어 자동적으로 허리가 굽어지면서 바닥을 보며 플레이 하게 되는 나쁜 습관이 생깁니다.
② 드리블을 하거나 수비를 하는 경우에도 오른손으로 스틱의 중간을 잡고 플레이 하게 되어 플로어볼 기술을 습득하는데 있어서 상당히 오랜 시간이 걸리게 됩니다.
③ 마지막으로 오른손이 힘이 강하다 보니 자연스럽게 골프 스윙을 하듯이 중간을 잡은 오른손을 높이 들어 하이스틱 반칙을 많이 하게 됩니다. 또한 패스도 공이 떠서 바운드 되는 패스를 많이 하게 됩니다.

<올바르지 못한 스틱 잡는 자세>

♣ 오른손 잡이가 Right 스틱을 사용하게 되면 슈팅을 할 때 강한 힘을 사용할 수 있다는 한가지 장점이 있으나 Left 스틱을 사용하게 되면 볼 컨트롤, 시야확보, 볼 키핑 등 여러 가지 장점을 얻을 수 있으며 또한 반복적인 훈련을 통해 슈팅의 기술도 크게 향상 시킬 수 있습니다.

♣ 올바른 자세는 아래 사진과 같이 무릎은 약간 굽히고 허리는 펴야 하며 패스나 슈팅 후에도 밸런스를 유지하는 안정적 자세입니다.
BASIC - Bend your kness, Look up, Show your blade

♣ 스틱은 플로어볼이라는 스포츠를 하기위해 손을 길게 연장시킨 것이라고 생각하면 됩니다. 오른손잡이라면 오른손을 길게 하는 것이 수비할 때에도 유용하겠죠? 스틱으로 전달되는 힘(Power)은 펜싱의 검과 마찬가지로 몸통에서 팔로 이어져 스틱까지 연결 되는 것입니다.

♣ 위의 사진들을 보면 스틱 위를 잡는 손이 스틱을 컨트롤 하는 주된 손이 되는 것이고 스틱의 중간을 잡는 손이 윗손을 도와주는 보조 역할을 한다는 것을 알 수 있다.

Q3. 경기가 격렬해 보이는데 부상의 염려는 없나요?

A3. 물론 플로어볼 경기도 부상 선수가 발생합니다. 그러나 대부분의 경우 경기 중 부상은 발목 골절입니다. 플로어볼은 상하좌우 민첩한 움직임이 많이 필요한 종목이기 때문에 발목 골절 부상이 많습니다. 이러한 부상을 예방하기 위해서는 경기 전 충분한 워밍업으로 자신의 몸 상태를 체크해야 하고 반드시 운동화 바닥이 생고무로 된 실내용 운동화를 착용해야 합니다. 두 번째는 대부분 초보자들의 경우 발생하는 하이스틱(High-stick) 파울로 인한 부상입니다. 이것은 지도자나 심판이 하이스틱에 대한 엄격한 규칙을 적용하여(2분 퇴장) 부상의 위험을 사전에 제어해야 합니다.

<부상 선수 발생> <반칙에 대한 엄격한 규칙적용>

Q4. 체육관 바닥이 마루인데 스틱으로 인해 손상이 되지 않을까요 ?

A4. 마루가 손상되지 않습니다.

스틱의 바닥에 닿는 부분인 블레이드는 화이버 글라스(Fiber Glass)라는 유리 섬유 재질입니다. 슈팅을 하기 위해 블레이드를 바닥에 강하게 치게 되면 마루바닥이 손상이 되는 것이 아니라 블레이드 자체의 유리 섬유재질이 조금씩 마모되어 약간의 흔적이 바닥에 남게 되는 것입니다. 만약에 슈팅으로 인해 마루바닥이 손상되었다면 현재 플로어볼이란 종목은 존재하지 못했을 것입니다.

<마룻바닥에서의 경기장면>

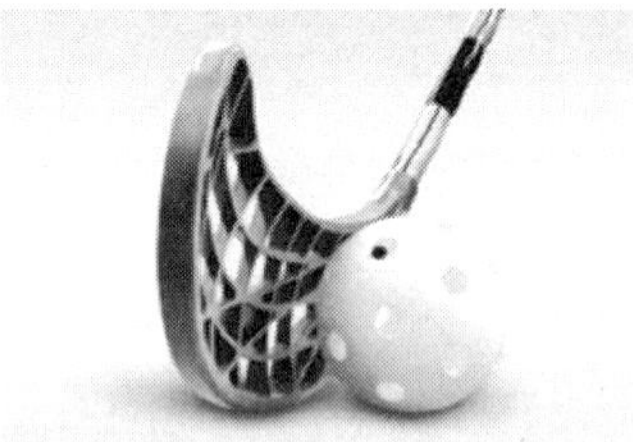

<유리섬유 재질의 블레이드>

- 자료 출처 : (사)대한플로어볼협회

뉴스포츠 종목별 해설

킨볼

Kinball

1. 개요

1) 킨볼의 탄생

마리오 디머스
(Mr. Mario Demers)

캐나다의 체육교사 마리오 디머스(Mr. Mario Demers)는 자신이 어릴 적 경험했던 여러 가지 스포츠 활동을 통해 다음과 같은 생각을 하게 되었다.

실패 없이 성공하는 게임은 없을까?
안전하게 할 수 있는 게임은 없을까?
협동심을 중요하게 생각하는 게임은 없을까?
기능이 부족해도 모두가 참여할 수 있는 게임은 없을까?
점수 차이가 크게 나지 않는 게임실패 없이 성공하는 게임은 없을까?

고민 끝에 마리오 디머스는 1986년 킨볼이라는 경기를 창안하게 되었고, 모든 사람이 참여하여 볼을 만져야 하며, 상대팀이 공을 받을 수 있는 최소한의 거리인 1.8m이상을 날아가게 쳐야 하고, 실수를 해도 다시 할 수 있는 규칙을 구체화시켜 1987년에 킨볼의 게임규칙을 완성하였다. 킨볼(kinball)은 kinesthetic(운동감각) ball의 약자로, 다음과 같은 정신이 포함되어 있다.

① 협력 - 팀원 간에 기량 차이가 나도 서로 협력해야 한다.
② 존중 - 선수와 심판을 존중하고 페어플레이를 실천해야 한다.
③ 참여 - 설령 심판이 잘못 판정을 하더라도 거기에 구속 받지 말고 경기에 계속 참여한다.

2) 킨볼 이란?

경기는 4명의 선수가 한 팀이 되어 21.4㎡(70feet)의 경기장 안에서 지름 1.20m(48inches)의 공을 가지고 세 팀(핑크, 그레이, 블랙)이 함께 하는 스포츠경기이다. 킨볼의 경기목적은 공격을 하는 1팀이 수비하는 2팀 중에서 1팀을 호명한 후 공격을 시도하면 호명 받은 팀은 공이 바닥에 닫기 전에 신체의 일부를 이용하여 공을 받아내는 것이다. 만약 호명된 팀이 볼을 받아내지 못하면 다른 2 팀이 1점을 얻게 된다.

3) 특징

① 구기 종목 중에서 가장 큰 공을 사용한다. (지름 120cm)
② 3팀이 함께 경기한다. (핑크-그래이-블랙 또는 블루-그래이-블랙)
③ 팀 색깔의 의미
- PINK : 운동할 때 잘 사용하지 않는 색을 사용하여 기존의 틀을 깬다는 의미
- BLACK : 차별 없이 동등하게 참여한다는 의미
- GREY : 과거와 현재에 머물지 않고 미래를 개척한다는 의미

④ 협동심이 많이 요구되는 스포츠다.
⑤ 4명의 팀원이 모두 공에 손을 댄 상태에서만 공격이 가능하다.
⑥ 큰 공을 사용하기 때문에 혼자서는 공격과 수비가 어려워 서로 협동해야 한다.
⑦ 히트(서브)는 기량이 뛰어난 선수 혼자서만 할 수 없고 기량차이가 있더라도 팀원이 서로 돌아가며 해야 한다.
⑧ 상대팀과 몸싸움을 하지 않는다.
⑨ 점수 차가 2점 이상인 하위 팀을 공격할 수 없다.
⑩ 공격을 하고자 하는 상대팀의 이름을 먼저 호명하고 공격한다.
⑪ 경기를 지연시키고자 고의적인 행동이나 태도를 보이지 않는다.
⑫ 상대선수를 향해 부상의 위험이 있는 강한 서브나 공격을 하지 않는다.
⑬ 서브나 공격을 할 때는 180cm 이상으로 날아갈 수 있도록 타구해야 한다.
⑭ 선수는 심판의 판정을 존중해야 한다.
⑮ 심판의 판정에 불만적인 행동이나 태도를 보이지 않는다.
⑯ 심판이 내린 판정을 가지고 논쟁하지 않는다. (단, 주장만이 정중하게 심판판정에 설명을 요구할 수 있다.)
⑰ 스포츠맨십이 우선되는 경기이다.
⑱ 경기에 참여하는 모든 사람들을 존중해야 한다. (심판, 상대선수, 관중, 팀원)
⑲ 도덕적으로 품위를 유지하고 양심에 따라 행동한다.
⑳ 승리를 위해 비도덕적 수단을 사용하거나 속임수를 쓰지 않는다.

2. 경기장

경기장의 크기는 체육관의 크기에 따라 달라지지만 21.4m×21.4m를 초과할 수는 없다. 선으로 경기장을 구획할 때는 선의 폭을 5cm로하고 4면이 모두 같은 색으로 연속되게 구획되어야 한다. 만약 체육관이 작다면 고정된 시설물인 벽, 바닥, 천장을 경기장의 경계로 선정하여 경기 할 수 있다.

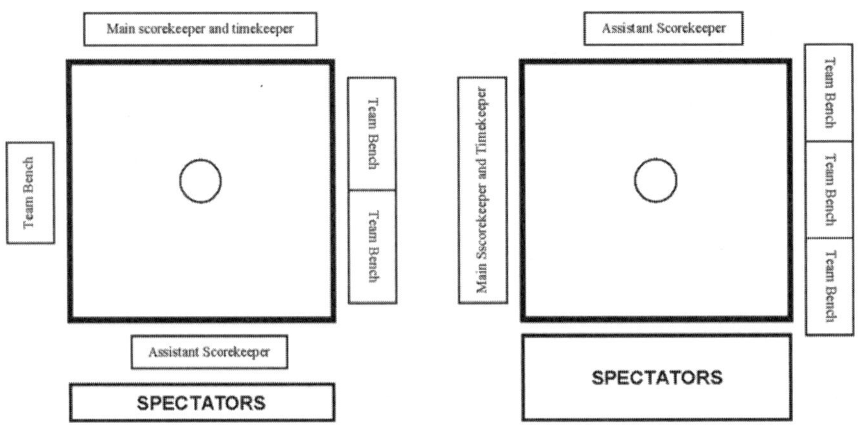

3. 용구

에드벌룬볼

공은 무게 1kg의 지름1.22m (48inches) 공을 사용하며 공식 경기에서는 국제 킨볼 스포츠 연맹(IKBF) OMNIKIN 공을 사용한다.

조끼 3종류

공식적인 3가지 색깔(Pink, Black, Grey)이나 상황에 맞게 서로 다른 3가지 색깔이면 경기는 가능하다.

득점판 3팀 게시용

IKBF 표준을 만족시켜야 하고 모든 관중이 볼 수 있는 곳에 놓아야 한다.

4. 경기방법 및 경기규칙

1) 팀 구성

각 팀은 최소 4명으로 최대 8명으로 구성되고, 수석코치, 보조코치와 트레이너로 이루어진다. 경기 중에는 항상 4명의 팀원이 나와 있어야 한다.

※ 심판

- 주심 : 경기의 전체적인 진행을 한다.
- 보조심판 : 주심이 원활한 경기 진행을 위해 경기규칙 등의 판정을 도와준다.
- 기록 담당자 : 점수기록과 경기진행상황을 기록한다.
- 시간기록 담당자 : 시작과 끝을 알려주고 경기 시간과 타임아웃 등을 기록한다.

2) 경기 시간

① 킨볼 경기는 15분 3세트로 진행된다.

② 각 세트 중간에 5분의 휴식시간이 있다. 가장 점수가 낮은 팀이 경기를 시작게 된다. 만약 2팀이 점수가 같을 경우에는 동전 던지기로 정한다.

③ 대회 종류에 따라 시간을 조정할 수 있다.(어린이 경기나 비공식 경기에서는 상호 협의하여 시간을 아래와 같이 적용할 수 있다.)

- 기　본: 3세트 15분 경기로 각 세트 사이 5분의 휴식시간
- 청소년: 3세트 7분 경기로 각 세트 사이 2분의 휴식시간
- 어린이: 2세트 7분 경기로 각 세트 사이 1분의 휴식시간

3) 경기 진행

① 핑크, 블랙, 그레이 3팀이 같은 경기장에서 함께 경쟁한다. 각 팀의 등록 멤버 전원이 같은 색의 팀 조끼를 착용한다.

② 심판이 3색이 있는 주사위를 던지거나, 3팀의 주장이 가위 바위 보를 하여 히트(서브) 권한을 얻는다.

③ 히트(서브)권한이 결정되면 심판의 신호에 따라 코트에 입장한다.

④ 히트(서브) 권한을 얻은 팀은 코트의 중앙에서 히트(서브)를 하기 위해 세팅을 후 심판의 시작신호를 기다린다.

⑤ 수비하는 2팀은 코트 내에서 자유롭게 수비할 수 있다. 수비 팀 4 명은 좋은 수비를 하기 위해 각자의 수비지역에서 리시브를 준비한다.

⑥ 경기는 심판의 호각 신호로 시작한다.

⑦ 히트(서브)하는 팀은 반드시 "옴니킨(Omnikin)"을 외치고 공격하고자 하는 "팀의 색상"을 크게 외친 후 히트(서브)한다. 히트(서브) 하는 순간은 4명의 팀원이 모두 볼에 접촉해야한다.

※ “옴니킨 리시버 색깔” 호명은 같은 팀원 중 아무나 할 수 있다.

⑧ 수비팀(리시브팀)은 히트(서브)된 공이 바닥에 떨어지기 전에 받아 올려야 한다. 물론, 수비에 성공을 하든 실패를 하든 수비팀에게 공격권은 주어지지만 수비에 성공하면 실점 없이 공격기회를 가질 수 있어 성공적인 수비를 하는 것이 중요하다.

⑨ 리시브에 성공 한 팀은 10초 사이에 다른 팀을 호명하여 공격할 수 있다.

⑩ 다음은 득점으로 인정되는 경우이다.

⑪ 리시브 실패 또는 히트된 공이 아웃된 경우에는 실패한 팀 이외의 2팀에게 각각1점씩 가산된다.

⑫ 반칙이나 플레이에 실패하였을 때 주심은 호각을 불어 다른 2팀에게 각각 1점을 부여한다.

⑬ 다른 플레이어를 매도하거나 심판의 판정에 불복할 경우(비신사적인 행위)에는 경고를 주어 2팀에게 득점을 부여한다.

- 최초의 경고일 때 2팀에 1점
- 2 회 경고일 때는 2팀에 5점

⑭ 만약 경기 중에 실수나 반칙이 있었다면 반칙을 범한 팀은 반칙이 있던 곳에서 (2.5m 범위 내에서) 히트를 재개할 수 있다.

⑮ 게임 시간이 종료되면 심판의 종료 신호에 따라 게임이 종료된다.

4) 서브

심판이 호각을 짧게 두 번 불며 히트(서브)신호를 주면 공격권을 가진 팀은 공이 1.8m 이상 날아갈 수 있게 히트(서브)한다. 이때, 서브는 3명의 선수가 공을 만진 상태에서 해야 하며, 만약 히트(서브)시 반칙을 범하여 다시 서브할 경우에는 심판이 지정한 곳에서 공을 움직일 수 없다. 만약 이를 어기고 서브를 하면 심판은 트래블링 반칙을 줄 수 있다.

<서브 실패 시 공을 치는 위치>

실수	실수를 범한 위치	볼을 친 위치
아래쪽으로 치기		X
짧게 치기		X
아웃사이드	X	
리시브 미스	X	
코트에 4명 보다 선수들이 많을 때	X	
세트 미스	X	
타임 오버	X	
워킹	X	
마이너나 메이저 반칙	X	
부정한 이동	X	
부정한 캐치	X	
트래핑	X	
컨택트 미스	X	X
규정에 어긋난 서브	X	X
연속 서브	X	X
호명 반칙	X	X
부정한 수비	X	

5) 경기 시작/세트의 끝

① 경기 시작/세트의 끝은 타이머 소리 혹은 주심의 호각 소리로 끝난다. 주심이 호각을 부는 순간 공의 위치와 상관없이 경기는 끝난다.

② 주심이 호각을 불지 않은 상태에서 지명된 팀이 공을 받지 못할 경우에는 점수로 인정이 된다.

③ 공이 공중에 떠 있는 상태에서 주심이 호각을 불면 그 상태로 경기는 끝나게 된다.

④ 호각 소리와 동시에 공이 코트를 벗어나거나 득점을 해도 득점으로 인정이 되지 않는다.

6) 지명하기

① 공을 칠 때는 "Omnikin"이란 단어와 공격하고자 하는 "팀의 색상"을 호명해야 한다. (ex) Omnikin black or Omnikin pink or Omnikin grey

② 지명은 반드시 주심의 서브신호가 있고난 다음에 해야 하며, 심판의 서브 신호 없이 지명한 것은 유효한 서브로 인정하지 않는다.

③ 호명은 발음이 정확해야 하고 상대방이 잘 알아들을 수 있도록 해야 하며 명확하지 않은 호명은 유효한 서브로 인정하지 않는다.

<올바른 지명방법과 올바르지 않은 지명방법>

올바른 지명방법	올바르지 않은 지명방법
- Omnikin-black-Omnikin-black(hit)	- Omnikin-pink-Omnikin-grey(hit) 색이 바뀜
- grey-Omnikin-grey(hit)	- Omnikin-Omnikin-black(hit)-옴니킨 후 색깔이 아니어서
- Omnikin black-"아무 단어"(hit)	- Omnikin-grey-pink(hit) - 색이 바뀜
- pink-Omnikin-black(hit)	- Omnikin-"선수 이름"-pink(hit)-옴니킨 후 색깔이 아니어서
- Omnikin-grey-grey(hit)	- Omnikin-green(hit) - 없는색(블루우는 있다)
- Omni-Omnikin-pink(hit)	- Omnikin-"eee~"-pink(hit) - 옴니킨 후 색깔이 아니어서
- Omni-black-Omnikin-grey(hit)	- Omnikin-black-Omnikin(hit)-옴니킨을 또 외쳐 혼란하게 함

7) 공치기

① 공치기는 다음과 같은 조건이 성립될 때 인정된다.

② 신체 중 엉덩이 윗부분을 이용해서 공을 치거나 밀어야 한다.

③ 팀 코트 안에 있는 4명의 선수가 모두 공에 접촉하여야 한다.

④ 공을 칠 때 팀원 중 한 명이라도 공에 접촉하고 있지 않으면 파울이다.

⑤ 눕거나 엎드려 있는 상태라도 손으로 공을 바치고 있다면 가능하다.

⑥ 공의 궤도는 포물선을 그리거나 수평방향으로 최소한 1.8m(6feet) 이상 비행해야 한다.

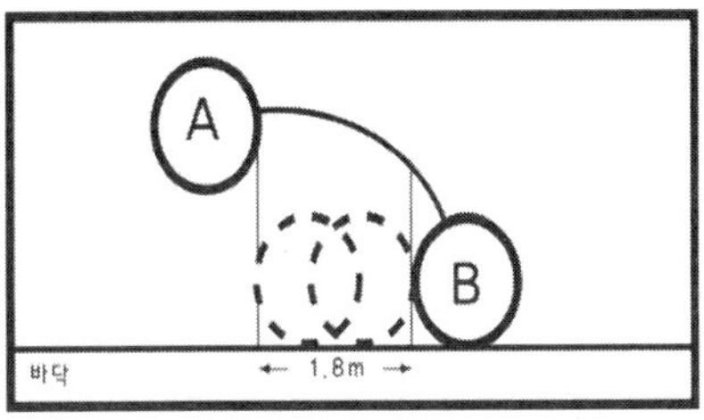

공이 날아가야 하는 거리는 최소한 1.8m(6feet)이여야 한다.

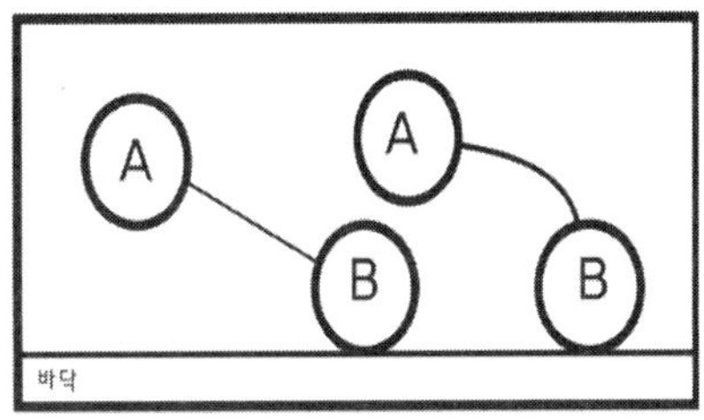

하향 탄도는 높은 지점 A에서 낮은 지점 B까지 사선으로 비행하는 것을 말한다.

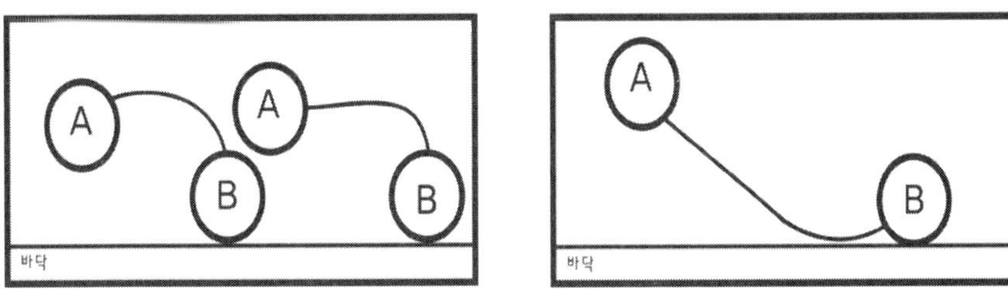

공의 "포물선"이 위에서 아래로 떨어지거나 이와 같이 공이 다시 위로 올라오는 경우에 득점으로 인정이 된다.

- 만약 하향탄두가 땅에 닫기 전에 상대팀이 받아내면 플레이로 인정이 된다.
- 만약 공을 치는 선수가 공을 아래로 쳤는데 지명 되지 않은 팀의 선수가 먼저 공을 건드렸으면 다음과 같이 판정한다.
- 공의 탄도가 바뀌면 고의성 없는 방해로 다시 서비스를 한다.
- 공의 탄도가 바뀌지 않았으면 하향 탄도로 판정한다.
- 선수가 공을 피하려는 노력이 없었으면 고의적인 방해로 판정한다.
- 공을 친 후에 같은 세트 안에 같은 선수가 두 번 연속으로 칠 수 없다.
- 다음 표는 실수 후에 같은 선수가 언제 다시 칠 수 있는지를 알려주는 표이다.

실수	다시 치기		설명
	허용	불가	
아웃사이드		X	서브 반칙
컨택트 미스		X	서브 반칙
짧은 패스		X	서브 반칙
공 아래쪽으로 칠 때		X	서브 반칙
리시브 미스		X	서브 반칙
공격자 반칙		X	실수에 대해 표명하고 쳐야한다.
연속 서브		X	실수에 대해 표명하고 쳐야한다.
부정한 수비		X	실수에 대해 표명하고 쳐야한다.
코트에 선수들이 너무 많을 때	X		
세트 미스	X		
호명 미스	X		
타임 오버	X		
워킹	X		
마이너나 메이저 반칙	X		
부정한 공의 이동	X		
트래핑	X		
부정한 캐치	X		

8) 리시브

① 리시브는 1~4명의 선수가 바닥이나 경기장 라인, 고정된 장애물에 닿기 전에 신체의 모든 부분을 이용하여 공을 받아 올리는 것이다.

② 시합 중에는 공의 껍질 혹은 구멍으로 잡아서는 안 된다.

③ 한 선수가 두 팔로 공을 감싸 안고 공의 움직임이 없이 정지 상태를 만들어서는 안 된다. 이 경우는 파울로 선언 되어 다른 양 팀에게 1 점씩 주어진다.

④ 수비 팀은 공격 팀의 공격을 적극적으로 수비하고자 공이 날아갈 최소한의 거리인 1.8m안에서 최대 2명까지 수비할 수 있는데, 만약 두 명 이상의 수비자가 수비를 할 경우에 주심은 반칙을 선언한다.

9) 워킹 규칙

① 1~2명의 선수가 공을 잡았을 때는 움직임이 자유로우나 세 번째 선수가 공을 터치하게 되면 더 이상 움직일 수 없고 그 자리에서 피봇만 가능하다.

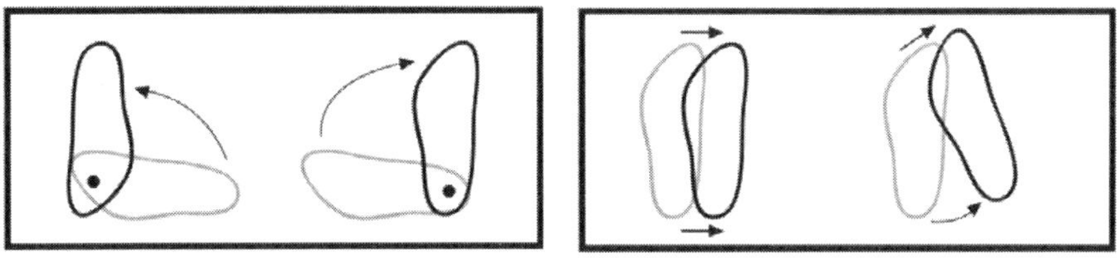

<가능한 피봇> <불가능한 피봇>

② 바닥에 등이나 배가 닿아있는 경우에는 엉덩이 밑으로 움직이거나 바닥에서 떨어져서는 안 된다.

10) 5초 / 10초 규칙

(1) 5초 규칙

- 세 명의 선수가 공을 잡게 되면 5초 안에 히트해야 한다.
- 경기가 중단된 후 재개할 경우는 심판의 플레이 선언 후 5초 이내에 공격해야 한다.(2011년 규정 수정)

(2) 10초 규칙

- 리시브한 팀은 10초 이내에 공격을 수행해야 한다. 또한, 반칙이 선언된 후에도 주심이 바로 경기 시작 호각을 불면, 반칙을 한 팀에서는 첫 터치 후 10초 이내에 서브해야 한다.(2011년 규정 수정)

11) 드롭 볼

서브한 공이 다음과 같은 조건을 충족하여 경기장 경계 내의 땅에 떨어진다면 드롭 볼로 간주한다.

① 공을 서브했을 때 공이 1.8미터이상 날아가야 하며 이 때 공의 탄도는 지면과 평행하거나 위쪽을 향해야 한다. 이 경우 외에 공이 경기장 경계선 내의 땅에 떨어지기 전 지명된 팀의 선수가 공을 쳤을 때에도 드롭 볼로 간주한다.

② 팀이 공을 서브한 후 튀어 오른 공을 다시 치기 전에 공이 경기장 내 땅에 닿았다면 드롭 볼로 간주한다.

③ 공을 차지한 팀이 히트 후 튀어 오른 공을 상대 팀의 선수를 겨냥하여 친다면 드롭 볼로 간주한다.

※ 그러나 캐나다 국제 킨볼 연맹(http://www.kin-ball.com/)에 의하면, 경기 시작 시 첫 서브의 경우와 경기 실점 이후 실점 팀에 의한 서브의 경우에는 경기장 중앙에서 경기를 재개하는 것이 원칙이다. 이는 득점 팀과 실점 팀 간의 점수 차를 줄임으로써 실점 팀이 경기에 적극적으로 참여할 수 있도록 하는 킨볼의 참여 지향적 의도를 반영한 것이다.

11) 공격 반칙

① 선두팀이 아닌 경우에는 자신의 팀과 2점 이상 차이 나는 팀을 지명해서는 안 된다.

② 선두팀이 지명이 되었을 경우에는 반드시 동점인 팀이나 2위 팀을 지명해야 한다.

③ 자기 팀 점수를 기준으로 2점과 3점이 높은 팀의 경우 더 많이 차이나는 3점 차이 팀을 지명해야 한다. (2011년 규정 수정)

④ 공격 반칙은 경기 종료 2~3분을 남겨 놓은 상황에서는 적용되지 않는다.

<공격 반칙의 예>

점 수			정당하지 않은 공격의 예
핑크	그레이	블랙	
14	12	10	그레이가 블랙 공격 또는 블랙이 그레이 공격 또는 핑크가 블랙공격
13	12	11	핑크가 블랙공격
14	13	11	핑크가 블랙공격 또는 블랙이 그레이 공격 또는 그레이가 블랙 공격
16	16	12	핑크가 블랙 공격 또는 그레이가 블랙 공격
14	13	13	정당하지 않은 공격 가능성 없음
16	12	12	정당하지 않은 공격 가능성 없음

12) 경기 승자

① 시합이 끝나고 가장 높은 점수의 팀이 승자가 된다. 만약 동점인 경우 연장전 없이 아래와 같이 18포인트를 배분 받는다.

게임 마지막 포인트의 예	팀			주어진 점수		
	핑크	그레이	블랙	핑크	그레이	블랙
상황 A	30	30	30	6	6	6
상황 B	32	30	28	10	6	2
상황 C	32	30	30	10	4	4
상황 D	32	32	30	7	7	4

13) 경고

(1) 메이저 경고

- 선수, 코치 또는 참여자의 저속한 행동을 하는 경우
- 경기에 참여하는 사람에게 상처를 주고 스포츠맨쉽에 위배되는 언행을 하는 경우
- 경고는 공식 게임이 끝난 상황에도 공식 스코어 시트에 표기되어진다.

(2) 개인 경고

- 스포츠맨십을 위반 했을 때
- 심판 판정에 대한 존중 부족
- 팀 구성원, 상대팀원, 코치, 관객 등에 대한 존중부족

- 부적절한 언어 사용
- 고의적으로 반칙을 시도할 때

(3) 두 선수 사이 고의적 방해

- 한 선수와 공 사이 고의적 방해
- 한 사람이 받은 개인경고 두 개는 주요경고 하나
- 주요 경고 하나는 현재 진행하고 있는 게임에서 선수 퇴장

5. 킨볼 즐기기

1) 기초 볼 다루기

① 공 옮기기 앉아서 팔로 옮기기, 앉아서 다리로 옮기기, 누워서 연속해서 옮기기
② 모둠별로 손을 잡고 원을 만들어 머리로 공 리프팅 하기

2) 호출게임

① 모둠원별로 원을 만들고, 번호를 정한 후 호출된 사람이 가운데로 나와서 공 리프팅 하기

3) 고양이와 쥐게임

① 독안에 든 쥐 : 2개의 원을 만들어 원안에서 공을 굴리는 게임
② 달팽이 고양이 : 전체 인원이 손을 맞잡고 달팽이 모양을 만든 후 고양이와 쥐게임을 실시한다.
③ “왕” 고양이 : 2인1조로 손을 잡은 사람이 쥐가 되어 공을 피하는 경기로 공에 맞거나, 손을 놓치면 아웃된다. (처음에는 공1개, 숙달되면 2개로 실시)
④ “변신” 고양이 : 체육관의 끝 라인에서 서 있다가 신호가 울리면 반대편 라인으로 공을 피해 이동하는 게임. (처음에는 공1개, 숙달되면 2, 3개로 실시) 중간에 공을 가지고 있는 고양이가 이동하는 사람(쥐)을 공으로 터치하면 공에 닿은 사람은 그 자

리에 서서 고양이로 변신하게 된다. 변신한 고양이들은 제자리에서 이동하는 다른 사람들을 방해하거나 잡는다.

4) 볼 다루기 게임

(1) 손을 이용한 볼 다루기 게임

- 게임목적 : 손을 이용하여 킨볼을 다루는 기초적인 적응력을 기를 수 있다.
- 실시방법 : 20명씩 2개조를 편성하여 2-3m 간격을 두고 서로 마주보고 선다. 심판의 신호와 함께 손을 이용하여 지그재그로 공을 토스하여 마지막 사람까지 전달 한 후 처음으로 다시 돌아온다.
- 주의할 점 : 모든 참가인원이 순서대로 공을 토스해야 한다. 땅에 떨어지거나 토스가 되지 않을 경우에 처음부터 다시 시작한다.

(2) 발을 이용한 볼 다루기 게임

- 게임목적 : 발을 이용하여 킨볼을 다루는 경기로 신체의 협응력과 볼 적응력을 기를 수 있다.
- 실시방법 : 손을 이용하여 공을 다루는 게임과 동일하게 실시한다.
- 초보자 게임 : 공이 땅에 닿는 것을 허용한다.
- 숙련자 게임 : 공이 땅에 닿지 않도록 한다.
- 주의할 점 : 공을 땅에 닿지 않도록 하는 게임에서는 높게 올려 차도록 한다. 잘 되지 않을 경우는 양쪽의 간격을 좁히도록 한다.

(3) 머리를 이용한 볼 다루기 게임

- 게임목적 : 볼 다루기의 마지막 단계로 킨볼을 머리만 이용하여 볼을 컨트롤 할 수 있다.
- 실시방법 : 손을 이용하여 공을 다루는 게임과 동일하게 실시한다.
- 초보자 게임 : 공이 머리에 맞는 순간 손을 사용하도록 한다.
- 숙련자 게임 : 머리만을 이용하여 공을 컨트롤 한다.
- 주의할 점 : 머리만을 이용하여 볼 컨트롤이 잘 안될 경우에는 양쪽의 간격을 좁히도록 한다.

5) 육상형 게임

① 게임목적 : 다양한 릴레이 게임을 통해 스피드와 협동심을 기를 수 있다.

② 실시방법

- 10명씩 4개조를 편성하여 정해진 순서에 따라 20m 반환점 돌아오는 경기로 1명씩 실시한다.
- 첫 번째 선수는 공을 굴리고, 두 번째 선수는 발로 차고, 세 번째 선수는 드리블을 하고, 마지막 선수는 공을 들고 반환점을 돌아서 자신의 팀의 대기선수를 모두 돌아서 다음 선수에게 전달한다. 마지막 9번, 10번 선수는 자신이 가장 자신있는 방법을 선택하여 실시한다.

③ 주의할 점 : 킨볼을 혼자 들고 가기가 어려울 경우는 2명이 함께 들고 가도록 한다.

6) 야구형 게임

① 게임목적 : 킨볼을 치는 능력과 볼 컨트롤 능력을 향상 시킬 수 있다.

② 실시방법

- 20명씩 2개조를 편성하여 킨볼을 이용한 킥런볼 게임으로 타자는 볼을 타격하고 자신의 팀을 3바퀴 돌고 온다. 수비하는 팀은 "독 안에 든 쥐" 게임처럼 2개의 원을 만들어 공을 3바퀴 굴리고, 공을 들고 홈으로 달려 들어온다.

③ 주의할 점 : 타격 후 반환점을 돌아오는 거리와 수비에서 공을 굴리는 횟수가 비슷해야 좀 더 흥미로운 경기가 가능하다.

7) 스쿼시형 게임

① 게임목적 : 손과 발을 이용하여 체육관 벽면에 맞고 나오는 볼을 컨트롤 할 수 있다.

② 실시방법 : 첫 번째 선수는 공을 체육관 벽면을 향하여 던진다. 다음 선수는 벽면에서 2-3m 떨어진 거리까지 튀어 나오는 공을 다시 벽면으로 튀기도록 치거나 밀어낸다. 이때, 볼을 손으로 잡고 정지시키지 않도록 한다. 정해진 시간에 많이 한 횟수를 성공한 순으로 승패를 결정한다.

8) 모둠별 게임

① 가로세로 5m의 경기장을 만든 후 모둠별로 교대로 벽면을 향하여 손이나 발을 이용하여 볼을 치도록 한다. 단, 벽면에 맞추는 높이는 2m 이상으로 한다.

② 주의할 점 : 교대선수가 빨리 들어와서 경기에 참여할 수 있도록 한다.

9) 배구형 게임

① 게임목적 : 손과 발을 이용하여 정해진 코트로 볼을 컨트롤 할 수 있고, 볼을 타격하는 능력을 기를 수 있다.

② 실시방법

- 4각 배구 : 10명씩 4개 팀이 동시에 경기를 실시한다.
- 고깔을 이용하여 4각형을 만든 후 손과 발을 이용하여 상대팀을 공격 한다. 공격 시 토스는 3회까지 가능하다. 공격 높이는 무릎 높이까지 허용된다. (숙달되면 공의 개수를 1개에서 2개로 실시한다.)
- 배구게임 : 고깔을 이용하여 중앙선을 표시한 후 킨볼 세팅자세에서 상대팀을 향하여 볼을 타격한다. 볼을 타격할 때는 세팅을 한 후 중앙선까지 이동하여 실시할 수 있다.

③ 주의할 점 : 볼을 타격할 때 한사람만 집중적으로 타격하지 않도록 한다.

10) 축구형 게임

① 게임목적 : 발을 이용한 볼 컨트롤 능력을 기를 수 있다.

② 실시방법

- 경기장을 3등분하여 자신에게 정해진 구역만 이동하면서 축구 경기를 실시한다. 골대는 배드민턴 지주대와 고무줄을 이용하여 크고 길게 만든다. 처음에는 볼을 1개 이용하고, 점차 숙련되면 볼을 2개를 이용하여 실시한다.

③ 주의할 점 : 자신의 구역을 숙지하도록 하고, 팀을 구별하기 위해 구역별 팀 조끼 색깔을 정해준다.

(참고 : 한국킨볼협회 http://www.kinballkorea.org
국제킨볼연맹 http://www.kin-ball.com)

뉴스포츠 종목별 해설

플라잉디스크

Flyingdisc

1. 개요

플라잉디스크는 1940년대 후반에, 미국 아이비 리그의 대학생들이, 파이접시를 던지면서 놀았던 것이 유래가 되었다고 전해진다. 학생들 사이에 파이 구이용의 「FRtSBIE ' spIES」라고 각인 된 금속제접시를 서로 던지는 광경에 흥미를 가진 로스앤젤레스의 건축 검사관, 후렛드 · 모리슨이 1948년에, 금속제의 디스크를 자작한 후에 재질을 플라스틱으로 개량해 오늘의 플라스틱제 디스크가 탄생되었다. 현대에 와서는 재질이나 형상의 개량을 거듭한 결과, 플라잉디스크의 비행 성능은 최장 비거리 255미터, 최고 속도 140 km, 최장 체공시간은 16.72초로 매우 뛰어나게 발전되고 있다.

우리가 일반적으로 알고 있는 프리스비라고 하는 명칭은 플라잉디스크를 최초로 상품화한 회사의 상표명이며, 플라잉디스크라고 명명하는 것이 정확하다. 플라잉디스크는 종목 명칭이 아닌 용기구의 명칭이다. 플라잉디스크를 이용하여 할 수 있는 종목을 국제플라잉디스크연맹(WFDF)에서 약 10가지 종목으로 규정지었다. 이와 함께 돗지비라고 하는 내부는 스펀지로 되어 있으며 바깥은 천으로 감싸져 있어 매우 안전하고 아프지 않은 플라잉디스크로 즐기는 플라잉디스크 피구나 얼티미트와 유사한 돗지골 등도 학교체육에서 매우 유익하게 사용되고 있다.

우리나라에서는 사단법인 한국뉴스포츠협회와 국민생활체육 플라잉디스크연합회, 사단법인 대한디스크골프협회 등이 주로 지도자 양성 및 학교체육, 생활체육 현장에 보급하고 있다.

2. 기술 및 훈련법

1) 백핸드 드로우

디스크를 던지는 방법 중 가장 대표적인 방법으로 그립법은 다음과 같다. 엄지손가락을 디스크 윗면에 위치시키고 검지 손가락은 디스크 외곽을 감싸고 나머지 손가락은 디스크의 밑면을 받쳐준다.

다리는 어깨 넓이로 벌리고 목표물과 오른쪽 어깨가 마주보도록 한다.(왼손잡이의 경우 반대) 손목을 몸 안쪽으로 최대한 구부려 디스크를 왼쪽 가슴 앞으로 끌어 당긴 후 어깨, 팔꿈치, 손목의 관절을 차례로 펴주며 뿌리듯 던져준다.

이때 릴리스포인트는 목표를 12시로 가정했을 때 10~11시로 한다.

2) 포핸드 드로우

포핸드는 백핸드에 비해 다소 어려운 편이며 어깨 넓이로 발을 벌리고 백핸드와 반대 방향으로 서준다. 포핸드의 그립법은 다음과 같다. 엄지손가락은 백핸드와 같이 디스크 윗면에 위치하고 아래쪽에는 2~3개의 손가락을 받쳐준다. 이때 반드시 림 부분에 손가락을 걸어주어야 릴리스포인트에서 손가락을 이용하여 회전을 더 많이 걸어줄 수 있다.

포핸드는 팔꿈치와 손목, 손가락만을 이용하여 던지므로 주고 근거리용에 사용된다. 릴리스포인트는 1~2시가 된다.

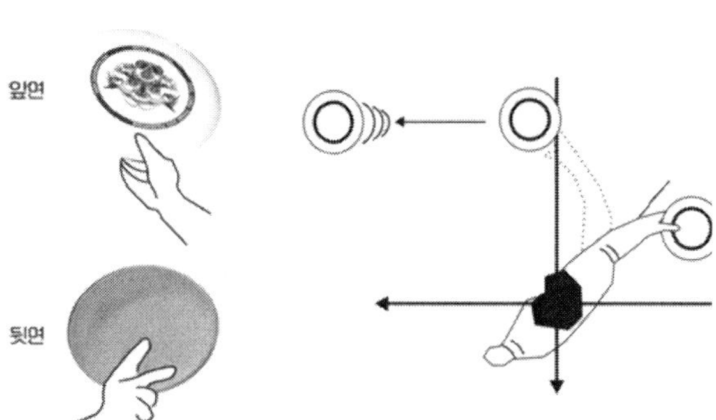

포핸드의 그립 및 방향

3) 캐치

디스크를 받는 방법으로서 크게 한 손을 이용한 방법과 두 손을 이용하는 방법이 있다.

한 손을 이용한 방법은 날아오는 디스크의 힘을 최대한 줄여 몸쪽으로 끌어당기며 받는 one dog grip이 있다. 손 모양이 측면에서 봤을 때 개의 입모양과 비슷하여 붙여졌다.

양 손을 이용한 방법으로는 two dog grip과 샌드위치 그립이 있다.

two dog grip은 one dog grip과 같은 방법인데 이를 두 손으로 하는 것을 말한다. 샌드위치 그립은 날아오는 디스크를 양손을 이용하여 위 아래로 합장하며 받는 형태인데 이때 디스크를 가운데에 위치시켜 3겹의 형태가 되어 샌드위치 그립이라고 붙여졌다.

3. 용구 구성

플라스틱제

우레탄제

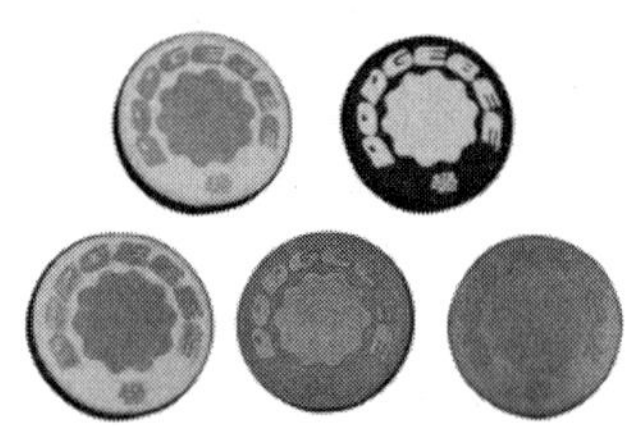

스폰지제

4. 종목설명

플라잉디스크를 가지고 즐길 수 있는 경기는 약 10여 가지가 있다. 다음은 국제플라잉디스크연맹(WFDF)에서 권장하는 종목에 대한 설명이다.

1) 얼티미트(Ultimate)

얼티미트의 유래는 1967년 뉴저지 메이폴드에 위치한 콜롬비아 고등학교에 재학 중인 학생들이 처음 고안하여 만든 경기이다. 얼티미트 게임은 재미있고 경쟁적이고 청소년을 비롯하여 성인 남, 여가 함께 즐길 수 있는 스포츠 활동이다. 따라서 오늘날 얼티미트 게임은 미국 전역과 유럽 등지에서 매우 인기 있는 종목으로 자리하고 있다.

(1) 경기방법

- 경기종료 시 높은 점수를 딴 팀이 승리하는 패스경기 팀 스포츠.
- 한 팀 7명의 선수로 구성된 양 팀이 양 끝의 엔드 존에 정렬하고 공격팀에서 디스크를 날리며 경기시작
- 던지는 사람이 자기편 팀 선수에게 패스하여 자기 팀이 공격하는 엔드 존에서 디스크를 받으면 1득점
- 디스크를 잡은 사람은 걷거나 달릴 수 없고 오로지 패스에 의해서만 전진가능
- 디스크를 받는 사람은 디스크를 땅에 닿지 않고 받아야 한다.
- 디스크를 가지고 있는 팀은 디스크를 공격중인 엔드 존 방향으로 보내야한다
  반면 상대팀은 진행을 저지하려고 수비를 하며 턴 오버를 유도하여 소유권을 확보한다.
- 턴 오버는 패스가 잘못되었을 때, 상대선수에게 잡히거나 디스크가 그라운드의 아무곳이나 닿았을 때 발생
- 명백한 접촉이나 태클은 허용되지 않는다.
- 라인위반, 소유, 파울, 콜 등의 판정은 선수에 의해 이루어진다.
- 얼티미트 경기는 심판이 없다.

(2) 얼티미트 경기장

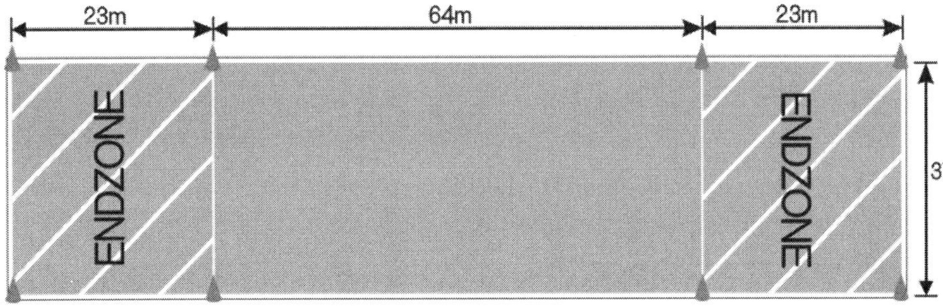

(3) 경기규칙 (얼티미트)

경기장	직사각형 모양의 필드로 양 끝에 엔드 존이 있음. 정식 경기장은 가로 64m, 세로 37m 엔드 존(경기장의 양 끝의 골라인과 엔드라인 사이의 구역 여기에 원반을 가지고 들어가면 터치다운이 된다)가로 23m, 세로 37m.
경기의 시작	경기를 시작하기 전, 양 팀 선수들은 자기 팀의 엔드 존 앞에 일렬로 서서 시작한다. 수비 팀이 디스크를 공격 팀에게 던진다.
득 점	공격 팀이 자기 팀끼리 패스를 해서 상대팀의 엔드 존까지 원반을 패스하면 1득점. 경기는 각 득점 후 다시 시작된다.
원반의 이동	원반은 자기 팀에게 패스함으로써 어느 방향으로나 던질 수 있다. 선수는 원반을 들고 달리거나 걸을 수 없다. 원반을 받은 사람은 10초 이내에 던져야 한다. 이때 공격을 방어하는 수비("마커"라고 함)가 초를 세어준다.
공격의 전환	패스가 실패했을 때(예. 아웃오브바운즈이거나 놓쳤을 때, 블록, 인터셉트일 경우) 수비는 즉시 원반의 소유권을 갖고 공격이 된다.
선수교체	경기에 뛰지 않은 선수는 득점 후 또는 선수가 부상을 입었을 경우에 교체가 가능하다.
무접촉	선수 간에는 신체 접촉이 허용되지 않는다. 잡거나 막는 것도 금지된다. 선수끼리 접촉되면 반칙이다.
반칙	한 선수가 다른 선수를 접촉하면 반칙이 된다. 반칙으로 소유권에 혼선이 오면, 경기는 소유권이 유지되는 것처럼 재개된다. 반칙을 범한 선수가 반칙선언에 동의하지 않을 경우, 경기는 재개된다.
선수가 심판	선수는 선수자신의 반칙과 라인콜(라인밖으로 나갔음을 선언)에 책임을 지며 그들 자신이 분쟁을 해결한다.
경기정신	얼티미트는 스포츠맨십과 페어플레이를 강조한다. 경쟁이 장려되지만 절대 선수간의 상호존중, 규정준수, 경기의 기본적인 즐거움을 희생시키지는 않는다.

(4) 득점으로 인정이 안 되는 경우

만약 골라인 위에서 디스크를 잡았을 경우에는 득점으로 인정되지 않는다. 이 때 경기는 계속된다. 공격자의 발이 상대 엔드 존안의 엔드라인 혹은 사이드라인 위에 있을 경우 득점이 되지 않는다. 이때는 공격권이 넘어가게 된다.

(5) 반칙

아래와 같은 반칙을 범할 경우, 디스크 소유권이 상대팀으로 넘어가게 된다.

① 아웃오프 바운즈(out of bounds)

경기 참가자가 경기장 밖에서 디스크를 받을 경우

② 워킹(no walking with the risk)

디스크를 소유한 공격자가 그 상태로 걸어서 이동할 경우

③ 10초룰(the 10second rule)

플라잉 디스크를 받은 사람은 10초 이내에 동료선수에게 패스 하여야 하는데 이를 어길 경우

④ 넌 컨택트(non contact)

수비수가 공격수를 마크할 경우, 신체를 접촉할 수 없는데 이를 어길 경우

⑤ 더블 팀(double teams)

공격자를 마크할 때 한 명 이상의 수비가 마크할 수 없는데 이를 어길 경우

2) 거츠(Guts)

각 5명씩의 2 팀이 14m(여자는 13m) 떨어진 평행선상에서 서로 마주보고 디스크를 던지고, 잡아내는 경기이다. 공격팀의 1명이 상대의 라인상에 나란히 서 있는 수비팀의 5명을 향해서 전력으로 디스크를 던진다. 이 때 드로우하는 지점은 자기 팀의 파울라인 앞에서 던지며 지면에 닿지 않게, 지면과의 각도는 90도 미만으로 던져야 하며, 리시브팀의 스코어링 존(5명이 팔을 넓게 벌린 폭과 손을 위로 뻗은 높이까지의 면적)으로 디스크가 도달할 수 있도록 던져야 한다.

수비팀은, 공격팀에서 드로우된 디스크를 신체의 2개소가 동시에 접하는 일 없이 한 손으로 캐치(클린 캐치)하거나 혹은 몇 사람이 닿더라도 한 손으로만 캐치를 해야 한다. 캐치를 하지 못하면 공격팀의 득점이 된다.

수비팀이 캐치 했을 경우, 캐치한 선수가 상대팀을 향해 드로우하게 된다. 또한 공격팀의 드로우가 좋지 않았을 경우(스코어링 존을 벗어났을 경우)나 드로우하기 전이나 도중에 파울라인을 밟았을 경우에는 수비팀의 누군가가 드로우어가 되어 공수 교체하고 게임을 실시한다.

득점의 합계가 11점이 될 때마다 체인지 코트, 1세트 21점의 3세트 매치로 2세트 선취한 팀이 승자가 된다.

게임에서 사용되는 드로우는, 가장 대중적이면서 파워풀한「백핸드 드로우」, 코스나 높이를 노리는데 적합한「사이드 암 드로우」, 엄지를 디스크의 안쪽에 대어 다른 손가락으로 표면을 단단히 잡아 던지는「샘 플립」, 디스크가 뒷면에서 앞면으로 돌아나오는 독특한 변화구「핀치 드로우」등이 있으며 드로우어의 기술이나 파워에 의해서 예상 밖의 변화를 보이는 경우도 있다.

(1) 샘 플립 슬로우

거츠에서 사용되는 기법 중에서 가장 위력이 있다. 디스크가 곧바로 날아오고, 눈앞에서 갑자기 떨어지는, 거츠에서 만 사용 가능한 파워풀한 드로우이다.

(2) 핀치 슬로우

이 드로우도 거츠의 독특한 테크니컬 드로우 방법이다. 디스크를 뒤로 향해서 엄지와 식지로 잡아 스핀을 더해 드로우하면, 상하 반대로 뛰쳐나온 디스크가, 상대에게 닿기까지 180도 반전한다. 상대의 손에 닿았을 때에는 잡으려 해도 곧 디스크가 지면에 떨어져 버리므로, 매우 잡기 어려운 드로우이다.

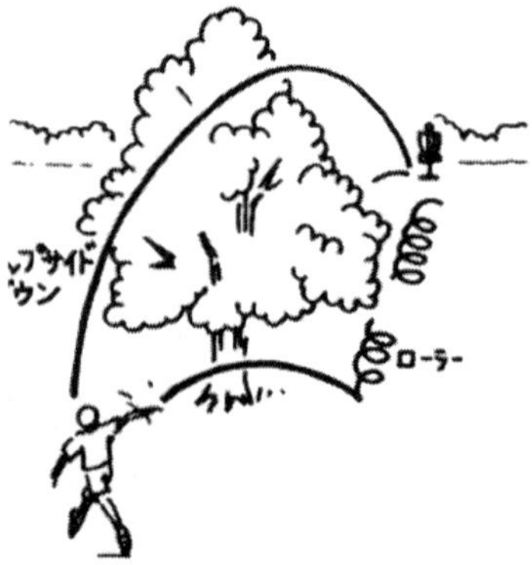

3) 디스크골프(Discgolf)

디스크골프는 플라잉디스크경기의 한 종류로서 플라잉디스크를 날려서 몇 번 만에 골에 넣는가를 겨루는 뉴스포츠이다. 기본적인 룰은 골프에 준한다. 골은 바스켓의 형태를 하고 있으며 골의 윗부분에 있는 사슬에 디스크가 부딪히게 되면 바스켓에 떨어지게 된다. 이것이 골인이 되는 것이다. 던지는 순간에 손목의 스냅을 잘 이용하여야하며 디스크를 수평으로 제대로 회전시키는 것이 중요한 포인트이다.

디스크를 어느 정도 던질 수 있게 되면 바로 코스를 돌 수 있을 정도로 쉽게 배울 수 있는 뉴스포츠이다. 운동량도 그다지 과격하지 않으므로 연령이나 성별에 관계없이 즐길 수 있는 스포츠이다.

(1) 용구

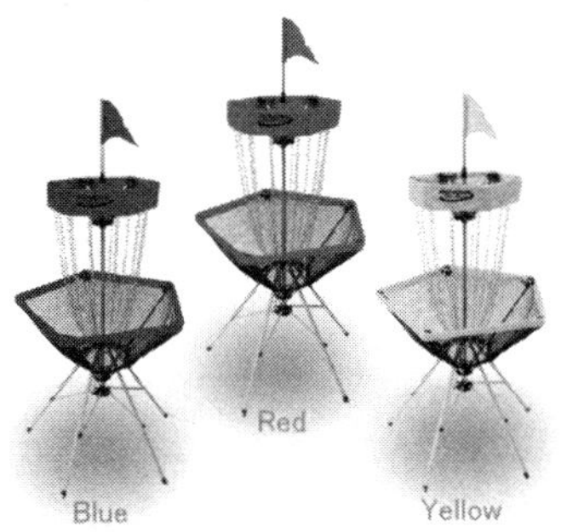

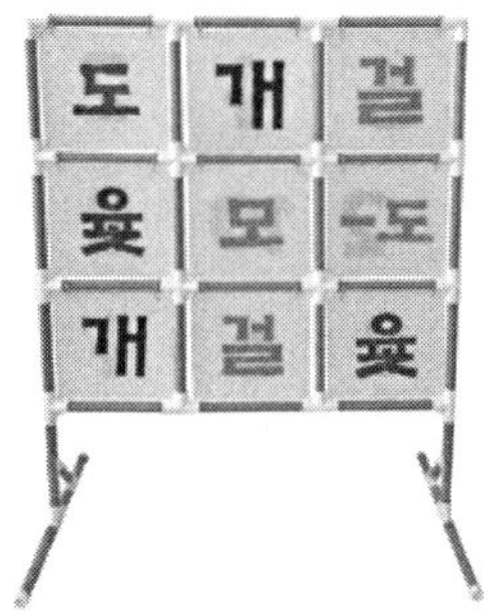

① 플라잉디스크

플라스틱소재의 원반형 비행물로서 직경 21~40㎝, 무게 200g이하이면 디스크를 바꿔가면서 경기를 해도 무방하다.

② 골

직경 65㎝, 높이 140㎝로 되어있다. 던진 디스크가 골의 윗부분에 있는 사슬에 맞게 되면 아래의 바스켓으로 떨어지게 되는 구조를 취하고 있다.

③ 마크디스크

던진 디스크를 마크하는 미니디스크이다. 일반적으로는 통상적으로 사용하는 디스크를 대용한다.

정식게임이 아닌 경우에는 마크디스크를 생략할 수도 있다.

(2) 코트

자연지형을 잘 이용하여 자연을 손상하지 않도록 골의 위치를 설정한다. 통상은 쇼트홀, 미들홀, 롱홀의 3가지 홀을 기준으로 한다. 홀의 길이도 자유롭게 설정할 수 있으며 9홀 파36, 혹은 18홀 파72로 하나의 코스로 설정한다.

※ 학교나 공원에 있는 비품(휴지통, 의자 등)을 골로 활용한다.

(3) 게임의 종류

몇 명이라도 상관없다. 통상적으로는 4인 1조로 실시한다.
경우에 따라서는 3인 1조, 혹은 5인 1조도 가능하다.

(4) 게임진행방법

① 스타트(티드로우) 순서를 정한다. 2번째 투구부터는 타수에 관계없이 골에서부터 가장 멀리 떨어져있는 선수부터 투구한다. 2홀 이후의 스타트순서는 전 홀의 드로우수가 가장 적은 선수부터 드로우한다.

② 티드로우는 티마크를 연결하는 스타트라인의 뒤편에서 드로우 한다. 디스크를 드로우

한 후에는 그 라인을 넘어서도 무방하다.

③ 두 번째 드로우이후 디스크가 착지한 곳(골에서 보아 디스크의 끝부분)에 마크를 하여야 한다. 또한 드로우한 디스크는 마크를 하기 전까지 건드려서는 안 된다. 그 마크가 다음의 드로우라인이 된다.

④ 골을 중심으로 반경 10m 이내의 구역을 퍼팅구역이라고 한다. 이 에어리어는 골프의 그린으로 생각하면 된다.

⑤ 퍼팅 에어리어에서 드로우한 후, 마크를 손에 쥐기 전까지 라인을 넘어서서는 안 된다. 라인을 넘을 경우에는 1벌타가 가해진다.

⑥ 1홀이 끝날 때마다 스코어를 메긴다(드로우한 횟수). 홀의 전체로 라운딩한 후의 합계득점을 계산하여 스코어가 낮은 선수가 승리하게 된다.

(4) 기타 규정

로스트디스크(드로우한 디스크를 찾지 못한 경우)와 연봇, 길가 능의 위험지대, 손이 낳지 않는 나무 위 등의 아웃오브바운즈(오비)지역(코스이외의 지역 또는 코스 안이라도 플레이할 수 없는 구역)에 있는 경우에는 1벌 타로 OB지역에 들어간 지점으로 돌아가서 그 곳에서 던진다.

4) 프리스타일(Freestyle)

플라잉 디스크 경기 중에서 가장 화려한 경기이다.

디스크를 이용한 자유 경기. 프리스타일은 1개 또는 복수의 디스크를 사용해 규정 시간 내에 음악에 맞추어 드로우, 캐치를 중심으로 테크닉을 구사하고 연기를 실시한다. 그 연기를 「표현력」, 「난이도」, 「완성도」의 요소로 채점해 순위를 결정한다.

혼자서 실시하는 싱글 부문, 및 23명의 팀 부문이 있다.

5) 더블 디스크 코트(Double disc court)

2명 1조의 2팀이 17m의 간격을 두고 13m 사방의 코트로 나뉘어 경기를 한다. 2개의 디스크를 상대 코트에 서로 던져서 상대 팀이 2개의 디스크를 동시에 갖도록 하는 경기이다.

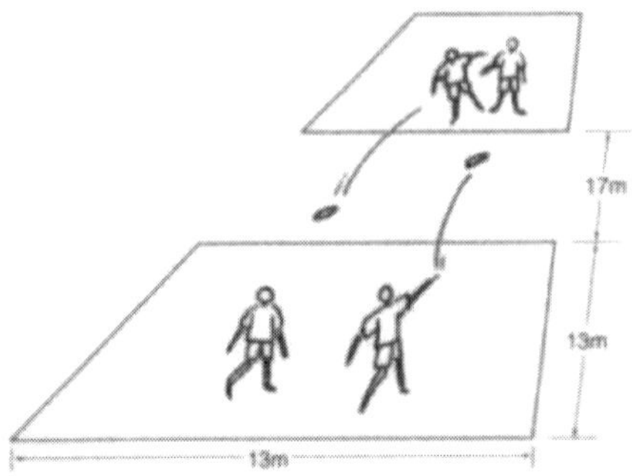

양 팀의 1명이 디스크를 1장씩 가지고 신호와 동시에 상대 코트에 디스크를 드로우하면서 개시한다.

상대가 캐치하지 못하고 상대 코트 내에 디스크가 떨어져 멈추거나 상대가 던진 디스크가 코트를 벗어났을 경우에는 1점, 상대가 2개의 디스크를 동시에 가졌을 경우는 2점을 획득한다. 21점 또는, 15점을 선취하는 게임이다. 정확한 드로우 기술과 팀워크를 필요로 하는 경기다.

6) 디스카손(Discathon)

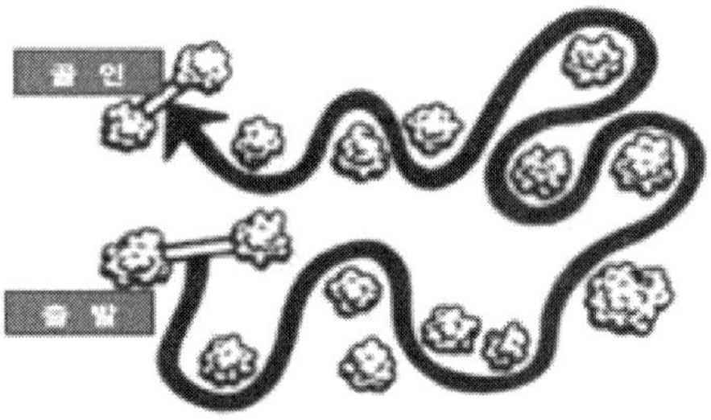

약 1km의 코스를 2개의 디스크를 교대로 던져서 진행되며 스타트로부터 골까지의 시간을 겨루는 경기이다. 플레이어는 2개, 또는 예비를 더해 3개의 디스크를 사용해 임간(나무나 숲 등) 코스의 중간 중간에 미리 만들어 놓은 여러 군데의 포인트에 디스크를 통과시키면서 진행해 나간다. 스타트 라인 앞으로부터 1개의 디스크를 던지면서 출발하여 디스크가 떨어진 지점까지 나머지의 디스크를 가지고 달린다. 떨어진 디스크의 중심으로부터 1.5 m이내에 도달하면 다시 가지고 있는 디스크를 던지고 나서 떨어지고 있는 디스크를 주워 나아간다. 디스크가 finish 라인을 통과 하면 골인이 된다.

7) 디스턴스(Distance)

디스크의 비거리를 겨루는 경기. 간격을 두어 준비한 복수의 투구 사이트로부터 2분 30초 이내에 5회 던져 그 비거리를 계측한다. 비거리는 파울라인의 중심 지점으로부터 디스크가 떨어진 지점의 디스크의 중심까지 계측한다. 투구 때는 던지는 방법에 제한은 없지만, 백핸드 드로우가 일반적이다. 세계 기록은 255.00m이다.

8) 어큐러시(Accuracy)

드로우 컨트롤의 정확함을 겨루는 경기이다. 높이 1미터, 폭 1.5m의 정방형의 프레임을 목표로 하여 던지며, 프레임의 정면으로부터 13.5m, 22.5m, 31.5m, 그리고 좌우 방향으로 13.5m, 22.5m의 거리 모두 7개 지점에서 각 지점당 4개씩의 플라잉디스크를 던진다. 합계 28투를 7분간의 경기 시간 내에 실시하여 타겟의 통과수를 겨룬다. 세계 기록은 25개 이다.

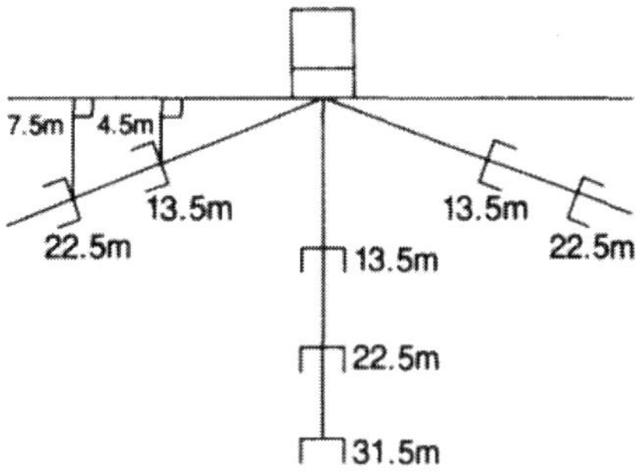

9) 드로우 · 런 · 엔드 · 캐치(TRC : Throw Run and Catch)

던진 디스크를 가능한 한 먼 곳에서 캐치하여 그 거리를 겨루는 경기이다. 직경 4m의 투구 서클 안에서 캐치까지의 거리가 보다 길어질 수 있도록 디스크를 던져 스스로 달리고, 그 디스크를 한 손으로 캐치한다. 디스크가 신체에 닿은 지점으로부터 투구써클의 선까지의 거리를 계측한다. 세계 기록은 94.00m이다.

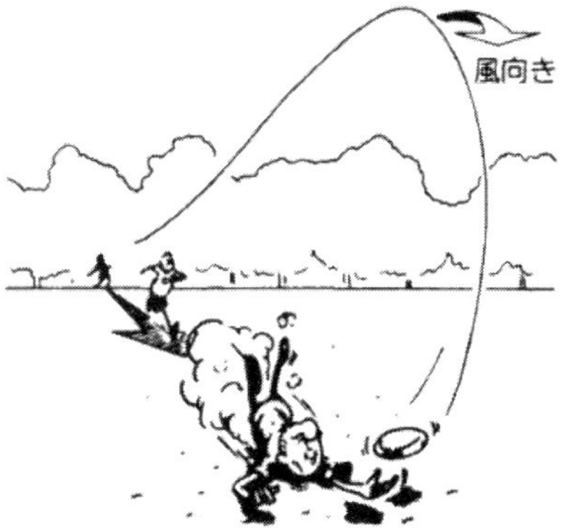

10) 맥시멈 · 타임 · 어라프트(MTA : Maximum Time Aloft)

디스크를 던지고 나서 캐치할 때까지의 체공시간의 길이를 겨루는 경기이다. 플레이어가 디스크를 릴리스한 순간부터 캐치할 때까지의 타임을 3명의 계측계가 계시해, 3개의 기록 중 중간의 기록을 채택한다. 플레이어는 디스크를 신체의 2군데에 동시에 접촉하는 일 없이 한 손으로 캐치해야 한다. 1 라운드로 5회를 던져 최장 체공시간이 기록이 된다. 세계 기록은 16.72초이다.

이 외에 돗지비나 우레탄 디스크와 같은 부드러운 디스크를 활용하여 할 수 있는 경기 방법을 소개한다.

11) 플라잉디스크 피구

피구를 부드러운 플라잉디스크를 이용하여 하는 게임으로, 자세한 설명 없이도 게임을 할 수 있으며, 배구코트와 같은 사이즈의 코트를 사용하므로 기존시설로도 충분히 게임을 할 수 있다는 점, 연령이나 성별에 의한 실력 차가 크게 나지 않으며, 한 번에 많은 인원이 즐길 수 있다는 점 등이 장점이다.

디스크 피구는 디스크로 상대편 내야플레이어를 맞춰 상대편의 내야플레이어 수를 줄여나가는 게임이다. 디스크에 맞은 내야플레이어는 외야로 나간다. 진행 방법은 두 가지가 있는데 첫 번째는 일정 시간 동안 경기를 하여 최종적으로 내야 플레이어의 수가 많은 팀이 승리하는 방식이고 두 번째는 양 팀중 먼저 내야에 있는 플레이어가 모두 아웃될 때까지 진행하는 방식이다.

일반적인 피구 경기가 그렇듯이 디스크 피구 또한 자칫 경기가 박진감이 없이 흘러갈 수 있는데, 이럴 때에는 시차를 두면서 점점 디스크의 숫자를 1~2개 정도 추가해주거나, 아예 처음부터 2~3개의 디스크로 시작하면 보다 박진감이 넘치고 지능적인 플레이를 펼치게 된다.

디스크 피구는 실내에서는 돗지비 같은 맞아도 전혀 아프지 않은 디스크를 써서 하는 것이 좋으며, 실외에서는 코트의 규격을 크게 하여 탄성 있는 우레탄 디스크를 사용하여야 부상을 예방하는 데 좋다.

디스크 피구는 상대편이 낚아채지 못하게 디스크를 던지는 것이 중요하지만, 『던져서 사람을 맞추는 게임』자체를 거부하는 의견들도 많아 이 게임의 본질적인 부분에 대해서는 여러 가지 의견이 있다는 점을 고려하여야 한다.

12) 디스크 골 넣기(축구) 경기

디스크를 이용하여 상대팀의 골에 던져 넣으면 득점을 하는 경기이다. 기본적으로 축구 경기의 룰과 흡사하며, 한 장의 디스크를 사용하여 필드 내에서 팀원끼리 패스하여 상대팀 골대에 슛을 하여 득점한다.

참가 인원은 5~10명이며 경기장 규격에 따라 인원을 늘릴 수도 있다. 제한시간(전후반 각 20분 이내를 권장) 내에 더 많이 득점 한 팀이 승리한다. 드로우나 캐치의 정확성, 패스워크나 전술이 필요한 경기이다.

경기장의 규격은 임의로 정해도 무관하나 골라인 15m~25m, 사이드라인 25m~42m를 권장한다. 골의 크기 또한 임의로 정할 수 있으나 높이 2m, 좌우 폭 2.5m~3m의 크기를 권장한다.

경기를 하는 방법은 디스크를 플립(세로로 던져 어떤 쪽이 위로 향하는지 보는 것)하여 선공을 결정한다.

공격팀은 중앙선 정중앙에서 자기 팀에게 패스하면서 경기를 개시한다. 경기 개시 이전에는 양팀 모두 중앙선을 넘을 수 없다.

얼티미트와 마찬가지로 디스크를 가진 선수는 두발 이상을 뗄 수 없으며, 10초 이내에 드로우해야 하고, 수비는 공격자가 손에 쥐고 있는 디스크를 낚아챌 수 없다.

패스를 통해 상대 진영으로 전진하여 상대 진영의 골에 디스크를 던져 넣으면 득점한다. 단, 슛을 할 때는 골대 앞 페널티 지역 안에서는 슛을 할 수 없으며, 득점으로 인정되지 않는다. 각 팀에는 골키퍼가 있어 슛한 디스크를 쳐내거나 잡아낼 수 있다.

공중에 떠 있는 디스크를 양 팀의 선수가 동시에 잡게 되면 공격권을 가지고 있던 팀에게 우선권을 주어 계속 공격하게 한다.

디스크가 사이드라인을 벗어난 경우, 벗어난 위치에서 드로인하여 경기를 재개한다. 공격자가 던진 디스크가 엔드라인을 벗어난 경우에는 골라인 아웃으로 골키퍼가 디스크를 던져 경기를 재개하며, 수비자의 디스크가 엔드라인을 벗어난 경우에는 코너에서 공격팀이 드로인하여 경기를 재개한다.

와일드 차징 등 심각한 반칙이나 패널티 지역 안에서 골키퍼 이외의 수비자가 슛을 막거나 디스크를 건드리게 되면 공격팀에게 패널티 킥이 주어진다.

디스크는 몸의 어떤 부위에 닿은 후 손으로 잡아도 무관하나, 발이나 무릎 이하의 신체 부위를 이용하여 디스크를 차올리는 것은 금지된다.

뉴스포츠 종목별 해설

스포츠스태킹

Sport stacking

1. 개요

① 스포츠스태킹은 1980년대 초, 미국 서해안의 어린이들이 종이컵으로 놀이를 하던 것이 유래가 되었다.

② 1990년대 중반에 스포츠로서의 체계를 구축하면서 교육현장에 보급되기 시작하였다.

③ 스포츠스태킹은 12개의 스택 컵을 다양한 방법으로 쌓고 또 허물어가는 기술과 스피드를 가리고 집중력과 순발력을 요구하는 경기이다.

④ 경기방법도 매우 간단하여 손과 눈, 그리고 두뇌의 긴장을 통하여 흥미로움을 더해준다. 이 경기를 통해서 집중력이 향상되고 반사 신경이 발달되며, 사고력이 고조되는 효과가 인정되어 미국의 교육현장에서 약 12,000여개의 학교에서 이 프로그램을 채용하고 있다고 한다.

⑤ 양손을 함께 사용하는 스태킹은 좌 뇌와 우뇌의 균형적인 발달에도 도움을 주며 협응력과 인지발달 능력, 손의 감각, 신체훈련 등 많은 부분에서 교육적인 효과를 보여주고 있다. 아직까지도 우리나라에서는 스태킹이 스포츠이냐에 대한 논란이 있다. 하지만 스태킹을 겪어본 사람들은 스태킹은 충분히 스포츠로서 인정할 수 있다고 말한다. 충분한 신체적, 정신적 활동을 요구하는 스태킹은 남녀노소 누구나 즐길 수 있는 종목임에 틀림없다.

2. 용구

1) 스택 컵

스포츠스태킹을 하기 위한가장 기본적인 용품입니다.
스포츠스태킹의 다양한 프로그램들은 12개의 컵을 활용하는 프로그램으로 구성 되어있다.

2) 스태킹 매트

스태킹의 동작들을 미끄러짐 없이 할 수 있도록 특수하게 만들어진 매트이며 이 매트의 공간 위에서 라면 스택 컵을 활용해 다양한 동작들을 아주 부드럽게 구사할 수 있으며 초를 다투는 스태킹의 대회라면 정해진 규정 공간으로서의 역할을 한다.

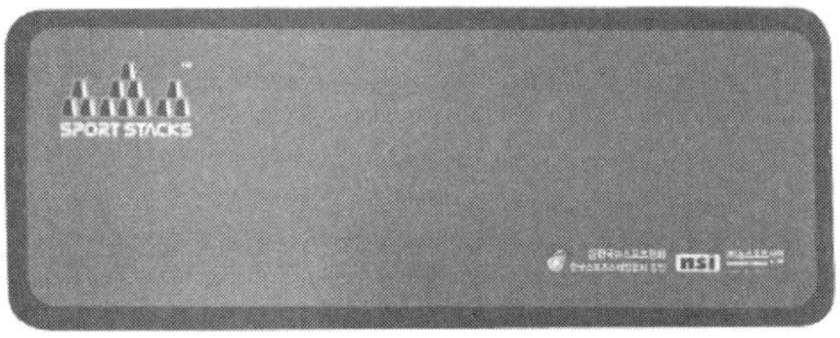

3) 타이머(초시계)

스태킹의 동작들을 즐기며 그 동작의 기록들을 측정할 수 있으며 스태킹의 흥미와 더욱 박진감을 선사해주는 악세사리 용품.

스태킹의 경기와 초를 다투는 토너먼트 대회 시 사용하는 토너먼트 디스플레이 타이머와 미니 디스플레이 타이머 등도 있다.

3. 기본기술-스포츠스태킹 하는 방법

모든 순서는 오른손잡이를 중심으로 설명한다. 왼손잡이는 그 반대방향으로 전개하면 된다.

1) <1단계> 3개의 컵을 이용한 스택

(1) 3스택

① 업스택 (up stack)

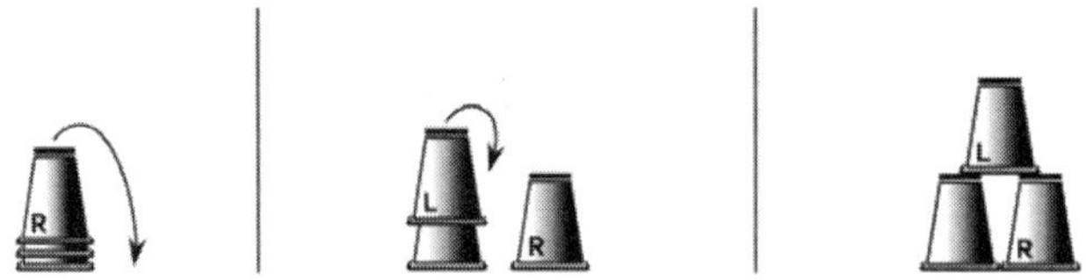

컵 3개로 시작 | 오른 손으로 컵을 들어올려 오른쪽 바닥에 내려놓는다. | 왼손으로 중간 컵을 들어올려 두개의 컵 위에 올린다.

스택은 "쌓는다"는 의미로, 업스택은 "위로 쌓는다"는 의미이다. 컵을 3개 포개 둔 상태에서 시작한다. 오른손으로 맨 위의 컵을 잡아 나머지 2개의 컵 오른쪽에 두고, 다음에는 왼손으로 2번째의 컵을 나란히 놓인 컵 위에 피라미드형으로 쌓아올린다.

※ 컵을 쥘 때는 컵의 위쪽이 아닌 옆면을 쥔다.

② 다운스택 (down stack)

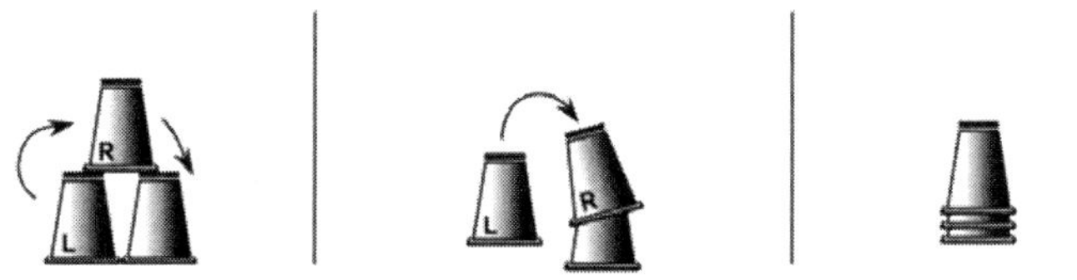

맨 위의 컵을 오른손으로 쥐고 왼손으로는 왼편 아래의 컵을 쥔다.

오른손으로 잡은 맨 위의 컵을 오른쪽 컵 위로 미끌어 내리고 왼손으로 왼쪽 컵을 들어서 맨 위로 내려 쌓는다.

컵을 쌓기 전 처음의 상태로 돌아왔다.

다운스택은 "아래로 밀어 낸다"라는 의미이다. 오른손으로 맨 위의 컵을 쥐고 아래 단의 오른쪽으로 밀어내듯이 하여 아래로 밀어낸다. 왼손으로 아래 단의 왼쪽 컵을 쥐어 2개로 쌓아진 컵 위에 쌓는다. 이렇게 되면 최초의 형태가 된다. 양손을 동시에 사용하게 됨으로써 빠른 스택이 가능하게 된다.

> ☞ TIP
>
> 업스택과 다운스택을 연습하기 위해 책상 왼쪽에서 오른쪽으로 하는 것과 오른쪽에서 왼쪽으로 이동하면서 연습시킨다.
>
> 기차놀이 : 업스택과 다운스택을 할 때 “칙칙폭폭” 하면서 기차놀이형태로 흥미를 갖게 하여 지속적으로 연습을 시킨다.

(2) 3-3 스택

3개씩 쌓아둔 2개의 스택

왼쪽 편의 스택을 먼저 쌓고 오른쪽 스택을 다음에 쌓는다.

다시 왼쪽부터 내려쌓는다.

– 기본 룰: 컵 스택은 항상 처음 시작하던 상태로 내려 쌓아야 한다.

3개의 컵을 2세트 놓고 진행한다. 왼쪽에서부터 업스택을 진행한다.

(3) 3 - 3 - 3스택

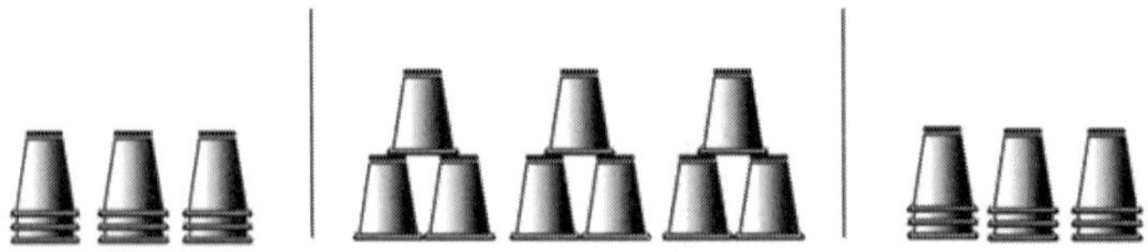

3개씩 쌓아둔 3개의 스택 / 왼쪽에서 오른쪽으로 올려 쌓기(업 스태킹)한다. / 다시 왼쪽부터 오른쪽으로 내려 쌓는다.

- 기본 룰: 한번에 한 개의 스택만 해야 한다.

3개의 컵을 쌓은 3세트를 스태킹하기 좋은 간격으로 둔다. 왼쪽의 스택부터 업스택한다. 반드시 처음으로 돌아가 왼쪽부터 다운스택 한다. 3-3-3 스택은 가장 기본적인 경기방식으로 활용할 수 있다. 초급자는 10초대, 중급자는 6초대, 그리고 선수 급은 3초 내로 끝낸다.

2) <2단계> 6개의 컵을 이용한 스택

(1) 6 스택

① 6 업스택

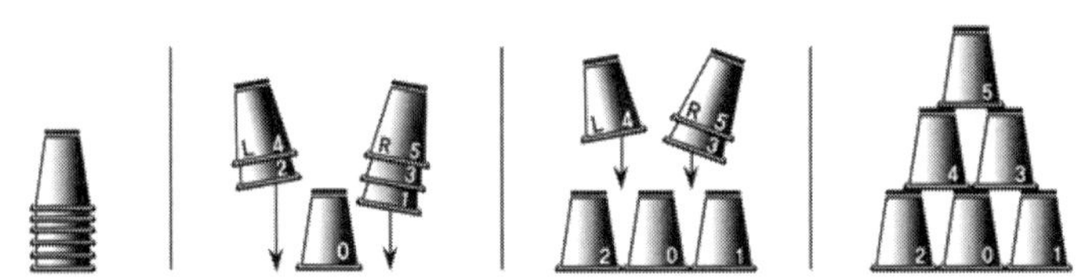

컵 6개로 시작 / 오른 손으로 컵 3개를 들어올리고 왼손으로 2개를 들어올려 바닥에 1개의 컵만 남겨둔다 손에 쥔 컵들을 맨 아래에 있는 컵부터 손가락을 떼면서 바닥에 떨어뜨린다. / 오른손의 컵은 오른쪽 컵 중간에 왼손의 컵은 왼쪽 컵 중간에 올린다. / 오른손에 있는 마지막 컵을 맨 위에 올린다.

먼저 컵을 6개 쌓아둔다. 오른손으로 위에서부터 3개의 컵을 집어 올리고, 왼손으로 다음 2개의 컵을 잡아 올린다. 이때 손가락으로 가볍게 쥐고 컵 바닥면은 새끼손가락으로 가볍게 받쳐준다. 이때 주의할 사항은 손가락에 너무 힘을 주어서는 안 된다는 점이다. 오른손의 컵을 하나 밑에 있는 컵의 오른쪽 옆에 둔다. 그리고 왼손에 있는 컵을 하나 밑에 남아있는 컵의 왼편에 둔다. 다음은 오른손에 있는 컵을 하나 1단 째의 가장 가운데와 오른쪽 컵 사이에 두고, 왼손의 컵을 한가운데로, 왼손 컵의 사이에 둔다. 마지막으로 오른손에 남아있는 컵을 3단 째의 가운데에 두게 되면 3 - 2 - 1의 피라미드가 만들어지게 된다.

② 6다운스택

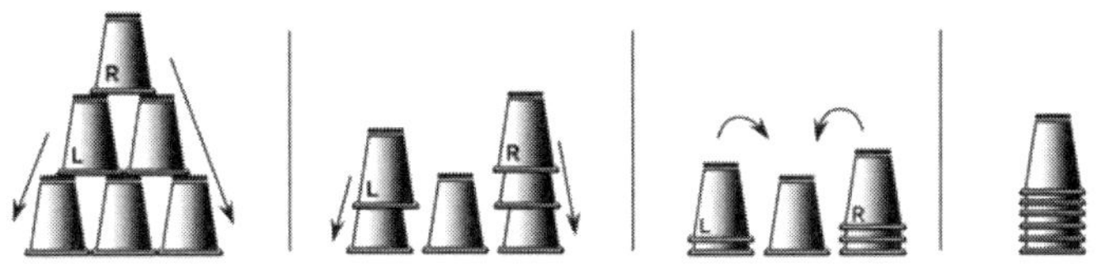

양손으로 컵의 옆면을 그림과 같이 쥔다. / 잡은 맨 위의 컵을 오른쪽으로 왼손 컵으로는 왼쪽으로 미끌어 내려 쌓는다. / 오른손의 3개의 컵 왼손의 2개의 컵을 들어 중간에 남은 컵 위로 쌓는다. / 컵을 쌓기 전 처음의 상태로 돌아왔다.

오른손으로 가장 위의 컵을 쥐고, 왼손은 2단 째의 컵을 쥔다. 오른쪽의 3개의 컵을 오른손으로 경사지게 미끄러지게 하여 내려놓고, 왼쪽의 2개의 컵을 왼손으로 미끄러지게 하여, 중앙의 컵에 쌓아서 6개의 컵이 원래의 상태로 돌아오게 한다. 이 연습을 계속 연습하여 경기시간을 줄여나간다.

(2) 6-6 스택

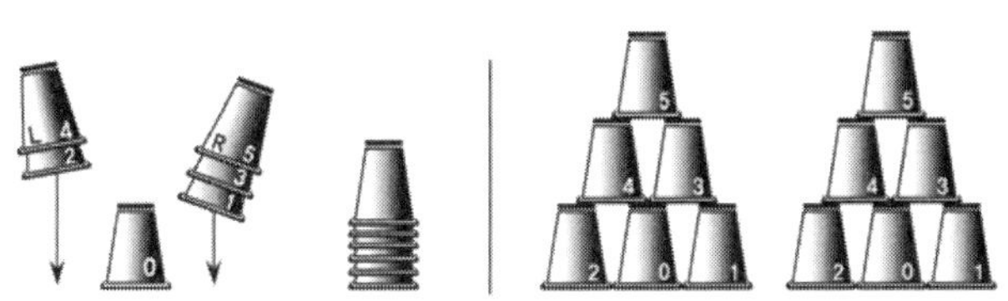

왼편에 원래 있던 3개의 컵에서 왼손으로 2개의 컵을 들어올려 1개만 남겨둔다. 3-2-1 스태킹 방법을 활용하여 먼저 6개의 컵을 쌓아 올린다. 그리고 난 후 오른쪽의 6개 컵을 3-2-1 스태킹 방법으로 쌓아 올린다.

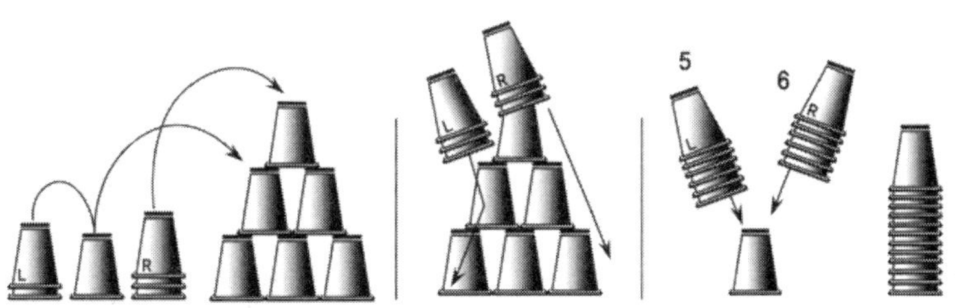

그림과 같이 6개의 컵을 다운스택한 후 각 손에 3개씩의 컵을 그대로 든 상태에서 다시 남아있는 6개의 컵을 다운스택하여 12개의 컵을 한줄로 쌓는다. 이제 1-10-1을 위한 준비가 되었다.

6개의 컵을 양쪽으로 2세트를 놓고 왼쪽부터 6 스택을 업스택하고 다운스택을 한다. 6-6 스택을 할 때는 6 스택을 할 때와는 다르게 6 스택 후 바로 6 스택을 다운스택하는 것이 아니라 왼쪽에 있는 6 스택을 마무리하지 않고 3개씩의 컵을 남긴 후 다음 오른쪽에 있는 6 스택을 다운스택 한다. 이렇게 다운스택 하는 이유는 시간을 줄이기 위함이다.

3) <3단계>

(1) 3-6-3 스택

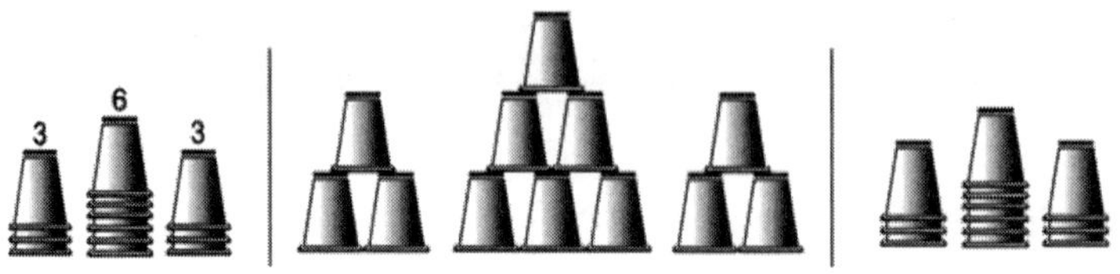

그림과 같이 놓고 시작한다. 오른쪽으로 3개, 6개, 3개를 올려 쌓는다. 다시 왼쪽부터 내려쌓는다. (이것은 규칙이다.)

3-6-3스택은 3스택과 6스택의 콤비네이션으로 이루어진다. 여기에서는 12개의 컵을 모두 다 사용하게 된다. 왼쪽에서부터 순서대로 3컵, 6컵, 3컵으로 업스택 하고, 이어 본래대로 3컵 6컵 3컵의 순서로 다운스택 한다. 주의할 점은 처음부터 너무 빨리하려고 하지 말고, 천천히 시작한다. 가장 중요한 포인트는 가볍게 쥐고 좌우손이 거의 동시에 움직일 수 있도록 연습한다. 3-2-1의 형태로 부드럽게. 혼자서 혹은 상대방과 기록경쟁을 하면서 자신의 기록을 깨나가는 재미가 연습의 효과를 높일 수 있다. 3-6-3의 세계신기록은 놀랍게도 2.72초였다.

초심자는 15초대, 중급자는 7초대, 상급자는 5초 이내가 일반적인 기록이다.

4) <4단계>

(1) 1-10-1 스택

① 1-10-1 업스택

마지막 연습단계로 제일 어렵지만 흥미로운 스택이다. "착", "착" 하면서 다운스택 하는 재미가 있다.

우선 제일 위에 컵은 오른손으로 그 다음 컵은 왼손으로 잡고 오른손의 컵은 엄지손가락을 몸의 안쪽으로 넣어서 컵을 뒤집는다.

제일 위의 컵을 각 1개씩 양 손으로 잡아 양쪽으로 놓는다. 이 때 오른쪽의 컵은 뒤집어 놓아야 한다. 이제 1-10-1이 되었다.

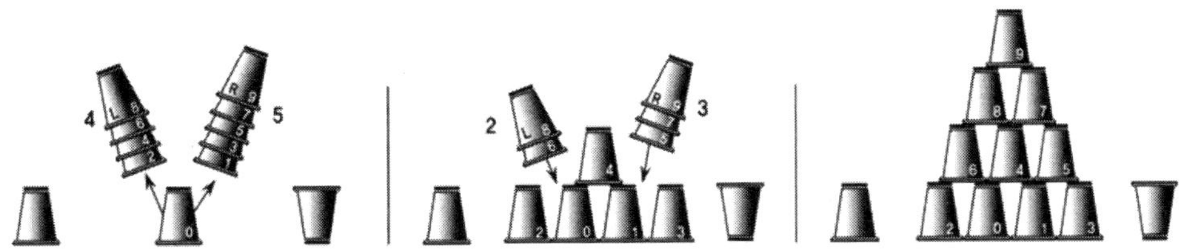

5-4-1 스태킹 방법을 활용하여 오른손으로는 5개의 컵을 들고 왼손으로는 4개의 컵을 들어 1개의 컵만 남겨둔다.
오른손으로 시작하여 남아있는 1개의 컵 오른쪽에 컵 1개를 떨어뜨린 후 왼손으로 왼편에 하나 내려놓는다. 그 다음 오른 편에 컵 한 개를 더 놓아서 바닥에 4개의 컵이 놓이도록 한 다음 왼손으로 바닥에 있는 4개의 컵 상단 중간에 컵을 하나 놓는다. 그 후 오른손으로 그 컵의 오른편에, 왼손으로 왼편에 컵을 놓아 3개의 컵으로 2번째 단을 쌓은 후 그 위에 다시 오른손, 왼손의 순서로 컵을 그림처럼 쌓고 맨 위에 한 개의 컵을 쌓는다.
(오른손, 왼손, 오른손, 왼손 번갈아 가며 쌓아가는 것이 좋다)

그 후 오른손에 5개의 컵을 왼손에 4개의 컵을 잡는다. 이 때 처음 오른손으로 5개의 컵을 잡는 것이 중요하다. 처음에는 어렵지만 자주 연습하여 한번에 5개의 컵을 잡을 수 있도록 노력해야 한다. 5-4-1의 형태의 모양이 만들어 진다. 컵을 쥐고 난 후에는 오른손부터 업스택 한다. 제일 밑줄은 4개의 컵이 되어야 한다. 두 번째 줄은 왼손부터 시작하는데 이 때 중요하다. 왼손이 제일 가운데에 놓아져야 한다. 명심해야 한다. 왼손의 컵을 가운데에 놓는 이유는 6스택의 형태를 가지고 가기 위함이다. 그 후부터는 6스택과 동일한 방법으로 업스택을 한다.

② 1-10-1 다운스택

1-10-1의 다운스택을 시작하기 위해서는 한 개씩 놓여있던 컵을 들어 뒤집은 후
컵 모서리로 바닥을 한번 툭 치고 다운스택하기 위한 위치로 가져간다.

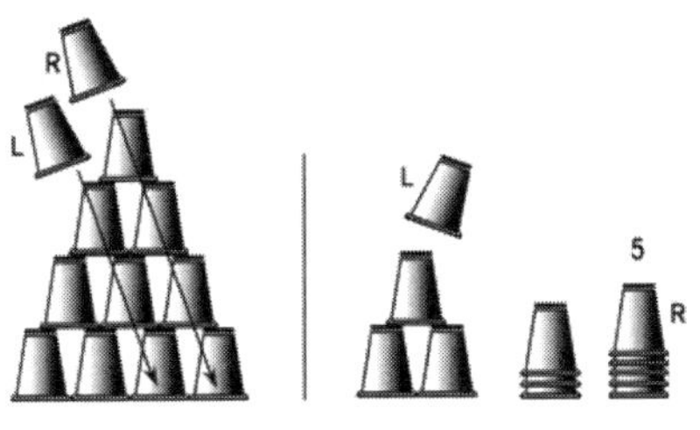

양손에 하나씩 쥐고 있던 컵으로 두 손을 동시에
왼쪽 위에서 아래쪽 오른편으로 끌어 내린다.
오른 손은 5개의 컵을, 왼 손은 4개의 컵을 갖게 된다

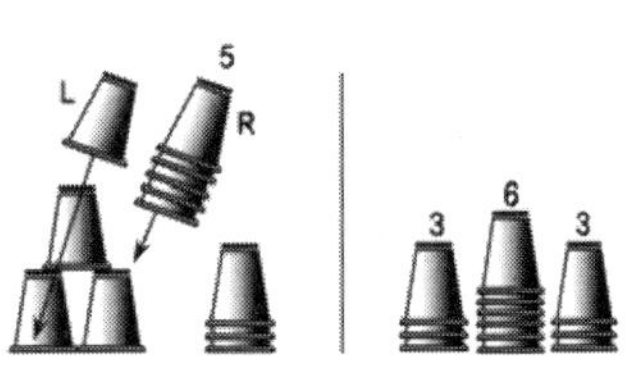

오른손으로는 5개 컵을 모두 쥐고
왼 손으로는 1개의 컵만을 쥐고
양 손으로 동시에 그림과 같이 내려 쌓는다.
처음과 같이 3-6-3으로 돌아오게 되면
완성된 것이다.

다운스택을 할 때 에는 1-10-1 업스택을 할 때 처음 놓았던 방법으로 동일한 손 모양으로 컵을 쥔다. 그리고 컵을 반대로 돌려 컵의 엣지(edge)부분을 바닥에 찍고 난 후 다운스택을 시작한다. 양손에 컵을 들고 있는 상태로 오른손은 제일 꼭대기의 컵을 왼손은 두 번째 줄 왼손에 있는 컵을 겨냥해서 오른쪽으로 슬라이딩 하듯이 쓸어내린다. 쓸어내린 후 오른손은 컵의 전부를 들고 왼손은 제일 위에 있는 컵 한 개만 들고 왼쪽으로 슬라이딩을 한다.

> ☞ TIP
> X자 모양으로 다운스택을 할 수 있도록 지도한다.

5) <5단계>

(1) 싸이클스택

① 3-6-3 ▸ 6-6 ▸ 1-10-1 ▸ 3-6-3 사이클 스택

싸이클스택은 최종단계의 스태킹 방법이다. 정식경기에서는 싸이클스택을 위주로 경기가 진행된다.

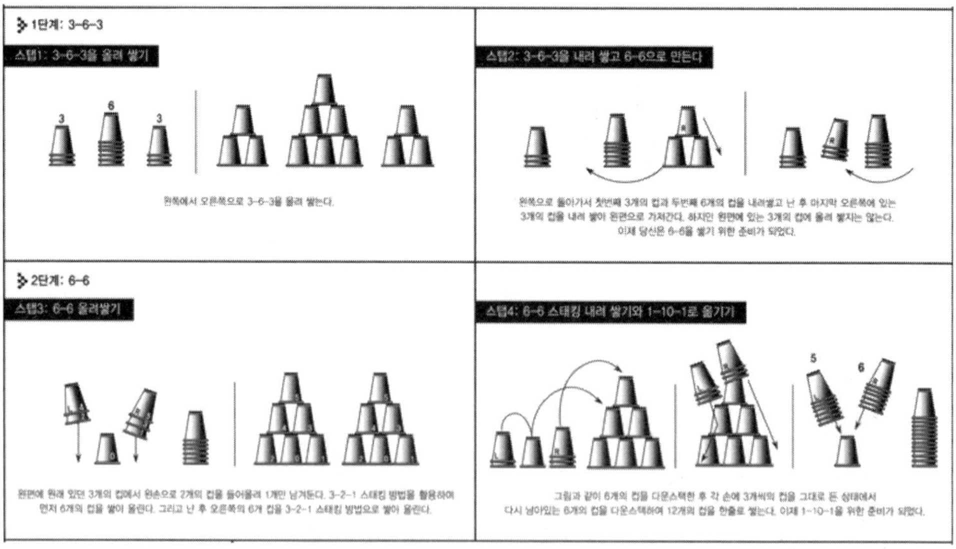

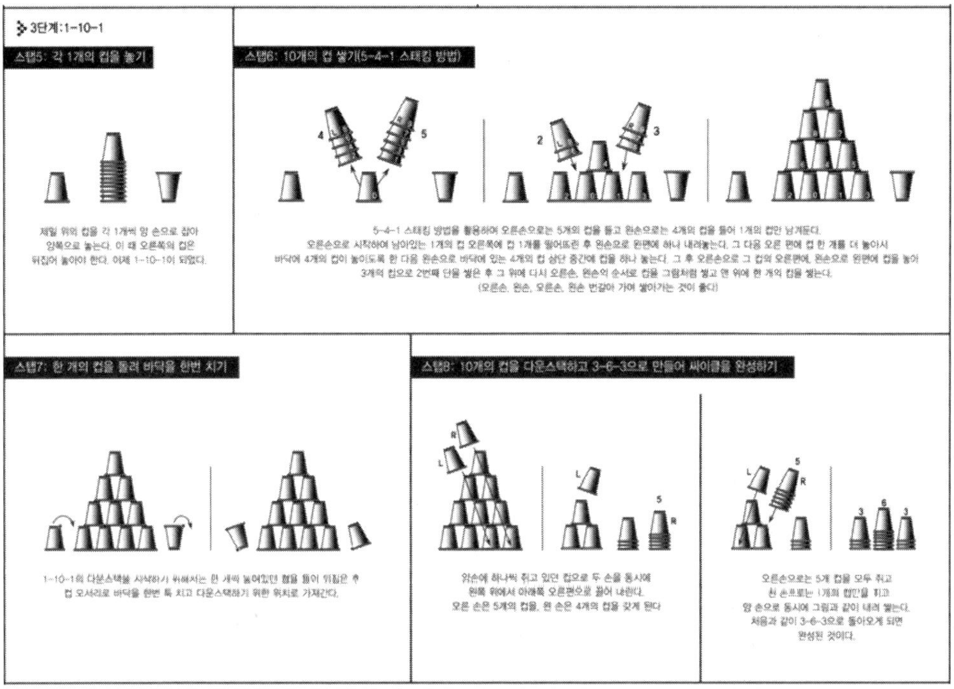

사이클스택은 스택 중에서 가장 복잡하며, 가장 경쟁적인 경기이다. 경기방법은 3 - 6 - 3의 다운스택까지는 기본적으로 같은데, 오른쪽의 3컵은 오른손만으로 다운스택 하여(이때, 왼손은 왼쪽의 3컵을 기다려서 준비하면 다음의 스택이 어려워진다), 왼쪽으로 가지고 간다. 양손에 3개씩 쥐고 있는 상태에서 6개를 업스택하고, 오른쪽의 6컵도 업스택 하면 6 - 6의 피라미드가 된다.

처음으로 돌아가서 왼쪽에서부터 다운스택 한다. 왼손은 가장 위에 있는 컵을 쥐고, 왼손은 2단 째의 컵을 쥐어, 바깥쪽으로 다운스택 한다. 왼손으로 한가운데의 1컵을 쌓으면, 양손에 3개씩 컵을 쥔 상태로, 오른쪽의 가장 위에 있는 컵은 오른손으로 쌓고 2단 째의 왼쪽 컵은 왼손으로 바깥쪽으로 다운스택 하여, 한가운데의 컵에 겹쳐 쌓아 12개의 컵이 된다. 바로 양손에 하나씩 컵을 쥐고 한손은 안쪽으로 트위스트 하듯이 컵을 위로 보게 하여 놓고, 또 한쪽 손은 그대로 덮어둔다. 다음으로 오른손에 5개, 왼손에 4개의 컵을 쥐게 되면, 테이블에 하나의 컵이 남게 된다. 남은 컵의 오른쪽에서부터 우, 좌, 우로 놓고 4개의 한 가운데에 왼쪽의 컵을 쌓아올려, 다시 한 번 오른쪽, 왼쪽 3단 째도 오른쪽, 왼쪽, 마지막에 오른쪽의 컵을 정상에 올려놓으면 10개의 피라미드가 만들어지게 된다.

이제 마지막의 컵을 올려놓았을 때와 마찬가지의 형태로 손으로 쥐어 반회전하여 반드시 터치하고 난 후에, 피라미드의 정상은 오른손의 컵을 쌓아, 2단 째의 왼쪽 컵은 왼손의 컵에 쌓으면서 이와 동시에 오른쪽으로 경사지게 다운스택 한다. 오른손은 5컵을 전부 쥐고, 왼손은 1컵만 쥐고, 나머지 3개의 피라미드의 가장 높이 있는 하나는 왼손으로 겹치고 오른손은 남은 1컵의 위에 겹치게 되면 처음의 형태인 3-6-3이 된다. 초급자는 대략 60초정도 걸린다.

사이클스택의 세계기록은 계속 줄어들고 있다. 7초대에서 6초대, 그리고 최근에는 5초대의 기록이 세계기록으로 갱신되었다.

4. 스태킹 응용프로그램

1) 스태킹 릴레이 프로그램

(1) 3 스택 릴레이

3스택을 가지고 각 3m 간격으로 3세트의 스태킹 컵을 놓는다. 마지막에 반환점을 지정하고 출발선을 정한다. 2팀 혹은 3팀 정도로 팀을 나눈다. 시작하는 신호와 함께 출발한다. 처음의 3스택을 업스택하고 그 다음 3스택을 업스택하고 마지막까지 업스택을 한 후 반환점을 돌아온다, 반환점을 돌고 나서는 다운스택을 한다. 마지막까지 한 후 다음사람에게 터치한다.

> ☞ TIP
>
> 조금 더 운동효과를 보려면 다음 사람에게 바로 터치 하지 말고 맨 뒷사람을 돌아온 후에 터치를 하게 되면 더욱 더 많은 운동효과를 볼 수 있고 학생들이 질서를 더욱 더 잘 지킬 수 있게 된다.

(2) 6 스택 릴레이

6 스택을 가지고 각 3m간격으로 3세트의 스태킹 컵을 놓고 실시한다.

(3) 1-10-1 스택 릴레이

12스택을 가지고 각 3m간격으로 3세트의 스태킹 컵을 놓고 실시한다.

2) 2인 1조 싸이클스택 (협동 싸이클스택)

2명이 한조가 되어 싸이클스택을 진행한다. 서로 어깨동무를 하게 한다. 왼쪽에 있는 사람은 왼손만 쓰게 하고 오른쪽에 있는 사람은 오른손만 사용하게 한다. 각자가 맡은 오른손의 역할과 왼손의 역할을 협력하여 스태킹하는 방법이다.

> ☞ TIP
> 처음 하는 초보자들에게는 전체 싸이클스택을 진행하는 것보다 3스택이나 6스택으로 진행하는 것이 더욱 더 흥미를 갖게 한다.
> 남·녀 학생을 조로 만들어 주는 것도 흥미를 유발시킨다.
> 4개 팀을 구성하여 팀 경기로 진행하는 것도 흥미를 유발시킨다.

3) 스태킹 탑 쌓기

(1) 한 줄 탑 쌓기

스태킹 컵으로 한 줄로 탑을 높이 쌓아가는 방법이다. 집중력을 높이고 성취감과 재미를 더해준다. 출발선을 정해 놓고 릴레이로 한사람씩 컵을 두고 온다. 정해진 시간 안에 어떤 팀이 많이 쌓는지 겨뤄보자.

(2) 피라미드 탑 쌓기

스태킹 탑 쌓기는 학생들에게 시간적 제한을 두고 시간 안에 어느 팀이 높게 올리는지 경쟁하는 프로그램이다. 출발선을 지정해주고 2팀 혹은 3팀이 더 높게 탑을 쌓게 되는지 겨뤄보자.

(3) 그림이나 글자 만들기

색깔이 각기 다른 컵을 이용하여 탑을 쌓아가면서 그림이나 글자를 만들어 본다. 미리 도안을 구상하여 컵의 배치를 고려해야하므로 사고력증진과 아이들의 협동심을 유발할 수 있다.

뉴스포츠 종목별 해설

킥런볼

Kickrunball

1. 개요

1) 킥런볼이란?

킥런볼은 기존의 야구경기를 모태로 만들어진 발야구와, 럭비경기의 기술 및 경기 방법을 부분적으로 혼합하여 고안된 경기이다. 킥런볼은 높은 수준의 운동기능이 필요하지 않으면서도 경기자 전원이 움직이는 활동적인 경기이며 경기에 필요한 용구와 규칙이 간단하고 남녀가 각각 경기를 하거나 남녀 혼성으로 경기를 진행하는 데에도 효과적인 경기라 할 수 있다. 킥런볼은 모든 경기 참여자가 함께 협력해야 하는 경기이며, 공격자의 진루가 대기자들을 한바퀴 돌아서 오는 것이기 때문에 대기자들도 게임에 함께 빠져들 수 있다.

킥런볼은 또한 순발력, 민첩성, 지구력, 유연성 등을 기르는데 효과적이고 경기자의 책임감, 협동심, 준법성 등의 사회성을 함양하는데 효과적이다.

2) 킥런볼의 특징

- 높은 수준의 운동능력을 필요로 하지 않으면서도, 운동능력을 키우는데 효과적이다.
- 럭비공과 같은 공을 사용하기 때문에 공의 방향을 예측하기 어려워 순발력을 기르는데 효과적이며, 경기의 흥미를 배가 시킨다.
- 용구가 간단하고, 경기 룰도 비교적 간단하므로 학생들이 쉽게 이해할 수 있으며 경기 참여의 흥미도가 높다.
- 수비자들은 반드시 패스를 거쳐서 수비를 해야 하기 때문에 단결력을 발휘해야 하며, 공격자 역시 자기 팀의 공격대기자들을 돌아 나와서 득점을 해야 하기 때문에 대기자들 역시 경기에 집중할 수 있으며 단합을 높이는 데 효과적이다.

2. 경기장

1) 경기장

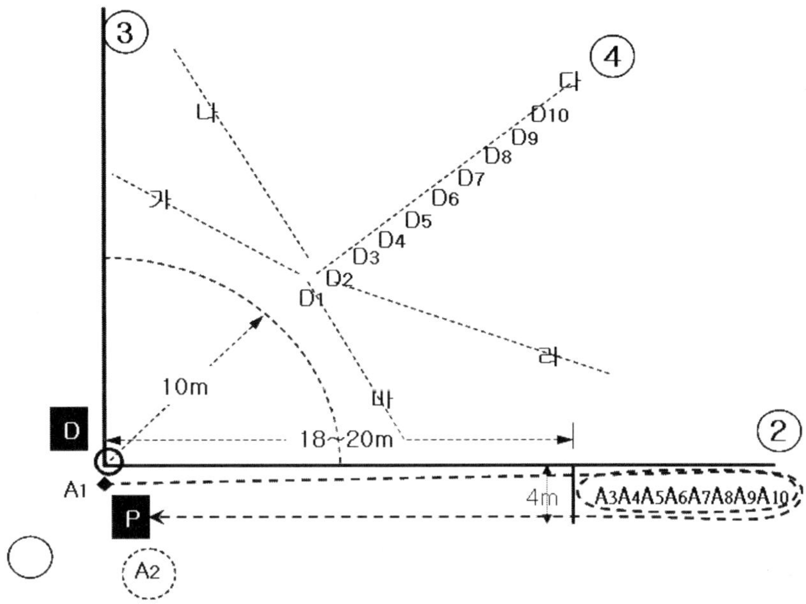

킥런볼 경기장

①②③④: 심판원, P:공격용베이스, D:수비용베이스, D1~D10: 수비수
가~마: 바운드 된 볼 캐치 시 수비수 형태, A1: 공격선수, A2: 공격대기선수,
A3~A10: 공격자 대기 상태, 10m 호: 파울 존

3. 용 구

1) 볼

볼은 럭비경기용 볼을 이용한다. 일반적인 럭비공을 활용할 수 있으나 소프트한 재질의 럭비공을 사용하는 것이 보다 좋으며, 운동능력이 부족한 유소년이나 여학생 경기에서는 배구공을 사용할 수 있다.

소프트 럭비 공

2) 킥용 볼 받침대

공격자가 킥을 하기 위해 볼을 세울 수 있는 도구로 운동장 라인 대용으로 사용하는 러버 콘(Rubber cone), 배드민턴 셔틀콕을 보관하는 통의 마개 등 볼을 세울 수 있고 공격자가 킥을 할 때 부상을 방지할 수 있는 물건을 활용하면 된다.

3) 베이스

베이스 2개가 필요하며 1개는 공격수용 베이스이며, 다른 1개는 수비수용 베이스로 야구용 베이스를 활용하면 되나, 티볼 1루 베이스처럼 색상이 다른 두 개의 베이스를 사용하는 것이 공격자용과 수비자용의 베이스를 구별하는 데 좋다.

4. 경기방법

1) 경기 구성

(1) 선수

전체 인원수에 따라 변경 가능하나 시합에서는 한 팀당 10명이 경기를 한다.

(2) 심판

심판(5명) : 주심 1명, 공격주로 선심 1명, 선심 2명, 그라운드심 1명

- 주심: 홈 베이스에서 발생하는 플레이 및 게임 운영에 관한 최종적인 판정.
- 공격주로선심: 공격주로의 파울과 공격수의 회전에 관계하여 발생하는 플레이

판정

- 선심: 파울과 관계된 플레이를 주로 판정하면서 그라운드심의 보조역할
- 그라운드심: 페어지역 내에서 수비수의 수비행위로 발생하는 플레이를 판정

(3) 득점과 승패의 결정

5~7회전 경기로 하여 득점이 높은 팀이 승리한다. 공격자 대기구역에 1열종대로 서있는 팀 동료를 돌고(남자는 3바퀴, 여자는 2바퀴) 와서 공격용 베이스를 밟으면 득점하게 된다. 점수를 추가로 획득하기 위해서는 공격수용 베이스를 밟지 않고 다시 이전과 동일한 방법으로 회전하여 공격자 베이스를 밟으면 회전한 수 만큼 추가로 득점을 인정한다. 단, 공격자가 재차 회전하는 동안 수비수가 먼저 수비용 베이스를 밟게 되면 해당 공격자의 득점은 모두 무효가 되고, 공격수는 아웃으로 처리된다.

(4) 파울

킥한 볼이 그라운드 안쪽을 닿지 않고 사이드라인 밖에 떨어진 경우.(3회파울은 아웃으로 처리된다.)

2) 경기 진행

(1) 경기시작

양 팀 주장이 가위 바위 보나 동전으로 선공과 후공을 결정하여, 수비팀이 수비진영을 갖춘 것이 확인되면 심판의 경기 개시 신호로 1번 공격수가 킥을 하면서 시합이 시작된다.

(2) 공격팀 대기

킥을 하는 공격수 1명과 공격 대기선수 1명을 제외한 나머지 공격수들은 공격수 대기구역 내에 1열종대로 있어야 한다. 킥런볼에 있어서 킥을 한 공격자는 같은 팀인 공격수 대기구역을 한바퀴 돌아서 공격자 베이스를 밟아야만 득점을 하기 때문에 공격수 대기구역을 준수하는 것은 매우 중요하다.

(3) 수비 포지션

수비수의 위치는 고정적인 자리는 정해져 있지 않지만 야구의 수비 형태와 유사하게 서는 것이 유리하다.

(4) 공격 방법

공격 팀은 순번에 따라 차례대로 플레이스킥(place kick: 공을 고정시켜서 세워두고 킥하는 것)으로 공격하고 공격자 대기구역에 1열종대로 서있는 팀 동료를 돌고(남자는 3바퀴, 여자는 2바퀴) 와서 공격용 베이스를 밟으면 득점하게 된다. 공격이 끝난 선수는 공격대기구역으로 돌아가 대기한다.

(5) 수비방법

수비자는 공격자가 킥한 볼을 캐치한 후 뒤 쪽의 다른 수비수에게 자신의 두 다리 사이로 볼을 패스하고 계속하여 모든 수비수들이 이어서 같은 방법으로 볼을 패스한 후 마지막으로 볼을 패스 받은 수비수가 럭비의 쿼터백과 같은 역할을 하게 된다. 쿼터백이 되는 수비수는 다른 수비수들에게 볼을 패스하여 수비용 베이스로 빨리 공을 가지고 이동할 수 있도록 전달하는 역할을 하며 나머지 수비수들은 서로 간에 패스 또는 런닝을 통해 수비수용 베이스를 밟으면 된다. 단, 플라이볼을 캐치한 수비수는 백패스 없이 전술한 쿼터백의 역할을 곧바로 수행할 수 있다.

(6) 공수교대

공격팀에서 3명이 아웃되면 공격과 수비를 교대한다.

5. 경기규칙

① 파울 존에 공이 떨어지거나 경기장 구역, 사이드라인 밖으로 킥한 공이 떨어지게 되면 파울로 처리되어 다시 킥한다.

② 세 번 파울을 하게 되면 공격자는 아웃된다.

③ 공격자가 아웃되는 경우는 다음과 같다.

- 세 번의 파울이 선언된 경우
- 공격자가 킥한 후 뛰는 과정에서 수비자의 수비를 방해한 경우
- 공격자가 킥한 후 정해진 위치를 회전하고 돌아와 공격자의 베이스가 아니라 수비자의 베이스를 밟은 경우

④ 공격자가 킥한 공을 수비자가 땅에 떨어지기 전에 받았다 하더라도 이는 아웃이 아니라 인플레이 상황이다. (상단의 3.경기방법〉2)경기진행〉 (5)수비방법 참조)

⑤ 공격자가 공격자 베이스를 밟은 후 다시 추가득점을 위해 공격자 대기구역을 회전하

는 경우 일단 공격자 베이스를 밟은 상태라면 추가 득점은 인정되지 않고 베이스를 밟았을 때까지의 득점만 인정된다.

⑥ 공격자가 공격자 대기구역을 회전할 때 공격 대기자들은 공격자의 손을 잡아 회전을 용이하도록 도움을 줄 수 있다.

⑦ 파울볼과 페어볼의 구분은 킥한 공이 최초로 떨어진 지역이 어디냐에 따라 결정된다. 만약 페어지역에 공이 떨어졌다가 바깥으로 나가더라도 이는 페어볼이다.

⑧ 수비자는 반드시 공을 잡은 후 다리 아래를 통해 뒤쪽의 같은 팀 선수에게 패스해야 하며 모든 수비자들이 이어서 같은 방법으로 뒤쪽으로 공을 모두 패스한 후 맨 마지막 패스를 받은 수비자가 쿼터백으로서 다른 수비자에게 공을 던져줄 수 있다.

⑨ 쿼터백 역할을 하는 수비자는 패스를 받은 상태에서 두 발을 모두 떼어서는 안되며, 한 발만 사용하여 방향을 바꾸는 피벗은 허용된다.

⑩ 수비자가 공을 잡은 후 뒤로 패스하는 방향은 홈을 향한 방향은 허용되지 않으며, 좌우측과 뒤쪽으로의 패스만 인정된다.

6. 기본기술

1) 토킥

발 끝으로 볼을 차는 것을 말하며 바운드 볼을 만들고자 할 때 주로 이용하거나, 수비수가 쉽게 볼을 캐치하지 못하도록 하기 위해 사용하는 기술이다.

2) 인스텝 킥

발 등을 이용하여 볼을 차는 기술이며 볼을 높고 멀리 보내고자 할 때 사용한다.

3) 스핀킥

발의 측면을 차서 볼이 좌우로 회전하도록 만드는 기술이며, 수비수가 쉽게 공을 잡지 못하도록 하기 위해 사용한다.

4) 오버헤드 패스

볼을 자신의 어깨 높이보다 높게 들어 패스하는 기술을 말하며, 먼 곳으로 패스할 때 주로 사용된다.

5) 투핸드 언더패스

양 손을 옆으로 하여 사이드로 패스하는 기술을 말하며, 가까운 거리의 패스에 주로 사용된다.

뉴스포츠 종목별 해설

넷볼

Netball

1. 개요

1) 넷볼이란?

넷볼은 여성에 맞게 규격과 규칙이 조정된 농구와 흡사한 뉴스포츠이다. 넷볼의 기원은 1895년 초에 두 영국 여자선생님들이 미국 메사추세츠에서 농구 경기를 보고 이를 여자에게 적용할 수 있도록 고안하면서 만들어졌다.

넷볼이란 명칭은 골포스트에 붙어 있는 바스켓을 링과 네트로 명칭을 구분하여 사용한데서 유래하였다.

20세기 초 영국 사람들이 식민지로 이주하면서 세계에 알려졌으며, 그런 만큼 주로 영국 연방이었던 영국, 호주, 뉴질랜드, 캐나다. 말레이시아, 인도네시아 싱가포르 등에서 활성화된 경기로, 이들 국가의 올림픽인 Common Welth Game의 주 종목이기도 하다. 세계선수권대회는 1963년부터 4년마다 개최되고 있다.

이 경기의 최대 특징은 선수 한사람 한사람이 움직이는 범위가 정해져 있다는 점이다. 이 때문에 모든 선수는 자신의 포지션을 나타내는 영문약자가 표시된 팀 조끼를 입고 경기를 해야 한다.

이와 같은 룰에 의해 안전하고 재미있는 경기가 된다. 즉, 선수가 한 장소에 너무 많이 집중하지 않아 각자의 플레이가 가능해지고 안전하며 자신의 역할이 명확해져 자신 있는 포지션에서 자신 있게 플레이할 수 있다. 또한, 플레이와 휴식을 교대로 할 수 있어 운동량이 적당해져 장시간 플레이를 즐길 수 있다.

힘든 농구와 달리 몸이 부딪히는 것을 허용하지 않기 때문에 여성들에게 알맞은 스포츠이며, 초등학생들을 위해서도 활용하기에 좋다.

우리나라에서는 대한넷볼연맹이 약 10여년 전 부터 보급하기 시작하였으며, 초·중등학교의 체육수업과 방과후 체육시간 등으로 활발하게 보급되고 있다.

2) 특징

- 신체접촉이 없는 안전한 경기로 청소년들과 여성에게 적합하다.
- 실내, 실외에서 경기가 모두 가능하다.
- 경기규칙이나, 개인기술을 습득하기에 적합하다.
- 초등학생(4-6학년), 중, 고등학교에 알맞은 팀 스포츠이다.
- 개인위주의 경기가 아닌 각자의 위치에서 제 역할을 할 수 있는 단체경기로서, 경기

를 통한 팀워크는 우리 청소년에게 협동심과 책임감을 심어줄 수 있다.
- 초등교육, 중등교육은 물론 생활체육 종목으로서 적합한 경기이다.
- 안전하며 활동적인 여성의 팀 스포츠로 여학생 체육수업의 대안으로 적합하다.

2. 경기장

실내, 실외의 평탄하고 안전한 지역이면 경기가 가능하다. 농구 코트를 사용해도 좋은데 코트는 3등분하여 센터 서드를 중심으로 양쪽으로 골 서드 지역으로 나눈다.

정식 경기장의 규격은 사이드라인 30.5m, 골 라인 15.25m이다.

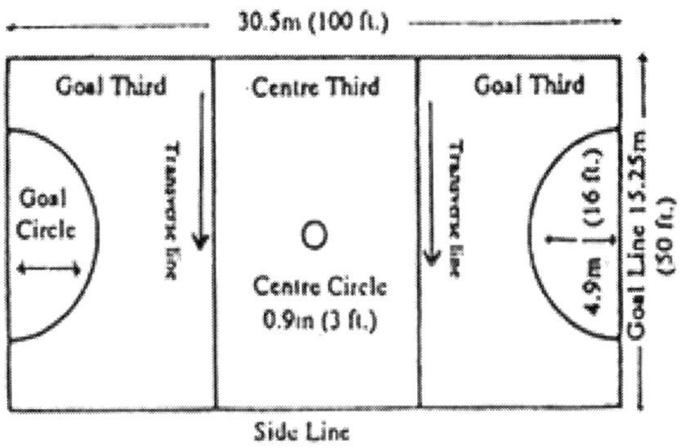

3. 용구

넷볼 골대

넷볼 볼

넷볼 전용유니폼

- 넷볼 골대는 3.05m(10 피트)인데, 연령이나 성별에 맞추어 조정이 가능하다.
- 넷볼 공은 넷볼 전용구를 사용하거나, 축구공 4호나 5호 사이즈를 사용한다.
- 유니폼에는 포지션을 나타내는 GS, GA, WA, C, WD, GD, GK의 영문자를 가슴과

등에 표시하고 플레이한다.

이 포지션을 나타내는 영문자는 각각의 선수가 움직일 수 있는 범위를 표시한 것으로 다음과 같다.

- GS : 골 슈터(GOAL SHOOTER)
- GA : 골 어택(GOAL ATTACK)
- WA : 윙 어택(WING ATTACK)
- C : 센터(CENTER)
- WD : 윙 디펜스(WING DEFENCE)
- GD : 골 디펜스(GOAL DEFENCE)
- GK : 골 키퍼(GOAL KEEPER)

4. 경기방법

1) 경기 구성

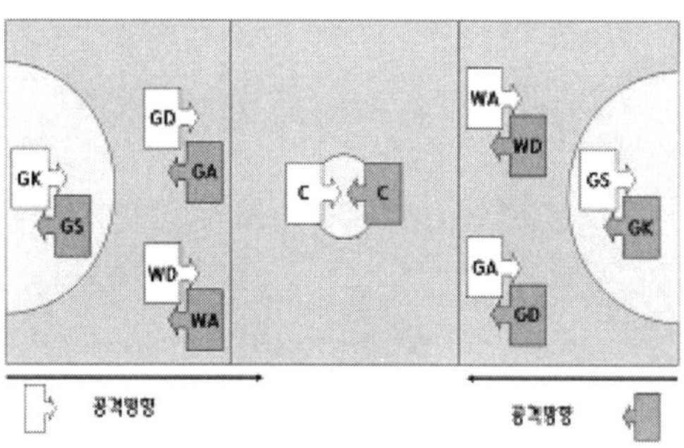

- 경기 포지션 : 각 선수의 포지션은 아래와 같다.
• GS : 골 슈터(GOAL SHOOTER)
• GA : 골 어택(GOAL ATTACK)
• WA : 윙 어택(WING ATTACK)
• C : 센터(CENTER)
• WD : 윙 디펜스(WING DEFENCE)
• GD : 골 디펜스(GOAL DEFENCE)
• GK : 골 키퍼(GOAL KEEPER)
<자료 : 대한넷볼연맹>

① 선수 : 1팀의 플레이어는 7명으로 구성되며, 교대선수 3명을 포함 총 10명이 엔트리가 된다. 각 선수들은 본인 고유의 포지션을 가진다. 선수교체는 3번까지 가능하다.

② 심판 : 넷볼은 복수 심판제도를 적용하고 있어 심판은 두 사람이다. 각 심판은 코트 중앙을 중심으로 코트를 절반으로 나누어 각자의 구역에 대한 심판을 책임진다.

③ 경기 시간 : 경기는 15분 4쿼터로 진행되며 쿼터간 3분의 휴식시간을 주고, 2쿼터가 끝나는 하프타임에는 5분간 휴식시간을 준다.

④ 선수별 활동범위

각 경기자는 다음 같은 경기지역을 사용한다.

각 지역을 나누는 선은 그 지역에 해당한다.

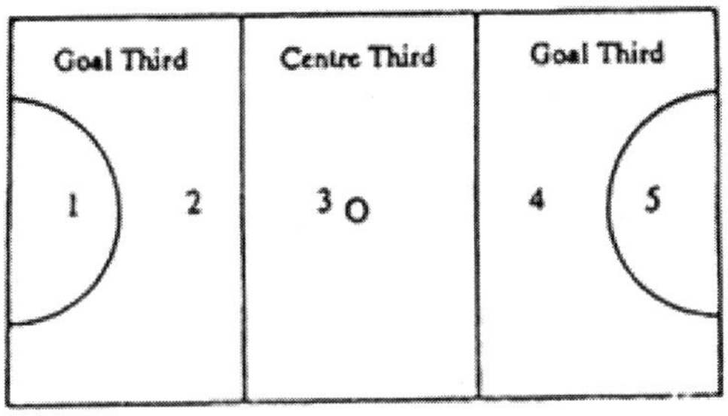

GOAL SHOOTER 1. 2
GOAL ATTACK 1. 2. 3
WING ATTACK 2. 3
CENTER 2. 3. 4
WING DEFENCE 3. 4
GOAL DEFENCE 3. 4. 5
GOAL KEEPER 4. 5

2) 경기 진행

① 경기시작 : 센터패스(center pass)하기 전에 센터(C)는 항상 센터서클 내에 있어야 한다. 센터는 한발이나 양발 모두 사용해서 있을 수 있다.

② 심판은 다음과 같은 선수배치 상태를 파악한 후 시작 호각을 분다.

- C가 공을 가지고 완전히 센터서클에 있을 때
- 상대편 C가 center third에 있을 때
- 다른 경기자는 각기 그들의 Goal third에 있을 때

  시작 전에 선수들이 그들의 지역에 있는지 확인하는 것은 심판의 책임이다.(심판이 그 지역에 없으면 호각을 불기 전에 이동을 명령할 수 있다)
- 심판의 호각 신호로 센터가 센터 서클 안에서 볼을 자기편에게 패스하면서 경기를 시작한다. 심판의 호각 신호가 있기 전에 양팀의 선수들은 센터 써클 안에 들어와서는 안되며, 자기 영역을 떠날 수 없다. 센터 패스는 센터 써드 안에서 받아야 된다.
- 선수는 점수가 났을 때 위치로 빨리 움직이고 호각이 불릴 때까지 자기 지역에 있음으로써 경기 진행을 돕는다. 이 조건이 완비되면 심판은 빨리 호각을 불어 지연을 방지한다.

③ 경기재개 : 슛이 성공되면 골을 허용한 팀의 센터 패스로 경기가 재개된다.

5. 경기규칙

1) 선수 전체에게 적용되는 개인 경기규칙

① 드리블은 할 수 없으며, 볼을 가지고 걷거나 뛸 수 없다.
패스와 피벗(한발을 축으로 하여 축이 아닌 다리를 이동하여 방향을 바꾸는 것)만으로 볼을 이동시킬 수 있다. 뛰면서 던지는 것은 허용한다.

② 3초 룰 : 선수는 3초 이상 볼을 가지고 있을 수 없다.

③ 볼을 가로채기 위하여 상대편 선수의 몸을 접촉해서는 안 된다.

④ 슛은 양발이 땅에 닿은 상태에서 시도해야 하며, 슛터에게서 수비자는 90cm이상 떨어져 있어야 하고 슛터와 마찬가지로 점프할 수 없다.

⑤ 슛은 골 서클 안에서 GS, GA에 의해서만 행해진다.

⑥ 슛이 성공되면 경기는 센터 서클에서 다시 시작된다.

2) 반칙에 대한 댓가

① 프리 패스(90cm 밖에서 수비를 할 수 있는 패스)가 주어지는 경우 : 대부분 반칙에 대해 주어지는 것으로 패널티 패스에 해당하는 반칙을 제외한 모든 반칙에 주어진다.
- 스텝핑: 발의 움직임이 잘못 되었을 때
- 3초룰: 공을 가지고 3초 이상 있을 때
- 오프 사이드: 선수가 자신의 위치를 벗어난 것
- 센터써드를 지나쳐 상대편 골써드로 패스하는 반칙

② 패널티 패스(공격자 손에서 공이 떨어질 때 까지 수비할 수 없음)가 주어지는 반칙
- 옵스트럭션: 상대의 90cm 이내에서 수비를 할 때는 몸에서 팔이 떨어져서는 안되는데 이를 어기고 상대에게 위협적인 행위를 했을 경우
- 컨택트: 신체에 접촉하여 상대방 선수의 동작을 방해했을 때

3) 경고와 퇴장

거칠거나 위험한 행동을 하면 처음에 경고를 줄 수 있고 반복하거나 심한 반칙은 일정시간 퇴장을 명할 수 있다. 일정시간 후 경기가 재개되는 시점에 들어올 수 있다.

6. 기본기술

1) 패스

농구형 경기의 기본기술인 다양한 패스방법을 익힌다.

① 2인 패스 : 두 명이 마주 보고 일정한 거리에서 하는 패스로서 바운드, 오버핸드, 체스트 패스, 베이스볼 패스 등 다양하게 실시. 익숙해지면 사이에 수비 한 명을 배치하여 난이도를 높인다.

② 3인 패스 : 세 명이 5~6M 크기의 삼각형 모양의 형태를 유지하며 하는 패스.

③ 4인 패스 : 4명이 7~8M 크기의 사각형 모양의 형태를 유지하며 하는 패스.

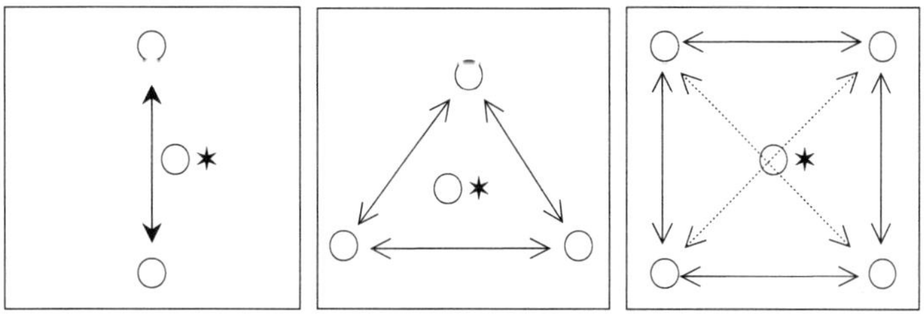

2) 슛

① 노마크 슛 : 아무도 없이 기본적인 농구의 자유투와 똑같은 슛. 넷 볼에서는 점프 슛이 없으므로 두 발 중에서 한 쪽 발은 땅에 붙어 있어야 한다.

② 훼이크 슛 : 앞에 수비가 있다고 가정 하에 수비를 현혹시키며 순발력 있게 하는 슛.

③ 리시브 앤 슛 : 패스를 받자마자 바로 슛으로 연결시키는 동작.

(이상 중일고등학교 김성찬 선생님 자료 참조)

7. 연습방법

(이하 자료는 중일고등학교 김성찬 선생님의 고안 자료를 활용한 것입니다.)

1) 연속성공 목표달성 패스게임

일정한 공간 내에서 목표를 정해놓고 공을 상대편에게 빼앗기지 않고 자기 팀 선수끼리 연속해서 패스에 성공한 팀이 승리하는 게임

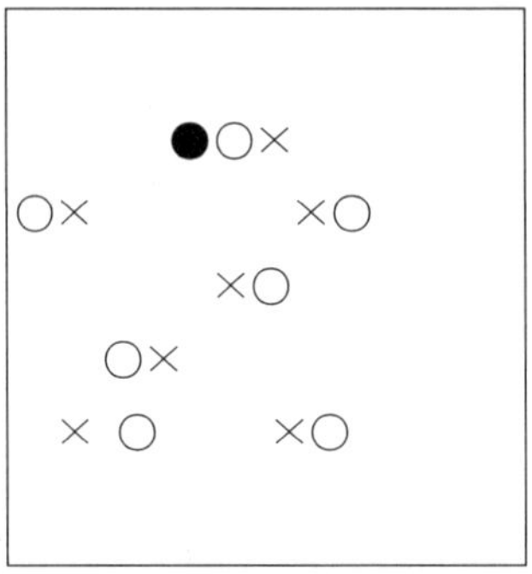

2) 얼티밋 게임 활용한 패스게임

양쪽 골에어리어(색깔있는 부분) 안에 있는 선수에게 패스를 성공하면 득점하는 게임(시간제 및 득점제 가능)

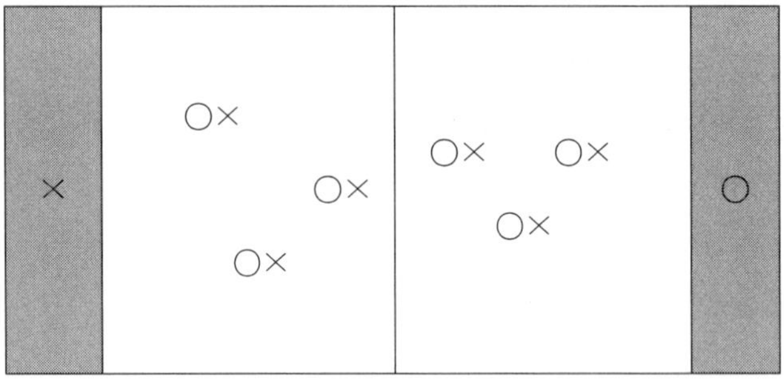

3) 3 : 2 게임

① 5명이 공 하나를 갖는다.

② 5명 중 두 명이 술래가 된다.

③ 술래가 아닌 3명은 삼각형모양(한 변 6-7미터)으로 서고, 가운데에 술래 두 명이 들

어간다.

④ 술래는 다른 사람들이 서로 패스하는 공을 빼앗도록 노력하며, 술래가 공을 빼앗거나 손으로 치면 공을 뺏긴 사람이 술래가 된다.

4) 팀워크 게임(터치 술래 게임)

- 술래 2명이 공을 하나 갖는다.
- 술래를 제외한 나머지는 술래를 피해 도망 다닌다.
- 술래는 넷볼 규칙과 같이 패스만 할 수 있고 걸을 수 없다. (단 1보 허용)
- 공을 들고 있는 술래에게 터치 당한 학생은 술래가 된다.
- 술래가 모든 학생을 터치하면 게임은 끝난다.

(네트형)뉴스포츠 종목별 해설

핸들러

Handler

1. 개요

핸들러는 탁구와 배드민턴을 접목시켜 한국에서 개발된 뉴스포츠이다.

핸들러는 기존의 배드민턴의 경우 라켓이 길어 여학생이나 초등학생 또는 초심자들이 콕을 맞추기가 어려워 쉽게 즐길 수 없는 단점을 극복하고 반드시 탁구대가 있어야만 즐길 수 있는 탁구의 제약을 극복한 게임이라고 할 수 있다.

탁구 라켓처럼 생긴 핸들러 라켓은 길이도 짧고, 딱딱하기 때문에 콕도 멀리 날아가지 않아 좁은 장소에서도 충분한 운동효과를 얻을 수 있다.

좁은 실내공간에서도 단식, 복식 등 게임이 가능하며 어린이, 여성, 장애우, 고령자에게도 적합한 네트형 뉴스포츠이다.

핸들러를 패드민턴(Padminton)이라는 용어로 부르기도 하는데, 사실 패드민턴은 핸들러 용구 중 하나의 브랜드명이므로, 종목 자체를 칭할 때는 '핸들러'라고 하는 것이 좋다.

일반적으로 한 손에 라켓을 들고 사용하지만 양손을 이용하면 좌우 양손의 균형적인 발달에 효과적이다.

1) 특징

- 탁구처럼, 배드민턴처럼 칠 수 있어 탁구나 배드민턴의 선행운동으로도 효과적이다.
- 가정의 거실, 골목, 복도 등 공간의 제약이 크게 없으며, 경기를 할 때에는 네트가 필요하나, 그냥 즐길 때에는 네트가 없이도 충분히 즐길 수 있어 용구도 매우 간단하다.
- 많은 운동량으로 유산소 운동으로서 매우 좋은 운동이며 순발력, 균형감각 등 운동능력과 신체발달에도 매우 효과적이다.

2. 경기장

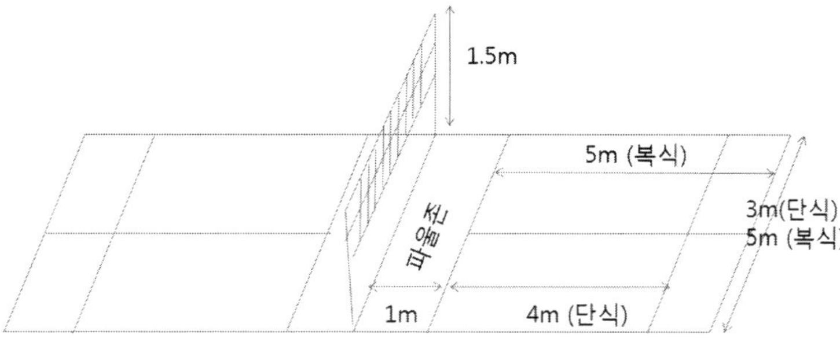

- 핸들러 코트의 규격은 단식의 경우 한쪽 코트 면이 폭 3m×길이 5m이며, 복식의 경우 폭 5m×길이 6m로 한다. 코트 가운데 네트를 중심으로 양쪽 1m의 공간은 파울존으로서 이 공간은 들어가서 셔틀콕을 쳐서도 안되며, 셔틀콕이 그 공간에 떨어져도 실점으로 처리되는 등 플레이 공간에서 제외된다.
- 네트의 높이는 1.5m로 한다.
- 코트의 라인은 5cm 폭의 것으로 하되, 라인은 코트에 속한 영역으로 한다. 단, 파울존 라인의 경우, 1m의 파울 존에 포함된다.

내용		핸들러	배드민턴	탁구
경기장	단식	3m X 5m	5.14m X 13.40m	2.74m X 1.525m (높이:75cm)
	복식	5m X 6m	6.10m X 13.40m	
파울존		네트 양 면 1m	없음 (서비스 때는 적용)	없음

3. 용구

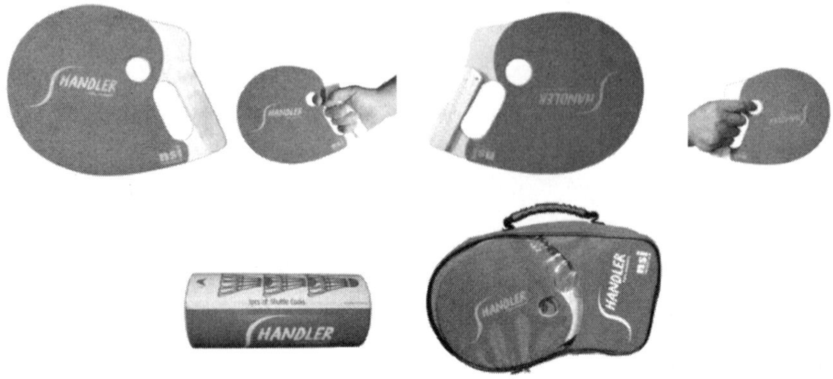

1) 라켓

- 핸들러 라켓은 나무 또는 플라스틱 등의 재질로 만들어진 딱딱한 판 위에 EVA 또는 고무 재질로 만든 패드를 붙여 탄성을 높인 형태로 탁구 라켓과 흡사하지만 손에 쥐는 방식이 다르므로 손잡이 부분이 다른 특성을 가지고 있다. 두 가지의 색상으로 팀을 구분할 수 있도록 되어 있다.

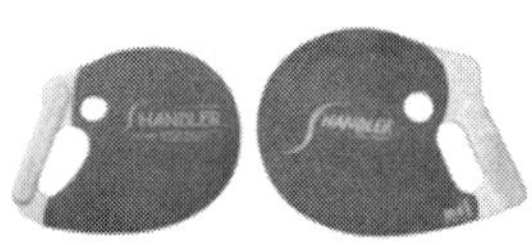

핸들러 라켓

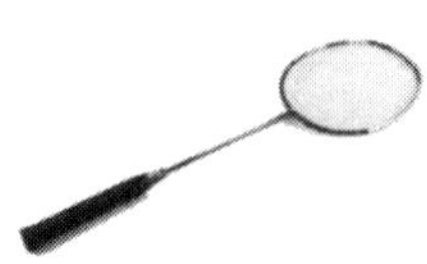

배드민턴 라켓

탁구라켓

<사진출처 : 네이버 백과사전(라켓)>

2) 셔틀콕(shuttle cock)

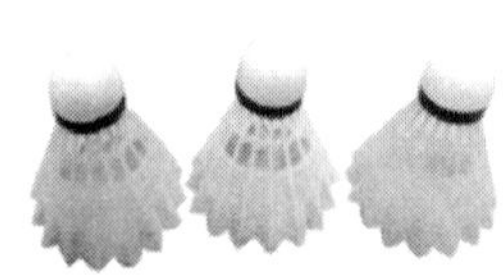

- 셔틀콕은 일반적인 배드민턴 셔틀콕을 사용하면 되지만 핸들러 라켓이 배드민턴 라켓과 달리 딱딱한 판의 형태로 되어 있기 때문에 깃털이 쉽게 망가질 수 있다는 점을 고려하여 가능한 나일론 또는 플라스틱 재질의 것으로 된 것을 권장한다.

3) 네트(Net)

- 일반적으로 배드민턴 네트를 사용해도 되지만 핸들러 경기장 규격에 적합한 이동식 네트가 권장 된다.

4. 경기방법

1) 경기 구성

- 선수 : 단식 경기의 경우 1 : 1, 복식의 경우 각 팀당 2명씩의 선수로 2 : 2로 경기를 진행한다. 선수의 교체는 없다.
- 승패결정 : 3세트 2선승제로 하며, 한 세트는 15점을 먼저 득점하는 팀이 그 세트를 승리한 것으로 한다. 단, 양 팀의 득점이 14 : 14인 경우 상대팀 보다 2점 차이로 먼저 앞서는 팀이 승리한다.

2) 경기 진행

(1) 서브권과 코트 위치 결정

- 1세트는 가위 바위 보 또는 코인 토스로 이긴 팀이 서브를 먼저 할 것인지, 또는 자기 팀의 코트를 정할 것인지 결정하면 상대팀은 그에 따라 나머지 사항을 결정할 수 있다.
- 2세트는 1세트에서 먼저 서브를 하지 않은 팀이 서브를 하면서 시작한다.
- 3세트는 1세트에 서브권을 가졌던 팀이 서브하면서 시작하고 어느 한 팀이 8점을 선취하면 코트를 바꾸어 경기를 재개한다.

(2) 서브 및 리시브

- 서브는 단식의 경우 코트의 플레이 공간 내 어디에서건 서브를 할 수 있으며, 파울존을 제외한 상대팀 코트 내 어느 곳을 향해서건 서브할 수 있다. 리시버 또한 플레

이 코트의 어떤 곳에서건 리시브할 수 있다.

- 복식의 경우에는 자기 코트 플레이 공간의 중앙선 오른쪽에서 상대팀 코트의 중앙선 왼쪽(대각선 방향)으로 서브를 하여야 한다. 상대 팀 코트의 중앙선 왼쪽 코트 바깥으로 떨어질 경우 서브한 팀이 실점이 된다.
- 서브는 득실점 여부와 관계없이 2회씩 서브한 후 상대팀에게로 서브권이 넘어간다.
- 복식의 경우 서브를 하지 않는 선수는 플레이 공간 내 어디에 위치해도 무관하다.
- 복식의 경우 2회의 서브를 한 후에는 서브를 하지 않은 선수가 리시버가 되어 상대팀의 서브를 받아야 하며 리시브한 후에는 서버가 된다.
- 복식의 경우 서브 리시브를 한 후에는 두 선수가 순서 없이 자유롭게 상대팀의 셔틀콕을 받아칠 수 있다.
- 서브는 반드시 셔틀콕이 상대방의 시야에 잘 들어오게 보이는 상태에서 하여야 하며 서브할 때 라켓은 셔틀콕보다 수평 이하의 위치에서 서브를 해야 한다. 서브를 하면서 위에서 아래로 치는 것은 반칙으로 실점이다.

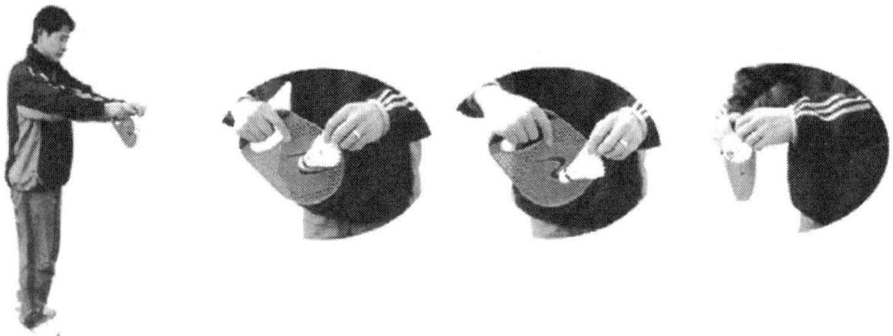

- 서브한 셔틀콕이 네트에 맞고 상대팀의 코트로 넘어가면 다시 한 번 서브한다. 단, 네트에 맞은 셔틀콕이 파울존 또는 플레이 코트 밖으로 떨어지거나 2회 연속으로 네트에 맞았을 경우 실점이 된다.

(3) 득점 및 실점

- 파울 존을 제외한 상대방의 코트에 셔틀콕이 떨어지면 득점이며, 파울 존이나 코트 바깥으로 떨어지면 실점이다.
- 셔틀콕이 상대방의 라켓이나 몸에 닿고 플레이 코트 밖으로 나가면 닿은 팀의 실점이다.
- 경기 중 네트를 건드리거나, 신체의 일부 또는 라켓이 네트를 넘어가거나 파울 존에 신체의 일부가 닿은 상태에서 셔틀콕을 치게 되면 반칙으로 실점이다.(파울 존 라인을 밟는 것도 실점이다. 단, 셔틀콕을 친 후 파울 존에 들어가는 것은 허용된다)

- 서브한 셔틀콕이 2회 연속하여 네트를 건드리고 상대코트로 넘어가면 실점이다.
- 서브한 경우가 아니라면 경기 중 셔틀이 네트를 스치고 넘어와도 경기는 진행되며 득점이나 실점과 무관하다.
- 서버의 어깨로부터 수평 위의 지점에서 서브를 하면 반칙으로 실점이다.
- 라켓이 아닌 신체부위에 셔틀콕이 맞으면 실점이다.
- 자기 코트로 넘어 온 셔틀콕을 두 번 이상 연속해서 치게 되면 실점이다.

(4) 테크니컬 타임아웃

- 한 팀은 한 세트 당 한 번의 테크니컬 타임아웃을 요청할 수 있으며, 선수 또는 감독이 심판에게 요청한다.
- 테크니컬 타임아웃은 1분으로 한다.
- 이전 세트에서 사용하지 않았던 테크니컬 타임아웃을 다음 세트에 이어 활용할 수는 없다.
- 경기의 원활한 진행을 위해 심판이 요청하는 타임아웃은 테크니컬 타임아웃에 포함되지 않는다.

5. 기본 기술 및 훈련법

1) 라켓 잡는 법

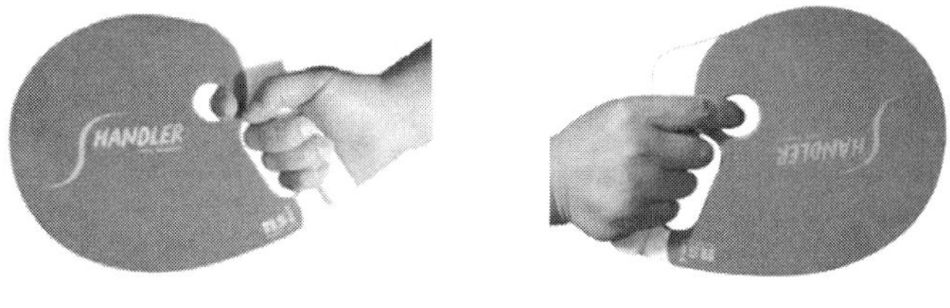

- 엄지와 검지를 제외한 3개의 손가락을 긴 홈에 넣어 가볍게 쥐고, 검지는 작고 둥근 홈에 넣어 걸쳐 잡는다.
- 엄지손가락은 자연스럽게 구부려서 그립에 가볍게 올려놓는다.
- 손목과 라켓이 일직선이 되게 하며, 휘둘렀을 때 라켓이 흔들리지 않도록 한다.

2) 기본자세

- 어깨 넓이로 다리를 벌리고 서서 무릎을 살짝 구부린다.
- 자세를 낮추고 무릎을 구부려 다양한 높이의 공을 받아낸다.
- 라켓은 가볍게 쥐고 있다가 임팩트 순간만 세게 잡고 셔틀콕을 친다.
- 초심자일 경우 가능한 손목을 사용하지 않고 어깨와 팔꿈치, 허리를 사용하여 랠리 하도록 한다.

3) 서비스

- 롱 서비스 : 언더 핸드로 하며 팔로스로를 확실하게 한다.
- 숏 서비스 : 네트를 살짝 넘기도록 몸 앞에서 짧게 친다.
- 서비스할 때 오버핸드 서비스를 하면 반칙이므로 주의한다.

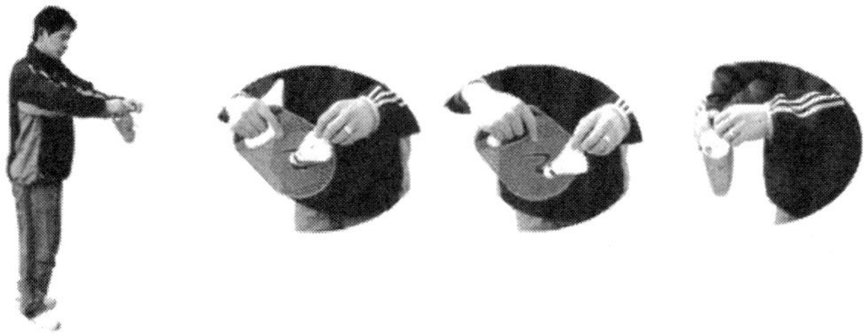

<셔틀콕 잡는 법>

4) 스트로크

- 백핸드 : 핸들러는 양면에 모두 패드가 있고 어떤 면으로 치더라도 무관하기 때문에 백핸드로 오는 셔틀 콕은 굳이 몸을 틀어 앞면으로 치기보다 뒷면으로 치는 연습을 하는 것이 좋다.

- 오버헤드 : 머리 위로 오는 셔틀콕을 친다.
- 언더핸드 : 허리 아래로 오는 셔틀콕을 아래에서 위로 들어 올리듯 친다.
- 사이드암 : 허리 위부터 어깨선까지 오는 셔틀콕을 친다.

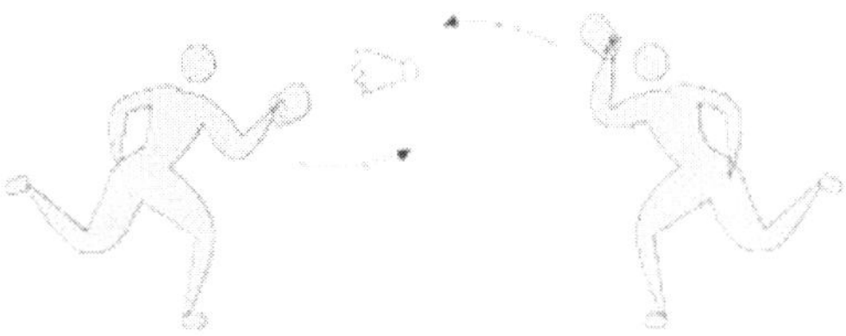

- 스매시 : 정점에 있는 셔틀콕을 위에서 아래로 내리 꽂듯이 칠 때 가능한 높은 위치에서 치면 강한 공격이 가능하므로 점프하여 공중에서 치는 훈련을 한다.
- 푸시 : 가슴으로 오는 셔틀콕을 강하게 밀어 칠 때 사용하는 기술

5) 연습방법

(1) 1단계: 셔틀콕과 친해지기

- 배드민턴 라켓과는 달리 손과 라켓의 위치가 거의 같이 있으므로 라켓 없이 손바닥으로만 셔틀콕을 쳐올리는 연습을 한다.(타점연습)
- 라켓을 쥐고 혼자서 셔틀콕을 위로 쳐올리는 연습을 한다.
- 라켓의 앞, 뒷면을 이용해 번갈아 하늘을 향해 위로 쳐올리는 연습을 한다.(더 많이 더 높이)
- 쳐올리는 높이를 변화시켜 아주 낮은 높이에서부터 높은 높이까지 다양하게 쳐본다. 이를 통해 빠르고 짧은 포핸드 및 백핸드 스트로크와 높게 오는 셔틀콕에 대한 스트로크 타이밍과 강한 스트로크 연습을 할 수 있다.
- 한번은 라켓의 앞면을 이용해서 하늘을 향해 높게 위로 쳐올리고, 360도 1회전 한 다음 뒷면으로 쳐올리고, 다시 360도 1회전 하고 난 후 앞면으로 쳐올리는 동작을 연습한다. 순발력과 집중력 향상에 효과적이다.

(2) 2단계: 2인 1조 던져주는 공 받아치기

- 처음부터 랠리를 하기 시작하면 랠리 속도나 스트로크 방향을 잡는데 익숙해지기 어렵다. 랠리를 연습하기 전의 단계로 두 사람이 마주보고 서서 한 사람은 라켓을 쥐

고 다른 한사람은 라켓이 없이 다른 사람에게 셔틀콕을 던져주면 이를 받아쳐 던져 준 사람에게 잘 되돌려주는 연습을 한다.

- 셔틀콕을 던져 줄 때에는 머리 위, 어깨, 옆구리, 허리 아래, 가슴 등 다양한 방향으로 던져 줌으로써 다양한 방향으로 오는 셔틀콕을 받아칠 수 있는 연습을 할 수 있다.
- 라켓을 쥔 사람의 머리 위에서 시작해 시계방향으로 점차 아래로 하여 다시 머리 위까지 한바퀴 돌아가며 셔틀콕을 던져주어 포핸드와 백핸드를 익히도록 연습한다. 이때 가능한 축이 되는 발은 움직이지 않으면서 치도록 연습한다. 셔틀콕을 던져주는 방법도 아래에서부터 던져주는 방법과 위에서 아래로 던져주는 방법을 병행하여 스매시와 스트로크에 대한 대응법을 연습한다.
- 던져주는 위치를 몸에서 먼 방향으로 던져주어 몸을 이동하여 받아 치도록 연습한다.

(3) 3단계: 여러 명이 함께하는 랠리 연습

- 네트가 없이 4명 정도가 한 팀을 이루어 두 개의 팀이 서로 마주보고 자기 팀 쪽으로 넘어 오는 셔틀콕을 받아친다. 팀원 간의 간격을 충분히 주고 앞에 2명, 뒤에 2명 정도를 배치하여 위치를 바꾸어가며 연습함으로써 짧은 스트로크와 긴 스트로크에 적응하도록 연습한다.
- 5각형 별 그리기 스트로크를 하되 순서에 크게 구애받지 않고 자기 앞으로 오는 셔틀콕을 받아칠 수 있는 연습을 한다.

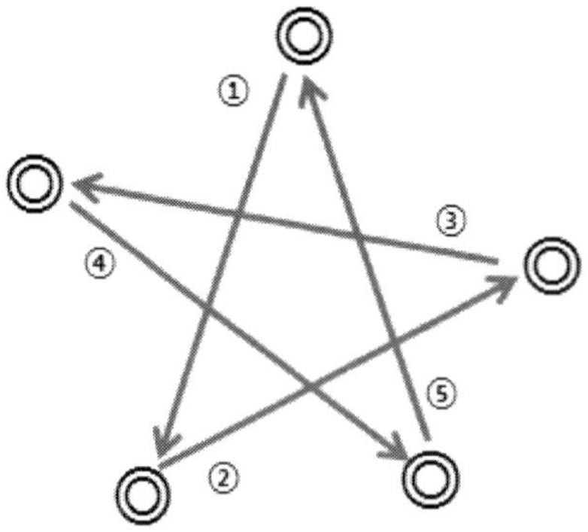

(4) 4단계: 랠리 연습 및 스매싱 연습

- 어느 정도 스트로크에 익숙해지면 처음에는 네트가 없이 랠리를 즐길 수 있도록 한다.
- 랠리에 익숙해지면 네트를 두고 연습하며 스매싱 등도 함께 연습하도록 한다.

⑤ 훈련법 Tip

- 초심자 랠리 : 1.5~2m 정도의 거리가 적당하다 (가까우면 오히려 어렵다 / 네트 없이 랠리를 익히자)
- 양손에 핸들러를 들고 번갈아 가면서 치는 연습도 매우 효과적이다. 혼자서 양 손을 번갈아 가면서 공중으로 치는 동작과 숙련되면 상대방과 같이 양 손으로 랠리를 한다.
- 처음부터 랠리를 연습하는 것 보다 단계적으로 접근하는 것이 훨씬 빠르고 효과적으로 익힐 수 있다. 위의 연습 과정을 시행하면서 도전 목표치를 두어 성취감을 느낄 수 있도록 유도하면 즐겁게 숙련되어 갈 수 있다. (예를 들어 혼자서 위로 치기를 10번 성공시키기. 숙달되면 더 높은 목표치를 준다.)

(네트형)뉴스포츠 종목별 해설

프리테니스

Freetennis

1. 개요

1) 프리테니스란?

프리테니스(Freetennis)는 테니스와 탁구가 접목된 경기로 테니스 코트의 1/10정도 되는 공간에서 할 수 있는 테니스형 뉴-스포츠이다. 탁구라켓 모양의 라켓을 이용하여 탁구의 민첩함과 테니스의 다이나믹한 동작을 동시에 경험할 수 있는 경기로 스포츠 경험에 관계없이 남녀노소 누구나 가볍게 참가하여 즐길 수가 있다.

프리테니스는 비교적 가벼운 공(23~24g)으로 라켓을 휘두를 때 경험하는 타구의 반동, 타구된 공이 의도했던 방향과 지점으로 비행할 때 느끼는 성취감, 대인간의 경쟁 시 긴장감 및 동료 간에 느끼는 협동심은 여타의 스포츠와는 다른 독특한 특성이 있다. 또한 경기력이 증가하려면 전력을 다하여 치고, 달리며, 뛰어야 하는 특성을 갖고 있다. 그렇기 때문에 프리테니스를 잘 하려면 고른 체력의 바탕위에 순발력과 지구력, 그리고 어떠한 공이라도 받아 넘길 수 있는 민첩성이 요구되는 스포츠이기도 하다.

라켓으로 공을 칠 때에는 일정한 동작을 취해야 올바른 기술이 발휘되며, 눈과 손 및 전신의 협응 동작이 조화롭게 이루어져야 다양한 기술을 발휘할 수가 있다. 경기력이 증가하면 톱스핀이나 백스핀 등을 사용하여 보다 흥미 있는 경기가 가능하며, 그 즐거움을 통해 자신도 모르는 사이에 건강 증진과 체력 강화가 이루어지므로 해마다 그 인구가 계속 증가하고 있다.

2) 유래와 특징

(1) 프리테니스의 유래

프리테니스 기원은 태평양 전쟁 후 일본에 주둔하고 있던 미군 군인과 그 가족이 즐기고 있던 쇼트 테니스에서 힌트를 얻어, 보다 독창적인 게임으로서 발전시킨 레포츠 종목으로서 자유롭게 즐길 수 있는 스포츠를 바라는 마음에 '요시다 다다시'와 '아오키 타이로'가 고안해 프리테니스라 명명하고 경기규칙을 확립시켰다.

이후 일본을 중심으로 보급 발전되기 시작한 프리테니스는 1964년 미국 내에서 패들테니스(숏테니스)라는 이름으로 처음 소개되었고, 여러 국가들로 전파되었다. 1976년 일본에서 국제 구기 종목으로 연맹을 발족시켰으며, 경기방식과 규칙을 확립시키고 공식대회도 정기적으로 이루어지고 있다. 이후 프리테니스는 세계적으로 유럽, 아시아, 남미 등 각 나라의 생활체육으로 확산 보급이 빠르게 진행되고 있다.

우리나라에는 2003년 말경에 도입이 되고 연합회가 구성되어, 크고 작은 대회가 열리고 있으며, 대한 프리테니스 협회도 결성되어 있다. 최근에는 국민생활체육회가 프리테니스를 인정단체로 신규 가입시켰으며, 약 만 여명의 회원이 등록되어 있다고 한다.

(2) 프리테니스의 특징

프리테니스는 테니스의 10분의 1정도의 코트에서 할 수 있는 테니스 스포츠의 일종으로, 탁구의 손쉬움과 테니스의 다이나믹한 움직임을 가지는 스포츠 종목이다.

볼은 연식테니스의 볼을 작게 한 것을 사용했고, 라켓은 탁구의 라켓을 두 배 크게 한 것으로 그립은 테니스의 이스턴 그립 혹은 탁구의 세이크 핸드 그립으로 잡고 친다. 테니스에 비해서 라켓이 짧고 코트가 작기 때문에 연령 성별에 관계없이 누구나 가볍게 참가하여 경기를 즐길 수 있다. 또한 상급자에 있어서는 톱스핀이나 백스핀 등을 많이 사용해서 변화 있는 게임을 전개함으로서 싫증이 나지 않는 즐거운 스포츠라 할 수 있다.

경기에 필요한 코트는 클레이(흙), 아스팔트, 시멘트, 탄성포장 등 어느 곳에서나 볼이 바운드할 수 있는 평지이면 게임이 가능하므로 장소에 구애받지 않고 작은 공간에서도 즐길 수 있는 스포츠이다.

(3) 코트(경기장)

프리테니스 코트의 면은 체육관 마루 외에도 평탄한 흙이나 아스콘, 우레탄, 탄성포장 등 어느 곳에서나 볼이 바운드 될 수 있는 평지이면 가능하다.

프리테니스의 코트는 단식경기 코트와 복식경기 코트의 두 종류가 있다. 코트 중앙에 네트를 설치함으로써 두 진영으로 나누어지며 네트를 향하여 섰을 때 중앙선 오른쪽 반을 라이트 코트라 하고 왼쪽 반을 레프트 코트라고 부른다. 정식경기의 코트는 단식코트와 복식코트를 합친 겸용의 코트를 사용하고 있다. 프리테니스 코트는 가로 7m, 세로가 단식은 3m, 복식은 4m의 직사각형으로 베이스라인에서 뒤쪽은 최소한 3m이상, 양쪽 사이드라인에서 2m이상의 공간이 있어야 한다.

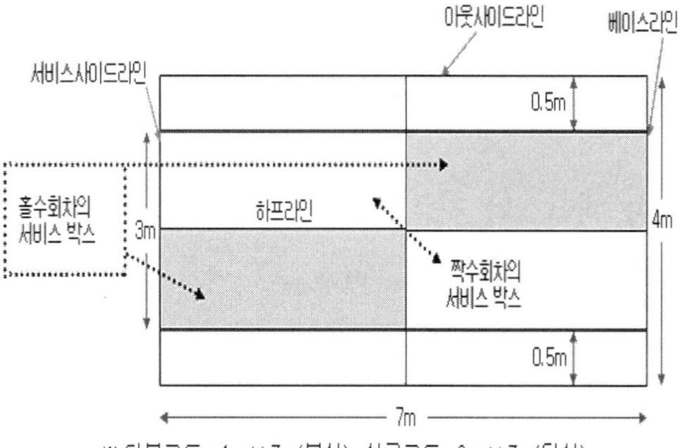

※ 더블코트 : 4m × 7m(복식), 싱글코트 : 3m × 7m(단식)

2. 용구

1) 라켓

라켓은 목재로 되어있고 타구 면에는 망목을 새겨 놓았다. 규격은 전장 37cm로 손잡이는 그립보호대를 착용하여 미끄러짐을 방지할 수 있다.

빨강색, 노랑색, 검정색, 녹색 등 네 가지 색깔로 구분되어 있고 모양과 크기는 같다. 다만 무게에 따라 초보자용과 상급자용 두 가지 종류로 구분되어 있다.

2) 볼

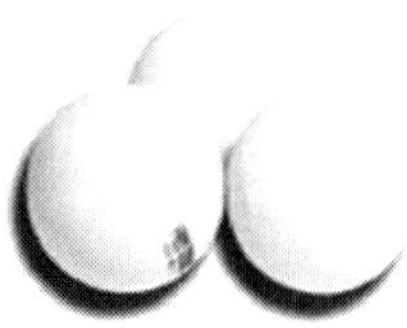

프리테니스 공은 생고무 제품으로 주로 흰색이며 공의 직경은 55mm, 무게는 23~24g을 표준으로 하고 있다.

공의 공기압은 공을 눌렀을 때 엄지손가락 한마디가 들어갈 정도로 약 150cm 높이에서 낙하 시켰을 때 50~65cm의 높이로 바운드 되어야 한다.

3) 네트

네트의 높이는 40cm이고, 길이는 4.3m이며 네트의 망목은 3cm이하, 상단에 폭 2cm의 백색포를 붙여 수평으로 길게 늘인다.

네트 하단과 지면은 10cm 이내의 공간이 있으나, 네트와 지주대 사이에는 공간이 없어야 한다.

4) 베이스와 지주

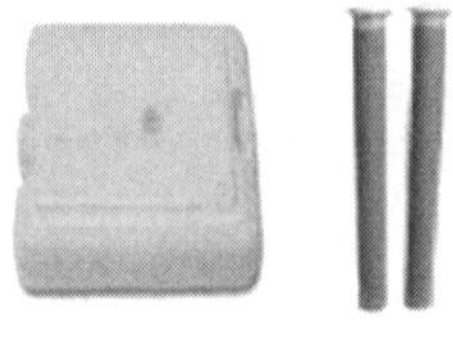

베이스는 직사각형 모양으로 가로40cm, 세로30cm, 높이 10cm이며, 무게는 1~1.5kg이고, 물을 가득 채우면 10kg 정도이다. 지주는 네트를 고정시키는 용도로 사용되며 길이가 55~60cm이다.

3. 경기방법

프리테니스 경기는 크게 단식경기와 복식경기, 그리고 혼합복식경기로 구성되어 있다. 경기에서 단식경기는 3세트를 실시하여 2세트를 선취한 쪽이 승자가 되고, 복식경기는 5세트를 실시하여 3세트를 선취한 쪽이 승자가 된다. 한 게임의 점수는 11점이고 협정에 따라 21점으로도 경기를 할 수도 있다. 양쪽이 모두 10점 일 때를 듀스라 하며 그 이후는 연속 2점을 얻어야 승패가 결정된다.

1) 일반적인 경기방법

(1) 경기의 구성

프리테니스경기는 포인트가 모여 한 세트가 되며, 세트가 모여 경기가 된다. 즉 경기도중의 성공과 실패에 따라 1점을 얻거나 잃게 되는데, 이때의 점수를 포인트라고 한다. 포인트 11점을 선취하면 1세트가 되며, 포인트가 10:10 듀스일 경우에는 2점차가 되어야 1세트가 종료된다. 경기는 세트 스코어가 단식경기에서는 2:0이거나 2:1, 복식경기에서는 세트가 3:0, 3:1, 3:2의 경우가 되어야 승부가 결정된다.

(2) 경기의 시작

- 코인을 던져 최초의 서비스 또는 코트를 결정하고 주심에 의해 “플레이볼”을 선언 후 경기가 진행된다.
- 서비스는 우측 서비스라인에서 1회 넣고, 2회 때는 좌측 서비스라인에서 넣는다. 서비스는 2회를 실시하고 상대방에게 넘어간다.
- 처음 서비스는 어깨높이에서 자연스럽게 떨어뜨려 1회 바운드 한 볼을 라켓으로 쳐서 코트 우측에서 대각선 방향으로 상대방 서비스 박스 안에 넣는다.
- 서비스를 넣을 때 바운드된 공이 허리 이상을 넘어서는 안 된다.(오버웨스트반칙)
- 코트체인지는 1세트가 끝나면 이루어진다.
- 마지막 세트일 경우 포인트가 6점을 얻었을 경우 코트체인지를 할 수 있다.
- 주심의 선고(매치)에 따라 경기는 끝난다.

2) 서브와 리시브 순서

경기시작 후 첫 세트의 서비스는 코인(또는 가위 바위 보)으로 결정한다. 코인에서 이긴 쪽은 서비스와 코트의 선택 중 하나를 먼저 선택할 수 있다. 처음 서비스는 반드시 우측에서 실시한다.

(1) 단식인 경우

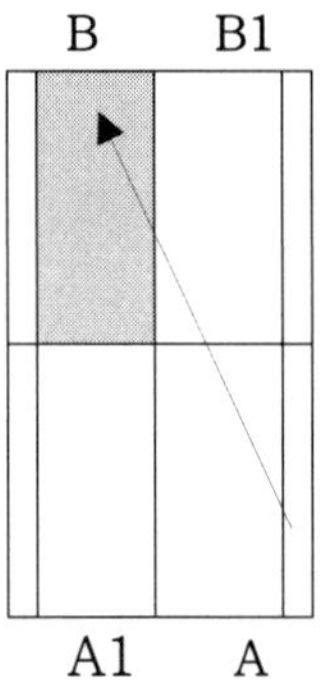

① 한 선수가 2번씩 서비스를 넣는다.

② 서비스를 넣을 때는 우측 라인 밖에 서서 어깨높이에서 자연스럽게 떨어뜨려 원 바운드 된 공을 대각의 서비스박스로 넘긴다.

③ A선수가 B선수에게 대각으로 서비스를 1번하고, 두 번째 서비스를 넣을 때는 A1자리로 와서 다시 한 번 B1으로 서비스를 넣으면 된다.

④ B선수도 서비스를 넣을 때는 A와 같은 방법으로 서비스를 넣으면 된다.

⑤ 우측과 좌측에서 각각 1번씩 넣으면 서비스가 상대방으로 넘어간다.

(2) 복식인 경우

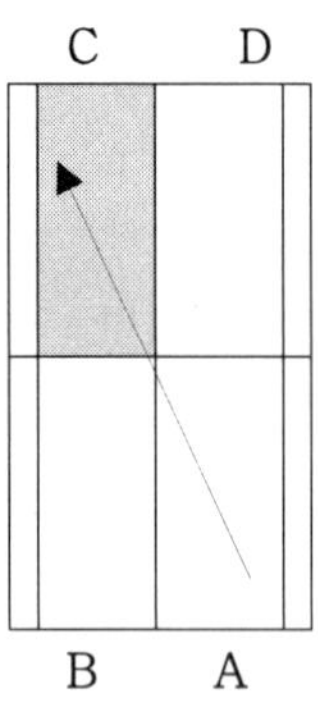

1회차 서브

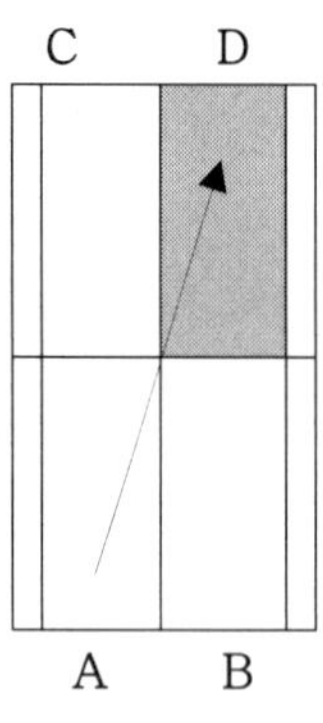

2회차 서브

① 한 선수가 2회씩 서비스를 넣는다.

② A선수가 대각 방향으로 서비스를 하면 C선수가 리시브를 해야 하며, 넘어온 공은 B가 그 다음은 D, 다음은 A의 순으로 계속 공을 넘겨야 한다.

③ A선수가 2번째 서비스를 넣을 경우에는 상대방(C, D) 선수는 그대로 있고 A선수는 B의 자리로, B는 A자리로 이동하여 A선수가 D로 서비스를 넣으면 된다.

④ 랠리는 D는 B, B는 C, C는 A로 랠리가 이루어진다.

(3) 듀스일 경우

① 복식에서 듀스일 경우에는 각각 한 번씩만 서비스를 넣는다.

② 서비스 방법

첫 번째 서비스 : A가 C에게 서비스 (A→B로 자리 이동)

두 번째 서비스 : C가 B에게 (C→D 자리 이동)

세 번째 서비스 : B가 D에게(A→B다시 원래 자리로)

네 번째 서비스 : D가 A에게(C→D다시 원래 자리로)

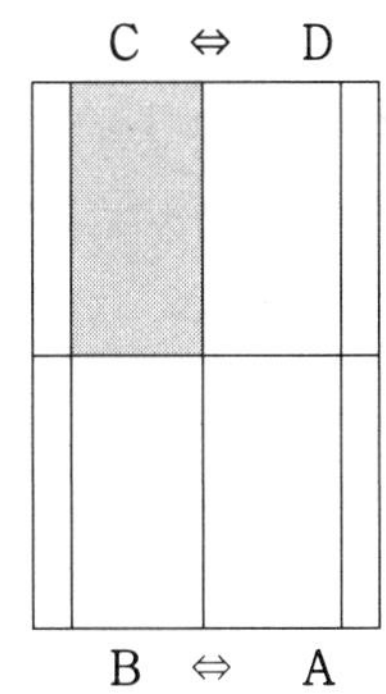

3) 단식 경기 방법

① 단식코트는 아웃사이드라인 7m, 베이스라인 3m의 규격으로 한다.

② 단식경기는 3세트 11섬 경기로 이루어신다.

③ 경기는 주심이 코인을 던져 서비스와 코트를 결정한다.

④ 서비스와 코트가 결정되면 코트 중앙에 와서 서로 악수를 하고 인사를 한다.

⑤ 주심의 선고(플레이볼)로 경기가 시작된다.

⑥ 서비스는 어깨높이에서 공을 자연스럽게 떨어뜨려 1회 바운드된 볼을 라켓으로 쳐서 대각선 방향 상대 진영으로 보낸다.

⑦ 서비스는 우측에서 1회 하고, 좌측에서 1회 실시한 후 상대방으로 넘어간다.

⑧ 정식 경기에서는 3세트 중 2세트를 먼저 선취하면 경기에서 승리하게 된다.

4) 복식 경기 방법

① 복식코트는 아웃사이드라인 7m, 베이스라인 4m 의 규격으로 한다.

② 복식경기는 2인 1조로 경기하며, 정식 경기는 11점 5세트 경기로 이루어진다.

③ 서비스는 우측에서 1회하고 좌측에서 1회 실시한 후 상대방으로 넘어간다.
(1인 2회 실시 후 서브권 교체)

④ 5세트 중 3세트를 먼저 선취하면 승리하게 된다.

⑤ 경우에 따라 3세트 등으로 변경할 수도 있다.

5) 체인지코트

체인지코트란 코트의 조건을 동등하게 하기 위하여 세트마다 코트를 바꾸는 것을 말한다. 세트가 1:1이 되어 세 번째 세트를 행하는 경우에는 세 번째 세트의 도중에 한 번 더 코트를 바꾸게 된다. 즉 11점 1세트일 경우에는 6점, 21점 1세트일 경우에는 11점에서 코트를 바꾼다.

6) 스코어 부르는 방법

프리테니스에서 포인트는 1점, 2점...(원:ONE, 투:TWO...)이라고 부른다. 또 경기 중에 스코어를 부를 때에는 항상 서버의 점수부터 먼저 불러준다. 듀스 후 서버나 리시버가 득점을 하면 어드벤테이지라 부르고 서브권 점수를 먼저 불러준다. 듀스가 이후에도 계속될 경우에는 "듀스 어게인"이라고 부른다.

참고로 경기시간을 줄이기 위해 노 애드(NO ADVANTAGE)시스템이 적용될 수 있다. 일명 서든데스(SUDDEN DEATH)라고도 하는 노 애드시스템은 한 세트 내에서 듀스가 연속 되었을 때 1포인트로 세트를 결정하는 방법이다.

<스코어 부르는 방법(CALL)>

서 버(A)	리 시 버(B)	콜(CALL) 방 법
1	0	ONE-ZERO
1	1	ONE ALL
0	1	ZERO-ONE
10	10	DEUCE
11	10	ADVANTAGE SERVER(ELEVEN-TEN)
10	11	ADVANTAGE RECEIVER(TEN-ELEVEN)
11	9	SET(ELEVEN-NINE)
11	10	SET(ELEVEN-TEN)-노 애드 일 경우

4. 경기규칙

경기 중 규칙의 위반을 폴트(fault)라 하며, 폴트에는 아웃, 오버네트, 바디터치, 네트터치, 라인크로스, 오버웨스트 등이 있다. 경기 중에 이런 반칙을 했을 경우 실점을 하게 된다.

1) 아웃

① 공이 네트를 넘어가지 않는 경우
② 공이 상대의 코트 밖에 떨어지는 경우
③ 서비스한 공이 상대방의 서비스 박스에 떨어지지 않은 경우(폴트)

2) 오버네트

① 라켓이나 신체의 일부, 의복 등이 네트를 넘어갔을 경우

3) 바디터치

① 서비스 된 공이 코트 위에 떨어지기 전에 직접 리시버나 파트너의 신체, 옷 등에 직접접촉을 한 경우
② 경기 중에 공이 몸에 닿는 경우

4) 네트터치

① 서브된 공이 네트를 맞고 상대방 서비스 박스에 2회 연속 정상적으로 들어갔을 경우
② 라켓이나 신체의 일부, 의복 등이 네트에 닿았을 경우

5) 라인크로스

① 서비스를 넣는 동작 중에 베이스라인을 밟거나 코트에 들어가서 서비스 하는 경우
② 리시버가 서비스 리턴 시 베이스라인을 밟거나 코트 내에 들어가서 리시브 동작을 취하는 경우

6) 오버웨스트

① 서비스를 넣을 때 바운드된 공이 허리 이상 높이로 올라갔을 경우

7) 폴트(fault)

① 서비스를 넣을 때 서비스가 코트에 제대로 들어가지 않거나 합법적으로 서브되지 않은 경우는 서비스 폴트가 된다.

8) 기타 반칙

① 공이 코트위에 두 번 또는 그 이상의 바운드한 공을 친 경우(투 바운드: 낫 업)
② 타구 시 공이 2회 이상 동일 라켓에 닿은 경우(투 터치)
③ 손에서 떨어진 라켓으로 공을 친 경우
④ 공이 심판대에 닿거나 이를 넘었을 경우
⑤ 서브 리시브 시 바운드되지 않은 공을 친 경우
⑥ 서비스 동작에 들어가고 나서 도중에 그 동작을 정지한 경우 (단, 그 중간에 주심으로부터 선고가 있었던 경우는 별도로 한다.)
⑦ 리시버가 인플레이 된 공을 서비스사이드의 코트 내에 반격하지 못한 경우
⑧ 리시버의 파트너가 리시버 측에 들어온 인플레이 된 서비스 공을 받았을 경우
⑨ 상대방을 방해하는 행동을 하는 경우 그것이 고의라고 인정되면 그 플레이는 포인트를 잃으며, 무의식적으로 인정되면 다시 하도록 한다.
⑩ 서비스 코트의 순서를 잘못 알고 넣은 서비스일 경우(다음 포인트의 서비스부터 정정한다.)
⑪ 서비스 체인지가 잘못 되었을 경우(다음 포인트의 서비스부터 정정한다.)
⑫ 주심이 인플레이한 공을 스스로 폴트 또는 노카운트 혹은 미스라고 오인하고 공을 못 친 경우

9) 반칙이 아닌 경우

① 볼의 낙하점이 라인에 닿은 경우(라인 인)
② 경기 중에 네트를 맞고 공이 떨어져 플레이를 못한 경우(서비스가 아닌 경우)

10) 노카운트가 되는 경우

① 심판원이 판정을 잘못하여 플레이가 중단되는 경우
② 서비스 볼이 네트에 맞고 상대방의 서비스 박스에 들어간 경우
③ 심판이 득점 점수의 선고를 잘못 한 것에 정정을 요구하는 경우

④ 1회 바운드해서 서브를 넣을 때 헛스윙을 할 경우
⑤ 기타 주심이 필요하다고 인정할 경우

11) 발리의 제한

① 상대방이 반격하기 어렵도록 하기 위하여 발리를 할 수 있다.
② 연속해서 두 번 발리를 할 수 없다.(발리로 랠리를 주고 받을 수 없다.)
③ 발리로 넘어오는 공은 발리로 받아 넘길 수 없으므로, 발리를 한 다음에 치는 공은 반드시 바운드 하고 쳐 넘겨야한다.

12) 기타

① 복식 경기에서는 탁구와 마찬가지로 번갈아가며 리시브를 해야 한다.
② 심판은 주심 1명 선심 2명을 원칙으로 하고 서로가 협력하여 시합을 진행한다.
③ 경우에 따라서는 선심을 생략 할 수도 있다.
④ 주심은 시합을 진행하며, 다른 심판원의 판정 통고에 의해 명확하게 알리고 득점을 기록한다.

5. 경기 상황에 따른 득점과 실점

1) 득점

① 서버나 리시버가 공격이 성공하여 이겼을 경우에는 득점이 된다.

2) 인플레이 시의 실점

① 볼이 네트를 넘어가지 않은 경우
② 볼이 상대의 코트 밖에 떨어지는 경우
③ 코트에 두 번 또는 그 이상 바운드 한 볼을 친 경우
④ 볼이 지상에 떨어지기 전에 라켓의 타구면 이외의 신체나, 의복 등에 닿은 경우
⑤ 라켓은 물론 신체의 일부가 네트 또는 그 포스트에 닿거나, 이것을 넘어간 경우

⑥ 타구하면서 볼이 2회 이상 동일 라켓에 닿은 경우
⑦ 손에서 떨어진 라켓으로 반구했을 경우
⑧ 볼이 심판대에 닿거나 이를 넘었을 경우

3) 서버의 실점

① 서비스의 동작 중에 사이드라인이나 베이스라인을 밟거나 코트에 들어가는 경우
② 서비스 동작에 들어가고 나서 도중에 그 동작을 정지한 경우 단, 그 중간에 주심으로 부터 선고가 있었던 경우는 별도로 한다.
③ 서비스한 볼이 상대방의 서비스 박스에 떨어지지 않은 경우

4) 리시버의 실점

① 리시버가 세이프된 볼을 상대의 코트로 반격하지 못한 경우
② 리시버의 파트너가 리시버 측에 들어온 세이프의 서비스 볼을 받은 경우
③ 서비스 된 볼이 코트의 위에 떨어지기 전에 직접 리시버는 물론 파트너의 라켓, 신체, 옷 등에 접촉을 한 경우

6. 기본기술

프리테니스의 기초 기술에는 준비 자세, 그립, 풋워크, 스트로크 등이 있다. 바른 자세와 동작 및 기술이 몸에 배어야 경기력을 향상시킬 수가 있다.

1) 기본자세

(1) 준비 자세

프리테니스의 준비 자세는 어떠한 방향으로든 모든 기술과 동작이 가능할 수 있도록 취하는 자세이다. 양 발은 어깨 넓이만큼 벌리고 무릎은 약간 구부린다. 발뒤꿈치를 살짝 들어 빨리 움직일 수 있도록 한다.

① 양발은 어깨 넓이 정도로 벌린다.
② 무릎을 굽히고 안정된 자세를 한다.
③ 발뒤꿈치를 살짝 들어 코트의 어느 방향으로든 신속히 움직일 수 있도록 준비한다.
④ 라켓을 가볍게 쥐고 머리와 시선은 상대편과 날아오는 볼에 집중한다.
⑤ 그립은 가볍게 쥐며, 다른 한 손으로 라켓을 받쳐 그립을 쉽게 바꿀 수 있도록 한다.

(2) 턴과 스윙

준비 자세에서 스텝을 움직이며 다가오는 공을 치기 위해 이루어지는 동작이 스윙 동작이다. 스윙 동작은 몸통의 턴과 백스윙, 포워드스윙, 임팩트, 그리고 팔로스루로 이루어진다. 그리고 다시 중립 동작인 준비자세로 돌아와 몸의 균형을 유지하며 다음 동작을 준비한다.

(3) 그립

그립은 라켓 잡는 방법으로 크게 이스턴 그립과 웨스턴그립으로 분류하며, 개인의 특성에 따라 편하고 효율적인 그립으로 잡은 것이 중요하다. 기본형으로 대부분 이스턴 그립을 사용하며, 경우에 따라 탁구의 세이크핸드형 그립을 사용하기도 한다.

공의 반발 속도는 라켓의 속도와 라켓과 공의 접촉 위치에 의해 결정된다. 그러므로 그립은 가볍게 쥐고 준비하다가 공을 임팩트 하는 순간에 꽉 쥐고 치는 것이 좋다.

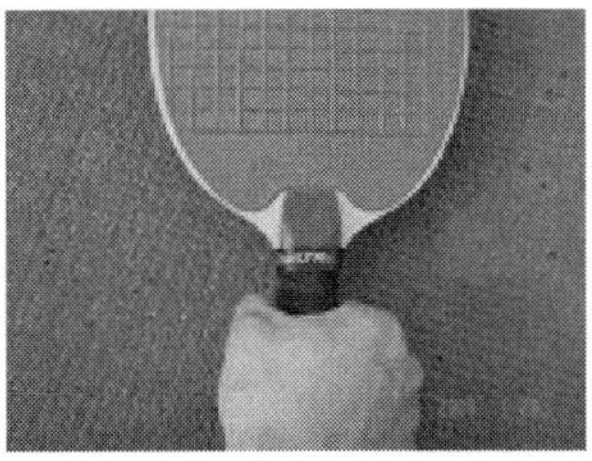
이스턴 포핸드그립

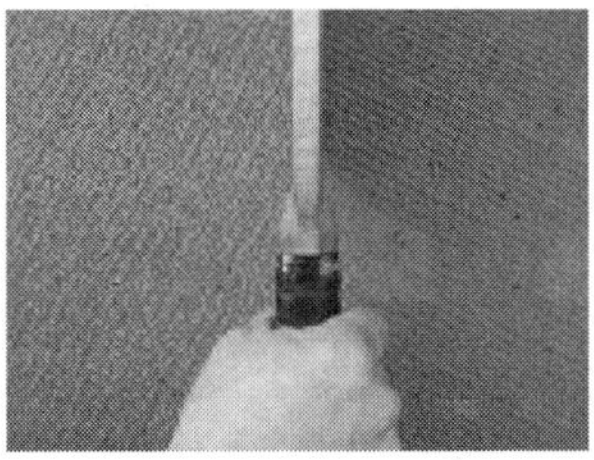
이스턴 백핸드그립

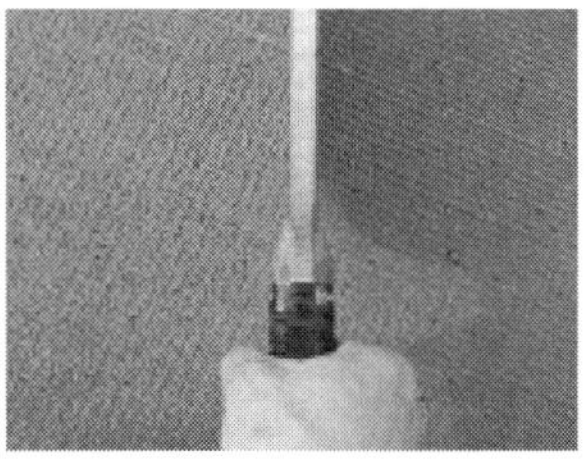
웨스턴그립

2) 기본 스트로크

(1) 포핸드 스트로크

- 기본 준비 자세를 취한다.
- 준비 자세에서 몸을 오른쪽으로 90도 정도 돌면서 백스윙을 하고, 머리와 시선은 상대편과 날아오는 볼에 집중한다.
- 볼을 맞추는 순간 타점의 위치는 라켓을 든 손목은 허리위치에, 왼발의 발끝은 전방을 향하고 가슴을 오픈 시킨 상태에서 팔로 스윙을 해준다.
- 시선은 볼에 끝까지 집중 하면서 라켓의 중심에 맞도록 밀어 쳐 줘야 한다.
- 공을 치고 난 뒤에도 팔의 동작은 자연스럽게 움직이며 왼쪽 머리 근처까지 스윙을 해 주어야 공을 정확하게 보낼 수가 있다.

(2) 백핸드 스트로크

- 기본 준비 자세를 한다.
- 몸을 왼쪽으로 돌면서 라켓을 뒤로 빼며, 백핸드 스윙 동작을 취한다.
- 전면을 주시한 상태에서 라켓을 쥔 오른손이 왼쪽 허리 근처에서 타점의 방향으로 직

선으로 밀어주는 스윙을 해줘야 한다.
- 공을 치고 난 뒤에도 라켓은 자연스럽게 끝까지 밀어 올려 보낸다.
- 다시 준비자세로 돌아와 몸의 균형을 유지하며 다음 동작을 준비한다.

(3) 포핸드 발리

- 기본 준비 자세를 한다.
- 몸을 45도 정도 오른쪽으로 틀면서 라켓을 백스윙 하면서 위로 들어 올려, 포핸드 동작 자세로 준비한다..
- 날아오는 공을 커트 하듯이 내리면서 공을 바운드 없이 바로 쳐서 보낸다.
- 다른 한 손도 라켓과 같이 움직이며 정확하게 쳐 보내도록 한다.

(4) 백핸드 발리

- 기본 준비 자세를 한다.
- 몸을 45도 정도 왼쪽으로 틀면서 라켓을 왼쪽 위로 들어 올려, 백핸드 동작 자세를 취한다.

- 날아오는 공을 커트 하듯이 내리면서 공을 바운드 없이 바로 쳐서 보낸다.
- 다른 손도 같이 움직이며 정확하게 쳐 보내도록 한다.

(5) 스매시

- 스매시는 주로 높은 공을 강하게 쳐서 보내는 효과적이고 공격적인 스트로크이다.
- 자세는 몸을 오른쪽으로 가볍게 틀면서 라켓을 위로 올렸다가 공을 강하고 정확하게 앞으로 쳐서 보내도록 한다.
- 스매시를 하고난 뒤에는 다음 동작을 준비한다.

7. 응용기술

1) 드롭샷(drop shot)

- 드롭샷은 상대방이 베이스 라인 근처에 있거나 발이 느린 선수를 네트로 유인하기 위해 짧게 떨어뜨리는 기술로 정확한 타이밍과 능숙한 라켓 동작을 요구한다. 좋은 드롭 샷은 공이 네트 가까이에 수직으로 떨어지면서 낮고 짧게 바운드되는 것이다.
- 드롭 샷은 상대방의 컨디션이 좋아 다른 샷이 효과가 없고 상대방의 리듬을 깨고 싶을 경우에도 간혹 사용한다. 특히 상대방이 강한 샷을 예측하고 있을 경우 사용하면 매우 효과적이다.

2) 드롭발리(drop volley)

- 드롭발리는 실패할 경우 상대방에게 역습의 기회를 주게 되므로 고도의 터치감각과 정교성이 요구된다. 드롭 발리는 라켓으로 공을 치는 것이 아니라 날아오는 달걀을 손으로 받는 듯 한 느낌으로 한다.
- 드롭발리를 할 때의 감각은 마치 농구에서 패스를 받을 때나 야구에서 공을 잡을 때 팔이나 글러브를 당기면서 잡는 느낌처럼 라켓으로 공을 받는 것과 같다. 강한 공의 페이스를 떨어뜨리기 위해서는 임팩트 순간에 팔과 손목의 힘을 빼야 한다.

3) 앵글샷

- 앵글 샷은 서비스 라인이나 50~70cm정도 베이스라인 쪽으로 각을 많이 주는 샷으로서 상대방을 많이 움직이게 하여 자세를 흩트리는 것이 목적이다. 그러나 앵글 샷은 실수하기 쉽고 자주 사용하면 상대방이 앵글 샷에 익숙해져 효과적이지 못하므로 다양한 샷을 적절히 구사하면서 사용해야 한다.

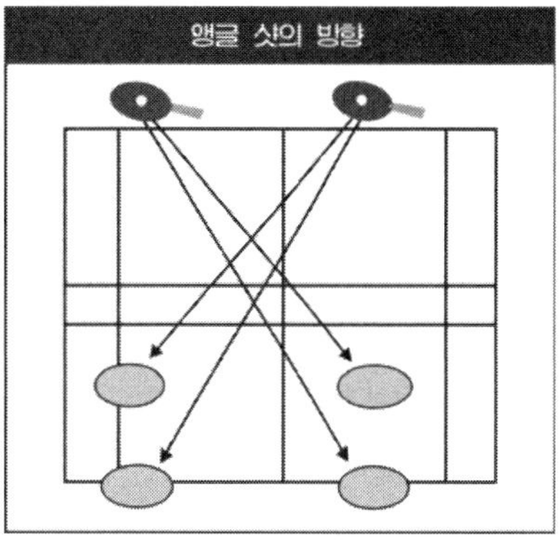

- 앵글 샷은 포핸드, 백핸드 모두 보통의 스트로크를 할 때보다 타점을 약간 앞에 두어 스핀을 주는 것이 효과적이다. 또한 스윙은 너무 크게 하지 않고 간결하게 휘두르는 것이 좋고 보통 스트로크보다 터치 감각이 필요하기 때문에 공에서 시선을 떼지 않아야 한다.

4) 서비스 리턴

- 서비스 리턴은 단식 경기에서는 점수의 반 정도가 복식 경기에서는 1/4정도가 직접, 간접적으로 서비스 리턴과 관계가 있으므로 서비스 못지않게 중요한 기술이다.

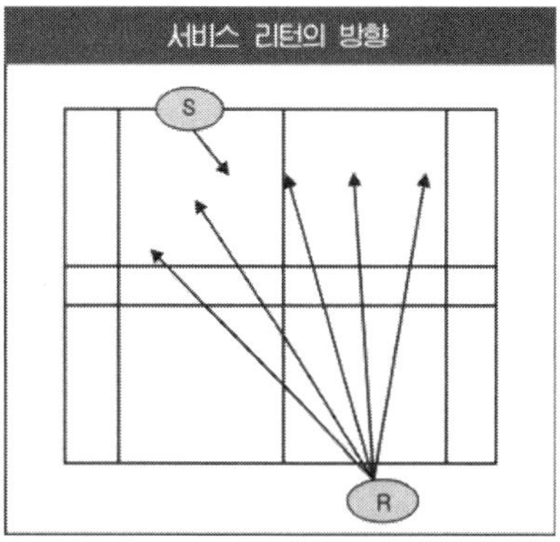

- 서비스의 방향이나 공의 속도, 그리고 스핀 등에 따라 서브가 다양하므로 어떤 한 가지 스트로크 기술만으로는 효과적인 서비스 리턴이 불가능하다. 그러므로 어떤 종류의 서비스도 자신 있게 리턴 할 수 있도록 충분한 연습이 필요하다.

5) 어프로치 샷(approach shot)

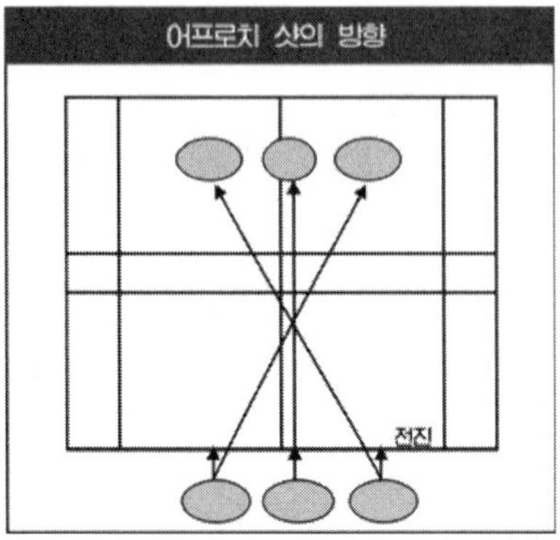

- 프리테니스 경기는 베이스 라인에서 소극적으로 수비만 해서는 승리하기가 어려우므로 기회를 봐서 어프로치 샷을 하고 네트를 향해 전진할 필요가 있다. 일반적으로 어프로치샷은 강하게 치고 들어가 상대방에게 리턴 할 시간을 주지 않아 수비에 급급하게 만들거나 어프로치 샷을 낮게 구사하여 상대방의 반격을 곤란하게 해야 한다.
- 어프로치 샷을 구사하기 위해서는 몸의 균형을 유지하면서 부드럽게 스윙하고 가능하면 공을 베이스 라인 근처로 깊게 쳐야 한다.

6) 패싱샷(passing shot)

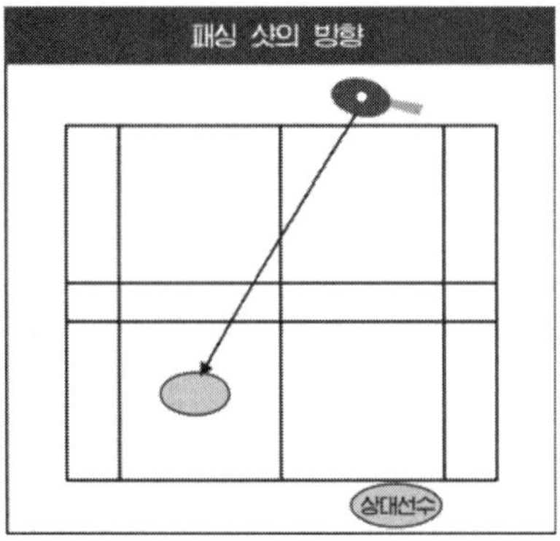

- 패싱샷의 기본은 상대방의 움직임을 잘 관찰하는 것에서 시작된다. 또한 어디로 공을 칠 것인지 상대방이 쉽게 예측할 수 없도록 해야 한다.

참고문헌

1. 정한근(2009). 프리테니스 지침서, 사단법인 대한프리테니스협회.
2. 류태호(2006). 뉴스포츠의 이해와 실천, 도서출판 무지개
3. http://www.freetennis.co.kr/ - 대한프리테니스협회
4. http://cafe.daum.net/freetennis - 프리테니스
5. http://cafe.daum.net/newsport2005 - 뉴스포츠학교
6. http://cafe.daum.net/kpphysical - 경북중등체육교육연구회

(네트형)뉴스포츠 종목별 해설

인디아카

Indiaca

1. 개요

인디아카는 라켓없이 손바닥으로 직접 인디아카를 쳐서 상대편 코트에 넘기는 경기로써 네트형 스포츠인 배구형 뉴스포츠 가운데 하나이다.

6인제 배구 룰에 준하여 맨손으로 쳐서 상대팀의 코트에 넘김으로써 득점을 하게 되며, 기술의 습득도 비교적 간단하고 실내체육관이나 교실 등에서 비교적 여러 명이 함께 즐길 수 있다.

배구와 다른 가장 큰 특징은 블로킹을 제외하고는 한 손만 사용해서 쳐야 하는 특성이 있다.

인디아카의 어원은 "인디언+페테카"로 추측된다. 인디아카의 원형이 된 게임은, 남아메리카의 인디언이 옥수수의 잎을 묶어 만든 볼을 주고받은 놀이라고 전해진다.

그 후, 이 용구를 개량하여 인디아카로 게임을 고안한 것은 독일의 칼 한스 클론이다. 1936년 독일의 체육교사 칼 한스 크론(Karl Hans Krohn)은 이미 오래전 브라질에서 원주민들이 "페테카(Peteca)"라는 게임을 많이 했던 것으로 조사결과를 발표하였다. 페테카에서 사용한 용품은 "Featherball"이었으며 주머니에 곡식이나 톱밥 등을 채우고 서너 개의 깃털을 달아서 만들어 지금의 인디아카 볼과 거의 흡사하였다.

인디아카 볼은 독일의 스포츠 연맹에서 "1972년 균형잡힌 용구'로 선정되었고, 유럽 각국으로 보급되면서 활성화 되었다.

인디아카 선수(동호인)는 일본 약 80만 명, 유럽 약 10만 명일 정도로 일본에서 더 유행하고 있는데, 배구의 선행운동(lead-up game)으로 활용하고 있다.

우리나라는 국제인디아카협회(IIA: Internatiional Indiaca Association)에 사단법인 한국뉴스포츠협회(한국인디아카협회)가 정회원으로 가입하여 활동하고 있다.

특징

- 맨손으로 인디아카 볼을 다루기 때문에 누구나 손쉽게 시작할 수 있다.
- 손바닥과 손등으로 모두 칠 수 있지만, 두 손을 모아서 치는 것은 금지되어 있어 왼손/오른 손을 균형적으로 사용해야 하므로 양 손을 모두 사용하므로 신체의 좌/우 균형적인 발달과 두뇌 활성화에 효과적이다.
- 바람의 영향을 거의 받지 않기 때문에 실내/외 어디서든 즐길 수 있다. 특히 교실 등 좁은 실내에서도 여러 명이 함께 하는 플레이가 가능하다.

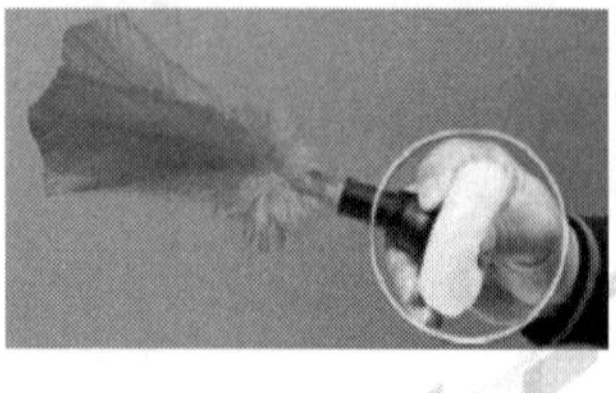

- 인디아카 볼의 바닥은 스폰지를 가죽으로 감싼 구조이기 때문에 탄성이 거의 없으며 날개가 커서 속도가 느리므로 남녀노소 누구나 쉽게 플레이 할 수 있다.

2. 시설 및 용구

1) 경기장

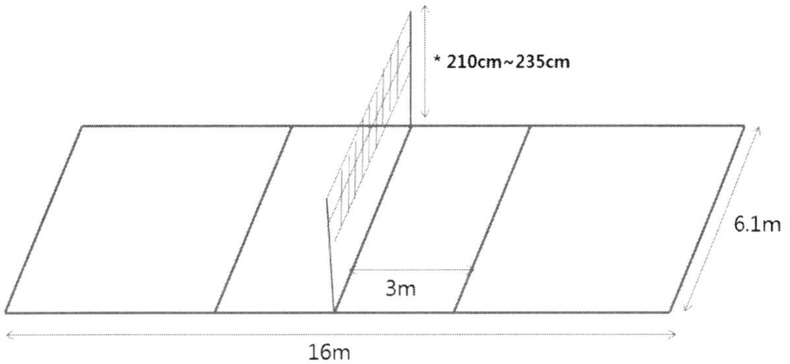

일반적으로 배드민턴 복식 코트 외측라인을 이용하면 좋다. 네트의 높이는 연령층에 따라 아래와 같이 구분한다. 그러나 정식경기가 아닌 경우에는 참가자와 환경에 따라서 높이와 폭을 조절할 수 있으며 대략 2m이상의 높이이면 즐길 수 있다.

대상	네트높이		
	남	여	혼합
유소년(11세~14세)	215cm	205cm	210cm
청소년(15세~18세)	225cm	215cm	220cm
Open(연령 제한없슴)	235cm	220cm	225cm
장년(40세 +)	225cm	210cm	215cm

2) 용구

볼	재질	스폰지 + 가죽 + 깃털(4개)
	크기	18~20cm X 7~8cm
	무게	50g ~ 60g

3. 경기방법

1) 경기 구성

(1) 선수

① 플레이어 : 5명

② 싱글(1 : 1), 더블(2 : 2), 3 : 3, 4 : 4, 6 : 6의 경기도 가능

③ 교체선수 : 3명(1세트)

<경기자 교체>

① 플레이어의 교체는 경기가 중단되면 언제든지 할 수 있다.

② 교체선수는 교체했던 선수와는 몇번 교체해도 상관없다. 단, 1세트 총 교체선수는 3명이다.

(2) 심판 : 5명

① 레프리 2명(first, second)

② 선심 2명

③ 게시원 1명(score keeper)

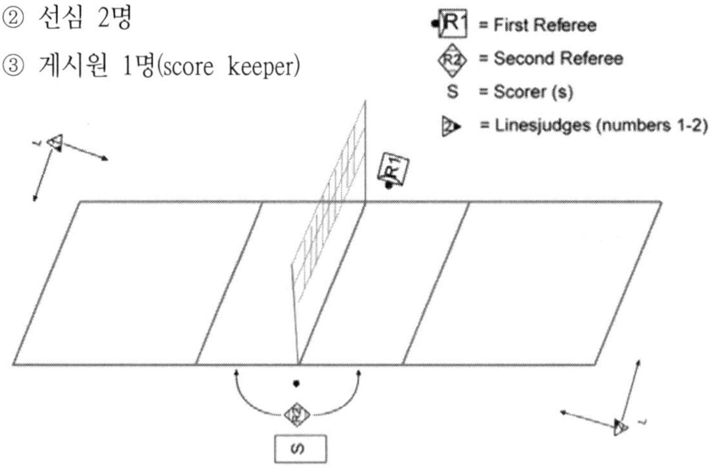

(3) 세트 및 점수

① 25점 1세트

② 3세트 2선승제 또는 5세트 3선승제

2) 경기 진행

(1) 경기시작

① 토스를 이긴 팀이 코트나 서비스권을 선택한다.

② 서비스권을 가지게 된 팀은 오른쪽 후방선수(right back-row player)가 엔드라인 밖 오른쪽 서비스지역에서 서비스해 경기를 시작한다.

③ 2세트의 시작 때는 1세트 리시브 팀이, 3세트는 1세트 서비스 팀이 서비스를 넣으면서 경기를 시작한다.

(2) 경기재개

① 득점이 이루어지면 득점한 팀이 자기 코트 서비스존(후방 오른쪽)에서 서비스를 하면서 경기를 재개한다.

② 선수교체 때는 득점이 이루어진 후 타임아웃이 선언되고, 선수교체 후 서비스를 하면서 경기를 재개한다.

(3) 경기진행

① 3회 이내에 상대방 코트로 볼을 넘겨야 한다.(네트에 볼이 닿았을 경우는 1회 더 허용한다)

② 1세트 25점, 3세트로 경기하며 양 팀이 24 : 24 동점이 되었을 경우 듀스로 2점 선취 팀이 승리한다.

③ 각 세트마다 코트를 교대한다. 마지막 세트는 어느 한 팀이 8점을 먼저 획득하였을 때 코트 교대를 한다.

(4) 득점

① 랠리 중 상대 코트 유효지역 내에 볼을 떨어뜨리거나 터치아웃 시켰을 때, 또는 상대팀이 반칙을 하거나 공격이 아웃 되었을 때.

② 상대편이 서비스를 실패한 경우(아웃, 폴트)

(5) 서비스

① 서비스권을 가지게 된 팀은 오른쪽 후방선수(right back-row player)가 자기 코트 엔드라인 밖 오른쪽 후방 서비스 존에서 서비스한다.

② 2세트 시작 때는 1세트 리스브 팀이, 3세트는 1세트 서비스 팀이 서비스를 시작한다.
③ 네트에 맞고 상대 코트로 넘어가면 '네트'가 되어 다시 한 번 서비스한다.

4. 경기규칙

① 싱글(1대1), 더블(2대2) 이외에는 3회 이내(네트에 인디아카가 닿았을 경우에는 1회를 더 허용)에 상대코트에 넘겨야 한다.
② 게임 중에는 블로킹할 경우의 양손을 제외하고 모두 한손으로만 경기한다. 손바닥이나 손등, 주먹으로 가능하며 점프해서 쳐도 상관없다.
③ 다음의 경우는 반칙이다. 따라서 상대방에게 득점이 주어진다.
- 오버타임 : 3회 이내에 상대코트로 보내지 못했을 경우
- 터치네트 : 선수가 네트를 건드렸을 경우
- 드리블 : 같은 선수가 연속해서 2회 볼을 쳤을 경우
  (단, 인디아카 볼이 네트에 닿았을 경우는 한 번 더 칠 수 있다.)
- 홀딩 : 인디아카 볼이 선수의 손 혹은 팔에 멈추었을 경우
  (들어 올리거나. 누르거나 제대로 치지 않고 밀어 올리는 경우 등)
- 오버네트 : 선수가 네트를 넘어서 플레이할 경우
- 언터치 : 인디아카 볼이 팔꿈치보다 윗부분 이외의 신체부위에 닿을 경우
- 인터피어런스 : 인플레이 상태에 있을 때 상대측 코트를 침범하거나 상대선수에게 닿거나 상대팀의 플레이를 방해했을 경우
④ 서비스에 관해서는 아래의 규칙을 적용한다.
- 서비스는 1회로 공을 상대팀 코트에 넘겨야 한다.
- 손바닥을 아래에서 위로 향하는 '언더핸드' 서비스만 허용한다. 실패한 경우(아웃, 폴트)에는 상대팀에게 서비스권이 넘어간다.
- 서비스가 네트에 맞고 상대방 코트에 넘어가면 네트가 되어 다시 한 번 서비스한다.
- 만약 서버가 서비스를 하기 전에 인디아카를 바닥에 떨어뜨려도, 신체에 닿지 않은 경우에는, 서비스를 1회 다시 할 수 있다.
- 서비스 권을 가지고 있어야만 득점할 수 있다.

- 싱글(1대1)을 제외하고는 서비스 권을 획득한 팀은 시계방향으로 로테이션하고 후방오른쪽 선수가 서비스를 넣는다.(세트 개시전이면 경기자의 위치를 변경해도 된다.)
- 인디아카를 치는 순간, 서버는 양다리를 엔드라인의 후방에 두지 않으면 안된다. 또한 오른쪽 사이드 라인의 가상 연장선보다 밖, 혹은 엔드라인의 중앙보다 왼쪽으로 내딛어서는 안된다.
- 주심이 휘슬을 불기 전에 서비스를 행했을 경우, 서비스를 다시 한다.
- 사이드 아웃이 되고, 서비스권을 잃을 때까지, 동일 서버가 서비스를 계속 넣는다.
- 제2, 3세트의 서비스 개시는 이전 세트에 하지 않았던 팀이 행한다.
- 서버의 동작을 숨기기 위해서, 서비스팀의 선수가 팔을 움직이거나 뛰거나 혹은 스크린을 하기 위해서 2명 이상 모이거나 해서는 안된다.

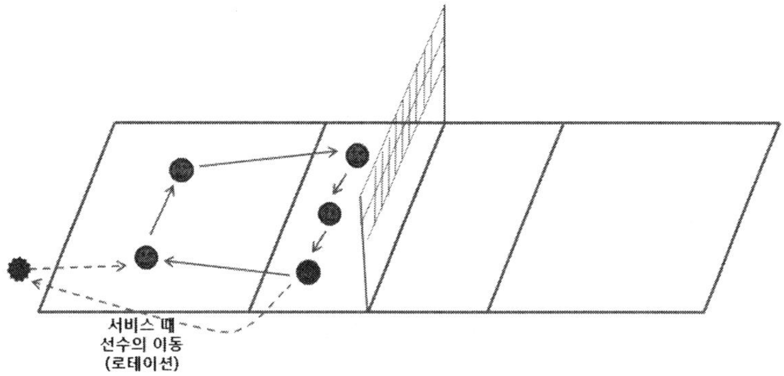

⑤ 타임아웃

- 선수교체 타임아웃 : 인디아카가 데드했을 때, 경기자 교체의 타임아웃을 1세트에 3회까지 할 수 있다. 위치는 교체된 선수의 자리에 위치한다.
- 휴식 타임아웃 : 인디아카가 데드했을 때, 휴식의 타임아웃을 1세트에 1회, 30초까지 할 수 있다.
- 심판의 타임아웃 : 심판은 선수의 부상 등의 이유로 타임아웃을 선언할 수 있다.
- 세트간의 타임아웃 : 세트와 종료 후 2분간의 타임아웃을 한다.

⑥ 선수의 포지션

- 후위 위치에 있는 선수(front-row player)는 전위선수(front-row player)보다 앞쪽으로 나가면 반칙이다.

⑦ 득실점

- 인디아카가 코트 바닥에 닿았을 때
- 동일 팀의 선수가 4회 이상 플레이 했을 때(오버타임)
- 인디아카가 선수의 손 혹은 팔 등에 멈췄을 때, 건드리거나 들어 올리거나 눌러서, 제대로 치지 않았을 때(홀딩)
- 인디아카를 팔꿈치보다 위쪽의 신체부위로 플레이 했을 때(언터치)
- 같은 선수가 2회 이상 연속하여 인디아카에 닿았을 때(드리블), 단, 인디아카가 네트에 닿았을 때는 계속해서 1회 추가하여 플레이 할 수 있다.
- 서버를 제외한 경기자가 서비스 시에 코트 바깥으로 나와 있었을 때
- 인플레이 상태에서 선수의 신체 또는 옷이 네트에 닿았을 때(터치네트), 단 인디아카가 네트에 닿고 상대팀 선수에 닿았을 경우에는 터치네트가 아니다.
- 네트를 넘고 상대측 코트에 있는 인디아카에 닿았을 때(오버네트), 단 공격한 선수의 손이 네트를 넘었을 경우에는 오버네트가 아니다.
- 인디아카가 네트 위를 완전하게 통과하지 않았을 때
- 인디아카를 네트에 걸쳐 버렸을 때
- 인디아카가 코트 외의 지면, 물체에 닿았을 때, 또는 지주에 닿았을 때, 네트 아래로 통과했을 때
- 네트의 외측을 인디아카가 통과했을 때는 센터라인의 가상 연장선 위를 인디아카가 완전하게 통과했을 때(아웃오브바운드)
- 양 팀의 경기자에 의한 반칙은 최초로 행한 경기자만을 뽑는다. 다만 반칙이 동시였을 때는 더블 파울이 되어 다시 한다.
- 인플레이 상태에 있을 때 상대측 코트에 있고 상대선수에게 닿거나 상대팀의 플레이를 방해했을 때(인터피런스), 단 상대측의 경기자에게 닿지 않고 상대팀의 플레이를 방해하고 있지 않는 경우는 인터피런스가 아니다.
- 고의로 게임을 지연 시킬 때
- 상대측에 대고 다리를 쿵쿵거리거나 불필요한 몸짓을 했을 때

5. 기본기술

1) 서비스

① 인디아카 볼과 손바닥이 떨어진 상태에서 볼을 쳐서 보내야 한다.
② 한 손으로 언더핸드 서비스를 해야 한다.
③ 인디아카 볼을 든 쪽 발이 앞으로 1보 정도 나가고, 무릎을 구부렸다 펴는 동작과 숙였던 상체를 펴는 동작, 팔을 아래에서 위로 휘두르는 동작이 연속적으로 이루어 지면서 볼을 손바닥으로 쳐서 보낸다.

2) 받기(리시브)

① 발을 어깨넓이 정도로 벌리고 무릎은 자연스럽게 구부리며, 양 손을 붙이지 않고 밑으로 내려서 날아오는 인디아카 볼을 주시한다.
② 손바닥이 정면을 향하게 하여 밑에서 아래로, 또한 몸통 앞쪽으로 내밀면서, 어깨, 머리 위에서 앞쪽으로 날아오는 인디아카 볼을 쳐서 보낸다.

3) 스매시

공중에 뜬 볼을 점프하면서 무릎을 펴는 힘, 허리와 어깨의 회전, 팔의 스윙 그리고 손목의 스냅을 이용하여 머리 위에서 볼을 손바닥을 이용해 강하게 타격한다.

6. 인디아카 즐기기(경기의 변형)

① 5명의 경기자가 참가하는 정식경기 외에도 아래 그림과 같이 1:1, 2:2, 3:3, 4:4 등의 경기를 할 수 있고 때에 따라서는 6명 이상의 경기자가 함께 즐길 수도 있다.

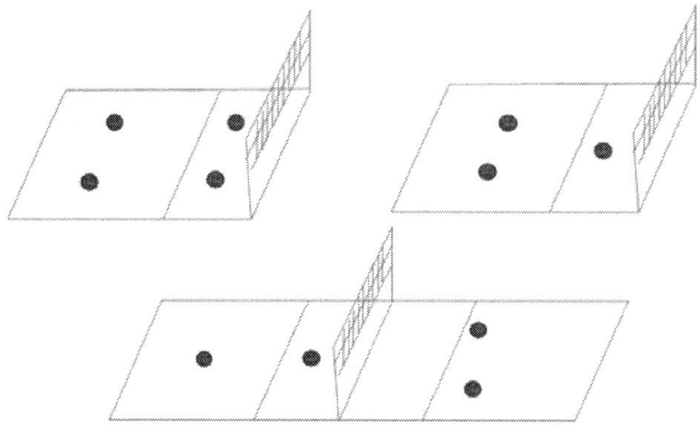

② 다른 네트형 뉴스포츠와 마찬가지로 네트 없이도 랠리를 중심으로 여러가지 형태로 게임을 즐길 수 있다.

(네트형)뉴스포츠 종목별 해설

플링고

Flingo

1. 개요

1) 플링고의 고안 및 개발

플링고는 독일의 전직 배구선수에 의해 고안되어, 유럽 비치 발리볼협회의 후원으로 본격 개발된 신개념의 생활형 뉴 스포츠로서 2005년 독일 쾰른에서 매년 개최되는 ISPO (스포츠 용품 및 아웃도어 용품 박람회) 에서 처음 소개가 되었으며, 동 전시회에서 BRAND NEW AWARD FINALIST로 선정이 되면서 주목을 끌기 시작했다.

독일을 비롯한 유럽 각 국을 시작으로 현재 미국, 일본 등 세계 18개국에 보급되어 있으며, 특히 독일과 일본의 경우 배구를 배우기 시작하는 어린이들과 청소년을 대상으로 급속하게 보급이 확산되고 있다.

2. 플링고란

플링고는 폴리우레탄 소재의 소프트 러버 스펀지 재질의 공과 2Way Nylon Span-dex 원단재질의 삼각형 바운스의 장력이 만드는 이중의 탄성을 이용하여 쉽고도 박진감 넘치는 랠리를 이어가도록 고안된 신개념 스포츠로서 전문적인 기술이나 장소의 제약을 거의 받지 않고 간편한 용구를 이용하여 배구형 스포츠의 흥미를 남녀노소 누구나가 안전하게 즐길 수 있는 것이 특징이다.

1) 이중탄성

플링고를 보다 독특하고 박진감 넘치는 게임으로 만드는 요소는 Bounce Effect이다. 스판덱스 함유량 약 80%의 엘라스틱 원단소재의 바운스가 공이 임팩트 하는 순간 공의 운동에너지를 저장했다가 트렘펄린의 원리를 이용한 바운스의 탄성 에너지를 더하여 공에 되돌려 주게 된다.

랠리를 이어감에 따라 공에 전달되는 반탄력은 우리가 쉽게 예상하는 것보다 몇 배 더 강하며 이러한 이중의 탄성은 플레이어의 몸과 팔, 다리의 움직임에 따라 단순한 탄성보다 배가된 에너지를 전달 받게 되는데, 이로 인해 플레이어는 공을 최고 20~30M 정도 까지도 튕겨 올릴 수 있거나 속도감 넘치는 랠리를 즐길 수 있게 되어 단순하면서도 흥미가 넘치는 게임이 가능하게 된다.

2) 플링고의 장점

(1) 전신운동

몸 전체가 라켓 역할을 하여 공을 쳐내야 하기 때문에 신체의 어느 특정 부위나 관절 등에 무리 없이 모든 주요 근육들을 고르게 발달시켜 준다.

(2) 볼 센스 및 집중력, 반응성 향상

공이 날아오는 지점을 재빨리 파악하여 몸을 이동하여야 하며, 바운스 중간에 정확히 맞추는 훈련과 정확한 공의 임팩트를 반복적으로 훈련하게 되기 때문에 각종 구기 스포츠의 기본이 되는 볼 센스를 기르는데 매우 효과적이며 아울러 집중력과 반응성을 향상 시키는데 많은 도움이 된다.

(3) 쉽고 재미있는 놀이 스포츠

단순한 물리적 기본 개념과 간편한 용구를 이용하여 쉽게 익혀서 즐길 수 있다. 또한 독특하고 강한 이중탄성 효과는 랠리의 박진감을 더해줌과 동시에 초심자는 물론 전문 운동선수들에게도 강한 재미를 느끼게 하므로 특히 운동 효과와 재미를 함께 겸해야하는 초, 중등 학생의 놀이 체육용으로 적합한 학교 체육 종목이라 할 수 있다.

(4) 플링고의 안정성

플링고는 강한 탄성의 부드러운 스판덱스 원단과 스펀지 재질의 공을 이용 하여 어린 학생들은 물론 여성들이나 노인들도 용구로 인한 상해 없이 안전하게 즐길 수 있도록 고안 되었으며, 게임 진행 방식 역시 격렬하지 않은 가운데 충분한 운동 효과를 볼 수 있어 아동, 여성, 중 · 고령자를 위한 생활체육으로서 최적의 종목이라 할 수 있다.

3. 플링고 그립과 기본(응용 동작 및 연습)

1) 플링고 기본 그립과 기본/응용 동작

(1) 기본 그립

플링고는 이중탄성의 개념을 기본으로 한 스포츠이다. 따라서 스판덱스 원단에 충분한 장력이 유지된 상태에서 공을 튕겨내는 것이 가장 중요하다.

바운스에 충분한 장력을 유지하기 위하여 삼각형의 바운스 끝 부분에 달려 있는 고리모양의 루프를 각각 목과 양 손목에 끼운다. (바깥쪽에서 안쪽으로 루프가 손목에 위치하도록 완전히 끼운다.)

양손의 엄지를 윗 쪽 방향으로 뻗어 뒤로 돌려 바운스의 양 꼭짓점의 뒷부분을 받쳐주면서 견고하게 잡고 양 바깥쪽 아래 방향으로 당기듯이 벌려 바운스가 팽팽하게 되도록 장력을 유지해 준다.

루프가 양 손목에 자동적으로 위치하게 되고 이렇게 함으로써 양 엄지와 손목으로 바운스의 장력을 컨트롤 한다.

그립은 바운스의 장력을 유지하면서 공을 컨트롤하기 좋도록 하기 위한 것이므로 각자의 개성에 따라 다소 변형된 그립을 사용할 수도 있으나 위에 설명한 기본 플링고 그립이 바운스의 탄성을 컨트롤 하는 데 최적이라 할 수 있다.

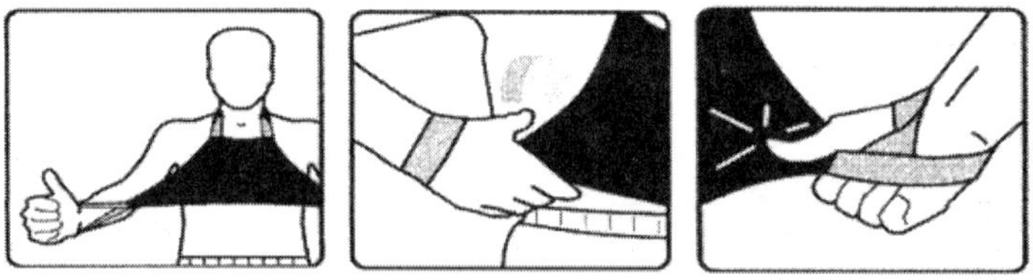

(2) 준비 자세

기본적으로 바운스는 항상 팽팽하게 유지 되어야 하며 충분한 장력이 유지된 상태에서 공의 임팩트가 이루어져야 한다.

플링고 기본 그립을 유지하며 한 쪽 발을 편하게 반 보 정도 앞으로 내민 채 상체를 약간 앞으로 기울인 상태에서 양 무릎을 조금 굽혀 반동을 주기 쉽도록 하고 편한 자세를 유지한다.

이렇게 함으로써 플레이를 위한 준비 자세가 완료 된다.

(3) 기본 동작

플링고의 기본 동작은 배구의 언더핸드 리시브 요령과 매우 유사하다.

한 쪽에서 공을 던져 주면 공의 낙하지점으로 몸을 이동하고 (이 때, 팔만 뻗기 보다는 가급적 몸을 이동 하도록 한다), 양 팔을 곧게 뻗어 바운스의 장력을 유지하면서 바운스 중앙에 공이 임팩트 되도록 한다. 임팩트 시 공을 튕겨내는 힘은 양 팔이나 손이 아닌 두 다리의 반동에서 나오도록 하며 양 팔과 손은 바운스를 지지하는 데만 힘을 쓰도록 한다.

플링고를 처음 접하는 대부분의 플레이어들은 이중탄성 효과를 너무 과소평가 하게 되지만 실제 이중탄성을 이용한 바운스는 아주 작은 힘만으로도 큰 반탄력을 만들어 내므로 플레이 시 사용되는 에너지 즉 공을 튕겨 내는 힘은 양 팔이나 손목이 아닌 양다리에서 나오도록 해야 한다. 팔이나 손의 힘으로 공을 튕기게 되면 예상보다 훨씬 큰 탄성이 형성되어 컨트롤하기 어려워지며 공이 상대방을 지나쳐 너무 멀리 날아가는 결과를 낳게 되며 이는 플레이어(특히 어린 학생들)로 하여금 플링고를 제대로 익히기도 전에 거부감을 들게 하는 주요 원인이 될 수 있다.

처음에는 바운스를 45도 정도나 혹은 약간 더 눕혀서 랠리를 이어 나가도록 하지만 점차 볼 컨트롤에 익숙해지면 바운스를 거의 90도 정도로 세워서 공의 탄도가 직선에 가까워 지도록 플레이 할 수 있다.

(4) 응용 동작 1 - 사이드 플링

몸의 양 옆으로 날아오는 공을 몸을 완전히 이동 시키지 않은 채양 팔을 옆으로 뻗어 몸의 옆쪽에서 공을 튕겨 내는 동작이다.

어렵지 않은 동작이지만 익숙해지면 점프를 한 상태에서 강하게 쳐내어 스매싱에 이용될 수 있다.

(5) 응용 동작 2 - 백핸드 플링

양 옆으로 낮게 날아오는 공을 급하게 대각선 방향으로 보내고 싶을 때 사용한다. 양 팔을 엑스(X)자 모양으로 교차 시키면서 바운스의 뒷면으로 공을 튕겨 내도록 한다.

(6) 응용 동작 3 - 오버헤드 플링

높이 날아오는 공을 상대방을 등지고 서서 역 동작으로 머리 위로 쳐내는 동작이다.

난이도가 높은 동작이며 스매싱 등에 이용된다.

(7) 응용 동작 4 - 스트레이트 플링 (푸쉬)

바운스를 거의 수직으로 세워 강하게 공을 튕겨내어 공이 직선으로 상대에게 되돌아가도록 하는 동작이다. 난이도가 높은 동작이나, 스피드와 박진감을 느끼게 하는 동작이다.

2) 플링고 익히기

(1) 기본 연습 1

두 사람이 약 2~3m정도 간격을 두고 마주 선다. 한 사람은 플링고의 기본자세를 취하고 반대편은 공만을 쥔 상태로 준비한다.

공을 쥔 사람이 머리 높이 정도로 포물선을 그리도록 하여 상대방의 바운스를 향해 부드럽게 공을 던져 준다.

바운스를 착용한 사람은 바운스의 장력을 팽팽하게 유지하며 무릎의 반동을 이용하여 가볍게 공을 튕겨낸다. 이 때 튕겨진 공이 머리 위 약 1m정도 높이로 크게 원호를 그리며 공을 던진 사람에게 되돌아가도록 한다.

같은 동작을 5회 내지 10회 정도 반복한 후에 역할을 바꾸어 연습한다. 각 자가 이중탄성에 대한 충분한 감각을 익힐 때 까지 약 50~60회 정도 반복 하도록 한다.

- 기본 연습의 목적은 바운스의 이중탄성에 대한 감각 즉 트렘펄린 효과를 익히는 데 있다. 동작이 너무 쉽고 단순하여 충분한 연습 없이 곧 바로 랠리를 시작하기 쉬우나 플링고의 가장 기본이 되는 감각을 익히는 연습이므로 반드시 충분한 연습 후에 다음 단계로 넘어갈 수 있도록 한다.
- 배구의 언더핸드 리시브와 유사한 이 동작은 다리에서부터 이루어 져야 하며, 공의 임팩트 순간에 양 팔은 항상 곧게 펴서 바운스를 지지하고 있어야 한다.
  팔을 굽혀 공을 튕겨내는 동작은 트렘펄린의 탄성을 오히려 감소시킨다.
- 공을 던져 주는 사람은 처음에는 상대방의 바운스를 향해서만 공을 던져 주도록 하고 적응이 되면 조금씩 사이드로 던져 주어 상대방이 여러 각도의 수구를 경험하도록 한다.

(2) 기본 연습 2 - 랠리

두 사람이 모두 바운스를 착용하고 마주 서서 랠리를 주고받는다.

처음에는 되도록 바운스의 기울기가 45도 정도를 유지하도록 하며 공의 낙하지점으로 팔만을 뻗기 보다는 다리를 이용하여 몸을 이동시켜 바운스 중앙부에 공을 받아내도록 연습한다.

- 최초 공을 던질 때, 공을 던지는 손의 엄지는 이미 기본 그립과 같이 루프의 뒤쪽 부분에 걸쳐져 있어야 한다.
- 개인적인 차이에 따라 볼 센스가 다소 떨어지는 학생의 경우 어느 정도 익숙해 질 때까지 플링고 볼 대신 동그란 오재미를 만들어서 연습하도록 하면 좋다.

(3) 기본 연습 3 - 랠리 변화

두 사람이 모두 바운스를 착용하고 마주 서서 랠리를 주고받는다. 한 사람이 공을 손으로 던져 줌으로서 랠리를 시작하는 것은 앞서와 같으나 공을 바운스로 튕겨내는 사람은 한 번에 공을 튕겨내지 않고 두 번에 튕겨 내도록 한다. 공을 튕겨내는 감을 익히는 것을 좀 더 심화 시키는 훈련이다.

(4) 기본 연습 4 - 오버 헤드 랠리

한 사람만 바운스를 착용한다. 상대편은 바운스를 착용하지 않은 채 공을 손으로 던져 준다. 이 때 공을 바운스를 착용한 사람의 머리 위쪽으로 넘어 가도록 적당한 힘으로 던져 준다. 바운스를 착용한 사람은 머리 위로 넘어 가는 공을 몸을 돌려서 상대방을 등지고 선 채로 튕겨 내어 공이 다시 자신의 머리 위를 넘어서 상대에게 돌아가도록 튕겨 낸다. 오버 헤드 플링을 연습하는 동작이다.

(5) 기본 연습 5 - 그룹 연습

5~6 사람이 원형으로 마주 서서 랠리를 하도록 한다. 각 자 번호를 정하고 바운스로 공을 튕겨내는 사람은 자기가 공을 주고자 하는 상대방의 번호를 부르며 공을 튕겨낸다. 번호가 지명된 플레이어는 몸을 움직여 공을 수구하도록 하며 같은 방법으로 다음 수구자의 번호를 부르며 공을 튕겨 낸다. 공을 바닥에 떨어뜨리지 않고 최대한 많은 횟수 랠리를 이어갈 수 있도록 한다. 몇몇 그룹이 함께 시합을 할 수도 있다.

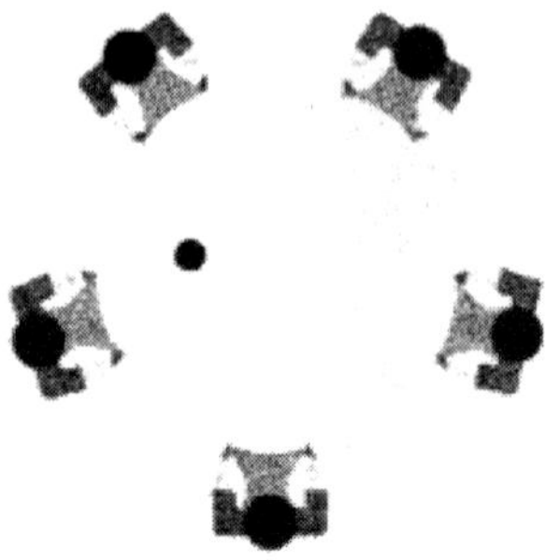

4. 경기 개요

1) 경기장 및 용품 규격

(1) 경기장

규격 : 13.40 × 6.10m (라인 포함) - 배드민턴 복식 코트 규격과 동일

라인 : 폭 4cm 이하의 백색 라인

(2) 네트

높이 1.55m, 폭 76cm 의 그물망 조직 - 배드민턴 네트 규격과 동일

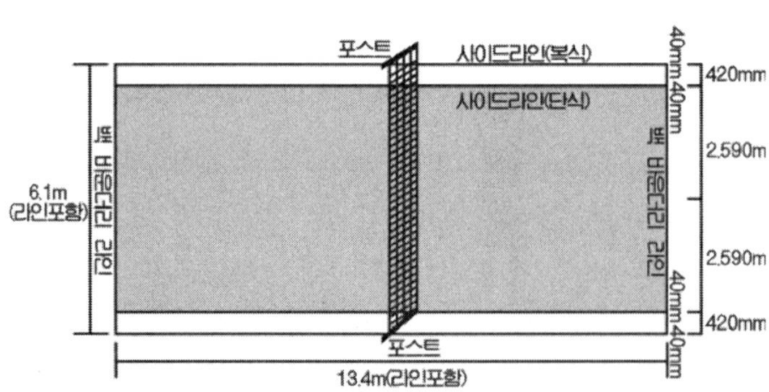

(3) 바운스 (트렘펄린)

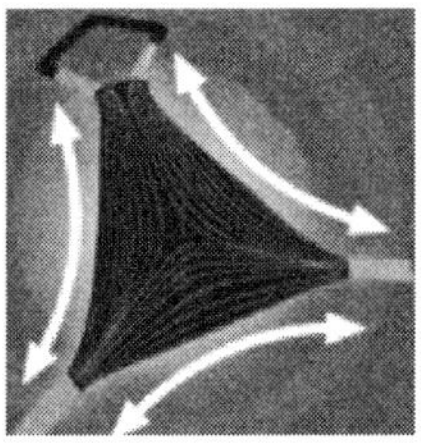

한 변의 길이 약 26.5cm인 정 삼각형 모양의 스판덱스 원단 소재. 목과 손목에 걸 수 있도록 밴드 재질의 고리(루프) 가 부착되어 있어야 한다.

(4) 볼

직경 : 5cm

중량 : 약 37g

재질 : 폴리우레탄 소재의 러버 스펀지

색상 : 오렌지색

(5) 케이스

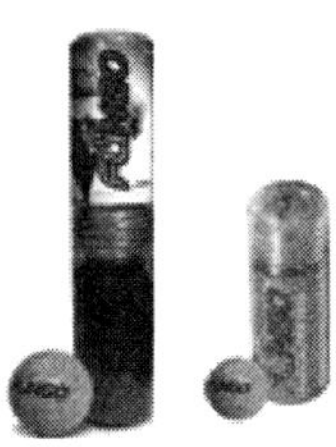

플링고 레귤러 : 직경 약 5cm × 길이 약 23cm의 플라스틱 원통

플링고 주니어 : 직경 약 5cm × 길이 약 14cm의 플라스틱 원통

2) 경기 방법

플링고는 단식 (1 : 1) 혹은 복식 (2 : 2) 및 팀 경기 (3~5인 한 팀)가 모두 가능한 게임이며, 연령이나 성별의 구분 없이 모두가 함께 즐길 수 있다는 장점이 있다.

그때 그때 인원에 맞추어 팀을 짜서 경기를 하도록 하되 공식 규칙에 따라서 플레이 하도록 하되 팀 경기의 경우 4인 1조의 경기가 일반적이다.

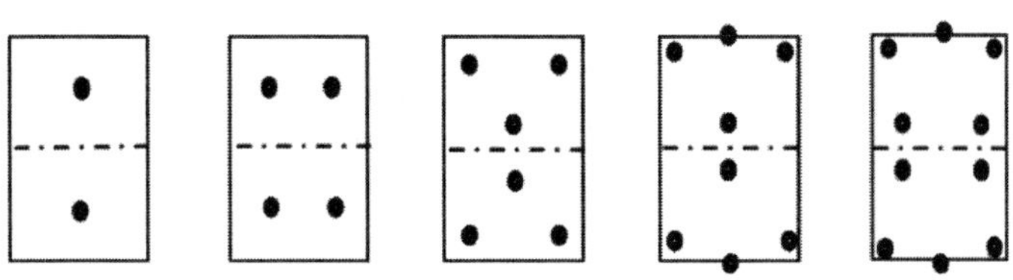

(1:1) (2:2) (3:3) (4;4) (5:5)

3) 경기규칙

① 비치발리볼의 룰을 기본으로 하여 경기한다.

② 단식의 경우에는 공을 한 번에 튕겨서 상대방 코트로 넘겨야 하며 복식 이상의 팀 경기의 경우에는 최대 3회 이내에 공을 튕겨 상대방 코트로 넘기면 되는 것으로 한다.

③ 21점 1세트로 승부를 내도록 한다.

④ 20 대 20이 되는 경우에는 2점차가 나야 승부가 나는 것으로 한다.

⑤ 서브권에 관계없이 득점을 인정 한다.

⑥ 공은 반드시 바운스 로만 튕겨져야 하며 바운스 이외의 신체 일부에 공이 접촉될 경우 플레이가 실패한 것으로 간주한다.

⑦ 플레이 도중 네트에 맞고 떨어지는 공을 튕겨 상대방 코트로 넘기는 것은 최대 랠리 제한 횟수 (3회)를 초과하지 않는 한 플레이를 성공한 것으로 인정한다.

⑧ 서브된 공이 네트에 닿았을 때에는 서브 실패로 간주한다.

⑨ 득점을 성공한 팀이 다음 서브권을 갖도록 한다.

⑩ 서브는 베이스 라인 바깥쪽에서 이루어 져야 한다. 서브를 하는 플레이어는 한 손으로 공을 던져 올린 후 떨어지는 공을 바운스로 튕겨내어 상대방 코트로 넘기도록 하되 달리면서 서브하거나 점프해서 서브를 해도 된다.

⑪ 서브는 오더 순으로 행하며 경기 종료까지 변경 할 수 없다.

⑫ 경기 중 선수 교체는 인정되지 않는다. 단, 부상으로 인한 경우에는 선수를 교체 할 수 있다.

4) 놀이 체육용 응용 게임

공식 룰에 의한 게임을 하기 위해서는 어느 정도 플링고에 익숙해 져야 하므로 그 전에 여러 가지 응용 게임을 재미있게 즐기면서 운동 효과를 볼 수 있다.

(1) 오래 치기 혹은 많이 치기

2인 1조로 랠리를 오래 유지 하거나 혹은 정해진 시간 동안 많은 랠리를 기록한 조가 승리 하는 것으로 규칙을 정한다.

(2) 적게 치기

2인 1조로 팀을 이뤄 정해진 시간 동안 가장 적은 횟수의 랠리를 한 팀이 이기는 것으로 승부를 낸다.

공을 가급적 높이 올려서 랠리를 할수록 적은 횟수의 랠리를 기록 할 수 있다. 단, 랠리 도중 공을 떨어뜨리는 팀은 탈락하는 것으로 한다.

(3) 멀리 치기 팀별 시합 (랠리)

8~10명 정도를 한 팀으로 구성한다. 한 팀의 인원을 반으로 나누어 아이들이 랠리하기 약간 어려워하는 정도의 거리(5~10m)를 두고 선을 그은 후 4명 (혹은 5명) 씩 양 편의 선 뒤쪽에 나누어 선다. 각 팀원들은 순번을 정해 랠리를 시작한다.

한 쪽 편의 1번 플레이어부터 맞은편의 4번 (혹은 5번) 플레이어까지 공을 떨어뜨리지 않고 먼저 랠리를 끝내는 팀이 이기는 것으로 한다. 이 때 선 안 쪽으로 들어가서 수구해서는 안 되는 것으로 규칙을 정한다.

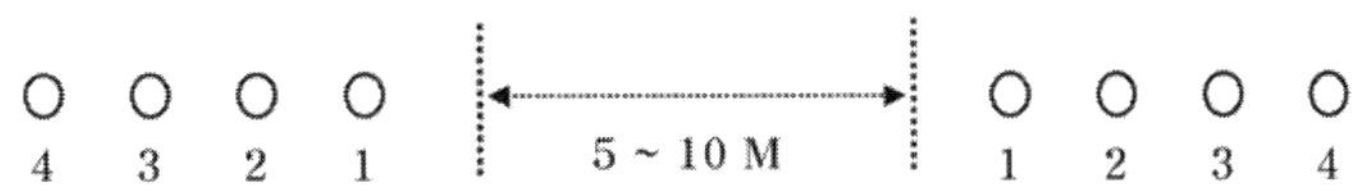

(4) 멀리 치기 팀 별 시합 (점수제)

위의 멀리 치기 팀별 시합과 같이 8~10명이 한 팀이 되어 플레이어를 반으로 나눈 다음 거리를 두고 양 쪽으로 일렬로 마주 보고 나누어 선다. 거리에 비례 하도록 점수를 정한 뒤 각 팀은 자기 팀원들이 성공적으로 랠리를 해 낼 수 있는 거리를 스스로 정하도록 한다. 예를 들어 거리 1m씩에 1점을 부여 하도록 정할 경우, A팀은 팀원들끼리 상의를 하여 랠리를 많이 이어 갈 수 있는 자신 있는 거리를 3m로 정하고 B 팀은 4m에 도전하기로 한다.

팀이 공을 땅에 떨어뜨리지 않고 랠리를 성공한 횟수가 10회, B팀이 8회일 경우 A팀은 총 점 30점 (3m × 10회)을 획득하고 B 팀은 총 점 32점 (4m × 8회)을 획득한 것이 되어 B팀이 승리한 것이 된다.

- 미리 라인을 1m간격으로 2~6개 정도 그어 놓은 후 각 팀이 원하는 거리의 라인 뒤에 나누어 서도록 하는 것이 좋다.

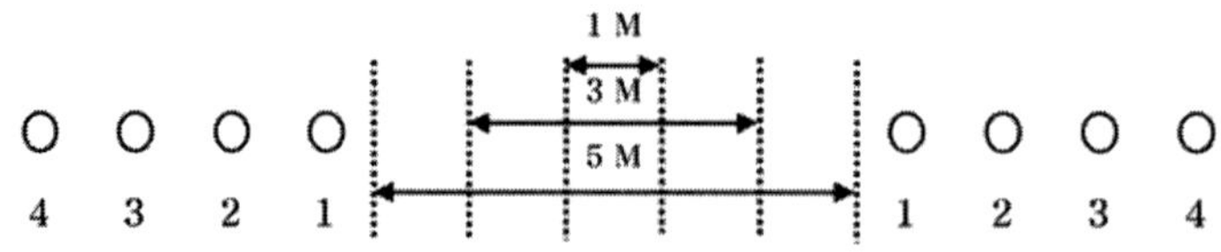

(5) 플링고 저글링

어느 정도 익숙해지면 두 사람 혹은 세 사람이 마주 서서 2개의 공으로 저글링을 하며 많은 횟수 랠리가 이어질 수 있도록 한다.

(6) 기타

그 외에도 더욱 많은 응용 게임이 가능하다(예, 플링고로 농구하기 등).

(네트형)뉴스포츠 종목별 해설

소프트테니스

Softtennis

1. 개요

1) 소프트테니스란?

테니스와 탁구가 접목된 네트형 뉴스포츠이다. 배드민턴 경기장에서 테니스 규칙에 의해 경기를 진행하기 때문에 탁구의 민첩함과 테니스의 역동적인 움직임을 동시에 즐길 수 있는 경기이다. 테니스에 비해 크기가 작고, 샤프트가 짧고, 가벼운 라켓, 가벼운 스폰지 볼, 배드민턴 경기장 크기의 좁은 공간에서 누구나 쉽게 참여해 테니스의 재미와 운동효과를 경험할 수 있다. 테니스가 장시간의 기술 연마가 필요한 반면에 소프트테니스는 빠르게 기술을 습득할 수 있는 장점이 있어 짧은 시간에 테니스에서 사용하는 공의 스핀을 익히는 등 경기력을 향상시킬 수 있는 종목이다.

2) 특징

- 라켓과 볼이 가볍고, 경기장이 작아 유소년이나 노인, 장애인 등도 충분히 즐길 수 있으며 운동기능을 익히기도 쉽고 재미있다.
- 소프트테니스 라켓이 있기는 하지만 상황에 따라 프리테니스 라켓이나 배드민턴 라켓을 사용할 수도 있다.
- 볼은 가벼운 스펀지(sponge) 볼을 사용한다.
  (바람이 강하게 부는 경우에 볼이 바람의 영향을 많이 받는다)
- 경기장의 크기는 배드민턴 코트가 적당하다.
- 기본적으로 서비스는 대각선으로 넣으며 서비스 존이 없다.
  (단, 경기력이 향상되면 테니스처럼 서비스 지역을 만들어 흥미를 배가 시킬 수 있다.)
- 경기규칙은 학생들의 수준을 고려하여 탄력 적용할 수 있다.

2. 시설 및 용구

1) 경기장

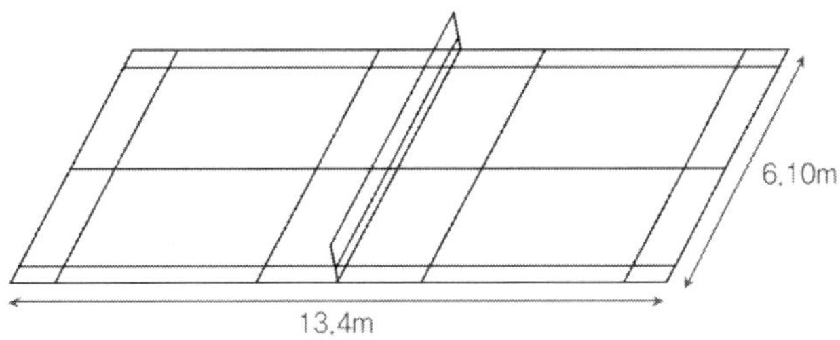

① 경기장은 배드민턴 경기장 크기로 한다.(단, 중앙선을 네트까지 확장한다)

② 네트 높이는 1m로 한다.(배드민턴 네트를 여러 개 묶어 경기장을 만들 수 있다.)

<학교운동장을 이용한 경기장 설치(예)>

2) 용구

소프트테니스용 라켓
(배드민턴, 프리테니스 라켓도 사용)

부드러운 스펀지 볼

<소프트테니스와 테니스의 다른 점>

내용	소프트테니스	테니스
경기장 크기	13.40m X 6.10m	23.77m X 10.97m (단식:8.23m)
라켓	소프트테니스라켓 (배드민턴, 프리테니스)	테니스 라켓
볼	스펀지 볼	테니스 볼
네트 높이	약 76cm(2ft)	약 91.4cm(3ft)

3. 경기방법

1) 게임의 종류

단식, 복식, 혼합복식

2) 게임의 승패

① 테니스 규칙을 적용하여 게임할 수 있다.

② 단식은 3세트, 복식은 5세트로 진행하며, 각 세트는 11점 또는 21점

3) 복식 게임

복식은 한사람씩 번갈아가며 타구해야 하기 때문에 공을 치고 난 후 동료가 공을 칠 수 있도록 위치를 바꾸는 것이 중요하다.

① 탁구 복식처럼 한 번씩 번갈아 가면서 공을 친다.

② 공의 방향에 대한 팀 동료의 시선과 판단에 방해가 되지 않게 움직인다.

③ 동료가 공을 치는 데 방해가 되지 않게 위치를 선정한다.

④ 동료가 공을 친후 자신이 공을 치기 유리한 위치로 이동한다.

4. 경기규칙

1) 서비스

① 허리 높이에서 공을 떨어뜨려 바닥에 바운드 한 후 포핸드 스트로크로 서비스 한다.

② 경기력이 향상되면 오버헤드 서비스한다.

③ 한 사람이 두 번 서비스한다.

④ 첫 번째 서비스는 오른쪽에서, 두 번째 서비스는 왼쪽에서 대각선 방향으로 서비스 한다.(점수가 짝수인 경우는 우측에서, 점수가 홀수인 경우에는 좌측에서 서비스 한다)

⑤ 리시버는 서버의 대각선 위치에서 리시브한다.

⑥ 듀스일 경우 한 번씩만 서비스한다. 듀스일 경우 연속 2득점하면 승리한다.

⑦ 코트교체 : 코트는 게임이 끝날 때 마다 교체한다. 마지막 세트에서는 어느 한편이 6점(11점)이 되면 코트를 교체한다.

2) 반칙

① 터치네트 : 라켓 또는 몸, 의복 등이 네트에 닿았을 경우

② 오버네트 : 라켓 또는 몸, 의복 등이 네트를 넘어간 경우

③ 바디터치 : 게임 중에 공이 몸에 닿은 경우

④ 투 터치 : 타구 시 공이 2회 이상 동일 라켓에 닿은 경우

⑤ 투 바운드: 공이 코트 위에 두 번 또는 그 이상 바운드된 공을 치는 경우

⑥ 그 밖의 경우

- 공이 심판대에 닿거나 이를 넘었을 경우
- 상대가 서비스한 공을 바운드되기 전에 친 경우
- 손에서 떨어진 라켓으로 공을 친 경우
- 연속해서 두 번 발리 한 경우

5. 기초기술

1) 준비 자세

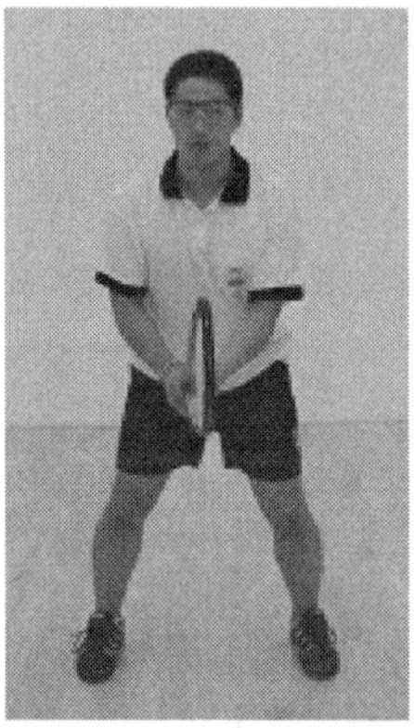

소프트테니스의 준비 자세는 어떠한 방향으로든 모든 기술과 동작이 가능할 수 있도록 취하는 자세이다. 양 발은 어깨 넓이 만큼 벌리고 무릎은 약간 구부린다. 발뒤꿈치를 살짝 들어 빨리 움직일 수 있도록 한다.

① 양발은 어깨 넓이 정도로 벌린다.

② 무릎을 굽히고 안정된 자세를 한다.

③ 발뒤꿈치를 살짝 들어 코트의 어느 방향으로든 신속히 움직일 수 있도록 준비한다.

④ 라켓을 가볍게 쥐고 머리와 시선은 상대편과 날아오는 볼에 집중한다.

⑤ 그립은 가볍게 쥐며, 다른 한 손으로 라켓을 받쳐 그립을 쉽게 바꿀 수 있도록 한다.

2) 그립

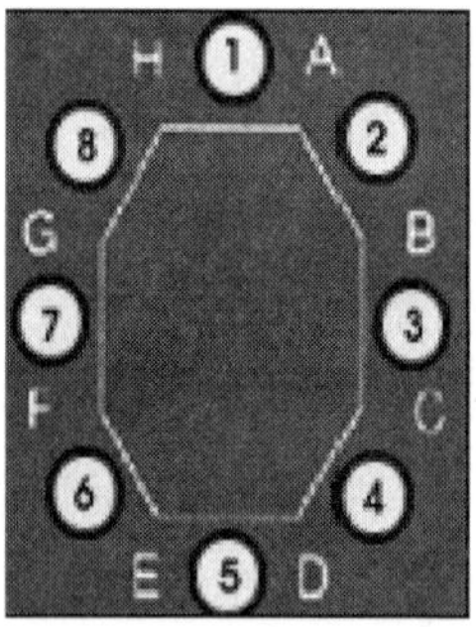

그립은 라켓 잡는 방법으로 크게 이스턴 그립과 웨스턴그립으로 분류하며, 개인의 특성에 따라 편하고 효율적인 그립으로 잡은 것이 중요하다.

공의 반발 속도는 라켓의 속도와 라켓과 공의 접촉 위치에 의해 결정된다. 그러므로 그립은 가볍게 쥐고 준비하다가 공을 임팩트 하는 순간에 꽉 쥐고 치는 것이 좋다.

라켓을 쥘 때 엄지와 검지가 만드는 V홈이 그립의 어느 부분에 위치하느냐로 그립을 구분한다. 그립은 그림에서와 같이 각 면에 번호를 매겨서 구분한다. 대표적인 그립은 웨스턴 그립(western grip), 이스턴 그립(eastern grip), 컨티넨탈 그립 (continental grip)으로 나뉘며, 여기서 각각의 상황에 따른 변화로 4가지 정도의 다른 그립이 있다.

(1) 컨티넨탈 그립(continental)

컨티넨탈 그립은 V홈이 H의 모서리에서 1의 면 중앙에 오게 잡는다. 컨티넨탈의 장점은 포-백 모두 그립 체인지를 하지 않고 쉽게 칠 수 있다는 점이고, 단점은 포핸드 스트록을 치는 경우 팔 관절에 무리가 많이 간다.

(2) 이스턴 그립(eastern)

이 스턴 그립은 V자가 거의 A의 모서리에 오게 잡은 것으로 컨티넨탈보다 약간 오른쪽으로 비켜 잡은 그립이다. 손바닥의 방향과 라켓 면의 방향이 거의 같기 때문에 면 조작의 감각을 알기 쉽다. 손목에 부담을 주지 않고 높낮이에 관계없이 스트록을 할 수 있어 테니스 초보자들에게 아주 용이한 그립이다. 포핸드 플랫을 가장 치기 쉬운 그립으로 스핀이나 슬라이스도 어느 정도 가능하다.

(3) 백핸드 이스턴 그립(backhand eastern)

V자기 8에 오게 잡는 방법으로 컨티넨탈 보다 약간 인쪽으로 비커 잡은 형태가 된다. 백핸드 플랫이 가장 치기 쉬운 그립이며 톱 스핀도 걸 수가 있다. 서비스, 발리, 스매쉬 그리고 백핸드 스트록은 대부분 이 그립으로 기술을 구사한다.

(4) 웨스턴 그립(western)

웨스턴 그립은 아주 많은 회전의 포핸드 스트록을 구사하는 선수들이나 바운드가 아주 높은 볼을 강타하기 위하여 사용하는 그립이다. 이는 그립의 중앙에서 아주 많이 돌린 까닭에 발리, 스매쉬 및 백핸드 스트록을 구사하기 위해서 그립을 돌리는 것이 힘들기 때문이다.

(5) 세미 웨스턴 그립(semy western)

세미 웨스턴그립은 V자가 거의 2의 중앙 에 오는 그립이다. 이스턴과 웨스턴의 그립 중간에 해당하는 그립으로 양쪽의 특징을 다 가지고 있다. 즉 포핸드 플랫과 강한 톱스핀을 다 칠 수 있다.

(6) 풀 웨스턴(full western)

이 는 웨스턴보다 두꺼운 그립으로 V자의 위치는 3의 면의 중앙에서부터 C의 모서리 부근까지 포핸드 스트로크에서 톱 스핀의 하드히트에 가장 적당한 그립이다. 단점으로는 그립이 두꺼워지므로 리치가 짧아져 그 점이 가장 불리하다. 같은 면으로 백핸드도 칠 수가 있기 때문에 스트로크에서는 원 그립 테니스도 가능하다.

(7) 백핸드 세미웨스턴(backhand semy western)

V자가 G의 모서리에서 7의 면 상부 정도에 오는 그립으로 포핸드 풀 웨스턴과 거의 일치한다. 지면과 수직이 되도록 라켓 면을 팔 앞에 두고 내밀어 그대로 잡으면 이 그립이 된다. 포핸드의 풀 웨스턴으로 잡고 손등을 위로 향하게 한다고 기억하면 좋다.

3) 기본 스트로크

(1) 포핸드 스트로크

① 기본 준비 자세를 취한다.

② 준비 자세에서 몸을 오른쪽으로 90도 정도 돌면서 백스윙을 하고, 머리와 시선은 상대편과 날아오는 볼에 집중한다.

③ 볼을 맞추는 순간 타점의 위치는 라켓을 든 손목은 허리 위치에, 왼발의 발끝은 전방을 향하고 가슴을 오픈 시킨 상태에서 팔로 스윙을 해준다.

④ 시선은 볼에 끝까지 집중 하면서 라켓의 중심에 맞도록 밀어 쳐 줘야 한다.

⑤ 공을 치고 난 뒤에도 팔의 동작은 자연스럽게 움직이며 왼쪽 머리 근처까지 스윙을 해 주어야 공을 정확하게 보낼 수가 있다.

(2) 백핸드 스트로크

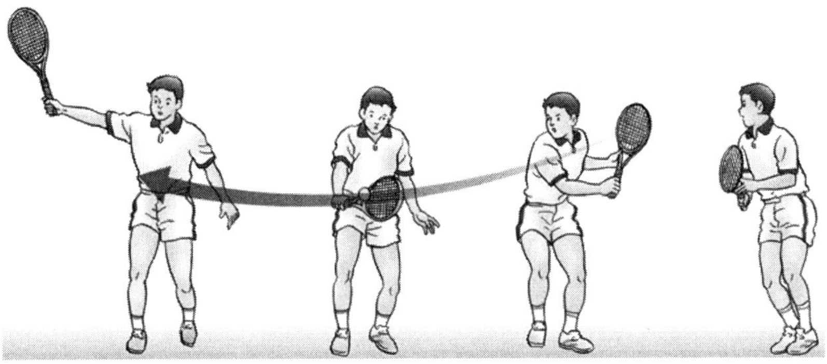

① 기본 준비 자세를 한다.

② 몸을 왼쪽으로 돌면서 라켓을 뒤로 빼며, 백핸드 스윙 동작을 취한다.

③ 전면을 주시한 상태에서 라켓을 쥔 오른손이 왼쪽 허리 근처에서 타점의 방향으로 직선으로 밀어주는 스윙을 해줘야 한다.

④ 공을 치고 난 뒤에도 라켓은 자연스럽게 끝까지 밀어 올려 보낸다.

⑤ 다시 준비자세로 돌아와 몸의 균형을 유지하며 다음 동작을 준비한다.

(3) 포핸드 발리

① 기본 준비 자세를 한다.

② 몸을 45도 정도 오른쪽으로 틀면서 라켓을 백스윙 하면서 위로 들어 올려, 포핸드 동작 자세로 준비한다..

③ 날아오는 공을 커트 하듯이 내리면서 공을 바운드 없이 바로 쳐서 보낸다.

④ 다른 한 손도 라켓과 같이 움직이며 정확하게 쳐 보내도록 한다.

(4) 백핸드 발리

① 기본 준비 자세를 한다.

② 몸을 45도 정도 왼쪽으로 틀면서 라켓을 왼쪽 위로 들어 올려, 백핸드 동작 자세를 취한다.

③ 날아오는 공을 커트 하듯이 내리면서 공을 바운드 없이 바로 쳐서 보낸다.

④ 다른 손도 같이 움직이며 정확하게 쳐 보내도록 한다.

(5) 스매시

① 스매시는 주로 높은 공을 강하게 쳐서 보내는 효과적이고 공격적인 스트로크이다.

② 자세는 몸을 오른쪽으로 가볍게 틀면서 라켓을 위로 올렸다가 공을 강하고 정확하게 앞으로 쳐서 보내도록 한다.

- 스매시를 하고 난 뒤에는 다음 동작을 준비한다.

(네트형)뉴스포츠 종목별 해설

스피드민턴

Speedminton

1. 개요

스피드민턴을 강의에 추가해야 하는 중요한 이유
- 건강과 민첩성 조정능력의 증가에 효과적이며 재미있다.
- 어린이에게 높은 동기부여
- 배우기 쉽고 룰이 간단하다.
- 실내와 실외, 어느 곳이든 장소에 제약받지 않고 플레이 가능하다.
- 경기 레벨에 따른 서로 다른 스피더 사용.
- 네트가 필요 없으며 코트 Set-up이 간단하다.
- 높은 품질의 장비.

1) 수업을 위한 스피드민턴

2011년 독일에서 발명되었고 스피드민턴은 3종류의 스포츠의 가장 뛰어난 요소들로 결합되었다.

① 테니스 - 테니스 코트의 절반 사이즈가 스피드민턴의 코트 사이즈이며 한 테니스 코트는 2개의 스피드민턴 코트와 동일하다.

② 배드민턴 - 스피더라는 셔틀콕을 사용한다.

③ 라켓볼 - 스피드민턴의 라켓이 라켓볼의 라켓과 유사하다.

스피드민턴은 교육과정을 통해 배울 수 있는 완전한 게임이며 학생들의 능력 레벨에 관계없이 모든 학생들이 경기를 할 수 있다.

2) 누구와?

스피드민턴은 교육과정을 통해 배울 수 있는 완전한 게임이며 능력에 관계없이 경기를 할 수 있다. 내구성 있는 라켓은 짧고 가벼우며 어린이들이 사용하기에 쉽도록 만들어 졌다. 스피더는 많은 힘을 요구하지도 않으며 먼 거리를 갈 수 있고 각자 다른 속도들을 가지고 있다. 공격적 경기를 위한 매치 스피더와 오락적 경기를 위한 펀 스피더가 있다.

스피드민턴은 7세 이상 아동에게 권하며 초보자도 2분정도 연습하면 짧은 렐리 정도는 가능하다. 스피드민턴은 초, 중학생에게 뛰어난 오락성 놀이를 제공하고 고등학생에게는 기분 전환용 이거나 정식 시합을 할 수 있는 경기용품 이기도 하다

3) 어디서?

네트가 필요 없으며 실외, 실내 어떤 곳에서도 플레이가 가능하다. 스피더는 특히 실외용 제품으로 개발 되었으며 배드민턴 셔틀콕보다 작고 무거우며 공기 저항에 뛰어나며 기발한 색상들은 실내나 실외에서 가시성을 좋도록 만든다.

4) 어떻게?

스피드민턴은 조건반사나 조화력 증강에 좋은 동기부여적 게임이며 학생들은 서로 떨어져 있는 상태에서 스피더를 앞으로 쳐 날릴 수 있으며 모든 아이들이 스피더에 반작용 할 수 있도록 충분한 공간을 두어야 한다.

정식 경기에 있어 각각의 선수는 5.5m 사각 안에서 12.8m 서로 떨어져 있어야 하며(15세 이하는 8.8m 이다.)스피더를 쳐서 상대방의 사각안에 스피더가 떨어지도록 해야 한다.

2. 시설 및 용구

1) 라켓

현재는 알루미늄, 그라파이트, 케블러(나일론보다 가볍고 강철의 5배 강도의 합성섬유) 3가지 타입이 있으며 스쿨세트는(12라켓) 알루미늄이 사용되었고 150g 정도이다. 길이는 60cm 이며 가장 우수한 통제력과 조절력을 제공한다.

라켓은 테니스나 배드민턴 라켓보다 작고 어린이들이 사용하기에도 쉽도록 만들어졌다. 라켓 면 중에서 최적의 히트 포인트인 "Sweet Spot"은 손에서 가장 이상적인 거리에 놓여 있으며 팔 보호를 위한 가장 적당한 특징적인 진동을 만든다.

2) 스피더

스피드민턴의 비밀은 야외 놀이용으로 디자인 된 스피더라는 새로운 콕에 있고 비교적 바람의 영향을 덜 받으며 먼 거리로 날아 갈 수 있다. 스피더의 중앙이 비어있어 바람의 저항을 줄일 수 있으며 일정한 비행경로로 안정감 있게 날아가게 해주며 고무탄성 구조물인 헤더는 최적의 콘트롤을 보장하며 적은 힘을 사용해서 먼 거리로 날아가게 한다.

고품질의 합성물질은 스피더를 매일 사용해도 내구성 있게 유지 해 주고 정식 경기를 하게 한다. 또한 그 구성물질은 자연 채광에서 눈에 보이지 않는 자외선으로 전환되어 스피더의 가시성을 증가시킨다. 그리고 스피더는 정식 시합에 사용되는 메치 스피더와 오락적 경기를 위한 펀 스피더가 있으며 야간용 나이트 스피더(스쿨세트에는 없음)도 있다.

펀 스피더는 더 작은 무게로 초보자나 어린이에게 적격이며 산들바람 정도는 윈드링을 끼워 사용한다.(2g 정도의 무게로 더 안정적이다.)

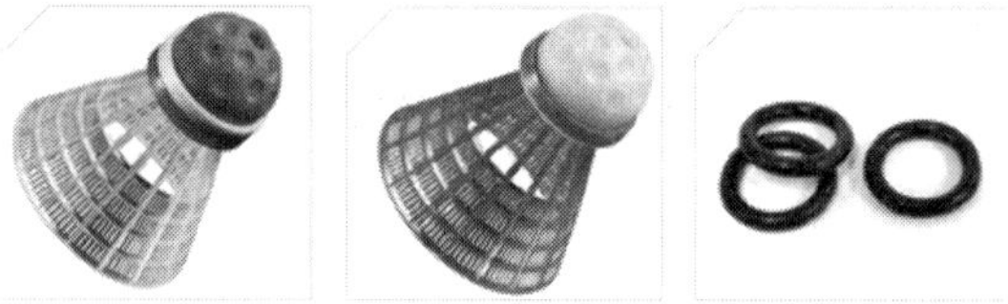

3) 코트

스피드민턴 코트를 만드는 다양성이 어느 장소에서도 경기를 할 수 있다는 것이 가장 중요한 키포인트 이다.(모든 학교에서 교육과정의 한 종목으로 선택 할 수 있다.) 정식의 스피드민턴 코트는 서로 12.8m 떨어져 5.5m의 사각으로 구성되어 있으며 이것은 국제 경기 룰로 정해져 있으며 학교에서는 필요에 따라 코트 길이를 조절한다.

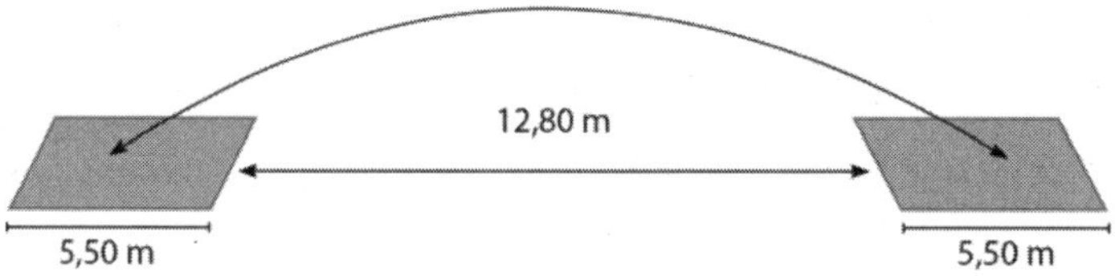

스피드민턴 이지코트는 쉽게 코트를 만들 수 있으며 게코마크는 잔디나 모래땅 위에 사용되며 또는 아스팔트 위에 놓아 둠으로 코트가 될 수 있으며 콘은 학교 수업이나 훈련 프로그램에서 이상적이다.

테니스 코트에서는 네트만 내려놓으면 2개의 스피드민턴 코트가 쉽게 만들어진다.(만약 당신이 네트위로 치기를 더 좋아 한다면 네트가 있어도 관계없다).

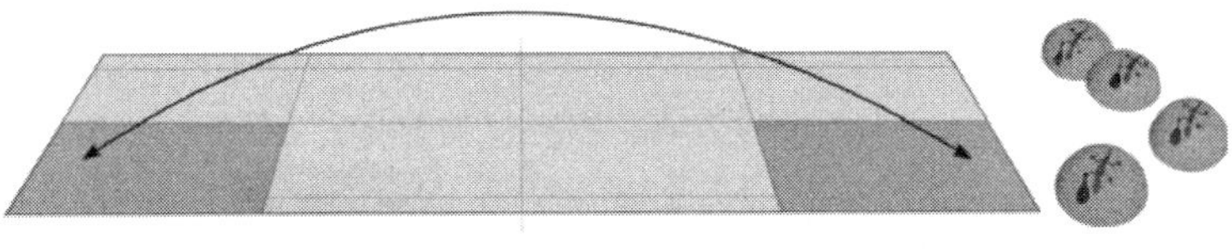

4) 코트 셋 옵션

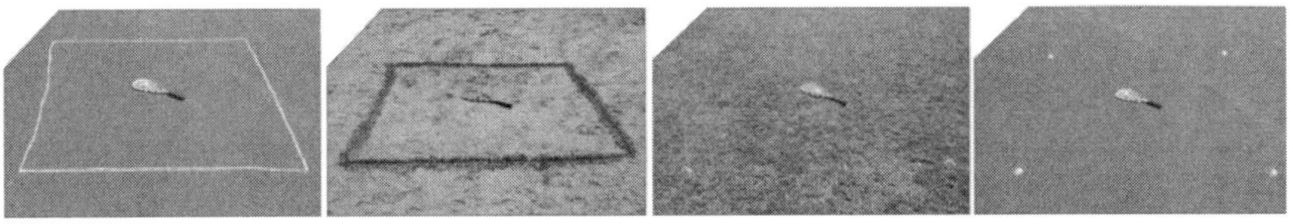

3. 경기규칙

1) 게임 룰

각각의 SET는 16점에서 끝이 나며 점수가 15점 동점 그 이상의 경우 한 선수가 연속 승점 할 때까지 계속된다. 경기는 5판 3승제 또는 3판 2승제 등이 있다.

2) 서비스

누가 먼저 서브 할 것인가를 정하고 3번씩 서브권을 가지며 그 이후 교대하며 매 서브 마다 카운터가 된다.

15대 15 동점인 경우 서브는 각 포인트 마다 교대한다.

서브권 자는 서브존 안에서 서서 서브를 해야 하며 라인에 발이 닿지 않도록 하며 게임에 진자가 다음 경기에서 첫 서브권을 가진다.

3) 코트

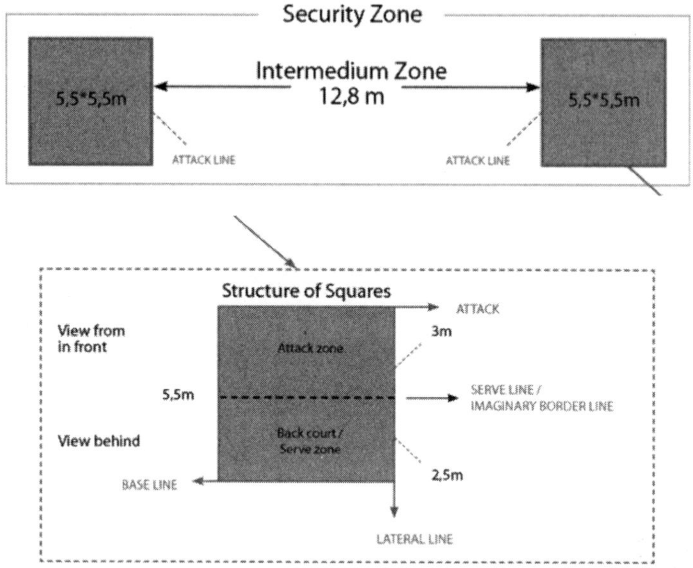

4) 점수

다음과 같은 경우 점수가 발생 된다.

- 서비스 실수
- 스피더가 바닥에 떨어졌을 경우
- 스피더가 자신의 박스 내부에 떨어져서 쳐 내보내지 못한 경우
- 스피더가 박스 밖으로 떨어진 경우(선수가 아웃된 스피더를 리턴한 경우 경기는 계속된다.)
- 스피더를 한 선수가 두 번 건드린 경우
- 스피더가 몸에 맞는 경우

5) 복식 경기

서브를 넣는 선수는 서브존 안에서 서브를 넣어야 한다.

6) 코트 위에서 순서와 위치

서브를 넣은 다음부터는 선수 간의 위치를 자유로이 이동 할 수 있으며 이전 게임의 승리팀은(혹은 서브권 선택을 받은 팀)다음 세트(또는 첫 세트)시 작전에 누가 공격자 인지를 통보해야 한다.

7) 서브 순서

- 오른쪽에서 상대의 왼쪽으로 서브를 넣는다.
- 서브 순서를 바꿀 수 없다.
- 이전 세트의 게임에 진 선수팀이 다음 세트에서 먼저 서브를 넣는다.
- A팀(선수 A1,A2), B팀(선수 B1,B2)로 봤을 때 A2→B1→A1→B2 순으로 서브를 넣는다.

8) 서브와 리턴에서의 잘못된 선수위치

뒤쪽 선수가 스피더를 가격 할 때 앞 파트너의 발과 겹쳤을 때는 점수를 잃으며 또한 앞 공격수가 스피더를 가격 할 때 뒷 파트너의 발과 겹쳐서도 점수를 잃는다.

랠리 하는 동안 서브와 리턴에서 잘못된 위치는 랠리가 계속 되더라도 심판에 의해 바로 스톱되고 그때 즉시 점수를 잃게 된다.

4. 기본기술 및 훈련방법

1) 기본

(1) 라켓 잡는 법

라켓 잡는 방법은 개인적인 선호에 따라 다르다. 우리는 모든 동작을 위해 라켓의 중앙 그립을 이용하기를 권하고 모든 타입의 스트라이크는 중간 그립에서 플레이된다. 중간 그립 이용에 의해 여러 종류의 스트라이크를 응용해 보는 것과 배우는 것이 훨씬 쉽다.

(o)올바른 파지법 (x)잘못된 파지법 (x)잘못된 파지법

(2) 기본자세

기본자세로 스피더를 기다리는 것이 최적의 융통성과 플레이 동안의 다가오는 동작에 대한 민첩성을 보장 할 수 있다.

- 발을 어깨 넓이로 벌린다.
- 무릎을 약간 구부린다.
- 몸 안쪽에서 라켓을 잡는다.
- 몸을 편안히 하고 준비 자세를 취한다.
- 다가오는 스피더를 만나기 위해 한 스탭 안쪽으로 자세를 취한다.
- 기본 자세로 기다린다.

TIP : 당신을 앞 라인쪽으로 지향하고 스피더를 친 후 바로 기본자세로 돌아온다.

스텝 나누기

깡충깡충 뛰거나 작은 점프를 하도록 하고 상대에게 스피더를 쳐 보낼 때 당신의 발이 땅에 닿도록 한다. 이것은 당신의 다음 동작을 더 민첩하게 해 준다.

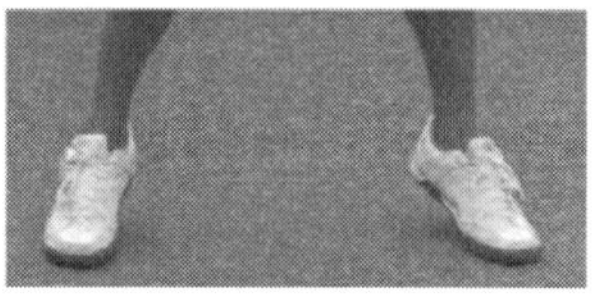

(3) 일반적인 실수

- 딱딱한 자세 : 이런 자세로는 알맞게 대응 할 수 없다.
- 두 발의 간격이 좁은 자세 : 균형을 잃기 쉬우며 빠르게 반응 할 수 없다.
- 무릎을 구부리지 않는 자세 : 빠르고 파워풀 하게 반응하는걸 어렵게 만든다.
- 필드에 중앙에 서 있을 때 : 백핸드 보다 포핸드가 더 효과적이며 약간 왼쪽에 서 있어야 한다.

2) 기술

(1) 서비스

스피드민턴에서 서브는 가장 중요한 스트로크 중 하나이다. 초보자는 스피더를 적당히 서브하는 방법을 모른다면 랠리를 할 수 없다. 시합하는 동안 좋은 서브는 시작에서 당신이 상대방에게 상당한 압박을 받게 만든다.

① 준비자세

- 왼발은 앞쪽으로 비스듬히 서서 오른발은 뒤쪽으로 약간의 각을 유지한다.
- 무릎은 약간 구부린다.
- 상체는 약간 상대방을 향해 구부린다.
- 때리는 팔을 뒤쪽으로 움직인다.
- 왼손으로 스피더를 잡고 헤드를 밑으로 하며 엄지와 검지로 스피더 위쪽을 잡는다.

② 타격자세

- 스피더를 놓는다.
- 동시에 스피더를 향해 스윙한다.(상체를 상대방을 향해 구부린다.)
- 몸 앞에서 오른쪽을 향해 스피더를 친다.
- 몸무게를 왼쪽 발에 옮긴다.
- 왼 팔을 더 안정적이게 뒤쪽으로 움직인다.

③ 마무리 자세

- 치고자 하는 팔을 휘두른다.
- 기본 자세로 돌아가기 위해 오른발을 앞쪽으로 향한다.

<준비 자세>

<타격 자세>

<마무리 자세>

④ 일반적인 실수

- 스피더를 던진다 : 많은 학생들이 스피더를 치기 전에 스피더를 던지려 한다.(학생들이 그들의 라켓으로 스피더에 익숙해지기 위해 몇 차례 툭툭 칠 수는 있다.)
- 집중력 부족 : 허리 근처에서의 서브는 간단 해 보이기 때문에 많은 사람들이 신중하지 않는다.

(2) 포핸드

포핸드 스트로크는 백핸드 보다 가장 자주 이용되는 스윙이고 대부분의 선수들이 포핸드 기술을 매우 쉽게 익힐 수 있다. 포핸드 스트로크는 낮게, 반 높이로, 그리고 높게 운영될 수 있고 앞을 향한 긴 스윙은 컨트롤을 쉽게 할 수 있으며 정확한 컨트롤을 위해 당신은 목표를 향해 당신의 몸을 움직여야 하고 항상 스피더를 몸 앞에서 치도록 해야 한다.

① 준비자세

- 중간 그립
- 때리는 방향으로 상체를 움직인다.(왼쪽 어깨를 앞쪽으로 한다.)
- 때리는 팔을 뒤쪽으로 한다.
- 몸 무게를 오른 발로 옮긴다
- 전체적 동작 동안 최적의 균형을 잡기 위해 무릎을 약간 구부린다.

② 타격자세

- 라켓면을 스피더를 치고자 하는 방향으로 한다.
- 몸 무게를 왼쪽 발로 옮긴다.
- 상체를 때리는 목표 쪽으로 회전시킨다.
- 회전 시 몸을 최대한 부드럽게 회전 시킨다.
- 때리는 팔을 앞쪽으로 스윙하며 상체 앞쪽에서 스피더를 친다.

③ 마무리 자세

- 라켓을 스윙한다.
- 가능한 빨리 기본자세로 전환한다.

<준비 자세>

<타격 자세>

<마무리 자세>

④ 일반적 실수
- 무릎 구부림이 충분하지 않다 : 유연성을 떨어지게 한다.
- 팔 거리가 짧다 : 몸의 너무 가까운 곳으로 스피더를 치게 된다.

(3) 백핸드

대부분의 스피드민턴 선수들을 위하여 백 핸드는 더욱 더 도전 해 볼만한 스트로크 이다.

① 준비 자세
- 중간 그립
- 상체를 때리는 방향으로 움직인다.(오른쪽 어깨가 앞쪽)
- 때리는 팔을 조금 구부리고 뒤쪽을 향한다.
- 전체 동작을 하는 동안 최적의 균형을 잡기 위해 무릎을 약간 구부린다.

② 타격 자세
- 라켓면을 치고자 하는 방향으로 향한다.
- 몸 무게를 오른발로 옮긴다.
- 상체를 때리는 방향으로 구부린다.
- 때리는 팔을 앞쪽으로 스윙하고 몸 앞쪽에서 스피더를 친다.

③ 마무리 자세
- 라켓을 스윙한다.
- 가능한 빨리 기본 자세로 전환한다.

④ 일반적인 실수
- 여전히 뒤쪽에 다리가 그대로 있다.
- 회전 각도가 충분하지 않다.
- 몸 근처 너무 가까이에서 스피더를 친다.

<준비 자세>

<타격 자세>

<마무리 자세>

(4) 오버헤드 스트로크

상대에게 높고 긴 샷은 오버헤드로 처리되어야 한다. 높은 아치 모양의 플레이는 랠리를 하기 위한 가장 뛰어난 방법이며 오버헤드 스트로크는 앞 뒤로 왔다 갔다 하는 방법을 배우는 것이 매우 중요하다.

① 준비 자세

- 중간 그립
- 때리는 팔을 들어서 구부리고 라켓은 당신 머리 뒤에 있다.
- 몸무게는 당신 뒤쪽에 위치한 오른발에 옮긴다.
- 전체적인 움직임 동안 최적의 균형을 잡기 위해 무릎을 약간 구부린다.

② 타격 자세

- 때리는 팔의 엘보우를 날아오는 스피더를 향해 움직인다.
- 기본 위치를 향해 상체를 회전한다.
- 때리는 팔을 쭉 펴고 시계 반대 방향으로 회전한다.
- 몸 무게를 왼쪽 다리로 옮긴다.
- 왼 팔을 뒤로 하고 최적의 균형을 유지한다.

③ 마무리 자세

- 왼쪽으로 라켓을 내리며 스윙한다.
- 오른다리를 앞쪽으로 한다.
- 가능한 빨리 기본 자세로 복귀한다.

④ 일반적인 실수

- 몸을 회전시키지 않는다 : 스트로크가 방향을 잡지 못하고 약하다.
- 다가오는 스피더를 지켜보지 못했다 : 스피더의 날아오는 방향을 정확히 계산하지 못할 것이다.

-때리는 팔을 쭉 펴지 못했다 : 스윙과 컨트롤이 약해진 상태로 스피더가 맞쳐진다.

<준비 자세> <타격 자세> <마무리 자세>

(5) SMASH & CLEAR

오버헤드로 경기 할 때 당신은 당신이 원하는 방향으로 거의 같은 동작에서 다른 스트로크를 만들 수 있다.

CLEAR는 상대방의 뒤쪽을 향한 하이 스트로크 이다. 이 스트로크는 상당 시간 스피더가 허공에 떠 있으므로 더 많은 회복시간을 준다. CLEAR는 당신이 상대편을 필드의 뒤쪽으로 가게하고 당신이 짧고 빠른 스트로크로 점수내기 좋은 위치에 자리 잡도록 해 준다. 또한 당신은 당신의 상대방에게 제일선에서 스피더를 느린 타구 방법인 언더헤드 CLEAR 방법으로 경기를 할 수 있다.

SMASH는 짧고 빠른 스트로크이다. 오버헤드 플레이 때 스피더를 상대방의 사각 지점에 떨어지도록 똑바로 때린다.

SMASH는 가장 강력한 스트로크이며 점수 획득에 뛰어난 방법이지만 매우 정확해야 한다.

CLEAR나 SMASH 둘다 오버헤드가 가능하고 동작도 거의 같다.

CLEAR로 경기할 때는 당신이 원하지 않는 너무 먼 곳으로 가는 것에 대해 매우 조심해야 하며 SMASH인 경우 힘껏 치더라도 매우 정확해야 한다.

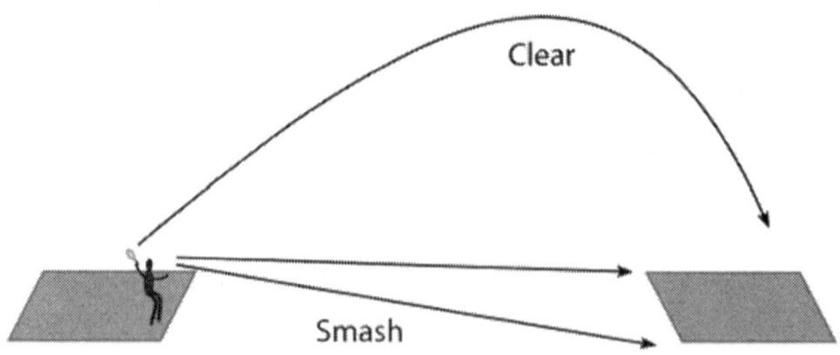

중요한 차이는 점수 획득면에서 발견 될 수 있으며 CLEAR는 필드 뒤쪽에서 경기가 되고 당신 몸의 위쪽이나 뒤에서 히트가 되며 SMASH는 몸의 앞쪽에서 히트가 된다.

TIP : 처음에는 팔과 다리와 상체의 동작에서 당신의 손목을 쭉 편 상태로 스피드민턴의 기본을 배우는 것이 제일 쉽다. 그리고 어느 정도 숙련이 되었을 때 손목을 끌어당기는 것이 어느 스트로크 에서나 당신의 경기를 향상 시킬 수 있다.

3) 전술

먼저 당신은 당신의 학생들에게 좋은 랠리를 하고 어떻게 서브를 넣는지 그리고 스피더를 공중에 혹은 앞으로, 뒤로 보내는 방법을 배움에 따라 그들의 경기력이 향상이 된다는 것을 알리도록 한다.

(1) 전술

스피더가 상대방 코트 어느 곳에 떨어지기를 원하는가? 다른 라켓 스포츠와 마찬가지로 코트의 가장자리에 떨어지도록 하는 것이 가장 좋은 지점이며 그러기 위해서는 당신의 거리를 조정하는 것이 필요하다. 거리조절 능력 없이는 상대방 구역 밖으로 스피더가 날아가는 것을 알 수 있을 것이다. 코트 앞 가장자리에 스피더가 가도록 겨냥한다. 좋은 장소에서의 빠른 스트로크는 상대방이 리턴하기 어렵다. 구역 뒤쪽 코너 역시 좋은 타겟이지만 상대방이 뒤쪽에 가는 더 많은 시간이 스코어를 올리기에는 다소 불리할 수 있다.

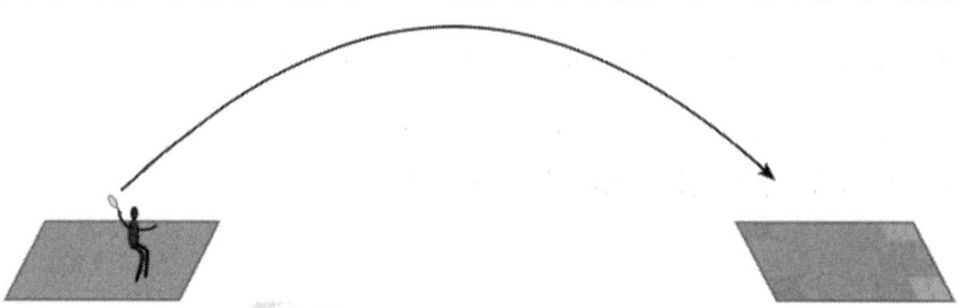

3번째 가능한 전술은 상대방의 몸을 겨냥하는 것이다. 이것은 바로 가까이 공이 와서 그 스피더를 치기 위해 먼 길을 갈 필요가 없음에도 불구하고 매우 리턴이 어렵다.(이렇게 학생들이 서로를 겨냥하는 것을 당신은 원하지 않을 것이니 이러한 방법은 당신의 판단에 의해 이용하도록 한다.)

TIP : 스매싱은 점수 내는 가장 빠른 방법이지만 상대방 앞 라인에 스매싱을 하는 것이 전부는 아니다. 다양한 방법의 스트로크가 가능하다. 빠른 속도에서의 하이스트로크와 낮은 스트로크를 번갈아 하고 당신의 상대가 당신의 다음 샷이 어디서 될 것 인가를 예상되는 곳을 지키고 있도록 만들어라.

(2) 위치 선점과 스텝 순서

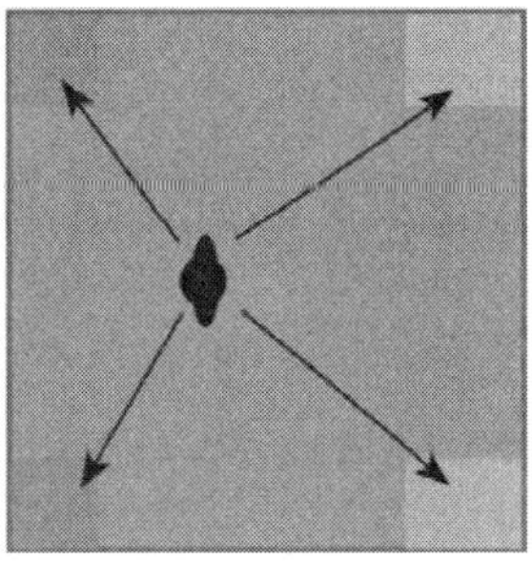

다른 라켓스포츠에 비해 스피드민턴의 코트는 좁게 보인다. 그러나 게임의 스피더에 있어 5.5m의 사각을 커버하기엔 넓은 지역이다. 중앙에 서 있으며 상대방의 스트로크를 대비하기 위해 항상 뒤쪽으로 움직이는 것이 필요하다. 가장 효과적 스트로크는 앞쪽 모서리로 빠르게 치는 것이다.

경기자의 중앙 위치는 사각의 가운데가 아니다. 길고 높은 스트로크를 하는 동안 당신은 뒤쪽으로 움직일 더 많은 시간을 가질 수 있다. 그러나 빠르게 짧고 낮게 리턴하는 것도 필요하다.

항상 코트 전면을 빠르게 커버하기 위해 중앙 위치에서 시작 하도록 하며 가능한 몇 스탭을 한 후 중앙 위치에 복귀한다.

앞쪽 라인에 숏 스트로크로 복귀 했을 때 앞쪽을 향한 전진 스탭을 행하므로 당신은 공간을 최상의 커버를 할 수 있다. 더 많은 시간을 벌기 위한 하이 스트로크나 숏 스트로크를 빠르게 해야 한다.

당신이 상대에게 압박을 받고 있다면 스트로크 후에 앞발을 이용 해 백 스탭으로 중앙 위치에 가도록 한다. 뒷 라인 쪽 스트로크의 복귀는 대부분 오버헤드 플레이가 될 것이다. 몸무게를 앞 발쪽으로 옮기고 뒷 발 쪽에서 푸싱한다. 중앙 지점에서 앞 뒤로 움직이며 오버헤드의 방법을 이용하도록 한다.

4) 교육

지금 당신이 기본적 기술과 전술을 가지고 있다면 이제 코트로 옮겨 갈 시간이다. 스피더는 항상 당신이 원하는 곳으로 날지 않으며 당신의 두 발로 당신이 원하는 만큼 따르지 못한다. 기본을 이해한다는 것은 모든 스포츠에서 중요하며 아래의 사항들은 스피드민턴 경기를 할 때 가장 중요한 것들로 기억하도록 하면 도움이 될 것 이다.

(1) 꼭 기억해야 할 10가지

① 좋은 서비스로 시작하라.
② 스피더에 눈을 고정시켜라.
③ 항상 중앙 위치로 복귀하라.
④ 두 발은 가볍게 유지한다.
⑤ 최소한의 빠른 스텝으로 필드를 커버한다.
⑥ 다양한 변수에 대해 융통성 있게 플레이 하라.
⑦ 방어와 공격을 조절하라.
⑧ 매 순간마다 최선을 다한다.
⑨ 스스로 확신하라.
⑩ 재미를 가져라.

(2) 스피더 소개

학생들이 이전에 콕에 의한 라켓 스포츠의 경험이 없다면 스피드를 소개하는데 시간이 필요하다.

① 셔틀콕의 구성(헤드와 바구니)
② 셔틀콕이 어떻게 날아가는지(헤드가 앞을 향해)
③ 스피더는 배드민턴 콕과는 다르다(스피더의 헤드와 바구니가 훨씬 내구성이 강하며 빠르다.)

스피더의 케이스를 압착하지 않도록 한다.(이것은 스피더의 모양을 상하게 하는 이유이다.)

스피더는 교육 동안 헤드를 잡아야 하며 주머니에 넣어서는 안된다.

재미있는 규칙은 스피더의 분실을 막기 위해 학생들에게 전달 될 때 개수를 카운터 하게하고 회수 할 때도 마찬가지이다. 스피더는 내구성이 매우 뛰어나며 오랫동안 사용 가능하다.

라켓을 학생들에게 전달 하기 전에 스피더를 인식 시키기 위해 몇 가지 운동하는 시간을 가질 수 있다.

- 각 학생 사이에 충분한 거리를 둔다.
- 스피더를 똑바로 위로 던지고 두 손으로 받고 던진다.
- 스피더를 고개를 뒤로 숙이고 위로 던져 받는다.
- 공중에 띄우고 180도 회전하여 받는다.
- 똑바로 공중에 최대한 높이 던지고 내려올 때 받는다.
- 똑바로 공중으로 최대한 높이 던지고 앉아서 받는다.
- 똑바로 공중으로 최대한 높이 던지고 누워서 받는다.

(3) 스피더 던지기(학생 2명, 스피더 1개)

8~12피트 거리를 유지하도록 하고 상대방에게 스피더를 던진다.

① 던지는 방법

- 밑에서 던진다.
- 머리 위에서 던진다.
- 고개를 깊게 숙이고 던진다.
- 낮은 손목에서 던진다.
- 손은 교대로 던진다.
- 거리를 조정해서 던진다.
- 상대방 뒤쪽으로 던진다.
- 앉은 자세로 앞으로 던진다.
- 앉은 자세에서 뒤로 돌아 앉아 뒤로 던진다.

학생들에게 두 번째 스피더를 주고 같은 방법으로 2개의 스피더를 이용 해 훈련하도록 한다.

(4) 손으로 스피더 치기(개인훈련)

손은 펴고 수평으로 하고 스피더를 친다.

- 학생들이 계속 반복해서 손으로 스피더를 공중으로 날린다.
- 공중으로 얼마나 높이 칠 수 있는지 보도록 한다.
- 왼손 오른손 교대로 치는걸 지도 한다.

- 스피더를 치고 한번 회전 한 후 받는다.
- 스피더가 공중에 떠 있는 동안 스탭을 밟는다.

(5) 스피더 서빙(개별적, 손에 의한)

학생들에게 어떻게 서브 할 것인가를 가르친다. 왼손으로 바구니를 잡는다.

오른손으로 하나 둘 셋 카운터 하는 동안 스피더의 아래쪽을 가볍게 두드리고 셋 카운터 후 학생들에게 스피더를 떨어뜨리도록 얘기하고 스피더를 가볍게 떨어뜨리면 오른손으로 치도록 한다.

(6) 두 손을 이용한 스피드민턴

학생들에게 스피드 치는 법과 서브 넣는 법을 가르친 후 첫 게임 연습을 할 수 있다.

4~8피트 떨어지도록 하고 콘을 이용하여 6피트 사각 코트를 만들어 사용 할 수 있다.

학생들로 그들의 히트 수 만큼 카운터 하게 하고 누가 가장 길게 랠리를 했는지 파악한다.

5) 라켓소개

어떤 학생은 라켓게임을 해본 경험이 전혀 없는 사람도 있을 것이다.

- 스피드민턴 라켓과 배드민턴 라켓이 어떻게 다른가?
- 왜 짧은가?(빠른 반 작용을 위해)
- 왜 스트링이 배드민턴 스트링보다 두꺼운가?(스피더가 더 무겁다.)

학생들에게 정확히 중간 파지법을 알려 준 후 라켓을 쥐야하며, 주위를 걸으며 라켓 균형을 잡도록 한다.

학생들을 줄 세운다.

- 라켓에 스피더를 놓는다. 라켓을 이용 해 위로 스피더를 치고 라켓으로 다시 바든다.
- 라켓을 이용해 지면에서 스피더를 들어 올린다.
- 반복적으로 계속 치며 공중에 떠 있도록 한다.
- 얼마나 높이 칠 수 있는지 확인 한다.
- 오른손잡이면 왼손을 이용 하도록 하고 왼손잡이면 오른손을 이용 하도록 한다.
- 스피더가 공중에 떠 있는 동안 스텝을 밟는다.
- 스피더가 떠 있는 동안 앉고 일어서길 반복한다.

- 그들이 스피더를 실수 없이 친 수 만큼 카운터 하게 한다.

마지막 스텝은 스피더로 서브를 가르치는 것이다. 스피더를 왼손으로 헤드 부분을 잡도록 하고 오른손에 라켓을 잡는다. 하나, 둘, 셋, 카운터 후 스피더를 가볍게 떨어뜨리며 밑에서 스피더를 쳐 올린다.(학생들을 6m 떨어져 두줄로 세우고 서로 서브 연습을 한다.)

6) 준비운동

라켓을 이용하여 전체적 신체운동을 할 만한 여러 가지 운동들이 있다.

- 라켓을 지면에 놓고 그립 부분을 앞, 뒤로 점프한다. 처음에는 두 다리로 하고 한발로 하고 다른 발로 교대한다.
- 그들 앞에 라켓을 놓고 큰 걸음으로 라켓을 뛰어 넘도록 하고 발을 교대한다.
- 그립으로 라켓을 세우고 점프하며 넘도록 한다.
- 한손은 그립 부분을 잡고 다른 한손은 TOP 부분을 잡고 라켓을 줄넘기처럼 뛰어 넘는다.
- 라켓을 양 손에 잡고 구부려 라켓이 발 끝을 터치 하도록 한다.
- 라켓을 양손에 잡고 머리위로 왼쪽으로, 오른쪽으로, 앞으로 뒤로 몸을 구부린다.

라켓을 이용한 연습 동작

교육자 시범 - 선생이 그룹 앞에 서 있고 각 학생들이 라켓을 가지고 서서 팔을 뻗는다. 선생이 앞에서 어떤 스트로크 동작을 하면 학생들이 그 동작을 한다.

- 스매시 - 라켓으로 오버헤드 스윙을 한다.
- 클리어 - 점프하여 스윙한다.
- 포핸드 - 포핸드 모션으로 오른쪽으로 한발 움직인 후 스윙한다.
- 슬립 - 모두 앉았다 일어서고 다시한번 빠르게 반복한다.
- 그들이 스트로크 하는 동안 그 장소에서 뛰도록 한다.

거울 속 남자 - 각 학생들이 코트를 준비하고 라켓을 이용해 스피더 없이 서브를 넣는 것 같이 행동하고 상대편이 반드시 그 서브에 반작용 연습을 한 후 게임을 진행 한다.

7) 합동 운동

파트너 연습 - 1.5m 떨어져 마주 본다.

- 한 학생이 스피더를 공중으로 던져 상대방의 라켓 위에 놓이도록 한다.(교대 한다.)
- 한 학생이 스피더를 상대방에게 던지면 라켓으로 부드럽게 쳐서 상대방이 다시 칠 수 있도록 가게 한다.(교대 한다.)
- 앞, 뒤로 움직이며 누가 가장 긴 발리를 하는지 확인 해 본다.
- 왼쪽 다리로 점핑 하고 오른쪽 다리로 점핑 하며 앞, 뒤로 움직이며 연습한다.
- 앉아서 누가 가장 길게 발리를 하는지 확인해 본다.

(1) 마지막까지 남는 자

각각의 학생들이 똑바로 스피더를 위로 쳐서 다시 라켓으로 그 스피더를 받도록 하고 만약 스피더를 받지 못하고 땅에 떨어뜨리면 그 스피더와 함께 자리에 앉는다.

(2) JACK IN THE BOX 연습

팀을 만들고 각 학생이 머리위에 스피드를 놓고 20피트 콘 주위를 돈 후 다음 학생에게 패스한다.

(3) 한손에 두가지 연습

한손에는 라켓과 스피더를, 다른 한손에는 농구공 드리볼을, 20피트 콘 주위를 돈 후 다음 학생에게 패스한다.

(4) 스피더 돌리기

학생들은 원을 그리고 각 학생들은 라켓을 가진다. 한 스피더를 왼쪽으로 라켓위로 패스하여 돌리고 다른 한 스피더는 오른쪽으로 패스한다. 두 스피더가 만나는 학생이 목적지다.

(5) 다음 차례는 누구 차례?

6명 정도를 한 그룹으로 해서 그룹을 만들고 그룹 내에서 한 학생이 스피더를 공중으로 치고 다른 사람의 이름을 외치면 그 이름의 학생이 받아치고 이런 식으로 계속 된다.

(6) 최초의 슈터

팀을 구성하고 20피트 거리를 두고 3개의 플라스틱 컵을 향해 오버헤드로 스피더를 날린다. 팀의 한 학생은 컵 주변에서 넘어진 컵을 다시 세운다.

(7) 위치별 점수 획득

후프로 경기 범위를 표시한다. 후프의 각 위치로 가까운 위치는 10점, 먼 거리는 50점으로 하고 각 학생은 5번 서브한다. 가장 점수가 많은 사람이 승리자 이며 팀별로도 할 수 있다.

(8) 3번 집어넣기

바구니나 후프 속에 서브한다. 10피트에서 시작하여 30피트까지 거리를 늘려가며 3번 들어가면 거리를 늘린다.

8) 훈련 운동

(1) 스피더 주워담기

2팀으로 구성하여 라인으로 세우고 두 개의 바구니를 라인 앞에 놓는다. 펀 스피더와 매치 스피더를 운동장에 뿌리고 한 팀은 펀 스피더를, 다른 한 팀은 매치 스피더를, 교사의 사인에 의해 뛰어나가 역시 2개씩 집고 바구니에 넣는다. 바구니 안에 먼저 넣는 팀이 승리팀이다.

(2) 변화

교사의 신호에 의해 학생들이 동시에 뛰어나가 스피더를 하나씩 줍고 바구니에 넣는다.

(3) ON AND OFF

2팀으로 구성하여 라인으로 세우고 한 학생이 하나의 스피더 만을 가지며 라인 앞에 바구니를 놓는다. 교사의 사인에 의해 학생들이 차례로 달려가 바구니에 담는데 한 학생이 집에 넣고 돌아오면 다음 학생이 차례로 다 집어넣은 팀은 반대로 한명씩 나가 다시 회수하여 온다. 먼저 회수 한 팀이 승리팀이다.

9) 기술교육

어떤 스트로크에 있어 학생들에게 도움을 주기 위해 그들이 일정한 순서에 의해 플레이하도록 하는 것이 도움이 되며 각 학생들에게 포핸드나 백핸드의 스트로크를 이용해 경기를 하도록 한다. 20피트 거리를 두고 라인을 만들로 랠리 하도록 한다.

(1) 다양한 훈련 방법

A는 숏 스매시로, B는 롱 언더헤드로 리턴
2번의 높고 긴 스트로크 다음 한 번의 짧은 스트로크(계속반복)
2번의 높고 긴 스트로크 다음 두 번의 짧은 스트로크(계속반복)
3번의 높고 긴 스트로크 다음 두 번의 짧은 스트로크(계속반복)
A는 자유형으로 일정하게 B에게 보내면 B는 같은 스트로크로 친다.

① 롱 랠리

오랜 랠리를 하기 위해 학생들에게 룰 변경을 요청 할 수 있다. 점수를 얻기 전에 최소한 3번 이상 주고받는다. 스피더를 스매시 하지 않는다.

② 타겟 마크

정확한 스트로크를 연습하기 위해 상대 코너의 취약한 부분에 엑스트라 콘으로 표시 해 놓도록 한다.

③ 풋 워크 향상

좋은 풋 워크는 항상 중앙지점에서 시작한다. 그라운드에 중앙지점을 표시 할 수 있으며 학생들이 스트로크를 한 후 중앙 지점으로 복귀 하도록 하고 돌진 스텝으로 코트 앞쪽을 커버하는 것도 매우 중요하다.

스피더 3개를 라인 앞쪽에 놓고 학생들에게 돌진 스텝으로 스피더를 줍게 하는데(라켓 없이) 한 번에 하나씩 주워 회수하여 중앙 지점으로 복귀한다.

사각의 모든 코너에 스피더를 놓고 같은 방법으로 스피더를 회수 하도록 하며 이 테크닉은 학생들의 스피드 외 풋 워크를 향상 시킨다.

④ 벽면 치기

스피더는 거의 테니스 볼 같이 바운스 한다. 만약 가능성 있다면 학생들이 벽을 치도록 하고 그들이 개인적으로 연습 하도록 허락한다. 언더헤드 서브로 벽을 치도록 하며 그들의 손과 눈의 조화가 향상됨을 지켜보도록 한다.

⑤ 속도 컨트롤

3명씩 학생을 나누고 한 학생은 스톱워치를 들고 다른 두 학생은 코트를 준비한다. 그리고 두 학생이 코트에서 1분 안에 할 수 있는 한 많이 랠리를 하도록 하며 이것이 속도 컨트롤 능력이다.

5. 수업지도안 예시

TIME	ACTIVITY
5분	준비물과 경기 방법 소개 ·스피더는 무엇이 특별한가 ·라켓은 무엇이 특별한가 ·경기 방법(no-net-2개의 사각 틀)
5분	스피더 연습 ·공중으로 스피더를 던지고 받는다.(두손) ·공중으로 스피더를 던지고 받는다.(한손) ·손을 교대로 받는다. ·공중으로 스피더를 던지고 어느 일정한 원 아래 떨어지도록 하고 받는다. ·공중으로 던지고 두쪽에서 받는다.
5분	학생을 그룹으로 나누고 상대방의 앞과 뒤로 여러 가지 방법으로 스피더를 던지도록 하고 스피더를 잡도록 한다. ·오버 헤드 ·언더 헤드 ·양손 ·백워드 ·뛰며 던지기
15분	각 학생에게 라켓을 준다 안전예방책을 설명한다.(다른 학생과 접촉하지 않는다.) ·다음은 누구차례? ·마지막 남은자 ·스피더 돌리기
13분	언더핸드 서브 설명 - 25~30피트 거리를 두고 두 줄로 세우고 펀 스피더로 상대방과 주고받기 연습(안전예방책을 숙지) 그리고 매치 스피더를 주고 학생들이 스피더의 차이를 느끼도록 한다.
2분	학생들이 장비를 모으도록 하고 스피드민턴 가방에 담도록 한다.

총 수업시간 45분

출처 : 사단법인스피드민턴협회

(네트형)뉴스포츠 종목별 해설

소프트발리볼

Softvolleyball

1. 개요

1) 소프트발리볼이란?

소프트 발리볼은 특수소재로 부드럽게 만들어진 볼을 6인제, 9인제 배구의 규정에 의해 배구의 즐거움을 맛볼 수 있도록 만든 뉴스포츠이다.

소프트발리볼 공은 매우 가볍고 부드럽기 때문에 볼에 익숙하지 않은 초보자도 볼에 대한 공포를 느끼지 않고 경기를 할 수 있다. 또한 공의 크기가 일반 배구공에 비해 크고 탄성이 좋기 때문에 초보자도 적응하기가 좋다. 특히 공만 보면 무서워하는 여학생들도 '아프지 않다'는 점 때문에 공을 좋아하게 된다.

공이 크고 가볍다는 것만으로도 운동 기술의 난이도는 한 차원 낮아진다. 예를 들어 배구공으로 서비스를 넣기 어려웠던 여학생들도 언더 서비스로 가볍게 네트를 넘길 수 있기 때문에 경기를 쉽게 할 수 있다. 또한 볼 속도가 그다지 빠르지 않기 때문에 게임의 연결이 쉬워 운동량도 적당하다.

배구형의 뉴스포츠인 소프트발리볼은 팀 경기로서 팀원 간의 합심과 협력이 중요한 요소이다. 즉, 우리 팀이 잘하기 위해서는 다른 팀원의 도움이 필요하다. 또한 네트를 사이에 두는 경기이기 때문에 상대의 방해도 없다. 이것은 승패의 원인을 '우리'로 보게 하여, 경쟁보다는 팀워크에 관심을 갖게 한다.

소프트발리볼은 일본에서 1990년대 초 배구의 저변확대와 사회체육의 일환으로 고안되었으며 성공적으로 발전을 거듭하여 90년대 일본 배구가 국제무대에서 두각을 나타낼 수 있었던 견인차 역할을 하였다.

2) 특징

- ball이 부드러워 배구의 가장 중요한 기초 기술인 패스를 쉽게 할 수 있으며 장소에 관계없이 어디서나 쉽게 할 수 있도록 고안되었다.
- 기존의 학교에서 사용하고 있는 시설이나, 용구를 활용하여(배드민턴 코트 및 지주, 높이뛰기 지주, 기존 배구지주)수업할 수 있는 장점이 있어 경제적이다.
- 남녀별, 연령별, 체력, 경험, 기술 등의 수준에 맞게 단순한 기초기술에 의한 초보적인 게임에서 부터 복잡한 응용기술을 구사하는 고도의 게임까지 다양하게 즐길 수 있는 종목이다.
- 경기자 모두에게 동등한 플레이의 기회를 준다(고정 세트가 없다).

- 6인제 배구의 규칙을 기본으로 하여 9인제 배구의 좋은 점을 보충하여 고안되었다.
- 소프트발리볼(soft volleyball) 보다 뿐만 아니라 다양한 경기를 할 수 있다(피구, 발야구, 족구, 체육대회시 변형 소프트볼, 수영장에서의 물놀이용 등 사용용도가 다양하다.
- 학생들이 기존 배구공에서 느끼는 고통과 공포감이 없어 적극적으로 수업에 임한다.

2. 시설 및 용구

1) 경기장

배드민턴 복식 코트 규격에 센터라인과 서비스 라인을 긋고 사용하면 된다.

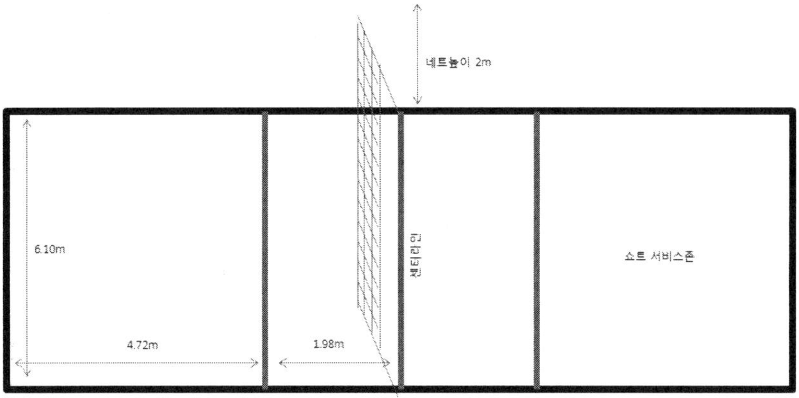

2) 용구

볼	재질	고무
	크기	저학년: 63~65cm, 고학년: 77~79cm
	무게	저학년: 180g, 고학년: 210g
네트	높이	2m(미니발리볼 1.8m) 네트상단에 1m의 안테나를 세운다.

3. 경기방법

1) 경기 구성

(1) 선수

한 팀은 감독 1명과 선수 4명, 교대선수 4명 이내로 구성된다.

<경기자 교체>

- 경기자의 교체는 양 팀의 감독이나 주장이 요구하면 1세트에 4회 이내의 선수교대와 2회의 작전 타임이 허용된다. 단, 심판이 서비스를 허가하는 신호를 보내어 플레이가 진행되는 도중에는 선수 교체가 허용되지 않는다.
- 1회당 교체선수는 1명이며, 2명 이상이 동시에 교체될 경우 2회의 선수교체로 본다.
- 교대해서 나간 선수는 같은 세트에서 다시 한 번은 코트에 들어갈 수 있지만, 자신과 교체한 선수와의 교대로 한정된다.

(2) 심판

심판은 주심 1명, 부심 1명, 기록원 1명, 선심 2명, 점수표시자 1명으로 구성되지만, 간단하게는 주심 1명, 선심 2명, 점수 표시자 1명으로 구성해도 무방하다.

(3) 득점과 승패의 결정

시합은 1세트 15점으로 3세트 2선승제로 한다. 양 팀의 득점이 14 대 14가 되었을 때에는 먼저 2점을 득점하는 팀이 승리하되, 시합이 계속 이어지는 경우에는 17점을 끝으로 하여 17점을 먼저 득점하는 팀이 승리한다.

2) 경기 진행

- 경기시작 : 가위 바위 보 또는 코인 토스로 이긴 팀이 먼저 서비스한다.
- 서비스 방법 : 서비스는 자기 팀 코트의 엔드라인 밖에서, 코트 범위 안(엔드라인의 폭 이내)에서는 어디서나 서비스할 수 있다. 단, 여학생이나 초등학교 저학년의 경우에는 쇼트서비스 구역에서 서비스할 수도 있다.
- 경기대형 : 양 팀 모두 서비스를 하는 순간에는 서비스하는 선수를 제외하고는 모두 앞뒤에 2인씩 2열로 대형을 갖춰야 한다. 서비스한 이후에는 이 대형은 지키지 않아도 된다.

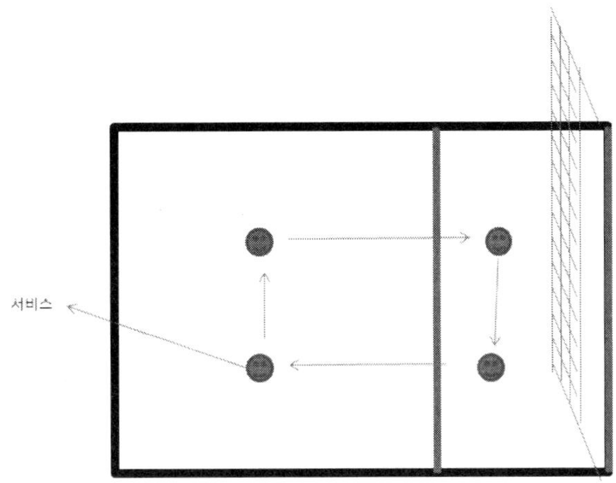

- 로테이션 : 공격이 성공하여 서비스권을 가져오게 되면 이전의 대형에서 시계 정방향으로 로테이션하여 오른쪽 뒤편에 위치하게 되는 선수가 서비스한다.
- 플레이 횟수 : 자기 편 코트로 넘어온 공은 3회 이내에 상대팀 코트로 넘겨야 한다. 단, 상대팀의 공격을 블로킹하면서 손에 닿은 횟수는 카운트하지 않는다. 또한 네트 위에서 양 팀이 동시에 공에 손을 닿은 경우도 횟수로 세지 않는다.
- 득점 : 소프트발리볼에서의 득점은 서비스권의 유무에 관계없이 상대팀 코트 바닥에 공이 닿거나, 상대팀의 방어 실패로 공이 코트 밖으로 떨어지거나 상대팀의 반칙이 있을 경우 득점하게 된다. 득점과 동시에 서비스권을 갖는다.
- 타임아웃 : 타임아웃은 30초간으로 한 세트 당 2회까지 가능하며, 2회 연속하여 타임아웃을 요청하는 것도 가능하다.

4. 용어의 정의

① 서비스권 : 서비스권은 포인트를 얻은 팀이 가진다.
② 로테이션 원칙 : 새로이 서비스권을 가져오게 되면 선수들은 시계방향으로 한 자리씩 이동하여야 하며 서비스 존(우측 뒤편)에 위치하는 선수가 서비스를 한다. 서비스 이후 랠리 중에는 자리를 이동해도 무방하다.
③ 모든 위치에서의 공격 : 공이 자기 편 코트 구역에 있는 한, 어떤 지역에서든, 누구에 의해서건 공격이 가능하다.

④ 모든 선수가 블로킹 가능 : 4인의 선수는 누구든 상대팀의 공격을 차단하기 위한 블로킹을 해도 무방하다.

⑤ 오버네트 반칙 : 네트를 넘어서 블로킹을 하거나 공격을 하는 것은 반칙으로 실점이다.

⑥ 홀딩 반칙 : 공을 잡거나 공이 몸의 일부에 정지되어 있는 것은 반칙으로 실점이다.

⑦ 드리블 반칙 : 같은 선수가 2번 계속해서 공을 터치하거나 두 번 이상 몸에 공이 닿으면 반칙으로 실점이다. 단, 자기 팀의 코트로 넘어온 후 처음으로 공이 선수의 손이나 몸에 닿은 경우에는 두 군데 이상 연속으로 공이 닿아도 반칙이 안 된다.
(블로킹은 플레이 횟수에 포함하지 않기 때문에, 블로킹 이후에 처음으로 공을 치는 선수에게 두 번 닿아도 반칙이 아니다.)

⑧ 네트 터치 반칙 : 선수의 몸에 네트가 닿으면 반칙으로 실점이다. 단, 상대팀이 친 공이 네트에 걸려 몸에 닿은 경우는 반칙이 아니다.

⑨ 센터라인을 넘는 반칙 : 경기 중에 몸의 일부가 센터라인을 넘어 상대 코트에 닿게 되면 반칙으로 실점이다.

⑩ 코트 밖에서의 볼 터치 : 코트 밖에서 공을 쳐도 프리존(코트로부터 2m이내)에서는 반칙이 아니며 경기는 인플레이로 본다.

5. 기본기술

1) 토스/ 오버핸드 패스

팔꿈치는 양 옆으로 벌리고 손을 중간으로 모아 눈 높이에서 엄지와 검지 손가락으로 삼각형을 만든다. 볼을 받는 위치는 손가락의 끝 부분 안쪽 평평한 곳으로 받는다. 어깨의 힘은 빼고, 다리는 앞뒤 빗면으로 벌려서 무릎을 굽히고 허리도 약간 굽힌다.

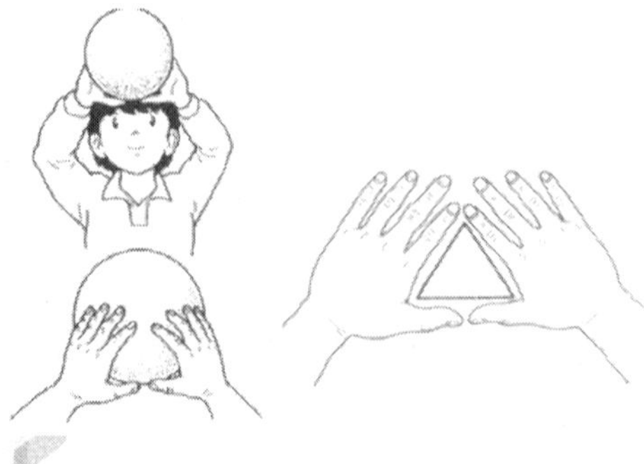

2) 리시브/언더핸드 패스

양 손을 모두 곧게 펴서 한쪽 손바닥을 다른 손바닥 위로 올린 후 양 손의 엄지 손톱 측면이 서로 닿도록 양손을 살며시 모아 쥔다. 그 상태에서 양 손목을 약간 밑으로 기울이면서 팔꿈치를 자연스럽게 펴고 모아쥔 손과 팔이 일직선이 되도록 자세를 잡는다. 양 다리는 앞뒤로 빗면이 되도록 벌려 무릎과 허리를 약간 굽혀 몸이 앞을 향하게 한다.

볼을 받을 때는 손목 약간 위쪽에 공이 닿도록 하며, 팔은 쭉 편 상태로 볼을 받는 것이 좋다.

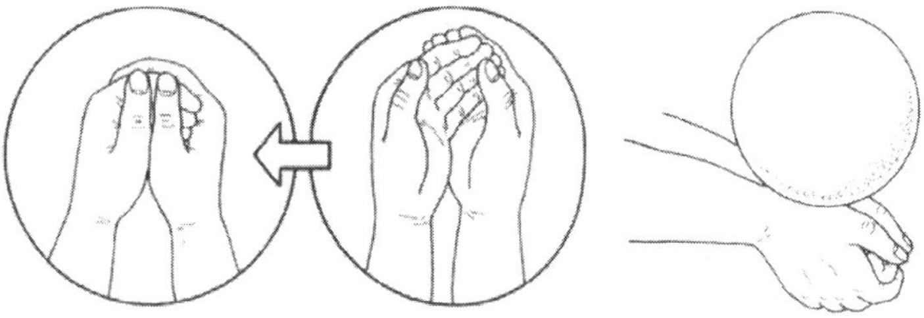

3) 서비스

서비스는 언더핸드 서비스와 오버핸드 서비스가 있으며, 처음에는 언더핸드 서비스부터 익히는 것이 좋다. 언더핸드 서버는 한쪽 손바닥 위에 공을 올려놓고 다른 쪽 손으로 아래에서부터 위로 공을 올려친다. 공을 손바닥에 올려 서비스를 준비할 때는 허리와 무릎을 약간 굽혀 전방을 향한 자세를 갖추었다가 다른 한쪽 손은 손바닥을 펼친 채 공을 손바닥 전체로 밀어내듯이 서비스를 한다. 오버핸드 서버는 한 쪽 손에 공을 올렸다가 띄워서 위로부터 서버를 하는 방법이며 하나에 토스, 둘에 오른 팔을 빼고, 셋에 오른 손으로 손목의 스냅을 이용하여 친다.

4) 스파이크

스파이크는 점프를 하면서 손을 뻗어 위에서 아래로 강하게 공을 쳐서 공격하는 것을 말하며 공의 낙하 타이밍을 잘 맞추는 것이 중요하다. 스파이크를 위해 점프를 할 때는 무릎을 굽히면서 팔을 뒤로 빼었다가 뛰어 오르면서 왼팔은 어깨 위로 쭉 뻗고, 오른 팔은 어깨 뒤로 향하게 하였다가 공의 낙하 타이밍에 맞추어 손목의 스냅을 이용해 친다. 볼을 칠 때는 손목의 스냅을 이용하면서 볼의 윗부분을 쳐야한다.

6. 연습방법

1) 리시브/ 언더핸드 패스 연습

- 지면에 공을 한번 튀긴 후 언더핸드 패스 자세로 공을 쳐낸다
- 언더핸드 패스 자세로 위로 공을 쳐올리는 연습을 한다.

- 두 명이 서로 공을 던져 주거나 언더핸드로 서로 패스를 한다.

2) 토스/ 오버핸드 패스 연습

- 혼자 공을 위로 던져 오버핸드로 패스를 한다.

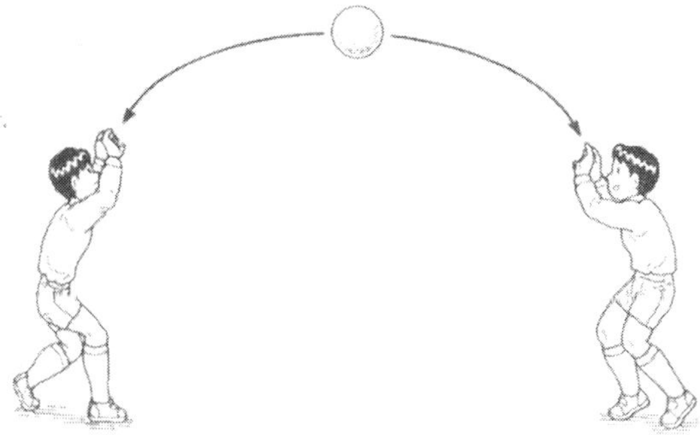

- 두 사람이 한 조가 되어 한사람은 공을 던져주고 한 사람은 오버핸드 패스로 패스한다.
- 두 사람이 한 조가 되어 오버핸드 패스로 랠리를 한다. 10회 이상할 수 있도록 연습한다.

3) 런닝 패스 게임

네트를 가운데 두고 양 탐이 일렬종대로 서서 오버핸드나 언더핸드, 또는 한손 패스 등 다양한 방법으로 패스만 하는 게임을 한다. 맨 앞에 있는 사람이 상대팀 앞 사람에게 패스를 하고나면 자신의 줄의 뒤로 돌아가서 대기하는 식으로 횟수를 센다. 두 줄 이상을 만들어 어떤 줄이 더 많이 패스를 하는지 경쟁하는 것도 좋다.

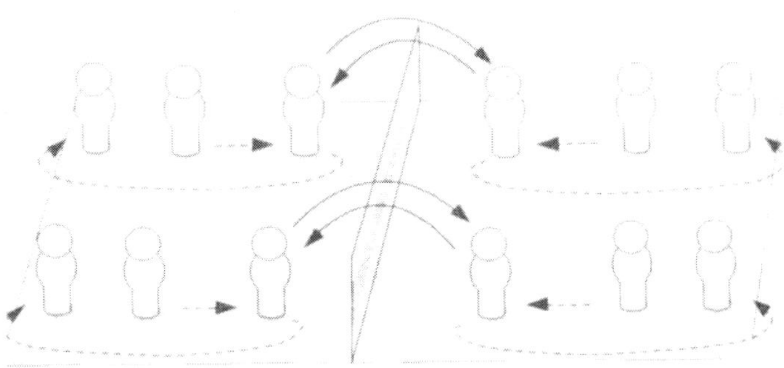

4) 2회 런닝 패스 게임

런닝 패스 게임과 같은 방식으로 하되, 한 사람이 공을 두 번 쳐서 상대방에게 패스하는 방식으로 한다. 예를 들어 상대팀으로부터 온 공을 오버핸드로 쳐서 머리 위로 올린다음 언더핸드 또는 오버핸드로 패스한다.

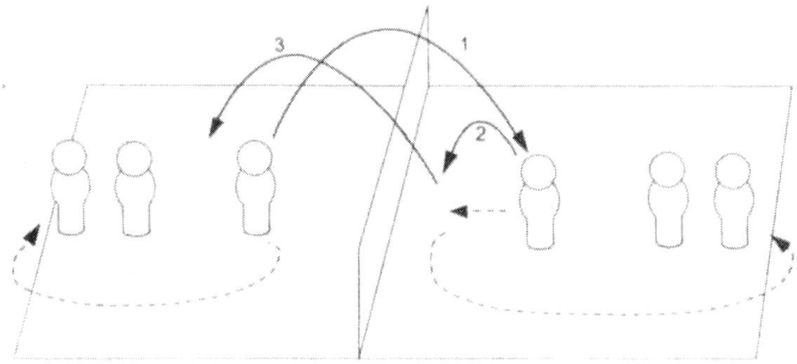

7. 소프트발리볼 즐기기

소프트발리볼의 정식 경기 룰에 의해 경기를 하기 이전에 다양한 변형 경기를 해보면 소프트발리볼이 쉽게 친숙해진다.

간단하게는 언더핸드 패스나 오버핸드 패스를 누가 더 많이 할 수 있는지 하는 게임도 좋고, 정확한 위치로 공을 보내는 연습을 할 수 있도록 빈 플라스틱 병과 같은 목표물을 세워두고 패스, 서비스, 스파이크 등으로 목표물을 맞추는 경기도 즐겁다.

(참고 : www.newsports.or.kr)

(타겟형)뉴스포츠 종목별 해설

커롤링

Curolling

1. 개요

1) 커롤링의 탄생

커롤링은 캐나다와 북유럽에서 즐기는 빙상스포츠 종목인 컬링(curling)을 기반으로 탄생된 커롤링은 팀플레이를 즐기는 스포츠로서 간단한 룰과 쉽게 다룰 수 있는 용구로 구성되어 있어 특별한 기술이나 힘이 필요한 경기가 아니기 때문에 유아에서부터 고령자에 이르기까지 누구나가 함께 어울려 쉽게 즐길 수 있는 뉴스포츠이다.

일본 나고야(名古屋)의 베어링회사인 츄부베어링의 타나카 코이치이(田中耕一) 사장이 개발, 보급한 종목으로 재단법인 일본레크리에이션협회의 추천종목이다. 한국에서는 한국뉴스포츠협회 서상옥 회장이 처음 소개했다.

제트롤러라고 하는 고성능 베어링 휠이 부착되어 있기 때문에 실내체육관이나 사무실 바닥 등 표면이 평평한 재질로 된 곳이면 스릴을 느끼며 커롤링을 즐길 수 있다. 포인트 존(zone)을 향해 제트롤러를 밀어 보내거나 상대방의 제트롤러를 밀어내기도 하면서 경쟁하는 경기이다.

2) 특징

컬링과 커롤링의 경기형태는 큰 틀에서 보면 비슷하다. 컬링에서는 스톤이라 부르는 둥글고 납작한 돌을 커롤링에서는 제트롤러를 밀어 표적(house) 안에 넣는다. 각각 그 표적을 하우스(house), 포인트 존(zone)이라 부른다.

컬링에서 양팀이 각각 4명인 반면, 커롤링에서는 3명이 한 팀으로 구성된다. 컬링의 스톤은 19.96㎏으로 꽤나 무겁지만 제트롤러는 2㎏으로 무게가 10분의 1에 불과하다. 경기장 길이도 컬링은 42.07m에 이르지만 커롤링에서는 14m로 훨씬 짧다. 표적크기(컬링 직경 366㎝ · 커롤링 직경 90㎝)도 다르다. 컬링에서는 10엔드(10회전)에 걸쳐 경기가 진행되지만 커롤링은 5이닝제다. 컬링의 특징 중 하나인 브룸(broom)이라고 하는 빗자루 모양의 솔도 커롤링에는 없다.

2. 시설 및 용구

1) 경기장(코트)

플로어 보드(floor board)는 목재, 고무, 수지타일(P타일) 등 바닥이 평평한 소재로 된 것이 적당하다. 코트는 마스터즈 게임과 주니어 게임에 따라 다르게 적용한다. 경기장은 기본타입의 베이스형과 유소년용의 타이트형이 있는데, 마스터즈 경기는 베이스형과 타이트형의 2가지중 어느 것이라도 가능하다. 메이츠경기는 타이트형을 사용한다.

각 라인에 대한 설명은 왼쪽부터 End line, Back line, Gard lind, Side line, Center line, Start line, End line의 순서이고, 코트 내 왼쪽은 Safe zone과 Out zone을 의미한다.

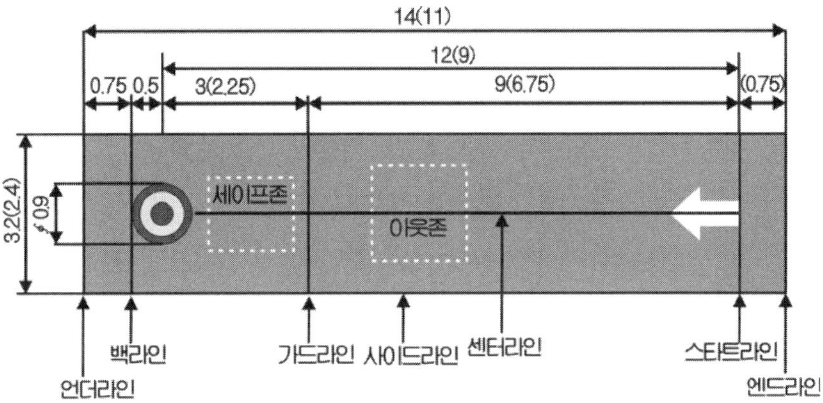

※ 라인의 폭 : 40~cm~50cm

2) 용구

(1) 제트롤러

폴리카보네이트수지를 사용하여 제작된 제트롤러의 몸체는 직경 25.8㎝이며 두께 4.6㎝, 무게는 2kg이다. 제트롤러의 바닥에 카세트식 베어링 호일이 부착되어있어 부드럽게 움직일 수 있게 되어있다.

제트롤러의 손잡이(handle)은 청동에 크롬도금으로 처리되어 있다.

색상은 오렌지, 파랑, 초록, 노랑, 검정, 빨강색으로 구성되어 있다.

<제트롤러>

(2) 포인트 존

94㎝의 정방형으로 두께 0.15㎝의 특수 합성지에 직경 90㎝의 원형이 중심으로부터 빨강(3점), 노랑(2점), 파랑(1점)으로 표적이 인쇄되어 있다. 플로어 바닥에 양면 테이프나 종이테이프(marking tape) 등으로 부착시키면 된다.

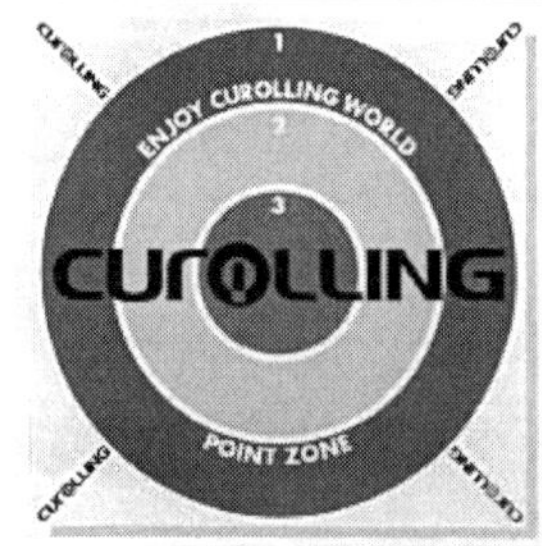

- 빨강색 : 3 점
- 노랑색 : 2 점
- 파랑색 : 1 점

3) 스코어카드

경기 점수를 기록하는 스코어카드는 모든 경기에 동일하게 적용한다. 승리한 팀의 득점을 가운데에 기입한다. 이때 빨강, 노랑, 파랑색의 제트롤러로 득점을 한 경우에는 위아래에 있는 3색의 제트롤러마크의 공란에 그 점수를 반드시 기입한다.

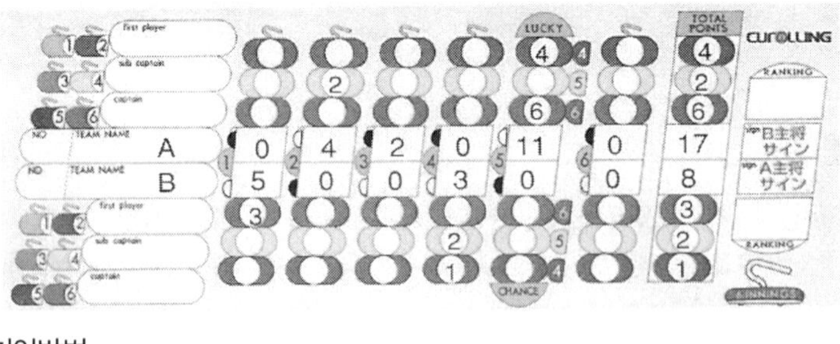

· 스코어카드 기입방법

- 상단에 같은 팀의 선수 명, 하단에 상대방의 선수 명을 기입한다.
- 양 팀 각 이닝의 득점은 중앙의 득점 란에 기입한다.
- 각 이닝에서 빨강, 노랑, 파랑색의 제트롤러로 득점한 경우에는 동일색의 공란에 그 득점수를 기입한다.

3. 경기방법과 종류

1) 경기방법-채점방식

(1) 1이닝 : A팀 선공

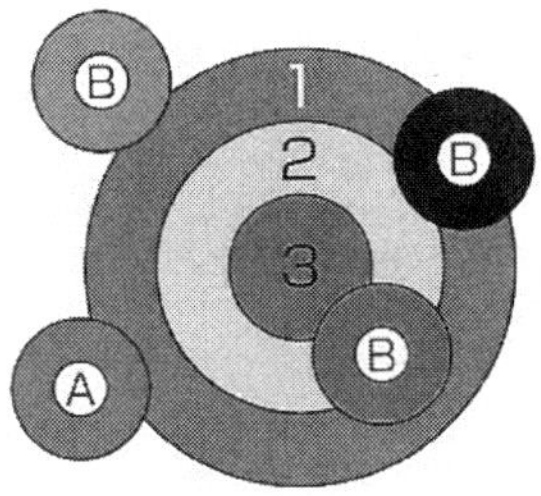

A팀의 득점
= 0점
B팀의 득점
= 3점
= 2점
= 0점
합계 5점으로 B팀 승리

B팀의 빨강이 3점, 검정이 2점이 되어 합계 5점이 된다. B팀의 초록이 1점의 포인트존에 위치하고 있지만 A팀의 파랑이 포인트존에 더 가까이 있기 때문에 득점이 되지 못한다.

(2) 2이닝 : B팀 선공

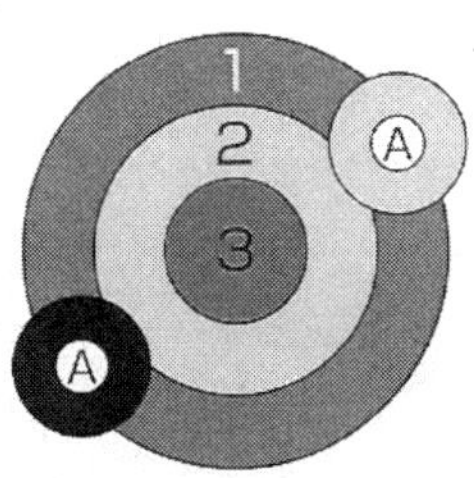

A팀의 득점
= 2점
= 2점
B팀의 득점
= 0점
합계 4점으로 A팀 승리

A팀의 노랑이 2점, 검정이 2점. B팀의 제트롤러는 포인트존에 위치하고 있지 않으므로, 득점 0, A팀이 4대0으로 승리. 스코어카드의 A팀 공란에 2로 기입한다.

(3) 3이닝 : A팀 선공

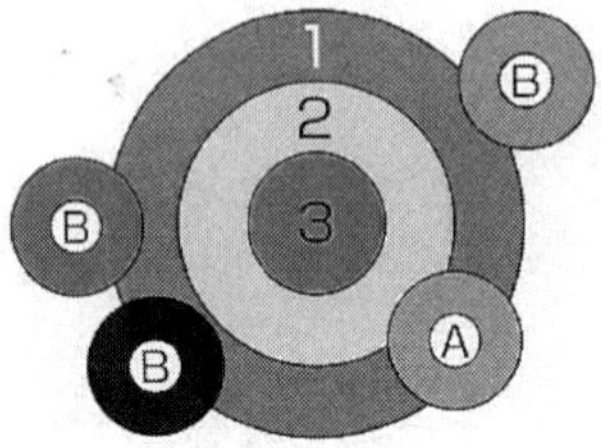

A팀의 득점
= 2점
B팀의 득점
= 0점
= 0점
= 0점
합계 2점으로 A팀 승리

B팀 3개의 제트롤러가 1점 포인트존에 위치하고 있으나, A팀의 2점이 포인트존에 위치하고 있기 때문에 B팀의 득점은 0이 된다.

따라서 A팀이 2대0으로 승리

(4) 4이닝 : A팀 선공

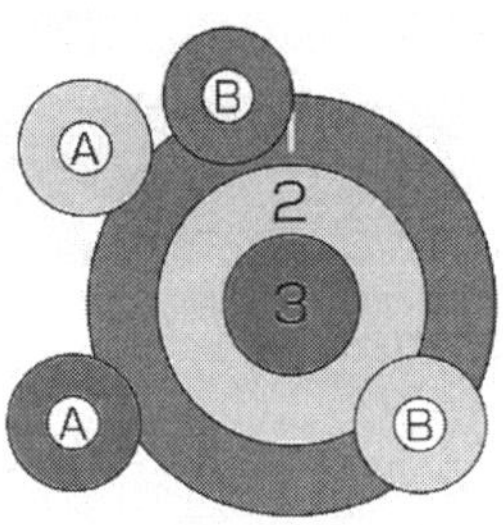

A팀의 득점
= 0점
= 0점
B팀의 득점
= 2점
= 1점
합계 3점으로 B팀 승리

B팀의 노랑 2점과 파랑 1점이 A팀의 노랑과 빨강보다 포인트존에 더 가까이 있으므로 B팀이 합계득점 3이 된다. 따라서 3대0으로 B팀이 승리. 이때 스코어카드의 노랑부분에 2, 파랑부분에 1로 기입한다.

(5) 5이닝 : B팀의 선공

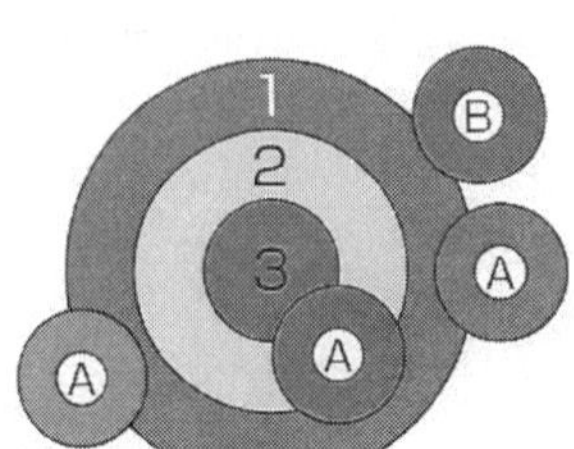

A팀의 득점
= 3점×2배 = 6점
= 1점×4배 = 4점
= 1점×1배 = 1점
B팀의 득점
= 0점
합계 11점으로 A팀 승리

보너스득점은 빨강색 6점, 노랑색 5점, 파랑색 4점으로 적용. 승리한 팀의 빨강, 노랑, 파랑의 제트롤러가 포인트존의 색깔과 동일한 경우에 한해서, 빨강색은 3점의 2배인 6점, 노랑색 2점을 2.5배인 5점, 파랑색의 4배인 4점이 보너스점수로 적용된다.

보너스득점으로 A팀의 빨강색 공란에 6, 파랑색 공란에 4로 기입한다. 보너스득점이 적용되지 않는 경우에는 통상의 득점대로 계산한다.

2) 경기의 종류

(1) 메이저 경기

- 가장 보편적인 경기이며 우리나라에 알려진 경기방법이다.
- 한국선수권대회 및 세계선수권대회의 공인경기종목이다.

인원수	1팀 : 3명
세트롤러 수	1인 2개
제트롤러 무게	2kg
거리포인트존 까지 거리	11m

(2) 마스터즈 경기

인원수	1팀 : 3명
제트롤러 수	1인 2개
제트롤러 무게	2kg
거리포인트존 까지 거리	12m

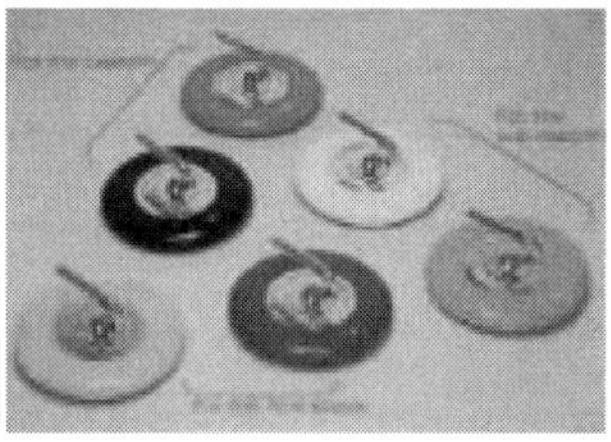

(3) 주니어 경기

인원수	1팀 : 4명
제트롤러 수	1인 1개
제트롤러 무게	2kg
거리포인트존 까지 거리	9m

- 상대방과 다른 제트롤러 4개씩 사용한다.(1인당 1개씩, 같은 색 사용)
- 룰이 매우 간단하기 때문에 유치원생이나 초등학생의 경기에 적용되며, 장애인과 노인은 물론, 부모님과 함께 혹은 선생님과 함께 즐길 수 있는 친교형/타겟형 뉴스포츠이다.

유아

장애인

노인

3) 경기의 진행

① 팀별로 1개씩 교대로 투구한다.

② 제트롤러의 색깔에 따라 던지는 순서가 정해져 있다. 처음에 주황색을 던지고 이후 파랑→초록→노랑→검정→빨강 순으로 투구한다.

③ 팀의 첫 번째 선수가 오렌지색과 파랑 제트롤러를 던지고 부주장과 주장이 각각 두 개씩 투구한다.

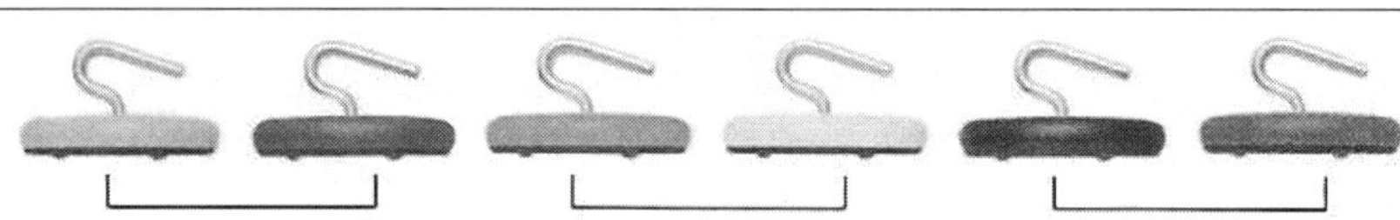

퍼스트플레이어	부 주 장	주 장
①주황 ②파랑	③녹색 ④노랑	⑤검정 ⑥빨강

④ 양 팀이 5이닝 동안 번갈아가며 선공을 한다.

⑤ 한 이닝이 끝나면 포인트존의 중심에 가장 가까운 제트롤러가 있는 팀을 가려 이닝의 승패를 정한다.

⑥ 승리 팀은 제트롤러의 위치에 따라 점수를 올린다. 반대편은 아무리 많은 제트롤러가 포인트존 안에 있어도 그 이닝에는 0점 처리된다.

⑦ 5이닝까지 펼친 후 이닝별 점수를 모두 더해 승패를 판단한다.

⑧ 제트롤러의 투구순서를 그 경기가 끝날 때까지 바꿀 수 없다.

⑨ 3 : 3 또는 1 : 1 모두 가능하다.

4. 경기규칙

메이저경기 및 마스터즈경기의 룰

	메이저경기	마스타즈경기
경기종목	제트롤러는 2kg, 포인트존까지의 거리는 11m로 한다.	제트롤러는 2kg, 포인트존까지의 거리는 12m로 한다.
경기방법	1시합은 6이닝으로 한다. 이때의 소요시간은 약 40분정도이다. 경기는 1선수가 2개의 제트롤러로 투구순서에 의해서 상대선수와 교대로 투구하여 양 팀의 제트롤러 12개를 전부투구한 후의 득점을 계산한다. 득점의 계산은 모두 양 팀의 부주장이 확인하고 또 스코어카드에 기입한다.	
인원수 · 용구	1팀 3인 제트롤러 6개(6색) 포인트존 전용스코어카드	1팀 4인 제트롤러 4개(동색) 포인트존 전용스코어카드
선공결정	선공, 후공은 양 팀의 주장이 결정한다. 가 이닝에서 승리한 팀은 다음 이닝에서는 선공을 하여야한다. 양팀의 제트롤러가 포인트존상에 없을 경우 즉, 무승부인 경우에는 전 이닝의 선공, 후공의 순서대로 진행한다.	
투구순서	투구순서는 퍼스터플레이어가 주홍색, 파랑색제트롤러를 투구하고, 다음 부주장이 녹색, 노란색 제트롤러를 투구하고, 마지막으로 주장이 검정, 빨강제트롤러를 상대방 선수와 교대로 투구한다. 이때, 제트롤러의 투구순서를 바꿀 수 없다.	
	각 플레이어의 투구순서는 그 시합이 끝날 때까지 바꿀 수 없다.	
코트라인상의 정지와 주행 시의 판정	투구한 제트롤러가 세이프존 바깥에서 정지한 경우와 모든 라인 상에 정지 혹은 접촉한 경우에는 모두 아웃이 되며, 같은 팀의 선수가 제트롤러를 옮긴다. 세이프존 내에 정지한 제트롤러는 그 이닝이 끝나기 전에는 옮길 수 없다. 제트롤러의 포인트존 상에서의 위치확인 및 판정, 그리고 득점계산은 양 팀의 부주장이 합의한다. 투구한 제트롤러가 사이드라인을 넘어서 인접코트로 넘어가는 경우에는 아웃이 되며 같은 팀 선수가 이를 옮긴다.	
투구시의 주의사항	선수가 투구자세에 들어섰을 때, 드로우라인에서 대기하고 있는 다른 선수들은 소리를 내거나 몸을 움직여 투구하고자하는 선수의 투구에 방해를 하는 행동을 해서는 안 된다. 드로우라인에서 대기하는 선수는 제트롤러의 위치를 확인하기 위하여 포인트존 주변에 갈 수 없다.	
투구시의 반칙	반쯤 일어선 상태로 투구하거나 달리면서 투구할 경우에는 모두 아웃이다. 신발 앞 끝부분이 드로우라인을 넘을 경우에도 아웃이다. 라인을 넘지 않은 경우에는 세입이다. 투구 시에 손부분이 드로우라인을 넘어서 바닥을 짚게 되면 아웃이다. 단, 투구한 후에 손부분이 드로우라인을 넘을 경우에는 세입이다. 제트롤러의 투구방향은 제트롤러 윗부분의 화살표방향으로 투구한다. 반대방향으로 투구할 경우에는 아웃이 된다. 투구 시에 신체부위, 즉 손 혹은 발 부위, 그리고 제트롤러가 사이드라인을 넘어서 투구할 경우에는 모두 아웃이다. 선수가 투구순서를 잘못 알고 같은 팀, 혹은 상대팀 선수보다 먼저 투구하였을 경우, 그 선수가 투구한 제트롤러는 아웃이 된다. 선수가 상대팀의 제트롤러로 투구하였을 경우, 곧바로 경기를 중단하게하고 위반한 팀의 제트롤러는 모두 아웃이 된다. 이때, 상대방의 퍼스터플레이어가 혼자서 모든 제트롤러를 투구하여 득점을 하게 된다. 투구 시에 반칙, 혹은 제트롤러의 이상으로 세이프존 혹은 포인트존 상에 있는 제트롤러가 이동할 경우에는 양 팀의 부주장이 협의하여 원위치로 돌린다.	

	선수가 자신이 사용하는 2개의 제트롤러의 투구순서를 바꿔서 투구한 경우, 그 선수의 제트롤러는 모두 아웃이 된다. (예를 들면, 퍼스터플레이어가 파랑색제트롤러를 먼저 투구하였을 경우, 다음의 주홍색제트롤러도 아웃으로 간주한다) 같은 팀의 선수가 자신의 팀 선수의 다른 제트롤러를 바꿔서 투구한 경우, 투구한 선수의 제트롤러는 물론 다음 선수의 제트롤러도 아웃이 된다. (예를 들면, 부주장이 검정제트롤러를 투구한 경우, 투구한 검정제트롤러, 녹색, 노란색 제트롤러도 모두 아웃이 된다)
경기의 승패와 득점계산	포인트존의 중심에 있는 포인트에서 가장 가까운 제트롤러가 있는 팀이 승리. 패한 팀의 제트롤러가 아무리 많이 있더라도 득점은 0이 된다. 이때 승리한 팀의 나머지 제트롤러가 포인트존 상에 있을 경우에는 모두 득점으로 가산된다. 예를 들면 승리한 팀의 제트롤러 다음에 패한 팀의 제트롤러가 있을 경우에는 승리한 팀의 1개의 제트롤러 득점만을 인정하게 된다는 것이다. 만약, 승리한 팀의 득점이 연속으로 패한 팀의 제트롤러보다 중심에 있을 경우에는 모두 승리한 팀의 득점으로 인정한다는 것이다. 양 팀의 제트롤러가 포인트존에 위치하지 않은 경우, 양 팀의 득점은 모두 0이 되고, 다음 이닝으로 연결된다. 선공의 순서는 전 이닝과 동일하다. 양 팀의 부 주장은 포인트존 상에서 어느 팀의 제트롤러가 포인트에 가까이 있는지를 포인트의 위에서 직접 확인한다. 만약 의견의 합의가 되지 않을 경우에는 심판에게 요청한다. 계측을 하였을 경우에도 같은 결과가 나올 경우에는 선공한 팀이 승리하게 되며 제트롤러가 있는 위치의 점수를 득점으로 한다.
빨강, 노랑, 파랑의 득점 대회규정	각 경기 각 이닝에 있어서 승리한 팀의 빨강, 노랑, 파랑의 3가지 제트롤러가 득정으로 인정이 되는 경우, 스코어카드의 각 색깔부분에 득점을 기입한다. 예를 들면, 승리한 팀의 빨강제트롤러가 2점 포인트존에 위치하였을 경우에 빨강색공간에 2라고 기입하고, 파랑제트롤러가 3점 포인트존에 위치하였을 경우, 파랑색공간에 3으로 기입한다. (4페이지참조)
5이닝은 럭키이닝	경기의 5이닝을 럭키이닝으로 정하여 보너스득점을 적용한다. 포인트존의 빨강색 3점을 일반이닝에서 부여하는 3점의 2배인 6점으로 하고, 노란색 2점을 2.5배인 5점, 파랑색의 4배인 4점을 부여한다. 단, 이 득점은 승리한 팀의 제트롤러가 포인트존의 색깔과 같은 위치에 있을 경우에만 보너스득점으로 적용한다.
득점합계가 같은 경우	경기가 종료되어 양 팀의 득점이 같은 경우는 스코어카드의 빨강색공란의 점수가 높은 팀이 승리하게 된다. 빨강색공란의 점수가 같은 경우에는 노란색 공란의 합계득점, 그 다음은 파랑색 공란의 합계득점으로 결정한다. 여기에서도 같은 득점일 경우에는 6이닝 째의 득점이 높은 팀이 승리하게 된다. 6이닝의 득점이 같은 때에는 5이닝, 4이닝, 그리고 3이닝 등의 순서로 결정한다. 복수의 팀이 무득점으로 경기를 종료하여 대회의 순위를 결정할 경우 주장이 모여서 순서를 결정한다. (예를 들면 가위바위보, 혹은 동전 위아래결정 등)
스코어카드의 제출	양 팀의 주장은 경기종료 후에 양 팀의 부주장이 기록한 득점계산 및 합계득점을 확인한 후, 스코어카드의 윗부분에 있는 상대방 팀의 주장의 승인 싸인을 받아서 대회본부에 양 팀의 주장이 스코어카드를 동시에 제출한다. 1경기당 2매의 스코어카드를 제출한다. 제출된 스코어카드의 득점에 이상 혹은 잘못이 사항이 있는 경우는 양 팀 모두 실격 처리되어 0점으로 된다.
심판판정	경기에 있어서 양 팀 간에 룰이나 협의사항에 합의가 이루어지지 않을 경우에는 별도로 정하는 대회심판의 판정 및 지시에 따라야 한다.

5. 기본기술

1) 그립법

초보자의 경우 올바른 그립부터 익혀야 한다. 제트롤러의 손잡이를 움켜쥐어서는 안 되고, 미세한 손가락의 힘에도 방향이 틀어질 수 있기 때문에 모든 손가락을 펴고 손잡이 부분 위에 바닥과 수평이 되게 올려놓거나, 손잡이 옆부분을 엄지와 검지 사이로 살짝 잡아야 한다.

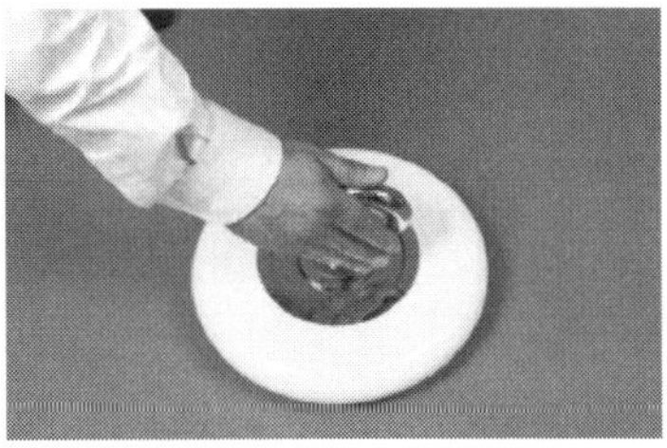

2) 투구자세

투구를 할 때는 바닥에 한쪽 무릎을 대고 손을 제트롤러 핸들 위에 가볍게 얹고 밀어준다. 이때 힘의 강 · 약 조절도 중요하다.

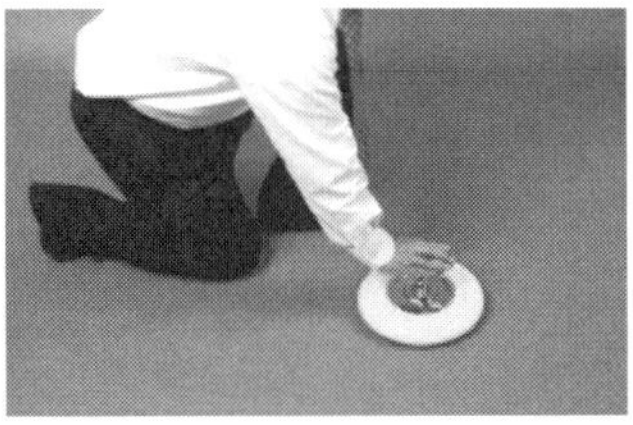

① 먼저 바닥면에 한쪽무릎 혹은 양 무릎을 대고, 제트롤러의 핸들부분의 윗면에 손바닥을 가볍게 올려놓는다(핸들부분을 세게 쥐지 않도록 한다). 그리고 핸들부분에 손을 그대로 둔 상태로 2~3회 앞뒤로 제트롤러를 굴려서 목표방향으로 가볍게 밀어준다.

② 제트롤러가 손에서 벗어난 순간 손가락이 곧바로 목표방향으로 향하게 하는 것이 올바른 투구법이라 할 수 있다. 가볍게 밀어줄 때의 힘의 강 · 약도 매우 중요하다.

③ 투구 시 신발 앞 끝부분이 라인을 넘어서게 되면 아웃이 된다. 신발 앞 끝부분이 라인선상에 있을 경우에는 세입이다. 서서 투구를 하거나 혹 은 달리면서 투구를 하는 경우에는 모두 아웃이다. 투구하기 전에 손이 라인을 넘어서 바닥면에 닿았을 경우에도 아웃이다. 단, 투구한 후에 손이 라인을 넘어선 경우에는 세이프다.

6. 커롤링의 전술

커롤링은 각선수의 투구테크닉과 팀플레이에 의해 승패가 결정되는 뉴스포츠이다. 표적을 향해 제트롤러를 상대팀과 서로 번갈아 가며 투구하고 제트롤러끼리 서로 충돌하면서 경기가 진행되기 때문에 상황이 끊임없이 변화한다. 상대방의 제트롤러를 쳐서 밀어내거나 자기 팀의 제트롤러를 포인트존에 가깝게 접근하게 하는 것이 중요한 포인트가 된다. 그러나 무엇보다도 중요한 것은 각 선수가 포인트존의 중심에 자신의 팀의 제트롤러를 어떻게 하면 더 많이 집중시키느냐가 가장 중요한 포인트라고 할 수 있다. 정지한 제트롤러의 위치를 변화시키는 것은 제트롤러투구의 강약과 위치에 따라서 주행방향과 이동하는 거리도 크게 변한다. 퍼스트플레이어가 투구하는 제트롤러의 정지위치는 포인트존 전방부근에 위치하게 하는 작전이 효과적이다. 선공을 한 선수가 후속플레이어를 위해 투구의 목표를 정확하게 지시하는 것도 승패를 크게 좌우하는 요소가 될 것이다.

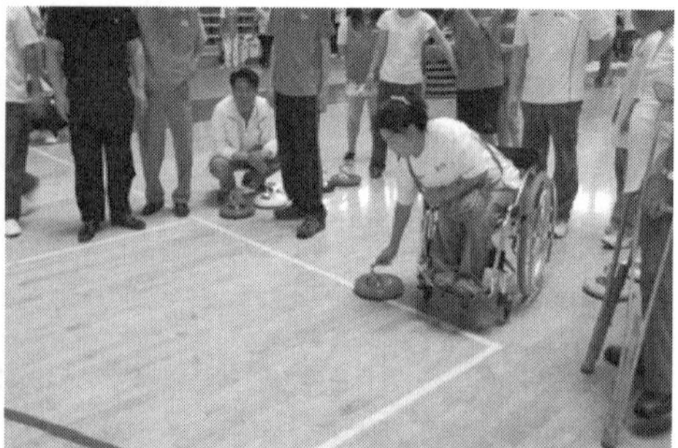

(타겟형)뉴스포츠 종목별 해설

플로어 컬

Floor Curl

1. 개요

1) 플로어 컬이란

플로어 컬(또는 플로어 컬링)은 동계 올림픽 종목인 컬링을 얼음이 아닌 일반 바닥에서 즐길수 있도록 한 뉴스포츠이다. 용구나 경기규칙 등에서 다소의 차이는 있지만, 가장 큰 차이는 얼음이 없이도 컬링의 묘미를 느낄 수 있도록 한 스포츠라는 점이다.

플로어컬의 장비는 다양한 재질로 만들어진 스톤(또는 락이라고도 함)에 베어링을 붙여 일반 바닥에서 잘 굴러갈 수 있도록 한 것이다. 또한 하우스(House)라고 불리는 타겟도 마루 등의 바닥에 손쉽게 설치할 수 있더 평평하고 매끄러운 바닥만 있다면 실내외 어디서든 게임을 할 수 있다. 플로어 컬은 캐나다의 Rocks & Rings 프로그램에 채택되어 있는 프로그램이며, 미국과 캐나다에 1,000개 이상의 학교에서 활용되고 있다. 또한 영국 등 유럽 지역에서도 플로어 컬과 같은 마루에서 할 수 있는 컬링이 보급되고 있다.

2. 플로어 컬 장비

1) 스톤(Stones) 및 타겟(Target)

(1) 스톤(Stones)

플로어 컬의 스톤은 Rock이라고도 불리며 대체로 고무로 된 재질의 바닥에 롤러가 붙어 있는 형태이다. 플로어 컬의 스톤은 빨간색 4개와 파란색 4개, 총 8개의 스톤이 한 세트가 된다. 스톤의 색상으로 팀을 구분한다.

플로어컬 표적지	플로어컬 스톤 및 가방

(2) 타겟(Target)

플로어 컬의 표적지는 '하우스(House)'라고 하며, 중앙의 하얀 부분을 버튼(Button)이라고 한다.

표적지는 스톤이 잘 구를 수 있도록 편편하게 바닥에 잘 붙어질 수 있도록 설치되어야 한다.

2) 푸셔 스틱(Pusher Stick)

(1) 푸셔 스틱(Pusher Stick)

푸셔 스틱은 무릎을 굽히기 힘든 플레이어들이 스톤을 밀 수 있도록 하는 용구이다.

근력이 부족한 노인 및 유아 또는 장애인 등이 주로 사용한다.

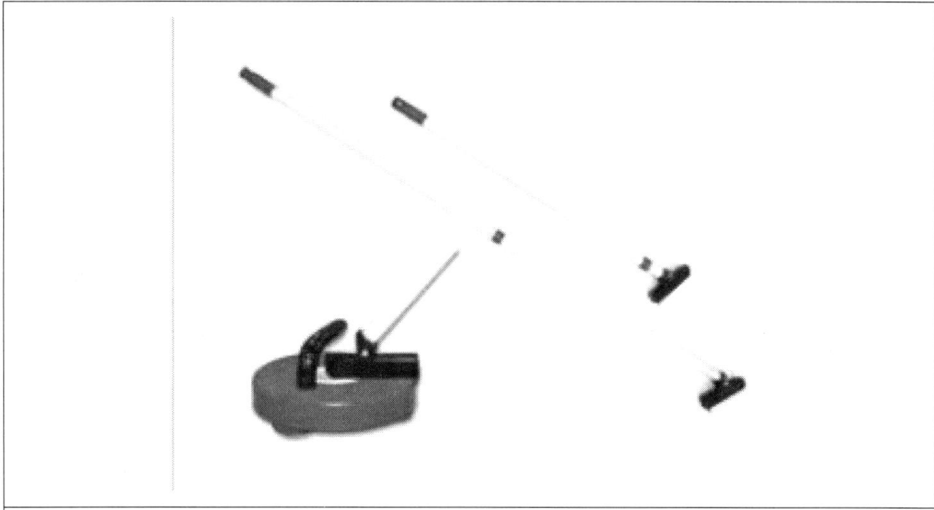

플로어컬 푸셔 스틱

3. 플로어컬 경기

플로어 컬 경기는 개인전이나 팀 경기로 아래와 같이 운영된다. 양 팀의 선수 숫자는 같아야 하며, 1:1, 2:2, 4:4 등의 경기로 할 수 있다.

구 분	종 목	경기 방법	총 스톤 수
개인 경기	1 : 1	- 한 사람당 4개의 스톤을 투구 한다.	8개(팀당4개)
복식 경기	2 : 2	- 한 사람당 2개의 스톤을 투구 한다.	8개(팀당4개)
단체 경기	4 : 4	- 한 사람당 1개의 스톤을 투구 한다.	8개(팀당4개)

한 경기는 기본적으로 8엔드(라운드)로 구성되지만, 상황에 따라 4엔드 이상의 짝수 엔드로 변형하여 할 수 있다. (4엔드, 6엔드, 8엔드, 10엔드 등)

1) 코트 구성

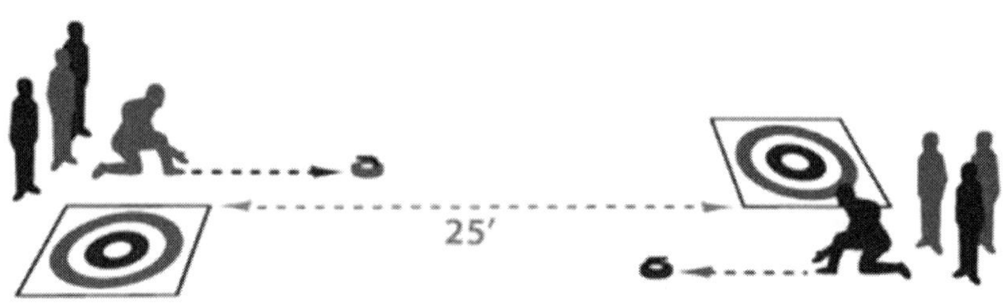

타겟 매트(하우스)와 투구선은 7m 50cm~ 8m 정도의 거리를 가진다. 타겟 매트와 투구선 사이의 바닥은 가능한 최대한 깨끗하고 평평해야 한다.

투구선의 범위는 타겟 매트의 범위에서 양쪽으로 30cm 정도가 넘지 않도록 그려져야 하며 선수들은 투구선 범위를 벗어나 투구할 수 없다.

또한 투구선과 타겟 매트 사이에는 호그 라인(Hog Line: 경계선)을 두는데 이 라인을 벗어나지 못한 투구는 스톤을 경기장 밖으로 치우고 경기를 진행한다.

플로어컬의 호그 라인은 투구선으로 부터 약 3m 전방 양쪽 끝에 표시한다. (호그 라인이 투구된 스톤의 진행을 방해하지 않도록 경기장 양쪽 끝에 표시)

2) 경기방법

① 경기의 최초 엔드는 동전 토스로 어느 팀이 먼저 투구할지 정한다. 두 번째 엔드부터는 이전 엔드에서 진 팀이 후공을 하게 된다. (일반적으로 후공을 하는 팀이 유리하다.)

② 스톤은 상대방(팀)과 한 개씩 번갈아 투구하며 모두 투구하면 한 엔드가 끝난다. 투구를 할 때는 스톤이 반드시 바닥면에 밀착된 상태에서 투구하여야 하며, 팀 경기의 경우 경기 도중에 선수별 투구 순서를 바꿀 수 없다.

③ 항상 상대팀의 스톤이 멈출 때 까지 기다렸다가 투구를 하여야 하며 이를 위반하여 투구한 스톤은 제거 된다.

④ 정해진 엔드가 모두 끝나면 점수를 합산하여 승패를 결정한다. 점수의 계산방법은 기본적으로 상대팀에 비해 타겟의 중앙(버튼)에 더 가까운 스톤의 수로 검수를 계산하며, 변형된 경기의 경우는 별도의 경기 규칙에 따른다.

3) 점수(Scoring)

점수는 모든 스톤이 투구된 후 하우스 (타겟 원)안에 있는 스톤만 유효한 점수로 인정한다.

한 엔드가 끝나면 상대팀에 비해 하우스 중앙(버튼)에 더 가까운 스톤이 있는 팀이 점수를 얻게 되며 상대팀의 점수는 0점이 된다.

점수는 상대팀의 스톤에 비해 버튼 중심에 더 가까운 스톤의 숫자가 몇 개냐에 따라 점수가 결정된다.

즉, 상대팀보다 하우스 버튼에 더 가까운 우리 팀의 스톤이 2개라면 우리 팀은 2점, 상대팀은 0점이 된다.

만약 양 팀의 스톤이 모두 하우스를 벗어나 있다면 양 팀 모두 득점 없이 0:0이 된다.

한 경기의 최종 승패는 최종 엔드까지의 점수를 합하여 접수가 높은 팀이 승리한다.

< 점수 계산법 >

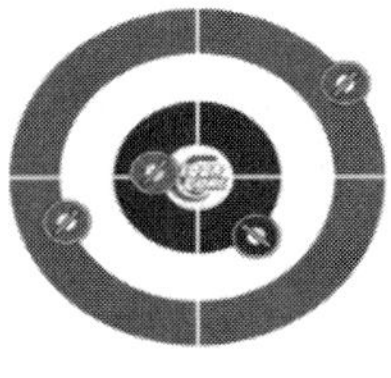

적색 1득점

청색 2득점

적색 1득점

4) 플로어컬 변형 경기 (플로어컬 마스터즈 경기)

플로어컬 마스터즈 경기는 기존의 플로어컬에 커롤링의 경기 규칙을 접목하여 기존의 플로어컬 경기보다 개선된 점수 계산법으로 타겟형 뉴스포츠를 즐길 수 있는 경기이다.

플로어컬 마스터즈 경기는 기존의 플로어컬과 커롤링의 장점을 섞어 만든 경기로써, 플로어 컬의 장비의 가벼움과 커롤링의 세련된 점수 계산법을 동시에 즐길 수 있는 타겟형 뉴스포츠이다.

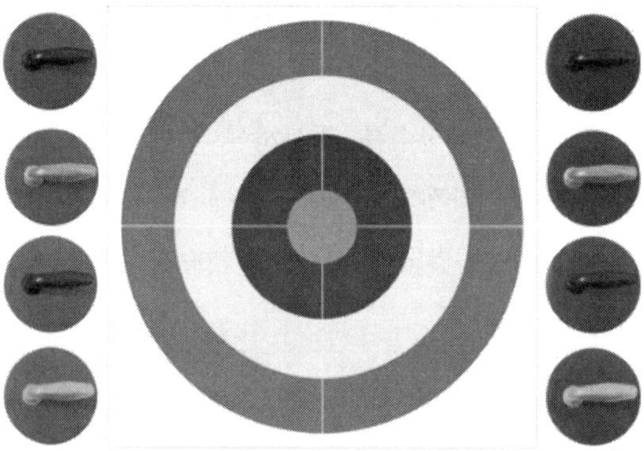

마스터즈 경기를 위한 스톤은 손잡이 부분이 빨강, 노랑, 파랑, 초록으로 이루어져 있으며 투구 순서 역시 빨강 → 노랑 → 파랑 → 초록 순서로 이루어진다.

마스터즈 경기를 위한 표적지는 원형의 중심으로부터 초록(4점), 파랑(3점), 노랑(2점), 빨강(1점)으로 구분된다.

마스터즈 경기는 일반적으로 5엔드로 이루어지며, 상황에 따라 3엔드로 할 수도 있다.

경기방법은 일반 플로어컬과 동일하지만 점수 계산법이 다르므로 보다 다양한 전략으로 경기를 진행할 수 있다.

마스터즈 경기는 어떤 색깔의 스톤이 중앙에 더 가까운가에 따라 득점을 할 팀이 결정되며, 득점 팀의 점수는 하우스 안에 있는 모든 스톤의 점수를 합하여 결정된다.

예를 들어 빨간색 스톤이 파란색 스톤에 비해 중앙에 더 가까운 것이 있다면 빨간색 스톤을 가진 팀이 득점을 할 수 있는 자격을 가지며 상대팀인 파란색 스톤 팀은 하우스 안에 있는 자기 팀의 스톤 수에 관계없이 0점이 된다. 이 때 빨간색 스톤 팀의 점수는 하우스 안에 있는 빨간색 스톤이 위치한 구역의 점수를 모두 합한 점수가 된다. (타겟의 중앙으로부터 초록(4점), 파랑(3점), 노랑(2점), 빨강(1점))

또한 만약 득점 팀의 스톤이 그 손잡이 색상과 일치되는 타겟의 구역에 걸쳐져 있다면 그 점수는 2배가 된다. (노랑 손잡이 스톤이 노란 타겟 구역에 걸려 있다면 2점×2배=4점)

<플로어컬 마스터즈 경기 점수 계산법>

1이닝 : A팀(빨강 스톤) 선공	2이닝 : B팀(파랑 스톤) 선공
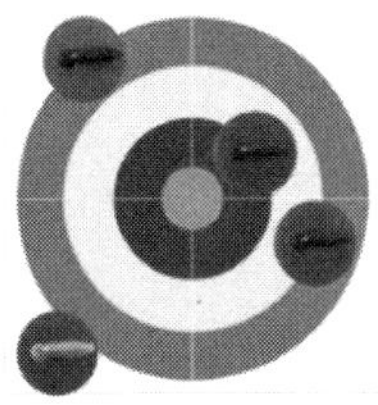 A팀(빨강)의 득점 = 0점 B팀(파랑)의 득점 = 3점 = 2점 = 0점 합계 5점으로 B팀승리	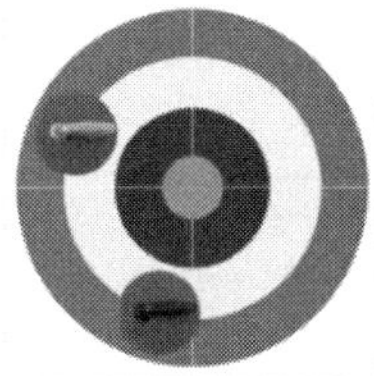 A팀(빨강)의 득점 = 2점 = 2점 B팀(파랑)의 득점 = 0점 합계 4점으로 A팀승리
B팀의 빨강손잡이 스톤이 3점, 파랑손잡이 스톤이 2점이 되어 합계 5점이 된다. B팀의 노란손잡이 스톤이 1점의 포인트존에 위치하고 있지만 A팀의 파랑손잡이 스톤이 하우스 중심에 더 가까이 있기 때문에 득점이 되지 못한다.	A팀의 노랑손잡이 스톤이 2점, 파랑손잡이 스톤이 2점. B팀의 스톤은 포인트 존에 위치하고 있지 않으므로, 득점 0, A팀이 4대0으로 승리.
3이닝 : A팀(빨강 스톤) 선공	**4이닝 : A팀(빨강 스톤) 선공**
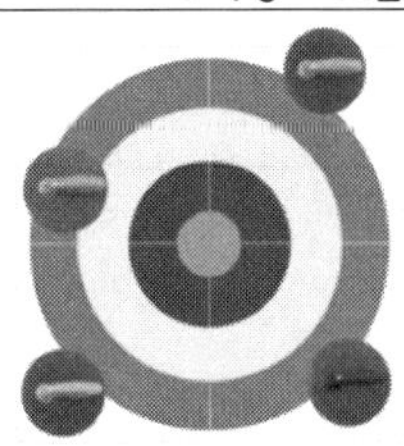 A팀(빨강)의 득점 = 2점 B팀(파랑)의 득점 = 0점 = 0점 = 0점 합계 2점으로 A팀승리	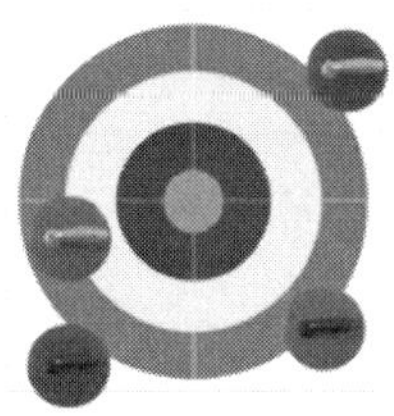 A팀(빨강)의 득점 = 0점 = 0점 B팀(파랑)의 득점 = 2점 = 1점 합계 3점으로 B팀승리
B팀 3개의 스톤이 1점 포인트존에 위치하고 있으나, A팀의 노란손잡이 스톤이 2점이 포인트존에 위치하고 있기 때문에 B팀의 득점은 0이 된다. 따라서 A팀이 2대0으로 승리.	B팀의 노랑손잡이 스톤 2점과 파랑손잡이 스톤 1점이 A팀의 노랑손잡이 스톤과과 빨강손잡이 스톤보다 포인트존에 더 가까이 있으므로 B팀이 합계득점 3이 된다. 따라서 3대0으로 B팀이 승리.
5이닝 : B팀(파랑 스톤) 선공	
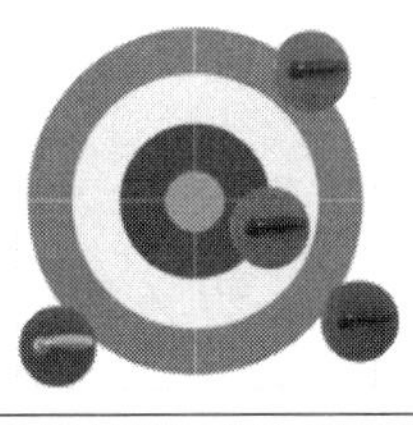 A팀(빨강)의 득점 = 3점×2배 = 6점 = 1점×2배 = 2점 B팀(파랑)의 득점 = 0점 합계 8점으로 A팀승리	총 합계 A팀 14점, B팀 8점으로 A팀의 최종 승리
보너스득점은 초록 점수판 8점 빨강 점수판 6점, 노랑 점수판 4점, 파랑 점수판 2점으로 적용. 승리한 팀의 초록, 파랑, 노랑, 빨강의 제트롤러가 포인트존의 색깔과 동일한 경우에 한해서, 초록색은 4점의 2배인 8점, 빨강색은 3점의 2배인 6점, 노랑색 2점을 2배인 4점, 파랑색 1점의 2배인 2점이 보너스점수로 적용된다. 현재 빨강손잡이 스톤과 파랑손잡이 스톤이 색깔에 일치하고 있기 때문에 파란색 6점, 빨간색 2점을 부과 한다. 보너스득점이 적용되지 않는 경우에는 통상의 득점대로 계산한다.	

(타겟형)뉴스포츠 종목별 해설

셔플보드

Shuffleboard

1. 개요

1) 셔플보드란?

셔플보드는 가늘고 긴 막대(큐)로 원반(디스크)을 코트위에서 밀어서 코트에 그려진 스코어링다이어그램(득점구역)에 디스크를 넣어 그 점수를 겨루는 스포츠이다. 손과 눈의 협응능력을 향상시키고 전술과 경쟁심을 배양할 수 있는 재미있고 건강한 운동으로, 남녀노소 누구나 즐길 수 있는 흥미로운 종목이다. 과거에는 미국과 캐나다에서 행해졌으나 현재 수많은 나라에서 인기를 얻고 있다.

특히 상류층에서 셔브그로트(shovegroat) · 슬라이드그로트(slide-groat) · 셔블페니(shovel-penny) 등의 이름으로 인기를 끌었다. 현재는 쇼벨보드(shovel board) 또는 셔플보드(shuffle board)로 불린다.

2) 역사

셔플보드는 15세기 경 영국의 귀족과 농민들이 궁전이나 선술집에서 테이블 위에 동전(원래는 밀, 보리 등)을 놓고 한쪽 끝으로 밀어 보내는 놀이에서 시작되었는데, 많은 양의 술과 돈을 게임에 내기로 걸었다. 이 게임의 목표는 동전을 테이블의 끝쪽에 최대한 밀어 보내는 것이다.

영국은 군인, 농민의 훈련과 농사에 방해가 되는 어떠한 형태의 게임도 금지하는 관습이 있었는데, Edward Ⅳ는 1477년 공공의 평화를 해하는 소란스런 집회를 억제하기 위해 가정집에서 게임(closhekeyles, half-bowl, hand-in-hand-out, queke borde 등)을 할 수 없도록 하는 법을 제정하였으며, Henry Ⅷ는 1541년 군인이나 농민들이 게임을 하면서 체력을 소모하게 되면 훈련과 농사에 집중하지 못하게 되므로 근로자와 군인들은 크리스마스 때를 제외하고는 게임을 할 수 없도록 하면서 카드, 주사위, talles, bowls 등의 게임도 추가로 금지하였다. 이 역시 군사대비태세유지(military preparedness)가 주목적이었다. 게임 때문에 돈을 잃고 가난해지면 활과 화살을 살 수 없을 뿐만 아니라, 때로는 살인, 강도, 흉악범죄(felony)에 연루될 수 있음을 우려했기 때문이다.

게임에 대한 규제를 피하기 위한 노력의 일환으로 막대기(cue)를 이용하고 실외에서 할 수 있는 다른 형태의 게임방법이 개발되었으며, 원거리 항해시 선박의 갑판(Deck)에서도 게임을 하였다. 이로써 셔플보드는 Tabletop & Deck의 두가지 형태로 분화되었다.

Tabletop

Deck

Deck 게임은 체력의 요구가 적은 이유로 주로 노년층에서 성행하고 있고, Tabletop은 바(bar) 또는 펍(pub)에서 젊은 세대 사이에 인기가 증가하고 있다.

영국인들이 미국으로 이주하면서 셔플보드가 미국에 소개되었으며, 플로리다주의 St. petersburg에서 회원수 5,000명과 107개의 코트를 갖춘 최대규모, 최고시설의 Shuffleboard Club이 창설되었다. 현재는 65개의 코트를 보유하고 있다. 1924년 St. petersburg Shuffleboard Club은 경기의 표준이 되는 규칙들을 제정하였고, 1929년에 미국셔플보드협회가 구성되는데 일조를 하였으며 2년 후인 1931년에 전미(全美) 셔플보드 대회를 개최하였다(여자셔플보드 대회는 1932년 개최되었다).

1979년에 미국, 영국, 캐나다, 호주, 브라질, 일본 6개국으로 구성된 국제셔플보드협회가 St. petersburg, Florida, USA에서 창설되었다.

일본에 소개되었던 시기는 1970년대에 들어와서 부터이다. 1981년부터 년1회 국제대회를 개최하고 일본에서도 매년 선수가 출전하고 있다. 또한 88년과 99년에는 일본이 국제대회의 개최지가 되었다. 일본에서는 일본셔플보드협회주최로, 남녀선수권(남자 : 호킨스배, 여자 엘시배)를 포함, 년5회 대회를 개최하고 있다. 제31회 세계 팀챔피언십 대회가 국제셔플보드협회(ISA) 주관으로 2012년 8월에 시애틀, 미국에서 개최된다.

우리나라에서는 사단법인 한국뉴스포츠협회가 주도적으로 보급하고 있는데, 신체활동이 비교적 적은 유아 · 장애인 · 노인을 주 대상으로 전략형 뉴스포츠로 보급활동을 전개하고 있다. 최근 학교체육에 뉴스포츠가 본격적으로 보급되기 시작하여 초 · 중 · 고의 체육수업, 방과후 학교 체육프로그램으로도 도입되기 시작하였다.

또한, 국내에서는 셔플보드의 보드의 단조로움을 개량하여 보치아, 패탕크 등 다양한 경기를 할 수 있는 새로운 형태의 다목적 보드가 활발하게 개발되고 있다.

2. 경기 코트 및 용구

1) 코트

셔플보드는 현재 Tabletop형과 Deck형 두가지가 있는데, 일본과 한국에 소개된 Deck형의 전용코트는 실내 또는 실외의 플로어(나무, 콘크리트) 위에 스코어다이어그램을 페인팅하는 기법이 있고, 이동형 코트로 합성고무제와 카펫트제 등 2가지가 있다. Tabletop형은 아래 그림에서 보는 바와 같다.

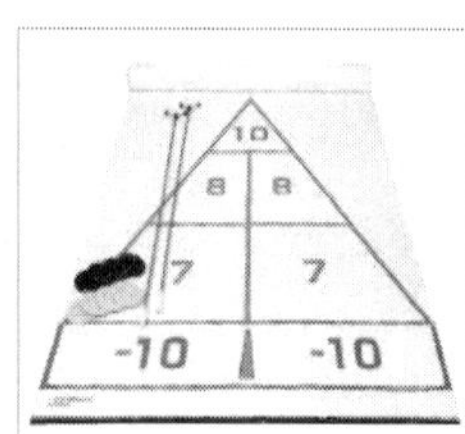

2) 코트 규격

국제셔플보드협회(ISA)에서 정한 경기장의 국제규격은 길이 1,584.96cm, 폭은 약304.8cm이다. 일본레크리에이션협회가 판매하는 카펫트제 코트는 폭 1.8m, 길이 12m와 폭 1.8m, 길이 9m의 2종류가 있다.

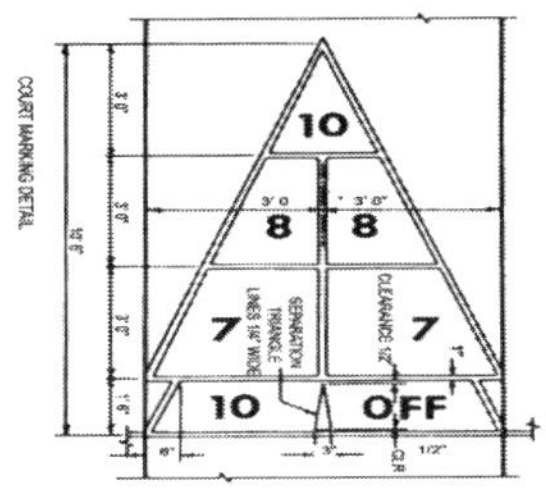

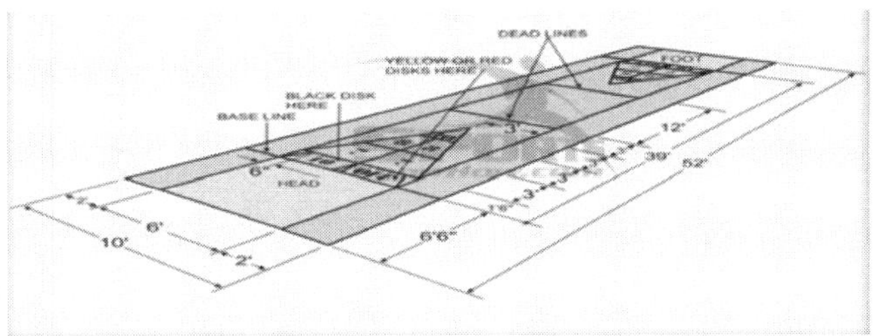

3) 경기용구

(1) 큐(cue)

큐는 길이가 167.64cm로 샤프트의 재질은 알루미늄, 그라스파이버, 그라파이트 3종류가 있다.

(2) 디스크

디스크는 노란색과 검정색으로 나누어지는데, 직경 15cm, 두께 약2.5cm로 각각 4장씩 합계 8장으로 구성되어 있다.

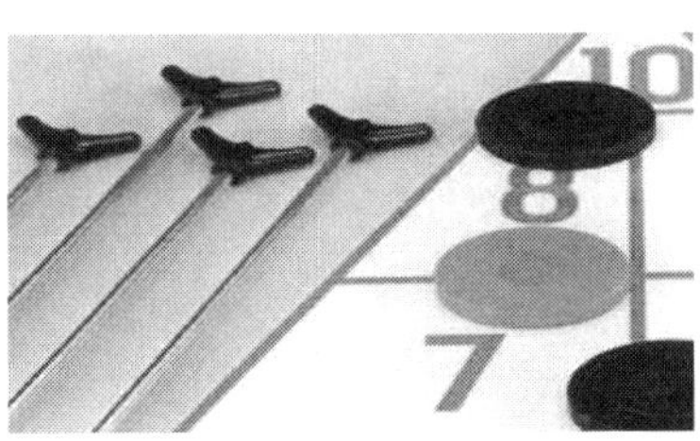

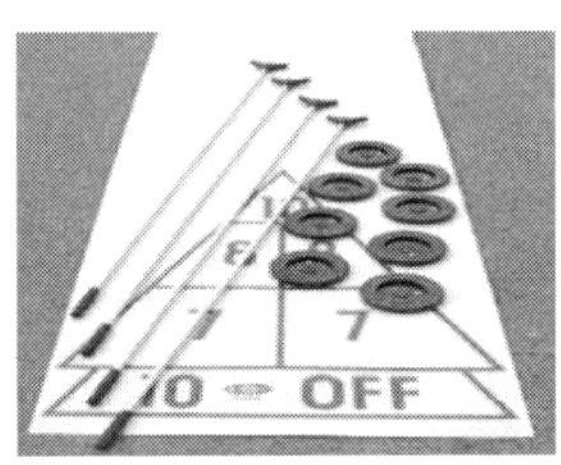

3. 경기방법

스코어보드에 가까운 쪽 또는 선공하는 팀이 먼저 노란 디스크를(그 다음에는 검정 디스크를) 큐(cue)를 이용하여 반대쪽 스코어다이어그램을 향하여 밀어 보낸다. 서로 각각 4개의 디스크를 숏하게 되는데, 자신의 득점과 동시에 상대방의 득점을 방해하는 전술도 사용한다. 이때 당구와 같이 서로의 디스크를 이용하여 쿠션을 치는 재미와 상대방의 디스크를 밀쳐내는 통쾌함도 있다. 매 경기는 50, 75, 100점을 득점할 때까지 하게되며, 3전 2승을 획득하는 팀이 승자가 된다.

경기 중 페널티를 받게되는 경우가 있는데 상황에 따라 적용되는 점수가 다르며, 페널티를 얻게되는 경우 자신의 점수에서 해당 페널티 점수를 감(減)하게 된다.

- 디스크가 라인을 터치(front or back line)하였을 경우 ~ 5 off
- 디스크가 라인을 터치(side or middle lines)하였을 경우 ~ 10 off
- 선수가 허락없이 코트를 떠났을 경우 ~ 10 off
- 상대선수의 디스크가 멈추기 전에 플레이를 개시하였을 경우 ~ 10 off
- 선수가 디스크를 접촉하는 경우 ~ 10 off

다이어그램에는 10점, 8점, 7점이 있으며 다이어그램 끝부분에 10-OFF(마이너스 10점)이 있어 이 곳이 승부를 좌우하게 된다. 자기편 혹은 상대편의 디스크를 밀어주거나 밀어내어 상대디스크를 에리어 바깥으로 밀어내거나 마이너서 10점 안으로 밀어 넣어 경쟁을 하는 것이 이 경기의 묘미라 할 수 있다. 디스크가 조금이라도 라인에 물려있을 경우에는 점수화되지 않기 때문에 (디스크 전체가 완전히 라인 안에 있을 경우에만 유효하다), 미묘한 접촉으로 노 카운터가 될 수 있다. 이러한 의미에서는 최초의 디스크위치잡기 등, 주도면밀한 작전이 요구되는 것도 이 경기를 더욱 재미있게 할 수 있을 것이다.

각 프레임마다 코트체인지(디스크가 정지된 곳으로 선수가 이동한다)하여 선공 · 후공을 교대한다. 승부를 가리는 방법은 사전에 프레임수를 정해놓고 (8 · 12 · 16프레임 중에서) 합계 득점을 겨루는 방법으로, 매치포인트(50 · 75 · 100점)을 정해놓고 선취한 선수의 승리를 정하는 방법이 있다. 동점일 경우에는 2프레임씩 서든데스로 승부가 날 때까지 경기를 속행한다. 국제셔플보드협회는 16 프레임을 기본으로 하고 8프레임에서 서로의 디스크를 바꾸어 나머지 8 프레임 경기를 하도록 규정하고 있다. 또한 경기 중 실수로 디스크를 건드렸을 경우, 원래의 위치에 가깝도록 위치시킨 후 경기를 재개하도록 하였다.

숏에 관한 기본 룰은 다음의 3가지가 있다.

① 큐 헤드를 반드시 디스크에 붙여서 그 위치에 서서 숏한다.

② 스킵은 기본적으로 2보로 한다. 그러나 1보라도, 노스텝이라도 가능하다. 단, 숏 도중에 큐 헤드가 디스크에서 떨어져 재 접촉하는 경우에는 그 투구는 무효가 된다.

③ 데드라인에 도달하지 못한 디스크, 혹은 코트 밖으로 나갔다가 다시 코트 안으로 들어온 디스크는 무효로 간주하고 그 디스크는 바로 코트 상에서 치운다.

4. 스코어카드 기록방법

하나의 코트에서 2명이 경기를 한다. 선공과 후공을 가려 선공은 노란색 디스크, 후공은 검정색 디스크를 사용하여 차례로 하나씩 투구하여 총 4의 투구가 끝나면 점수를 기입한다. 좌우 코트를 번갈아 가면서 총 16플레임을 한 게임으로 진행할 수 있다.

A		7	7	⑩	10	0	14	7	8
		7	14	4	14	14	28	35	43
B		8	0	15	0	7	③	7	0
		8	8	23	23	30	27	34	34
B		0	8	7	0	7	10	7	7
		34	42	49	49	56	66	73	80
A		7	⑩	14	0	8	②	15	0
		50	40	54	54	62	60	75	75

<셔플보드 기록지>

① 제 1플레임은 노란색으로 선공을 하여 상호간에 차례대로 4장의 디스크를 투구한 후 득점에 들어간 총 점수를 스코어 카드에 기입한다.

② 제 2플레임은 상호간에 차례로 4장의 디스크를 투구한 후 득점에 들어간 총 점수와 1플레임의 합계를 스코어 카드에 기입한다.

③ 제 3플레임은 위의 방법과 똑같이 8플레임까지 진행한다.

④ 제 8플레임 종료 후 선공과 후공을 바꾸어 경기를 진행한다.

⑤ 제 9플레임은 8플레임까지 후공을 했던 선수가 노란색으로 경기를 진행한다.

⑥ 제 16플레임 종료 후의 종합 점수가 많은 선수가 승자가 된다.

참고로 국제셔플보드협회(ISA)는 국제경기규칙에 대해 개인경기와 팀경기로 구분하여 각 경기규칙을 제정하였다. 국제셔플보드협회(ISA) 인터넷 사이트는 다음과 같다.

(참고 : www.newsports.or.kr/www.world-shuffleboard.org)

(타겟형)뉴스포츠 종목별 해설

볼로볼

Bolloball

1. 개요

볼로볼은 사다리 모형의 타겟에 공을 투척해 공을 걸리게 하여 포인트를 얻어내는 타겟형 뉴스포츠이다.

원시시대 사냥의 도구로 돌을 끈으로 연결해서 던지던 것과 유사한 형태로 만들어 졌다. 야외나 실내 어디서든 쉽게 게임을 즐길 수 있으며 개인별 또는 팀 경기로 즐길 수 있기 때문에 경쟁심 유발효과를 기대할 수 있다. 또한 한쪽 끝에 달린 공을 잡고 아래로 늘어뜨려 공을 흔들어 거리를 잘 조절하여 던져야 하기 때문에 손과 눈의 협응력과 집중력 등을 향상시키는데 특히 효과가 높아 유아, 장애인, 노인들의 경기로 적합하다.

볼로볼은 2명 이상의 개인전 또는 팀전으로 진행된다. 팀 구분은 공의 색깔로 구분 할 수 있다.

개인전의 경우 개인 당 3개의 공을 가지고 진행된다.

특징

나일론 로프에 의해 묶여진 2개의 골프공 형태의 공을 늘어뜨려 던지는 경기로 리듬감에 맞춰 던져야 하며, 거리조절, 방향조절, 회전력 등이 필요하여 집중력을 높이는 경기로 효과적이다.

일반적인 경기처럼 많은 점수를 내는 경기가 아니라 목표점수(21점)를 맞추는 경기이기 때문에 집중력과 전략이 필요한 경기이다.

2. 시설 및 용구

1) 시설

볼로볼을 위해서는 별도의 시설이 필요하지 않으며, 10m 정도의 거리만 확보되면 경기가 가능하다.

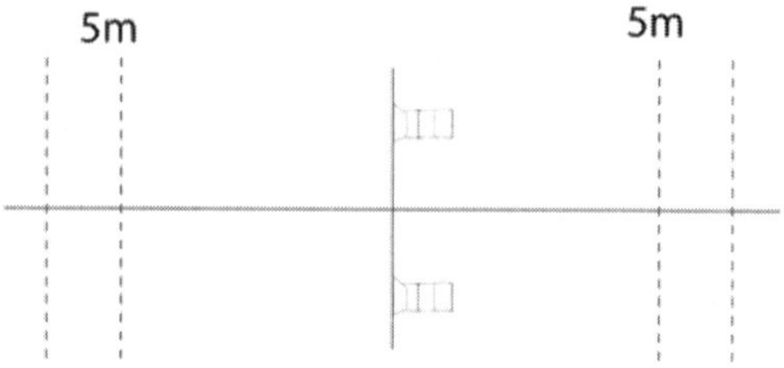

2) 용구

게임의 타겟인 사다리는 총 3단으로 구성되어 있다. 높이는 약 1m이며 폭은 55~60cm 정도의 폭으로 구성된다.

3단의 사다리 색깔은 파랑, 노랑, 빨강 3가지로 구분되며 위로부터 3점, 2점, 1점의 순으로 점수를 부여한다.

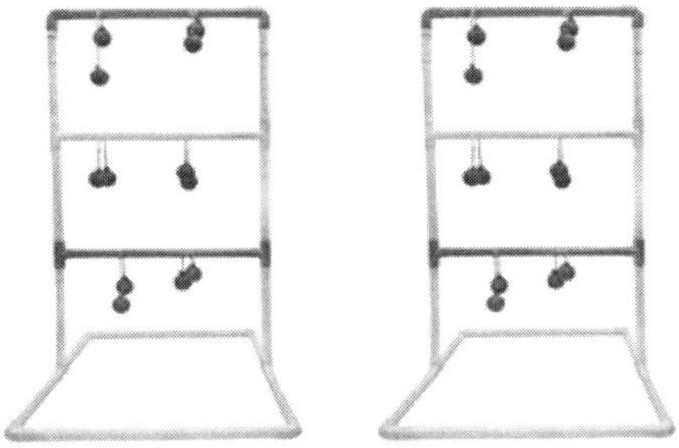

볼로볼 공은 탄성이 없는 플라스틱 재질로 두 개의 공을 하나의 끈으로 묶은 모양이다.

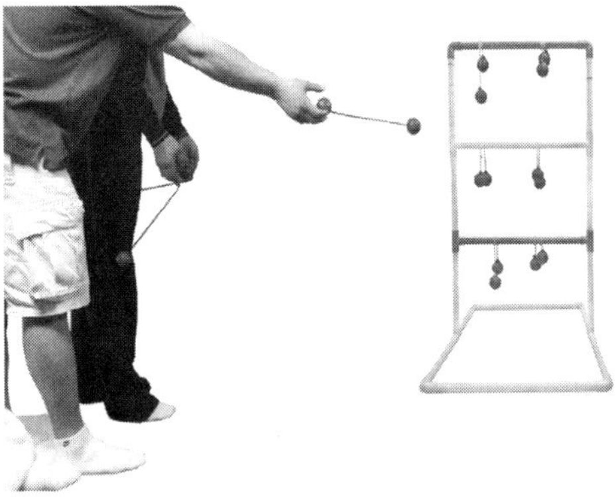

빨간색과 파란색 각 3개씩의 공으로 구성되며 옆의 그림과 같이 늘어뜨려 쥐고 던질 수 있도록 되어 있다.

3. 경기방법

- 경기에 앞서 라인은 사다리로부터 5m 떨어지는 위치에 토스라인을 긋는다. 공식 토스라인은 5m이지만, 경기 참가자의 특성 또는 상황을 고려해 토스라인은 임의대로 변경이 가능하다.
- 볼로볼은 개인 당 3개의 공을 던질 수 있으며 가위바위보 또는 동전던지기를 이용해 누가 먼저 던질 것인지 결정 한다. 공은 개인 당 3개의 공을 모두 토스 하고 난 후 상대방이 토스를 할 수 있다. 상대방까지 모두 토스가 끝났을 경우가 1라운드가 종료 되는 것이다.

  팀 전의 경우에도 공을 번갈아 가며 던지는 것이 아니라 팀원 1인당 3개의 공을 모두 던지고 상대팀의 팀원이 던진 후 다음 사람이 다시 3개씩의 공을 던지는 방식으로 경기한다.
- 공을 토스하는 방식에 있어서는 정해진 규정이나 방법은 없으며 정해진 토스라인에서 어떤 형태로 던지든 상관은 없다. 한 가지 예로 공을 지면에 바운딩을 통해 사다리 Bar에 걸리게 되는 경우도 인정 된다.
- 1라운드의 승리자는 다음 라운드에서 먼저 토스할 기회를 얻는다.
- 볼로볼 경기의 점수는 총합계가 21점이 되어야 승리 할 수 있다. 만약에 한 선수(또는 한 팀)가 정확한 총 합계 점수(21점)를 맞추어 득점하지 못하고 초과하게 되면 그 라운드에 얻었던 점수는 모두 점수로 인정되지 않는다.

  예를 들면 현재 18 포인트가 있는 선수는 3포인트만을 득점해야 한다. 만약 그 선수가 3개의 공을 모두 토스 한 후 5포인트를 획득 하게 되면 그 라운드는 점수로 인정 되지 못 하고 다음 라운드에 18포인트를 가지고 이기기 위해 다시 3포인트를 획득해야 한다.

  만약 동점의 상황(21:21)이 벌어질 경우, 듀스 법칙을 적용해 2점을 앞설 때까지 번외 라운드를 진행 한다. 추가 2점 룰은 오직 번외라운드에만 적용되며, 이 또한 초과하게 되면 점수로 인정되지 않는다.
- 포인트는 공이 사다리의 어느 위치에 걸리는가에 따라 결정된다. 가장 상단 Bar는 3점, 중간은 2점, 그리고 마지막 Bar는 1점이다. 여기서 선수는 3개의 공을 모두 같은 Bar에 거는 경우 또는 모든 Bar에 걸리게 되는 경우는 1포인트의 보너스 점수를 얻을 수 있다. 따라서 개인 당 한 라운드에서 얻을 수 있는 최대의 포인트는 10포인트이다.

- 각 라운드가 종료 시 사다리에 표기 된 점수 현황판을 조정해 점수를 기록 한다. 점수는 사다리에 걸려있는 공에 한해서만 정해진다. (직접 사다리에 걸리지 않고, 사다리에 걸려있는 공에 다시 걸리게 되는 경우가 있는데, 이런 공은 점수로 계산하지 않는다.) 개인전의 경우 (개인전의 경우에는 하나의 사다리에 두 경기자가 공을 던지게 되므로) 자신의 공을 토스해 경기 중 상대방공을 떨어트릴 수도 있다. 상대방 선수들의 공을 떨어트리는 것은 분위기 상승이 되고 방어적인 게임을 하는데 좋은 방법이며 경기를 흥미롭게 진행되게 할 수 있다. 경기 중에 떨어진 공들은 점수로 환산 되지 않으며, 모든 공을 던지고 난 뒤에 걸려있는 공들만 점수로 인정된다.
- 단체전의 경우 선수들은 매 라운드마다 교체하며 경기를 진행 한다. 또한 개인전과 달리 단체전의 경우 두 개의 사다리를 이용 한다. 2개의 사다리로 경기를 할 때는, 서로 상대팀과 마주 보고 위치하며, 사다리는 상대팀의 옆쪽에 두고 각자 자신의 팀의 사다리를 항해 토스를 한다. 한 선수가 모든 공을 토스를 하고나서 다른 팀의 선수가 토스를 한다. 개인전과 같은 룰 적용.

1) 유의사항

- 경기가 진행되는 동안에 상대방을 방해하는 행동을 해서는 안 된다. 선수가 던지는 동안에는 공이나 사다리를 건드리는 것은 실격 처리로 간주 되며 경기가 진행 중인 상황에는 어떤 사람도 라운드가 끝나기 전에 사다리 쪽으로 이동해서는 안 된다.
- 공을 사다리를 목표로 하여 토스 하는 것 외에 공을 함부로 휘두르면 안 되며 또한 공에 연결된 줄을 심하게 당겨서는 안 된다.
- 어린아이의 경우 볼로볼 공을 가지고 장난은 삼가 해야 하며 아이들의 경기 경우 보호자는 경기가 진행되는 동안에 각별히 주의를 기울여야 한다.
- 사다리 Bar에 심한 압력을 가하거나 누르거나 올라가서는 안 된다. 사다리 타겟은 이동이 편리하게 가벼운 플라스틱 재질로 제작되어 파손 될 우려가 있다.

2) 볼로볼 경기 Tip

① 공식 토스라인은 5m이지만, 참가자의 능력에 맞추어 토스라인을 조정할 수 있다. 또한 5m 이상으로 점진적으로 거리를 멀리하여 경기를 진행했을 경우 참가자들의 집중력을 향상 시킬 수 있으며 경기의 수준과 흥미, 운동효과를 높이는 효과가 있다.

② 볼로볼 경기에 있어 공을 토스하는 방법에 관해서는 정해진 것이 없다고 위에서 언급 한 바 있다. 그러나 기본적으로 안정적이며 Bar에 걸리게 하기 쉬운 방법으로는

공에 달려 있는 줄을 손가락 사이에 끼운 상태(그림 1)로 아래에서 위로 던지는 방법(그림 2)이 가장 유용한 방법이다.

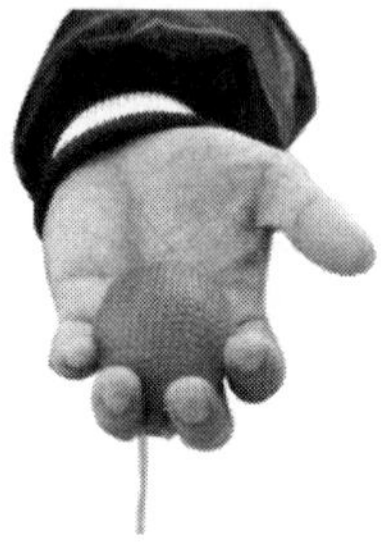

그림 1

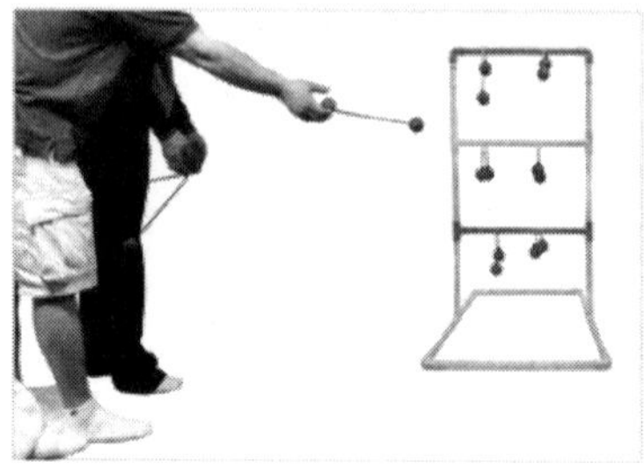

그림 2

www.newsports.or.kr/www.world-shuffleboard.org)

(타깃형)뉴스포츠 종목별 해설

부메랑

Boomerang

1. 개요

1) 부메랑의 유래

인간은 석기시대부터 부메랑을 발전 시켜온 것으로 확인되고 있다. 흔히들 호주가 원조인 것처럼 얘기되고 있으나 이는 사실과는 다르다.

전 세계의 어느 곳에서든지 인간의 선조들이 부메랑을 만들어 쓴 흔적이 발견되고 있기 때문이다. 호주에는 최근까지 석기시대의 원시적인 종족이 있었기에 부메랑의 전통이 이어져 왔다고 볼 수 있다. 부메랑은 인간의 손이 발전하면서 생겨난 소산이며, 인간이 우연찮게 나무 지팡이 막대기로 사용하던 물건을 던진 후 되돌아오는 나무 지팡이 막대기를 보고 부메랑 현상을 발견하여 이를 적극적으로 전쟁과 사냥에 이용하게 되었을 것이다.

2. 종목설명

현재 국내의 부메랑 활동은 미미한 정도로 보급이나 활동이 적은 편이다.

하지만 일부 매니아와 인터넷의 보급으로 현재는 많은 동호인이 도,시,별로 생기면서 젊은 층으로 확산되어지고 있다.

현재 초등학교 문구점에서 판매하는 부메랑은 불량품이 진열되어 있으며, 부메랑의 초기에 보급에 큰 악영향을 미쳤으며,

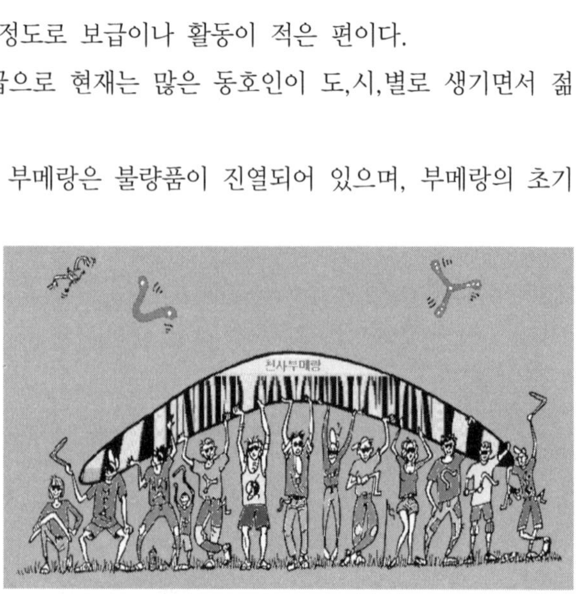

대부분 어린 시절 이런 부메랑을 구입하여 던져보고 부메랑이란 되돌아 날아온다는 정설과는 다르게 되돌아오기 힘들다는 부정적인 인식만 심어주었을 뿐이다.

간혹 외국(호주 관광지 판매용은 장식용임)에서 정품 부메랑을 구입

하였다고 하더라도 부메랑을 던질 줄도 모르고 가리키는 곳도 없어 역시 안된다는 인식만 널리 펴져있는 형편이다.

부메랑이 유행하는 것은 남녀노소 장소를 가리지 않고 선진국에서는 일찍이 보편화되어 있다.

현대인은 부메랑을 스포츠 레저용으로 계발하여 보급하게 되었고 가장 잘 날고 쉽게 되돌아 올 수 있도록 비행 물리학적 기법도 부메랑에 도입하기에 이르렀다.

3. 부메랑의 종류와 세부 명칭

1) 부메랑의 종류

(1) A형 부메랑

A형 부메랑은 가장 전통적인 형태로 가장 많이 사용되는 부메랑 종류다.

보통은 실외용으로 많이 사용되며 무게와 형태에 따라서 차이는 있지만 멀리 날아가는 것이 특징이다.

날개가 두개로 이루어져 있고, 공기의 저항이 적기 때문에 날개가 많은 부메랑보다는 던지는 기술이 필요하다.

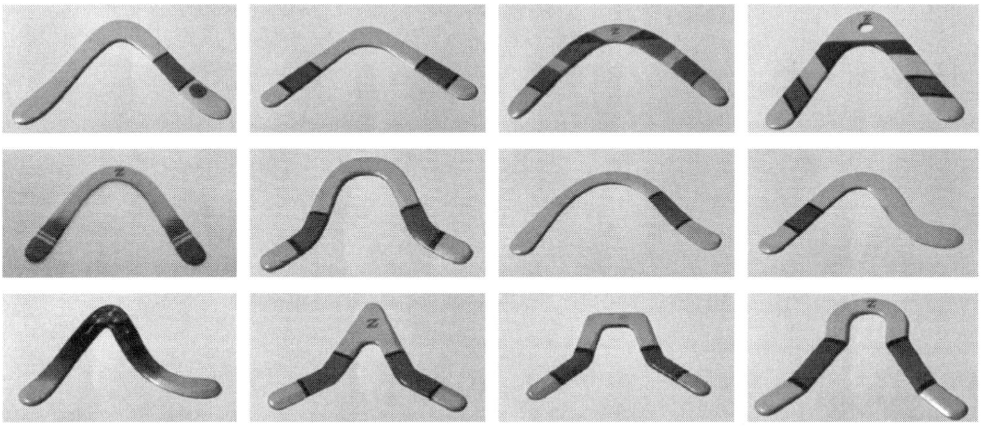

(2) 삼각형 부메랑

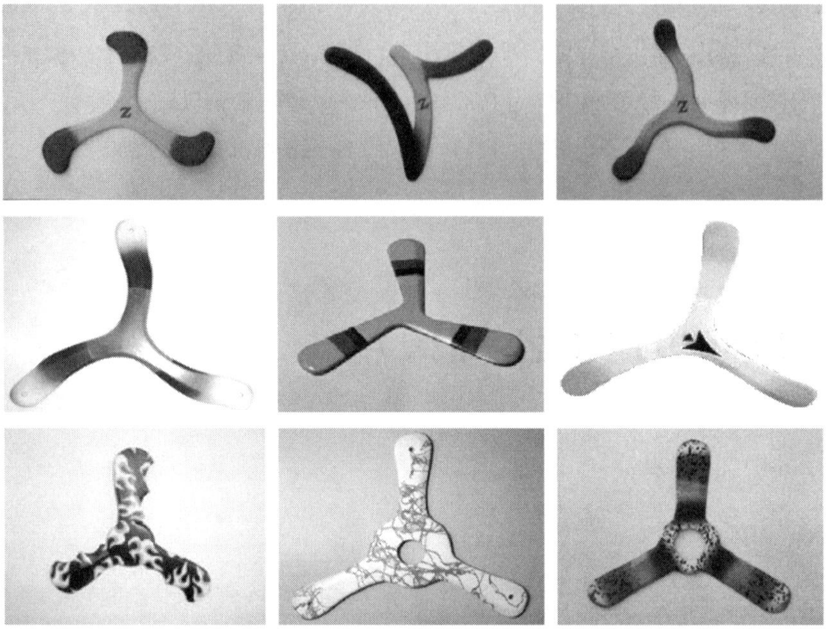

날개가 세 개이며 정삼각형의 모양의 부메랑이다.

A형 부메랑보다는 비행 거리가 짧고 던지면 쉽게 되돌아온다.

그래서 초보자들이 많이 사용하고 과격한 운동을 할 수 없는 노약자나 여성분들이 가장 많이 사용하는 부메랑이다.

(3) 십자형 부메랑

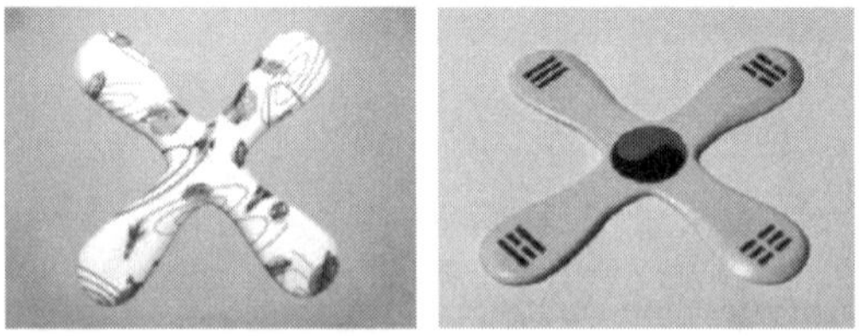

날개가 네 개이며 십자형의 모양의 부메랑이다.

날개가 많으므로 비행거리가 짧지만 아주 쉽게 되돌아오기 때문에 어린이들에게 적합하고, 작은 공간에서도 던질 수 있어서 매우 좋다.

실내용으로 많이 사용되는 형태로 좁은 공간에서도 날릴 수 있기 때문에 스포츠용으로 사용하기보다는 장난감이라는 표현이 더 적합할 것 같다.

(4) 특이한 모양의 부메랑

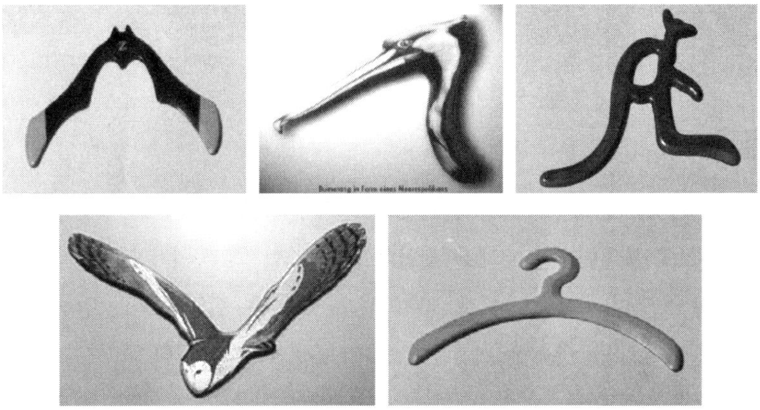

부메랑을 던지다 보면은 자기 자신이 직접 원하는 형태로 디자인하여 갖고 싶어진다.

공장에서 대량 생산되는 부메랑은 개인의 던지는 방법이나 미적인 취향에 맞을 수가 없다. 그래서 자기만의 독특한 부메랑을 수공품으로 제작하여 만들기도 한다. 하지만 기본적인 형태는 위의 부메랑과 비슷하지만 매우 독특한 부메랑이 수도 없이 탄생한다.

(5) 부메랑의 세부 명칭

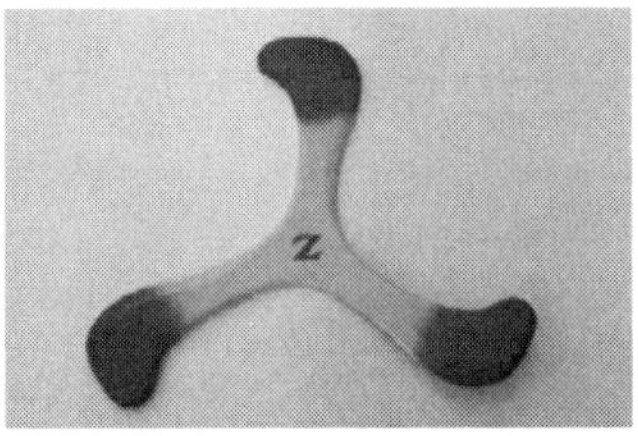

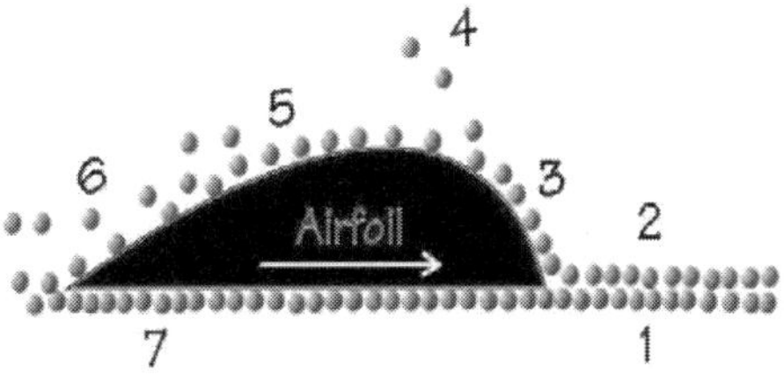

2) 부메랑의 날개

부메랑에 날개란 손잡이라고도 한다.
손으로 붙잡는 부위인 날개가 곧 손잡이가 된다.
위의 삼각형 부메랑에 날개 부위는 빨간색으로 색칠된 끝 부분이 날개에 속한다.

(1) 날개의 단층

날개의 단층을 옆면에서 보시면 비행기나 새의 날개와 같은 구조를 갖는다.
어떠한 모양의 부메랑이든 비행기 날개의 형태를 갖고 있다.

날개는 비행 물리학적인 원리에 충실해야 잘 날고, 비행 노선이 부드러운 이유 때문이다.

날개의 단층을 보시면 바닥은 평평하고 날개 윗면은 유선형으로 볼록해야 부메랑에 양력을 얻게 되어 멋진 비행을 하는 것이다.

(2) 날개 전단부

날개 전단부분은 3, 4번처럼 비행기의 날개 앞부분처럼 뭉뚝하고 두툼하다.

이렇게 유선형으로 만들어져야 날개가 전진과 회전을 할 때 공기가 저항을 받으면서 부딪치게 되고 공기가 3, 4, 5, 6번 구간을 빠르게 지나면서 뜨고자하는 힘인 양력을 얻게 된다.

부메랑 제작시 이구간을 잘 만들어야 되는 이유가 여기에 있다.

(3) 날개 후단부

날개의 후단부분은 6, 7번 구간에 속하며, 공기가 날개를 스치고 빠져 나가는 날개 윗면의 꼬리 부분이다.

날개의 후단부분은 비행기의 꼬리처럼 부드럽게 좁아져서 끝부분은 날카롭게 만들어져야 한다.

6, 7번 후단부분이 뭉뚝하게 만들어지면 공기가 빠져 나가면서 소용돌이가 형성 되어서 양력 발생의 걸림돌이 된다.

4. 경기방법

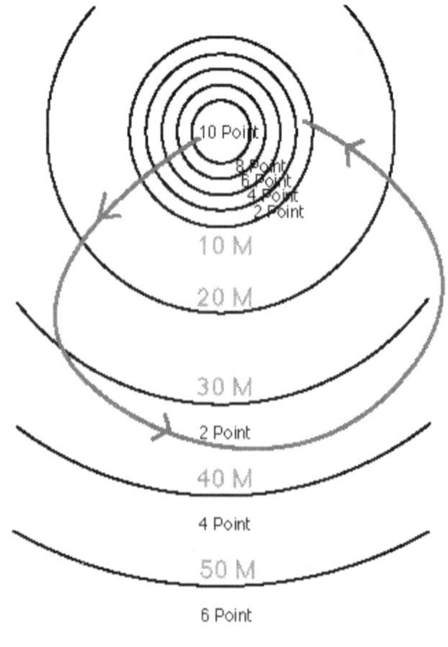

1) 부메랑의 경기방식

(1) 명중 게임

반경 2m의 원안에서 던집니다. 부메랑이 땅에 착륙한 자리가 점수로 처리한다.

비행거리가 30m 이상이면 거리에 따라서 보너스 점수가 있다.

그림에서 빨간선과 같이 던졌다면 30미터 이상 나갔으므로 2점, 10m와 8m 중간에서 받았으므로 2점,

합산하여 4점을 획득한 것이다.

이렇게 5번 던져서 점수를 합산하여 고득점자가 승리한다.

던진 자리에서 중앙에 정확하게 착륙하면, 무조건 10점이니까 명중하는 것이 최고 점수를 낸다.

세계 기록: 49점

한국 기록: 없음

(2) 빨리 잡기

한 개의 부메랑으로 던지고 받기를 5번 반복한다. 이렇게 해서 가장 빠른 시간 내에 완료한 사람이 이긴다. 물론 떨어뜨리면 안된다.

세계 기록: 15.03초

한국 기록: 없음

(3) 써커스 게임 (저글링)

두 개의 부메랑을 연거퍼 교대로 던진다. 이때 한 개의 부메랑은 항상 공중에 떠 있어야 한다. 던진 횟수가 가장 많은 사람이 이긴다. 부메랑을 못 받아서 떨어뜨리면 끝이다.

세계 기록: 502회

한국 기록: 없음

(4) 호주식 명중 게임

많은 사람들이 이 게임을 전통적인 행사로 여기고 있다. 명중 게임의 중앙원에서 던진 다음, 비행거리, 명중도, 부메랑을 받기로 점수를 환산한다. 경쟁자는 5번을 던진다. 최대한의 점수는 100점인데, 이것은 중앙원내에서 5번 모두 받고, 5번의 비행거리가 모두 50미터 이상일 때 얻어지는 완벽한 점수이다.

점수 환산은 받기 점수 각 4점, 비행거리 50미터 이상일 때 각 6점, 중앙원내에서 받았을 때 각 10점이다.

단, 비행거리 점수는 조건이 있는데 부메랑이 중앙원에 정확히 들어오거나 받기가 되었을 때에 한한다.

세계 기록: 90점

한국 기록: 없음

(5) 속사포 게임

5분 이내에 던지고 받기를 가장 많이 한 사람이 승자이다.
세계 기록: 75회
한국 기록: 없음

(6) 쌍포 게임 (더블링)

두 개의 부메랑을 한 손에 들고 한꺼번에 던진다. 부메랑 중에 하나는 멀리 날고, 다른 하나는 짧게 날아 두 개의 부메랑이 시차를 두고 차례로 받기를 할 수 있다. 끝까지 받기를 해낸 사람이 이긴다.

(7) 연속 받기 게임

어떻게 받기를 하든 떨어뜨리지 않고 끝까지 살아남는 사람이 이긴다.

(8) 생존자 게임

경기자는 차례대로 던지고 받기를 한다. 이때 받지 못한 사람은 "사망"이라고 외치며 쫓겨난다. 끝까지 쫓겨나지 않은 사람이 이긴다.

5. 기본기술

1) 부메랑 던지는 법

부메랑 던지는 방법은 반드시 원칙에 기초해서 배워야 한다.
운동은 무엇이든지 피땀 나는 연습과 노력이 최고이다.

2) 부메랑 잡는 법

부메랑의 날개 끝을 사진과 같이 잡고, 부메랑은 윗면은 볼록하며, 페인팅이 되어있거나 제작처의 로고 등이 있으며, 뒷면은 평평하고 부메랑 재질 그대로 되어있다.

부메랑은 엄지 손가락을 붙여서 잡고, 잡았을 때 항상 로고나 페인팅이 된 부분이 자기

쪽으로 보여야 하고 부메랑의 뒷면은 평평한 면으로 손바닥을 붙여서 잡으면 된다.

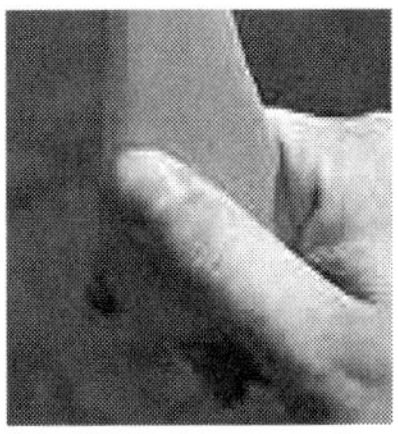

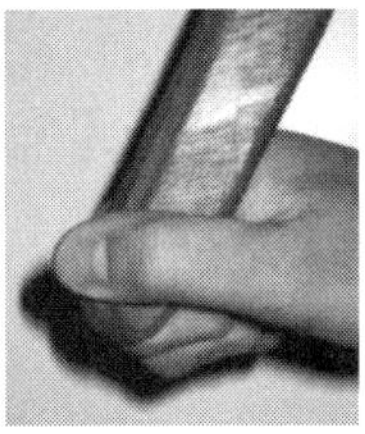

3) 부메랑 던지는 방향

부메랑은 미세한 바람에도 영향을 받으면서 비행을 하기 때문에 바람을 읽고 던지는 것이 필수적이다. 바람을 정면으로 마주해서 선 다음 오른손잡이는 오른쪽 45도 방향으로 부메랑을 던지는 방향이다. (왼손잡이는 왼쪽 45도 방향으로 부메랑을 던지는 방향이다)

4) 부메랑 던지는 높이

부메랑 던지는 높이는 자신의 어깨 높이에서부터 약 10도 위에까지 던지며, 부메랑을 던질 때는 멀리 있는 나무나 건물의 꼭대기를 목표로 정하고 던지면 더욱 쉽게 부메랑을 던질 수 있다.

5) 부메랑 받는 법

부메랑을 던지고 나서 되돌아오는 부메랑을 받을 때 처음에는 약간의 두려움이 있으나 자주 던져서 되돌아오는 부메랑의 비행코스에 익숙해지며 부메랑의 비행 속도 등을 알 수 있어서 받기가 쉬워진다.

부메랑이 되돌아와서 잡을 때는 두 손 바닥을 아래 위로 향해서 샌드위치 잡는 방법으로 잡으면 된다.

6. 훈련법

1) 자세 교정법

부메랑을 던진 후에 나타나는 비행경로에 대한 모습들이다
자신이 던진 부메랑 비행경로을 보시고 자세를 교정한다.

① 부메랑의 비행경로가 높게 날으면서 나의 머리 위에서부터 호버링을 하면서 내려온다. 매우 받기가 좋은 현상이므로 아주 좋은 비행경로이다.

② 부메랑이 동그라미를 그리듯이 비행을 하여 내게로 정확하게 빠르게 돌아온다.(이 비행경로는 빨리 받기용 비행경로이다)
교정법: 부메랑의 날개부위가 아래로 휨이 있는지 확인한다.
부메랑의 날개부위가 위로 휨이 가도록 교정한다.

③ 부메랑이 나를 향하여 방향을 틀면서부터 솟구치기 시작하여 공중에서 멈추는 듯 하

다 반대편으로 미끄러져 떨어진다.

교정법: 부메랑에 힘을 너무 강하게 던졌기 때문이다.

부메랑 무게에 따라 던지는 힘을 조절한다.

④ 부메랑을 던진 후 돌아오지 아니하고 먼거리에서 맥없이 내려 앉는다.

교정법: 부메랑에 힘을 너무 강하게 던졌기 때문이다.

부메랑 무게에 따라 던지는 힘을 조절한다.

교정법: 부메랑을 던지는 힘이 너무 약해서 생기는 현상이다.

앞서 던진 것 보다 힘을 강하게 던져 준다

⑤ 부메랑의 회전 반경이 커서 번번이 뒤쪽 옆으로 몇미터 떨어져서 착륙한다.

교정법: 부메랑 던지는 방향은 바람부는 정면 45도 방향이다.

부메랑 던진 방향이 던지는 각도보다 안쪽으로 던져 생기는 현상이다.

이런 현상은 던지는 각을 바깥 방향으로 향해서 던지면 된다.

⑥ 부메랑의 회전 반경이 작아서 번번이 내 앞쪽으로 몇미터 떨어져 착륙한다.

교정법: 부메랑 던지는 방향은 바람부는 정면 45도 방향이다.

부메랑 던진 방향이 던지는 각도보다 바깥쪽으로 던져 생기는 현상이다. 이런 현상은 던지는 각을 안쪽 방향으로 향해서 던지면 된다.

⑦ 부메랑을 던진 후 곧장 공중으로 상승하다가 빠르게 하강하여 땅바닥으로 처박혀 버린다.

교정법: 던지는 각도를 수평으로 던져서 생기는 현상이다.
던지는 각도를 수직으로 던지면 된다.

⑧ 부메랑을 던진 후 비행경로 중간쯤에 부메랑이 바닥으로 하강하여 땅을 스치듯이 다시 상승하여 되돌아온다.
교정법: 던지는 각도를 수직으로 던져서 생기는 현상이다.
던지는 각도를 수직보다 낮게 1-2시 방향으로 던지면 된다.

⑨ 던지는 자세와 바람, 각도, 힘, 모든 것이 정확한데도 비행경로를 완전히 벗어난다.
교정법: 부메랑의 날개가 어느 한쪽으로 심하게 휨이 갔는지 확인한다.
심하게 휨이 갔으면 평평한 바닥에 놓고 부메랑을 수평으로 교정하여 준다. (혹시 부메랑을 반대로 잡고 던지지는 않았는지 확인한다.)

출처 : www.1004boomerang.com

(타겟형)뉴스포츠 종목별 해설

토스볼

Tossball

1. 타겟게임 용구

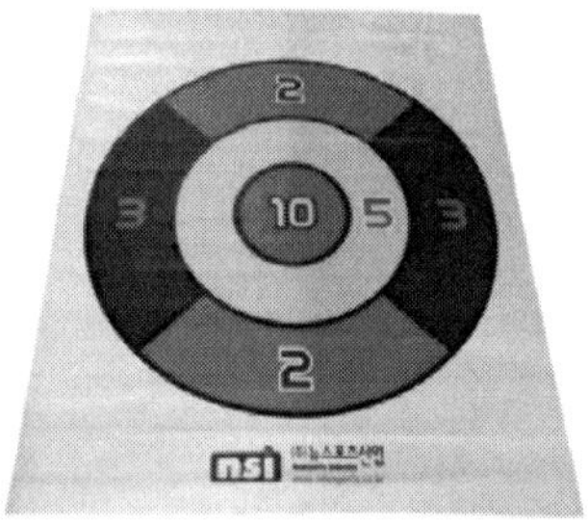

원형 타겟

숫자 타겟

토스볼

2. 타겟 게임의 기본 활용법

① 공을 던지는 위치는 타겟으로부터2m~5m 거리로 한다. 연령이나 운동 능력에 따라 거리를 정한다.

② 득점의 결정은 공을 위로부터 수직선상에서 보았을 때 어떤 숫자에 더 많이 가 있는지에 따라 많이 치우쳐있는 숫자를 득점 숫자로 결정한다.

③ 공을 쥐는 방법은 1) 공을 손바닥 위에 올려서 쥐는 방법과 2)공을 위에서부터 잡아 쥐는 방법이 있다.

④ 공을 던지는 팔은 가능한 양손은 모두 사용하도록 한다. 왼손, 오른손, 양손 등.

⑤ 공을 던지는 방법은 아래의 방법 중 하나 혹은 여러가지 방법을 섞어서 혼용하되 가능한 일정한 규칙을 갖도록(예를 들어 "한번은 오른손, 한번은 왼손, 또 한번은 양손으로 던진다" 또는 "한번은 굴리고 한번은 아래에서 던지고 한번은 뒤로 돌아 던진다" 등) 규칙을 정한다. (아래의 방법을 활용하되 가능한 양팔을 모두 사용할 수 있도록…)

1) 공을 굴려서 타겟으로 넣는 방법

① 아래에서 위로 던지는 방법

② 위에서 아래로 던지는 방법(가능한 먼 거리에서 시행)

③ 뒤로 돌아 위로 던지는 방법 (허리를 사용하게 된다.)
④ 뒤로 돌아 다리 사이로 던지거나 굴리는 방법
⑤ 타겟에 구애 받지 않고 위와 같은 방법으로 누가 더 멀리 던지는지를 연습할 수도 있다.
⑥ 던지는 거리를 여러가지 위치로 정하고 각 거리에 따라 가산점을 줄 수도 있다.

2) 원형타겟을 이용한 득점 게임

양 팀이 각각 공을 던져 득점한 수의 합을 겨루는 게임이다.

각 팀의 선수들은 자기 차례가 되면 토스라인 앞으로 나와 3개씩의 공을 가지고 서로 번갈아 가면서 토스한다.

3개의 공을 모두 토스한 후 공의 위치에 따라 득점 점수를 합한다.

모든 선수가 투스를 마친 후 득점 합이 높은 팀이 승리한다.

여러 번 던지도록 할 경우 각 라운드별 점수를 기록하여 그 합을 겨룬다.

3) 원형타겟을 이용한 빙고 게임

원형 타겟의 점수를 이용하여 빙고판을 구성하고, 빙고를 맞추게 되면(가로, 세로, 대각선을 일렬로 모두 채우는 것) 승리하는 게임이다. 이 게임은 상대팀의 빙고판을 서로 그려서 건네주도록 함으로써 빙고 판을 그리는 것부터 상대팀이 쉽게 빙고가 되지 못하도록 전략을 세우게 되며, 게임을 하는 과정에서도 자기 팀이 빙고가 되기 위해 획득해야 하는 표적 점수에 집중해야 하고, 빙고판 위에 득점한 점수를 표시하면서도 어디에 표시할 것인지 판단을 해야 한다.

따라서 단순히 표적 던지기뿐만 아니라 전략에 집중하게 되는 효과가 있으며 매번 다른 빙고판으로 경기를 하게 되므로 실시할 때마다 새로운 흥미를 불러 일으킨다.

(1) 경기방법

먼저 흰 종이 위에 좌우 네 칸씩의 빙고 판을 그리고 원형 타겟의 점수 숫자인 2, 3, 5, 10 네 개의 숫자를 아래 그림과 같이 임의로 써 넣는다. 이 때 표적에 넣기 어려운 순서대로 10은 두 번 이하, 5는 네 번 이하, 3과 2는 자유로이 써넣을 수 있게 하도록 규칙을 정할 수도 있다.

10	2	3	3
2	10	5	5
2	5	2	3
5	3	3	2

각 팀이 그린 빙고판은 상대팀에게 건네주어 상대팀이 사용하도록 한다.

각 팀마다 번갈아가며 한 개씩의 공을 던져 3개의 공이 모두 던져졌을 때 자기 팀의 공의 위치에 따라 득점 숫자를 빙고판에 표시할 수 있다. 경기가 진행되는 도중에는 (3개의 공이 모두 던져지기 전까지는) 상대팀이 자신의 공을 쳐낼 수도 있기 때문에 득점 숫자가 결정된 것이 아니다. 따라서 상대팀이 빙고가 되지 못하도록 방해하는 전략도 가능하다.

어떤 팀이 하나의 줄을 모두 표시하면(빙고를 이루면) 그 팀이 승리한다. 만약 한 라운드가 끝났을 때, 양팀이 모두 빙고를 이룬 경우라면 빙고를 이룬 라인의 숫자 합이 높은 쪽이 승리한다.

(2) Tip

① 경기에 익숙해지면 빙고판의 칸 수를 늘려나간다. ; 4*4 à 5*5 à 6*6 à 7*7 à 8*8

② 빙고판은 상대팀이 잘 볼 수 있도록 양 팀 사이에 놓는다.

③ 던지는 방법을 다양하게 혼용하면서 경기를 하면 더욱 흥미롭다.

4) 원형 타겟을 이용한 베이스 런닝 릴레이 경기

이 경기는 타겟경기를 보다 박진감있게 즐길 수 있는 팀 경기 방법이다.

공을 토스하여 높은 점수를 득점할수록 짧은 거리에 있는 베이스까지 달려갔다가 돌아와 자기 편의 다음 선수와 터치하면서 릴레이를 하여 어떤 팀이 빨리 최종 골인하는가로 승부를 가리는 경기이다.

운동과 함께 득점 숫자에 따라 달려가야 할 거리가 다르기 때문에 역전에 역전을 거듭하는 박진감을 가질 수 있다.

또한 이 경기는 타겟 경기가 가지는 집중력 훈련과 기초 체력 활동, 경쟁활동 등이 혼합되어 있기 때문에 선수 스스로가 페이스를 잘 조절해야 하는 장점이 있다. 즉, 던지는 것에만 너무 집중해서도 안되며, 급한 마음에 달려나가는 것에만 집중해도 손해가 되기 때문이다.

(1) 경기방법

먼저 바닥에 두 개의 타겟을 놓고 타겟으로부터2m~5m의 거리에 토스라인을 설정한다. 그리고 타겟 뒤쪽으로 총 5개의 베이스를 1~2m의 간격으로 놓는다.

타겟으로부터 가장 가까운 거리의 베이스는 100점, 그 다음부터 50점, 30점, 20점, 0점의 순으로 베이스 위에 표시하거나 경기자에게 인지시킨다.

첫 선수가 토스라인에 서면 경기를 시작하여 공을 표적에 토스한다.

공이 멈추어 서면 달려나가 자신이 던진 공을 집어 들고 자신의 점수에 해당되는 베이스까지 달려가 베이스를 밟은 후 자기편의 토스라인까지 돌아와 다음 선수와 터치한다.

다음 선수는 앞의 선수와 터치한 후 자신의 공을 표적에 던질 수 있으며 마찬가지로 공이 멈춘 후 달려가 공을 잡고 점수에 해당되는 베이스까지 달려 갔다 온다.

자기편으로 돌아온 선수는 가지고 돌아온 공을 다른 선수가 준비할 수 있도록 뒤쪽의 공이 없는 선수에게 전달한다.

모든 선수가 토스라인까지 먼저 들어오는 팀이 승리한다.

(2) Tip

① 공이 멈추어서기 전에 토스라인을 벗어나거나 공을 집어 들고 가지 않는 경우 등 반칙이 생기면 반칙 발생 직전까지의 임무로 되돌아가 경기를 재개한다. (공이 먼저 스타트했을 경우 토스라인으로 되돌아 가서 다시 뛰어야 하고, 공을 집어 들지 않고 달린 경우 돌아와 공을 잡고 달려야 한다)

② 런닝 도중에 양팀간의 충돌을 방지하기 위해 오른쪽에 있는 팀은 타겟 오른쪽으로, 왼쪽에 있는 팀은 타겟 왼쪽으로 뛰도록 유도한다.

③ 타겟판이 하나만 있는 경우 하나의 타겟에 양팀이 공을 토스해도 된다. 이 경우 특히 충돌 방지에 주의해야 한다. 또한 토스볼을 하나만 사용하여 다음 선수에게 볼을 전달함으로써 선수교대가 이루어진 것으로 해도 좋다.

④ 이 경기를 여러 가지 던지기 방법을 적용하여 실행하면 그 재미는 배가된다. 즉, 첫 번째 토스는 굴리기, 두 번째는 아래에서 위로 던지기, 세 번째는 뒤로 던지기 등으로 하면 한 명의 선수가 세 번의 참여기회가 생기게 되고 양팀간 릴레이의 시간과 의외성에 따른 긴박감도 보다 커지게 된다.

5) 숫자타겟을 이용한 득점 게임

양 팀이 각각 세 개씩의 공을 던져 사칙연산에 의해 득점한 수의 합을 겨루는 게임이다.

각 팀의 선수들은 자기 차례가 되면 토스라인(타겟판으로부터 2m~5m) 앞으로 나와 3개씩의 공을 가지고 세 번 토스한다. 공을 토스할 때에는 반드시 한 개의 공은 사칙연산 기호 중 하나에 들어가야 하며 나머지 두 개의 공은 숫자에 들어가야 한다.

(1) 경기방법

참가자들을 두 개의 팀으로 나누고, 각 팀 별 점수 기록판을 준비한다. 점수 기록판에는 팀 이름, 라운드별 득점, 득점 총합계가 표시될 수 있도록 준비하는 것이 좋다. (라운드 수는 참가 선수의 수에 따라 임의로 정할 수 있으나 가능한 한 선수당 3회 정도는 던질 수 있게 배려하는 것이 좋다.)

양 팀의 선수는 순서에 따라 각 세 개의 공으로 가능한 높은 점수가 나오도록 공을 던진다. 이 때 한 개의 공은 반드시 사칙연산 기호 중 하나에 들어가야 하며 나머지 두 개의 공은 숫자에 들어가야 한다. 연산기호에 두 개 이상의 공이 들어가거나, 숫자에 한 개의 공만 들어가거나 또는 세 개의 공이 모두 들어갈 경우에는 해당 라운드는 0점 처리한다.

세 개의 공을 던져 공 한 개는 사칙연산 중 하나에, 두 개의 공은 숫자에 들어가면 두 개의 숫자와 한 개의 연산기호를 계산하여 결과치를 득점 점수로 한다. 만약 나누기가 되어 소수점 이하의 결과값이 발생할 경우 반올림하여 점수로 정한다.

팀명	1	2	3	4	5	6	7	8	9	합계
A팀										
B팀										

(2) Tip

① 횟수(라운드 수)를 정하여 모든 라운드를 마쳤을 때 점수의 합계로 승자를 결정하는 방법도 있지만, 일정 점수를 먼저 달성하는 팀이 이기는 방법으로 경기를 할 수도 있다.

② 위와 같은 방법으로 경기를 할 경우 득점해야 하는 점수를 정해두고 그 점수를 초과하거나 해서는 안되며, 정확히 채워야만 승리하도록 하는 방법도 좋다. (예를들면 45

점을 맞추기로 정한 게임에서 38점을 득한 상황에서 10점을 더하여 48점이 된다면, 해당 라운드는 0점이 되며 다음 라운드에서 다시 7점을 더하여 45점이 되도록 시도한다.)

③ 숫자와 사칙연산 기호가 함께 맞물리게 공이 던져졌을 경우 연산기호 또는 숫자가운데 하나를 선수가 선택할 수 있도록 할 수도 있다. 그러나 숫자간에 맞물렸을 경우는 수직선상에서 보아 더 많이 치우쳐 있는 숫자를 해당 숫자로 한다. 이는 던지는 숙련도에 따라 연산기호에 반드시 공을 넣기가 어려울 수 있기 때문이다.

④ 이 경기는 생각 외로 어려울 수 있다. 세 개의 공을 모두 최대한 정확히 던져야 하기 때문이다. 따라서 처음에 이 경기의 룰을 원형대로 적용하기 어렵다면, 세개의 공을 던지되 사칙연산이 될 수가 없게 공이 던져진 경우(숫자에만 다 들어간다거나, 두개 이상의 공이 기호에 들어간다거나, 한 개는 숫자에 또 한 개는 사칙연산에 들어갔지만 나머지 한 개의 공이 아웃되어버린 경우라거나 등등)에는 가장 낮은 수의 숫자만 득점한 것으로 하고 나머지 공은 부효로 하는 방법으로 진행할 수도 있다. 하지만 제대로 사칙연산이 가능하도록 던져진 공은 사칙연산을 한 결과값을 득점으로 한다.

6) 숫자 타겟을 이용한 수 계산 뜀뛰기

이 경기는 어린이들이 타겟 토스(던지기) 경기와 함께, 뜀뛰기(Hop)와 수 연산력을 함께 도모하는 경기이다.

토스볼을 타겟에 던져 나오는 숫자만큼 뜀뛰기를 통해 연산하여 달성하면 해당 숫자를 성공한 것으로 하여 0~9까지의 숫자를 먼저 성공하는 팀이 승리하는 게임이다. 예를 들어 토스볼을 던져 3이라는 숫자가 나오면 1+2 또는 5-2와 같은 숫자와 연산기호를 뜀뛰기로 밟아 3을 만들어내면 3이라는 숫자는 달성한 것으로 표시하는 방식이다.

(1) 경기방법

먼저 경기 참가자를 두 개의 팀으로 나누고 어떤 팀부터 먼저 진행할 것인지 정한다. 참가자의 수가 많은 경우에는 2 이상의 팀으로 나누어도 무관하나, 경기의 진행 속도를 고려하여 4개 이하의 팀으로 나누는 것이 좋다.팀의 수만큼 0~9까지의 숫자를 써 둔 기록판을 준비한다.

정해진 순서로 각 팀의 선수가 과녁판 앞(과녁판 전방 2m~5m)으로 나와 공을 과녁판에 던진다. 공은 한 선수당 한번에 3개까지 던질 수 있는데, 첫 번째 던진 공이 원하는 숫자에 들어갔을 경우에는 나머지 두 개의 공은 던지지 않고 그대로 그 숫자를 택할 수 있다. 그러나 만약 원하는 숫자에 첫 번째 공이 들어가지 않았을 경우에는 두 번째와 세 번째 공을 던져 사칙연산을 통해 원하는 숫자를 만들어 낼 수도 있다. 이렇게 세 개의 공을 모두 던질 때에는 반드시 하나의 공은 사칙 연산 기호 가운데 하나에 들어가야 한다.

이미 따낸 숫자에 공이 토스되었을 경우에는 그 라운드는 무효가 된다.(* 예를 들어 3이라는 숫자를 성공시켜야 할 경우, 첫 번째 공이 3에 들어갔을 경우에는 3을 성공한 것으로 할 수 있으며, 만약 공이 잘 못 들어가 5에 들어갔을 경우에는 나머지 두 개의 공을 '-'와 '2'에 던져 3을 만들어 낼 수도 있다; 5-2=3. 이 때 '-'부터 먼저 들어갔는지, '2'부터 먼저 들어갔는지의 순서는 무관하다.)

토스볼을 던져 원하는 숫자가 나왔을 경우 공을 토스한 선수는 타겟판 위에 있는 공을 회수한 후 공을 토스라인 앞에 정렬해두고 타겟판 바로 앞에 서서 뜀뛰기 준비를 한다.

선생님이 뜀뛰기 시작 신호를 하면 공을 토스했던 선수는 제자리에서부터 뜀을 뛰어 공을 던져 나왔던 숫자를 결과값으로 만들 수 있는 사칙연산을 뛰어서 만든다. 뜀을 뛰는 규칙은 '0과 홀수'에는 한발로, '짝수와 기호'에는 두발로 뛰어야 한다. 그리고 라인을 밟거나 잘못된 공식으로 밟을 경우 무효가 된다.

경기의 승자는 0에서 9까지의 숫자를 모두 성공하는 팀이다.

(2) Tip

① 뜀뛰기를 할 때 타겟판이 밀리지 않도록 바닥에 잘 고정시켜두어야 한다.

② 운동 능력이 부족한 유아 등을 위해서는 연산순서를 고려하지 않고 뜀을 뛰어도 인정해주도록 한다. (* 3이라는 숫자를 만들어야 하는데, 4-1 또는 5-2 등 순서에 따라 밟지 못하고 1-4 또는 2-5 등 잘못된 순서로 밟아도 순서만 바꾸면 결과값이 나올 수 있을 경우 성공한 것으로 인정해주도록 한다.)

뉴스포츠 종목별 해설

협동게임

1. 춤추고 흔들어라…

1) 용구

두 사람당 줄넘기 줄 또는 이와 유사한 길이의 줄 한 개

2) 게임법

① 어린이들은 스스로 두 그룹으로 나뉜다. 한 그룹은 줄을 흔드는 그룹(줄잡이)이고, 한 그룹은 춤추는 그룹(춤추미)이다.
② 각각의 줄잡이들은 약 2.5미터 정도의 줄 한쪽 끝을 엄지와 집게 손가락을 이용해 잡고, 줄을 마구 흔들어대면서 줄의 다른 쪽 끝이 바닥에 끌리도록 한다.
③ 게임이 시작되면, 줄잡이는 뒤로 줄을 흔들어대면서 플레이 지역을 뛰어 다닌다.
④ 춤추미들은 줄잡이를 따라 다니면서 줄 끝을 밟아 줄잡이가 줄을 놓치도록 한다. 춤추미가 줄 끝을 밟아 줄이 바닥에 떨어지면 춤추미는 그것을 잡아 줄잡이로 바뀐다. 또한 줄잡이는 춤추미가 되어 서로 역할이 바뀐다.

3) 팁

게임이 좀 더 많이 움직이도록 하기 위해서는 춤추미들을 줄잡이 보다 좀 더 많게 하는 것이 좋다. 이 게임은 중단이 없는 게임이며 아이들이 좋아한다.

2. Hug Tag (서로 껴안기 전에 태그하기)

1) 용구

열 개의 밝은 색상의 타월이나 리본 등 유사한 것

2) 게임법

이 게임은 많은 활동을 필요로 한다. 이 태그 게임의 기본적인 컨셉은 참가자들이 서로

껴안고 있을 때는 태그로부터 안전하다는 것이다.

① 약 20명의 어린이들로 그룹을 만들어 5명은 술래, 15명은 Hugger로 삼는다. 그리고 술래에게는 리본이나 수건을 준다.

② 나머지 플레이어들은 Hugger가 된다. 허거들은 짝을 이뤄 여러 곳에 분산하여 게임을 시작한다.(항상 짝을 이룬 두 사람은 붙어 있어야 한다.)

③ 선생님이 "바꿔!"라고 소리치면 파트너들은 각자 흩어져서 껴안을 누군가를 찾아 다녀야 한다. 술래들은 허거들이 파트너를 바꾸는 동안 허거를 태그하려고 애쓴다. 태그를 당한 아이는 술래가 되어 리본이나 수건을 가져야 한다. 그리고 태그를 했던 술래는 허거가 되어 태그를 당하지 않도록 뛰어가 누군가와 연결되어야 한다. 플레이어가 누군가 한 명 또는 여러 명과 연결되어 있는 동안은 태그할 수 없다. 누군가와 연결되어 있지 않은 플레이어는 태그 당할 수 있다.

④ 선생님은 게임이 계속되도록 계속해서 "바꿔!"를 외쳐야 한다.

3) 팁

게임이 모두에게 너무 힘들지도, 너무 쉽지도 않도록 하기 위해서는 술래의 수를 바꿔주는 것이 좋다. 대체로 4명당 1명 정도로 술래를 두는 것이 적당하다. 어른이건 아이건 모두 이 게임을 좋아한다.

3. 크로스오버 돗지볼

1) 용구

두 명 당 1개씩의 부드럽고 잘 튀지 않는 공. (필요할 경우, 공을 몇 개 더 추가한다.)

2) 게임법

일반적인 돗지볼에서는 두 팀이 양편으로 나뉘어 반대 코트의 선수를 향해 공을 던지게 된다. 하지만 이 게임에서는 공을 맞은 사람을 빼는 것이 아니라 공을 맞게 되면 그 즉시 상대팀으로 달려가 경기를 계속하게 된다. 이렇게 하면 선수들은 계속해서 공을 던지고 피하고, 다른 코트로 이동하게 된다. 이 경기의 목적은 어린이들이 즐겁게 던지고, 예측하고,

피하고 달리는 기술을 익히도록 하는 것이다. 공을 추가하거나 경기장의 크기를 바꾸거나 하면서 이 크로스오버(코트를 넘나드는 것) 방식의 피구는 모든 사람들이 늘 참여할 수 있게 된다.

3) 응용

모든 선수들이 한 쪽 코트로 옮겨 오게 되면 경기를 끝내는 방식으로 할 수 있다. 경기가 너무 오래 계속되면 공에 맞은 팀이 한꺼번에 옮겨 가도록 할 수도 있다.

4) 팁

이 경기는 적은 인원(한 쪽 당 5명 정도)이었을 때 더 좋다. 또한 필요에 따라 선수의 수나 공의 숫자, 경기장의 크기, 규칙 등을 변형할 수 있다. 만약 한 쪽에 5명 정도(이상적인 숫자)가 있다면, 일반적으로 4개 정도의 부드러운 공을 사용한다. 한 쪽 당 10명 정도가 있다면 8개~9개 정도의 공을 사용한다.

4. 밀어서 균형잡기

일반적인 손바닥 밀기 게임에서는 두 사람이 마주보고 서서 손바닥으로 상대를 밀어서 균형을 깨도록 하여 발이 바닥에서 떨어지면 지는 방식으로 경기를 한다. 그러나 이 게임에서는 그 반대로 한다.

① 두 사람의 파트너가 마주 보고 손바닥을 마주한 다음에 한 걸음 또는 두어 걸음 뒤로 물러서서 서로 기대어 균형을 잡고 있는 상태가 되도록 한다.

② 조화를 맞추어 상대방이 발을 떼지 않고 제자리에 설 수 있도록 서로를 민다.

1) 응용

- 또 다른 방식으로 두 사람이 마주보고 서서 손바닥을 맞대고 기대어 선 다음, 서로 강하게 밀어서 한 바퀴를 돈 후 다시 손바닥을 맞대도록 한다.
- 보다 터프한 도전으로, 두 사람이 등을 맞대고 기대는 방법도 있다. 두 사람이 등을 맞대고 무릎을 굽히고 앉아 서로 밀면서 일어서다가 반쯤 일어섰을 때 돌아서면서

서로 마주보는 위치로 돌아서고, 서로 손바닥을 마주쳐서 똑바로 서도록 하는 방식이다.

2) 팁

경기를 할 때 발이 미끄러지지 않도록 바닥에 잘 대고 있어야 한다. 처음부터 서서 이 게임을 하기 힘든 아이들에게는 바닥에 무릎을 꿇고 앉은 채로 이 게임을 진행해도 된다. 또한 점점 더 멀리 떨어져 가면서 이 게임을 할 수 있도록 한다. 서로 얼마나 떨어진 상태에서 이 게임을 할 수 있는지 떨어진 거리로 기록을 삼을 수도 있다.

5. 시간 맞추기 게임

이 게임에서 선수들은 자신이나 자신의 팀이 어떤 목표를 달성하는 데 걸릴 시간을 예측한다. 그리고 예측한 시간에 가장 근접하게 경기를 마치는 선수 또는 팀이 승리하는 게임이다. 이러한 방식은 장애물 경주나 걷기, 수영, 사이클, 스키, 밥하기, 설거지 하기, 옷입기, 청소하기 등등 다양한 활동에 적용할 수 있다.

이러한 방식이 추구하는 바는 전통적인 승부 결정 방식을 벗어나는 것이며, 자신의 능력을 스스로 잘 알 수 있도록 하기 위함이다. 달리기를 해보거나, 아침에 일어나 옷 입기를 해보면서 이 방식을 적용해보자. 어떤 거리나 시간 등을 스스로 예측하도록 하고, 스스로 얼마나 그 목표에 다가서는지를 깨닫게 하는데 그 목적이 있다. 이러한 게임을 하는 동안 시계를 보거나 하는 것은 허용되지 않는다.

이 게임방식은 또한 목표시간이나 거리가 어떻게 선수들의 능력을 향상시키는지 지켜볼 수 있는 흥미로운 방법이다. 종종 목표시간을 예측하도록 하는 것은 사람들을 고무시켜 좀 더 빨리 움직이게 만들어 준다. 선수들에게 자신의 다음 번 기록을 예측하도록 하기 전에, 직전의 게임을 다시 돌이켜볼 수 있도록 하라. 각자 자신의 지난번 예측을 보다 정확히 수정할 수 있도록 하라.

6. 롱, 롱, 롱 점프

이 경기의 이름이 알려주듯이, 이 게임의 목표는 한 팀의 선수들이 점프한 거리를 합산하는 것이다. 첫 번째 선수가 스타팅 라인에서 점프를 하면, 다음 선수가 첫 번째 선수의 착지 지점에서 다시 점프를 한다. 선수들은 그들의 합산 거리가 최대한 잘 나올 수 있도록 시도한다. 이 게임은 제자리 멀리 뛰기나 런닝 점프 둘 다 적용할 수 있다. 또한 뒤로 점프, 두 발 뛰기 후 도움닫기 점프 등으로도 할 수 있다.

7. 탑 쌓기

1) 용구

카드 보드 박스나 플라스틱 함, 또는 손으로 잡고 쌓을 수 있는 모든 것.

2) 게임법

이 경기의 목표는 아이들이 함께 하나의 탑을 쌓도록 하는 것이다. 이 게임에 신체활동을 추가하기 위해서, 선생님이 "Tower"라고 외칠 때까지 아이들에게 주변을 걷거나 뛰거나, 게걸음을 하게 할 수 있다. "Tower"라고 외치면 아이들은 각자 자신이 원하는 대로 탑을 쌓을 수 있는 물건을 한 개씩 들고 가서 중앙에 놓고 다시 움직인다. 8살 어린이들에게 이 게임을 시켰을 때, 아이들은 수업이 끝나는 종이 울렸는데도, 마지막 상자를 쌓기 위해 서로 뛰고 목마를 태우고 하면서 이 게임에 몰입해 있었다. 아이들은 모두 봉사적이며 그들이 함께 쌓은 결과물에 만족하고 있었다.

3) 응용

아이들을 2인 1조로 하여 이 게임을 할 수도 있다. "Tower"라고 선생님이 외치면 두 명의 아이들이 함께 가서 블록을 가져오도록 한다. 2인 1조 게임을 위해서는 커다란 빌딩 블록이 있으면 좋다. 만약 대형 블록이 없다면, 두 아이가 막대로 물건을 집어 오도록 하거나, 손을 쓰지 않고 두 사람 사이에 끼워서 블록을 가져오도록 하면 된다. "타워"라고 외치면 다시 파트너를 바꿔가면서 게임을 하게 할 수도 있다.

매우 큰 박스를 가져다가 이 게임을 할 수 있다. 처음에는 아이들이 우리가 이걸 어떻게 쌓지? 하겠지만, 아이들은 결국 답을 찾아낼 것이다.

8. 박스 볼

1) 용구

어린이 4명당 축구공 또는 찰 수 있는 공 1개와 줄넘기 줄 또는 유사한 줄 1개

2) 게임법

4명의 아이들이 한 조가 되어 줄이 사각형이 되도록 팽팽하게 당기면서 공을 움직여 한쪽 베이스에서 다른 쪽 베이스로 이동한다. 처음에는 팽팽하게 사각형이 유지되도록 하면서 발을 사용해 공을 굴리는 연습부터 한다.

① 박스 볼 실제 게임을 하기 위해서는 먼저 4명이 한 조가 되어 경기장의 여러 곳에 분산되어 있는 베이스에 나뉘어 선다.

② 각 팀은 다음 베이스로 공을 차서 이동한 다음에 그 자리에 공을 남겨두고, 자신들의 베이스로 다시 돌아와 다른 팀이 남겨둔 공을 가지러 간다. 공을 옮길 때에는 사각형 속에 반드시 공이 있어야 한다.

③ 이 게임은 각 팀이 자신의 공을 다시 받을 때까지 계속된다.

3) 응용

모든 공이 한 바퀴 완전히 돌 때까지의 시간을 재서 기록한다. 그러면 아이들은 다음번 게임을 시작하기 전에 기록을 단축시키기 위해 서로 돕는 방법에 대해 의논하게 된다.

- 팀별 시간을 재는 경기
- 1명, 2명, 3명, 4명으로 늘려가는 방법
- 자기 베이스에 공이 오기 전에 빨간 베이스를 터치

9. 공을 뒤로 빨리 넘기기

1) 용구

한 쌍의 비치 볼

2) 게임법

① 선수들은 두 줄로 서서 약 4보 정도의 거리로 떨어져 선다. 첫 번째 선수가 자기 라인의 뒤 쪽에 서 있는 선수에게 공을 머리 위로 던져 패스한다.

② 공을 던진 선수는 순간적으로 돌아서서 두 번째 선수와 손바닥을 마주쳐 손뼉을 치고(하이파이브) 다른 아이와 함께 공의 균형을 잡는다.

③ 그런 다음 공이 전달되고 있는 다른 줄의 맨 뒤로 달려가서 선다.

④ 다음 선수도 마찬가지로 공을 뒤로 전달한다. 이 경기의 목표는 두 줄로 두 개의 공을 최대한 빨리, 멀리 이동시키는 것이다.

3) 응용

- 2인 1조가 되어 줄을 서고, 안 쪽의 손만을 사용해서 두 명이 협동해서 공을 뒤로 넘기거나 등을 대고 누워서 안 쪽 다리만을 사용하여 공을 넘기는 방법이 있다. 이 경우 하이 파이브는 제외된다. 만약 공이 바닥에 떨어지면 선수들이 공을 주워 다시 자리로 돌아와 플레이를 계속한다.
- 공을 아래로 넘겨줄 수도 있다.

10. 공 옮기기

1) 용구

4명의 선수당 비치 볼 한 개와 베이스 한 개

2) 게임법

① 네 명의 선수가 한 개의 비치 볼을 가지고 각 베이스에서 시작한다. (베이스의 숫자는 참가 선수의 숫자에 따른다.)

② 시작하면, 각 베이스에서 동시에 두 사람의 선수가 손을 쓰거나 발로 공을 차지 않고, 비치볼을 다음 베이스로 옮기기 시작한다.
③ 다음 베이스에 도착하면 그 베이스에 남아있던 두 사람에게 손을 쓰지 않고 공을 전달하고, 뒤에 남아 있던 다른 두 사람으로부터 공이 전달되어 오기를 기다려서 공을 받아 다음 베이스로 다시 이어간다.
④ 공을 두 사람이 옮긴 후 자기 베이스로 돌아와 다른 팀이 가져오는 공을 기다렸다가 공을 받아 가는 방식으로, 공을 받을 사람이 없으면 그 팀은 탈락하게 되는 경기로 활용하거나 또는 자기 베이스에 공이 1개 이상 놓여져 있을 경우 탈락하는 방식의 경쟁활동으로 할 수도 있다.

11. 점수 합산 배구

1) 용구

2팀 당 하나씩의 비치볼이나 풍선 또는 배구공과 네트 또는 로프

2) 게임법

이 게임의 초기 버전은 1800년대에 Caribou Eskimo가 즐기던 것이었다. 게임의 목표는 물개 가죽으로 된 공을 바닥에 닿지 않도록 계속 유지하는 것이었다. 거기에는 아무런 스코어도 없었다. 현재는 두 팀이 네트의 양쪽으로 나뉘어서 공을 앞뒤로 계속해서 치는 방식으로 진행된다. 만약 점수를 체크한다면, 합산하여 점수를 매긴다. 누구든 공을 칠 때마다 아이들은 1점씩 점수를 매긴다. 그래서 공이 땅에 떨어지기 전에 몇 번이나 공을 치는지를 세는 것이다. 양 팀의 선수들은 칠 때마다 크게 소리 내어 숫자를 외쳐서 서로를 응원한다. 많은 경우에 서로를 응원하면 공을 치는 기술을 더욱 키울 수 있다.

3) 응용

- 한 쪽 코트당 치는 숫자에 제한을 두지 말고 플레이 하도록 한다. 포인트 점수는 네트를 넘어 갔을 때만 1점을 스코어로 준다.
- 동시에 두 개의 공을 주어서 경기하도록 한다.

- 치는 수를 계산하는 대신에, 얼마나 오랫동안 공을 치는지를 잴 수도 있다.
- 몸의 어떤 부위를 사용해서 공을 쳐도 되며, 어떤 도구를 사용해서 공을 쳐도 무관하다.
- 또 다른 방식으로는 네트를 낮추어서 작은 비치 볼이나 테니스 공, 고무공 등을 이용해 바운딩 시키면서 경기를 하는 방법도 있다. 이렇게 할 경우, 공을 바운딩 시키건, 공중에서 치건 상관없이 얼마나 많이 치느냐를 카운팅 한다. 선수들은 공을 띄우기 위해 손을 사용하거나 라켓을 사용할 수도 있다. 다양한 응용법을 생각해보라.

4) 팁

공을 다루는 데 익숙하지 않은 아이들을 위해, 처음에는 다루기 어려운 배구공 같은 것 보다는 풍선이나 비치 볼 같은 것을 이용하는 것이 좋다.

12. 공 넘긴 선수도 함께 코트 넘어가기

1) 용구

두 팀 당 비치 볼 한 개와 네트 한 개

2) 게임법

우리는 가끔씩 성별을 섞어서 그룹을 나누기도 한다. 그러나 4~5학년 정도 아이들의 경우 남자 아이들은 여자 아이들과 경기를 하기 싫어하고 여자 아이들은 남자 아이들이 함께 경기를 할 때, 남자 아이들이 거의 대부분 공을 차지하기 때문에 같이 경기하기를 싫어하는 경우가 종종 있다. 이러한 문제를 극복하기 위해서 우리는 아래와 같은 게임을 고안했다.

코트의 한쪽에는 남자 아이들만 있고, 다른 쪽에는 여자 아이들을 둔다. 어떤 아이가 비치 볼을 쳐서 네트를 넘길 때마다 그 아이는 네트 아래로 해서 다른 편으로 넘어간다. 스코어를 합산하는 것 보다는, 이 경기의 목표는 가능한 한 적게 공을 떨어뜨리면서 팀이 완전히 서로 바뀌도록 하는 것이다. 이 경우, 팀이 완전히 바뀐다는 것은 모든 남자 아이들이 여자 아이들이 있던 코트로 넘어가고, 여자 아이들은 남자 아이들이 시작했던 코트로 모두 넘어가는 것을 말하는 것이다. 이것이 공통의 목표이며 이 목표는 반드시 협력을 해야만 이룰 수 있다.

이 게임을 할 때마다 아주 흥미로운 일들이 생겨난다. 남자 아이들이 여자 아이들을 "먹여"주는 것이다.(공을 잘 칠 수 있게 해준다는 것이다) 그리고 여자 아이들 또한 남자 아이들이 잘 칠 수 있도록 돕기 시작한다. 그래서 팀이 기분 좋게 합쳐지기 시작한다. 그리고 각자가 모든 팀 멤버들이 서로 코트를 바꿀 수 있도록 함께 플레이를 한다.

3) 응용

이 게임 또한 스코어 합산 게임으로도 즐길 수 있다. 선수들이 얼마나 많이 공을 넘기고, 코트를 넘어 다니느냐로 스코어를 매길 수 있다.

4) 팁

이 게임은 각 팀에 너무 많은 인원이 함께 하지 않도록 하는 것이 좋다. 한 반이나 큰 그룹에 대해서는 여러 팀으로 나누어 경기를 하도록 한다.

13. 협동 바운스 배구 (담요 배구)

1) 용구

각 팀 별 한 개씩의 탄력있고 튼튼한 바운스 천 또는 담요와 비치 볼 또는 부드러운 고무공

2) 게임법

① 약 8명의 선수들이 흩어져서 탄력있고 튼튼한 바운스 천 또는 담요를 들고 둘러서서 비치볼이나 소프트볼을 중간에 둔다.
② 연습으로 서로 함께 공을 공중으로 띄웠다가 담요로 다시 받는다. 또한 담요 바깥으로 떨어지지는 않게, 담요의 끝부분으로 공을 굴려 손가락에 닿을 정도로 굴려본다.
③ 8명 1조로 두 팀이 나뉘어 담요를 가지고 상대팀에 공을 패스해본다.

3) 응용

- 두 팀 간에 공을 패스하는 기본동작에 익숙해지면, 각 팀에게 하나씩 공을 줘서 서로 다른 팀에게 공을 동시에 패스하는 연습을 한다.

- 또 다른 방법은 한 팀이 공중으로 높이 공을 띄우고 뛰어서 그 자리를 빠져 나가면 다른 팀이 달려 들어와 그 공을 받아낸다. 이 게임은 함께 신호를 주고 받으며 함께 노력해야 한다.
- 더 도전적인 활동을 원하는 아이들에게는 저글링을 하도록 한다. (두 개 또는 그 이상의 공을 공중에 계속해서 띄우는 방식). 이 게임은 처음에는 한 팀이 단독으로 두 개의 공 가운데 하나는 반드시 공중에 떠 있도록 연습하다가 나중에는 양 팀이 서로 패스하는 방식으로 한다.
- 보다 많은 사람들이 참여하도록 하기 위해서는 더 많은 팀을 구성 하거나 더 큰 담요를 활용한다.

14. 점수 합산 협동 바운스 배구

1) 용구

튼튼한 바운스 천 또는 담요와 비치 볼 또는 부드러운 고무공, 네트

2) 게임법

두 팀이 바운스 천을 사용하여 비치 볼 또는 부드러운 고무공을 네트 위로 토스하여 넘긴다. 한 팀이 성공적으로 네트를 넘기고, 상대팀이 성공적으로 받아내면 1점을 득점한다.

이 경기는 구조적으로 완전히 협동적인 게임이다. 왜냐하면 모든 선수들이 토스하거나 캐치하는 데 참여해야 하기 때문이다. 또한, 두 팀이 공통의 목표를 향해 협조해야만 한다. 그리고 협동을 통해서만 성공에 이를 수 있다. 더욱 많은 스코어를 얻기 위한 공동의 목표는 모든 참여 선수들을 함께 움직이도록 독려하게 되며, 보다 높은 스코어를 얻기 위해 노력하게 한다.

다양한 연령대의 그룹들이 이 경기를 매우 잘 소화해낸다.

공을 두 개 주고, 세 팀이 경기를 하도록 하는 방법도 좋겠다.

15. 모두가 한쪽 코트에서 시작하는 배구

1) 용구

팀 당 공 한 개와 네트 또는 로프 1개

2) 게임법

4~5명의 선수가 한 팀이 되어 코트의 한 쪽 편에서 있고, 다른 편에는 아무도 없이 경기를 시작하는 게임을 들은 적이 있는가? 없다고? 그러면 여기에 있다. 이 게임의 목표는 당신의 팀이 코트의 다른 편으로 넘어갔다가 다시 돌아오는 횟수를 얼마나 많이 하느냐이다.

① 공 대신에 풍선을 써서, 각 선수가 다른 선수에게 풍선을 쳐주고 네트 아래로 해서 코트의 다른 편으로 넘어간다. 마지막 선수는 네트를 넘겨 풍선을 치고 네트 아래로 해서 건너편으로 넘어간다.

② 풍선을 받는 선수는 자기가 있는 쪽 코트에서 풍선을 쳐 올려주고 네트 아래로 건너가는 것이다. 완전히 팀이 넘어오고 나면 다시 반대편으로 넘어간다.

3) 응용

익숙해지면 두 개의 풍선을 한꺼번에 넣어준다. 풍선이나 비치 볼, 배구공 등으로 용구를 바꾼다.

16. 협동 후프

1) 용구

2인 1조 당 풍선이나 비치 볼 한 개와 훌라후프 하나

2) 게임법

① 훌라후프를 경기장 바닥에 흩어놓는다.

② 2명 한 조의 파트너들이 풍선을 서로 토스해주면서 바닥에 놓인 훌라후프를 들어 올려 풍선이 통과하도록 했다가 다시 후프를 바닥에 놓는다. 한번 후프를 통과시키고

나면 풍선을 서로 토스하면서 반드시 다른 후프로 이동해야 한다.

③ 이 게임의 목표는 주어진 시간 동안 한 팀이 얼마나 많은 후프에 공을 통과시켰는지를 세는 것이다.

④ 선수들은 달릴 수는 있으나 공을 쥐고서 달릴 수는 없다. 그리고 같은 선수가 두 번을 연달아 쳐서도 안 된다. 공은 반드시 다른 파트너에게 토스되어야 한다. 다른 후프로 이동할 때에는 반드시 하나의 후프를 통과한 다음에 이동해야 한다. 그리고 한 팀은 반드시 자신들의 스코어를 세고 있어야 하며, 마지막으로 전체 그룹의 스코어를 합산한 것이 그 그룹의 스코어가 된다.

3) 응용

- 이 활동적인 게임은 전체가 참여하고, 협동해야 하는 경기이다. 인원수에 따라 후프 수를 조절하면 모두가 참여할 수 있고, 3명이 한 조가 되어 경기를 할 수도 있다.
- 숙달되면, 한 사람씩 플레이를 할 수도 있다.

17. Relay Action

1) 게임법

두 줄로 서서 두 사람이 동시에 출발하여 과업을 수행하면서 릴레이를 하는 방식이다. 성공적으로 릴레이를 마치기 위해서는 두 줄의 선수들이 서로 파트너로서 협력해야 한다. 첫 번째 조가 세 번째 세션에 도착했을 때, 다음 번 조가 출발한다. 액션 코스는 6개의 세션으로 구성된다.

- 1세션: 큰 공을 서로 4번 주고 받는다.
- 2세션: 둘이서 함께 줄넘기를 10회 한다.
- 3세션: 작은 공을 스쿠프로 4회 던져서 주고 받는다.
- 4세션: 낮은 평균대의 양쪽 끝에서 서로 걸어와 서로 잡아주고 한 바퀴 돈 다음 뒤로 걸어서 제자리로 돌아간다.
- 5세션: 공을 튀겨서 네 번 주고 받는다.
- 6세션: 나란히 매트 위에서 앞 구르기를 한다.
- 완료: 모든 코스를 마치고 난 후 스타트 라인으로 돌아와 둘이 함께 뛰며 공중에서 하이 파이브를 한다.

뉴스포츠 종목별 해설

더블더치

Doubledutch

1. 개요

1) 더블더치란?

영어사전 - [명사] (때로 d- d-) 두 개의 줄을 서로 반대쪽으로 돌리는 줄넘기 놀이.

300년 이상 전 허드슨강 부근의 뉴암스텔담(현재의 뉴욕)으로 들어온 네덜란드인이 퍼뜨린 줄넘기다.

네덜란드인이 2개의 로프를 들고 이상한 것을 하는 걸 보고 영국 사람들이 비속어로 붙인 이름이 더블더치다.

더블더치는 집 앞의 좁은 도로에서 줄 두개만으로도 놀 수 있다는 점에서 당시 어린이들 사이에서 유행했다.

1970년대 초 뉴욕시의 두 명의 경찰관이 더블더치를 하는 여자아이들을 보고 힌트를 얻어 슬럼가에서 급증하는 소년, 소녀의 비행을 방지하기 위해 룰을 만들어 뉴스포츠로 재생하여 보급 활동을 시작했다.

쉽게 누구나 할 수 있고 집중력, 지구력, 리듬감, 창조력, 밸런스감각을 기를 수 있는 스포츠로, 특히 협동성 및 팀워크를 이룰 수 있다는 점에서 인기가 높아졌다.

2) 특징

① 더블더치에는 로프를 돌리는 터너와 줄 안에서 뛰는 점퍼로 나누어진다.

② 더블더치에는 싱글부분과 더블부분으로 나누어진다.
싱글부분 → 2명의 터너와 1명의 점퍼로 총3명
더블부분 → 2명의 터너와 2명의 점퍼로 총4명이상

③ KDDA(대한더블더치협회)규정(로프의 길이)
싱글/3.05m이상 3.66m미만
더블/3.66m이상 4.27m미만으로 되어있다.

④ 터너 - 긴 줄에서의 가는 줄과 오는 줄이 이루어지면서 연기하는 터너기술(T=Turning)이라한다.

⑤ 점퍼 - 아크로바틱(A=Acrobatic), 댄스(D=Dance), 엔딩(E=Ending)등을 연기한다.

⑥ 연기 중에 터너와 점퍼는 교대할 수 있다.

2. 용구

1) 로프

3. 경기방법

1) 게임의 종류

- 스피드(120초)점퍼는 좌우교대로 발을 착지시켜 오른쪽발로 카운트 함.

- 스피드 릴레이(60초*2명)점퍼는 좌우교대로 발을 착지시켜 오른쪽발로 카운트 함.

- 싱글프리스타일(3명) 45~75초 사이에 음악에 맞춰 프리스타일 연기를 함.(음악 사용가능)

- 더블프리스타일(4명이상) 45~75초 사이에 음악에 맞춰 프리스타일 연기를 함.(음악 사용가능)

4. 터너

1) 로프 돌리는 방법

① 차렷 자세에서 손에서 팔꿈치만을 이용해 원을 그린다.

② 엄지손가락이 하늘을 바라보고 돌릴 수 있도록 한다.

③ 왼손, 오른손이 교차되며 명치부위 3분의 1정도 지나칠 수 있도록 원을 그린다.

바른 자세　　바르지 않은 자세

5. 점퍼

1) 들어 가는 방법(긴줄 - 오는줄)

긴 줄에서는 줄이 내 눈 위치에 지나갈 때 앞으로 한발 딛고 들어가 뛰도록 한다.

2) 들어가는 방법(1도약 뛰는 연습)

줄넘기를 넘듯이 1도약(줄이 한번 넘어갈 때 1번 뛰는 단어)으로 뛰는 연습을 한다.

3) 나가는 방법(긴 줄 - 오는 줄)

긴줄 안에 들어와 2도약(줄이 한번 넘어갈 때 2번 뛰는 단어)으로 뛰다가 줄이 내발 밑으로 올 때 뛰어 넘으면서 나간다.(나갈 때 몸을 앞으로 밀듯이 나간다.)

4) 들어오고 나가는 방법(더블더치)

① 긴 줄(오는 줄)에서 들어가듯이 한발 딛고 들어간다.

② 두발모아 1도약으로 뛴다.

③ 대각선방향으로 나갈 때는 홀수에 들어왔던 방향으로 나갈 때는 짝수에 나간다.
(줄 안에 들어와서부터 숫자를 셀 수 있도록 한다.)

5) 스텝

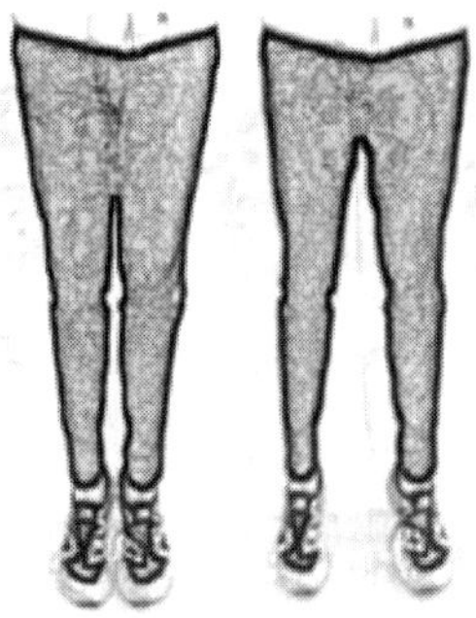

(1) 좌우벌려 스텝
두발 모았다가 두발 벌려서 뛰는 스텝

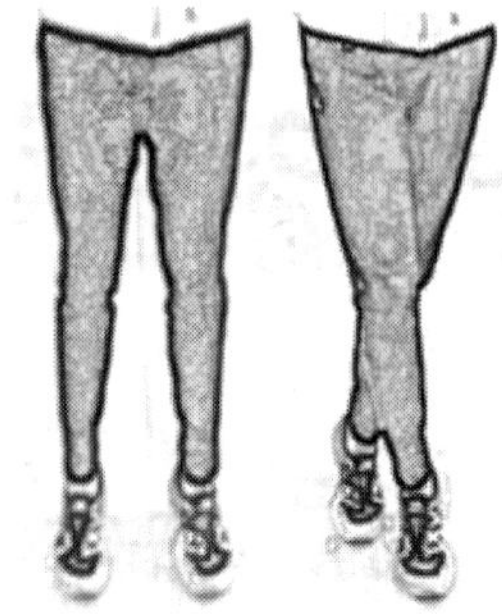

(2) OX 스텝
두발 벌렸다가 두발 교차로 뛰는 스텝

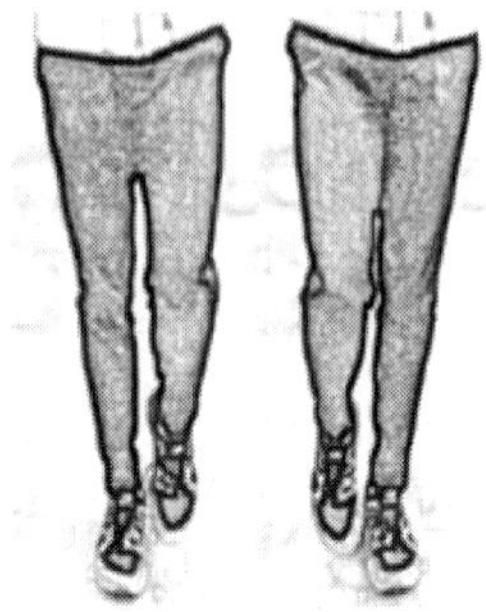

③ 번갈아 스텝
한발씩 번갈아 뛰는 스텝

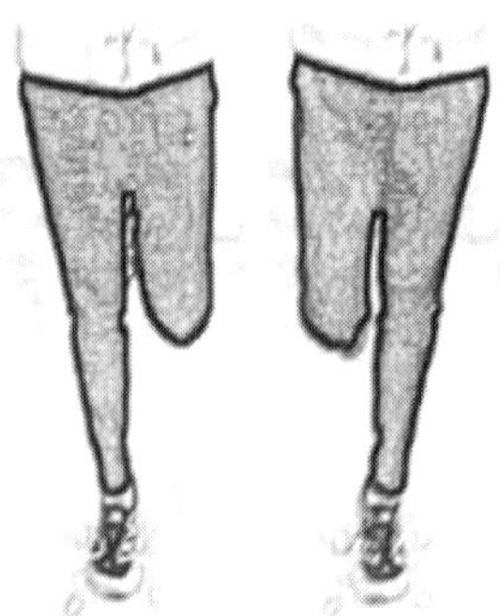

④ 뒤들어 번갈아 스텝
뒤로 오금을 접어 차듯이 뛰는 스텝

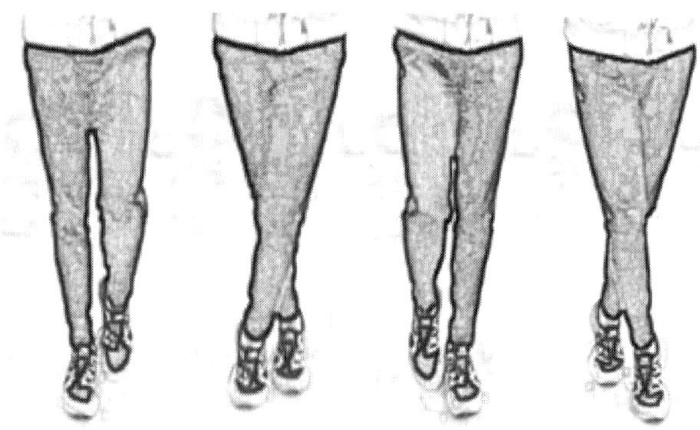

⑤ 크로스 스텝
무릎을 들었다 대각선으로 교차로 뛰는 스텝

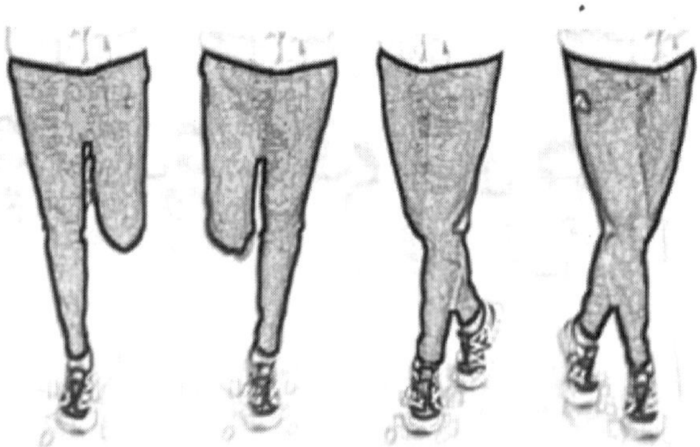

⑥ 뒤크로스 스텝
뒤로 오금을 접었다가 뒤로 교차하는 스텝

6. 더블더치 즐기기

1) 8자 릴레이

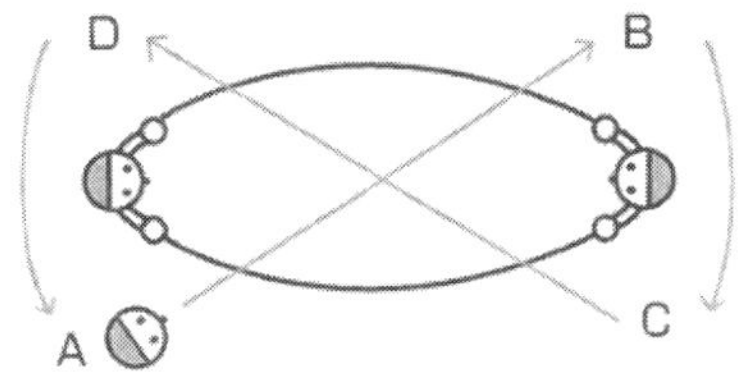

① 긴줄(오는 줄)에서 연습을 충분히 한 후 더블더치로 연습 할 수 있도록 한다.
② 더블더치는 줄이 위, 아래로 열렸을 때(오픈) 지나갈 수 있도록 한다.
③ 8자를 그리며 이동하면서 지나가도록 한다.

2) 더블더치 안에 싱글 로프 같이 하기

① 더블더치 안에 한발 딛고 들어가서 뛰다가 줄을 같이 넘으면서 뛰도록 한다.
② 더블더치 안에 한발 딛을 때 줄이 머리 위에 오게 한 후 같이 넘어 들어가서 뛰도록 한다.

3) 더블더치 회전하기

① 점퍼는 제자리에서 1도약으로 뛴다.

② 터너는 한쪽 줄만 넘긴다.

③ 양팔이 벌려지면서 회전하는 방향으로 한쪽 발을 내 딛는다.

④ 서로 등을 마주보게 하며 회전한다.

4) 더블더치 안에서 게임하기

(1) 가위바위보

가위바위보게임은 양쪽으로 같이 들어가서 이긴 사람은 나가도록 하여 릴레이로 돌아간다.

(2) 손뼉치기

두 사람의 호흡이 중요하며 들어가서 손뼉치기 연습을 한다. 자리도 서로 바뀌면서 하면 더욱 재미있게 할 수 있다.

(3) 릴레이

① 인원을 정한뒤 릴레이로 들어가 많이 들어오는 팀 승리

② 인원을 정한뒤 더블더치안에 릴레이로 들어가 안걸리고 나오면 승리

뉴스포츠 종목별 해설

태극유력구

Taichirouliball

1. 개요

태극유력구는 동양의 처세철학인 사람과 공의 일체감으로 사람과 사람의 관계, 사람과 자연의 조화를 추구하며 공이 날아오는 것이 마치 하나의 어려움과 시련으로 생각하여 단순한 대립이나 도피가 아닌 모순을 인식하여 피동(被動)을 주동(主動)으로 풀어 반전시키는 운동이다. 또한 강함과 부드러움이 공존하면서 형식과 정신적인 면을 겸비한 운동이다.

2. 발전과정

태극유력구의 개발국은 중국이며 창시자는 체육교사인 백용이다. 개발의 동기는 건강, 창의력, 유희, 다이어트를 위하여 개발되었고 현재 보급현황은 일본, 미국, 독일, 이탈리아, 네덜란드 등 세계 30개국에서 즐기고 있으며, 우리나라에서는 전남에서 최초로 시작하여 전국 중, 고 대학을 중심으로 빠르게 보급되고 있다.

① 1992년 정식으로 "태극유력구"라고 명하고 기술동작, 오락방식, 유희, 공연, 경기규칙을 만들었다.

② 1994년 중국 전통체육부분의 선택교재로 사용 후 학교체육 종목으로 채택하기로 결정했다.

③ 1996년 중국 전국 노동자 운동회 정식 종목으로 채택했다.

④ 2007년"제6회 중국 전국 중 노년 태극유력구 시합"을 개최했다.

3. 역사적 유래

① 송명(宋明)시대의 우주 대 원리 "태극사상"을 구현하기 위한 태극권, 태극검, 태극봉 등은 건강에 중요한 작용을 했다.

② 태극운동은 후퇴가 곧 공격이며, 부드러움이 강함을 이기고, 소(小)로 대(大)를 이길 수 있다는 "반(反)"의 예술로 자신의 감정을 다스려 평온한 마음을 유지하고, 거시적

으로 일처리를 하며, 득실에 연연하지 않고, 원만한 승리를 얻으며, 자신의 사욕을 억제하여 이성을 찾는 동양 민족의 처세철학이다.

③ 태극문화는 사람과 사물을 객관적으로 대하며 현대생활을 즐길 수 있도록 한다.

④ 태극유력구는 태극사상과 태극운동에 현대적 원소를 융합한 것이다.

4. 교육적인 가치와 특성 및 효과

1) 교육적 가치

(1) 건강 활동 가치

① 신체의 전면적인 발달로 목, 어깨, 허리, 다리 능 전신운동이나.
양손을 이용할 수 있으며 특히 왼손을 이용한 우뇌의 신체 운동적 지능을 발달시킬 수 있다.

② 적극적인 정서, 자신감, 인체의 잠재력이 동원되어 인체 각 기관의 기능 조절과 통제력이 향상된다.

(2) 도전 활동의 가치

① 라켓안의 볼을 통제해야 하므로 정신 집중이 된다.

② 포용적인 성격 형성과 남을 배려하는 겸손함을 기르는 처세의 도를 양성한다.

③ 후퇴가 곧 공격이다, 수비가 곧 공격이므로 상대의 공격을 기다리면서 적절한 후퇴를 깨닫게 하는 반(反) 운동으로 높은 업무효율 기대할 수 있다.

④ 다양한 방향으로의 사고, 역방향 사고, 창조적인 의식을 촉진한다.

(3) 경쟁 및 여가활동 가치

① 대부분 스포츠는 앞과 위를 보고 가는 정면(正面)만을 중시하는 반면(反面) 후퇴의 효과가 소홀해지는데 태극유력구는 전체의 균형을 이루게 한다.

② 반(反) 운동과 역방향 사고는 현대인들의 심신을 쉬게 하는 좋은 방법으로 일과 휴식의 적절한 조화를 이룬다.

③ 엄격함과 느슨함의 도로 몸 조직의 균형과 심리적인 균형을 갖게 한다.

④ 위험을 두려워하지 않는 적극적 의지를 기른다.

(4) 자유로운 표현활동 가치

① 자연스럽고 편안한 순조로움으로 남과 자신을 기쁘게 한다.

② 자연 속에서 자유자재, 즉흥적, 창조적으로 리듬에 맞추어 음악의 경지를 이해하며 도취되어 운동이 우리에게 가져다주는 즐거움을 만끽할 수 있다.

③ 현대무용, 배드민턴 등 현대 체육의 요소가 결합된 아름다움(화양유력구)으로 종합예술의 특성이 있다.

④ 서로 간에 감상하고, 시합은 격렬하지만 화기애애한 스포츠이다.

2) 특성

① 운동 방식이 다양해 발전 가능성이 높은 운동이다.

② 배우기 쉽고, 용구가 저렴하고 간단하며 파손되지 않아 보급이 편리하다

③ 전통 문화를 현대화 - "태극"의 "철학"운동 태극권을 구기종목화하여 재미있고 오락적이며 철학적인 운동이다.

④ 건강에 유익한 스포츠로 기교성과 대소근육의 조화와 심신의 피로를 제거하고 신경과 근육 계통에 밀접한 조화의 기능이 있어 타 종목의 준비 운동으로 활용 가능하다.

⑤ 바람 부는 날 라켓 들고 하는 운동을 못하던 문제를 장소와 기후의 영향 없이 할 수 있는 운동이다.

⑥ 공안에 알갱이가 있어 멀리 굴러가지 않아 공 줍는 시간을 줄여 운동의 편의를 제공한다.

3) 효과

① 다양한 운동방식으로 운동량 조절이 가능하고 음악에 맞춰 자유롭게 춤을 추면서 화목한 분위기로 즐거움을 찾아 심리적 평화로 건강증진에 효과가 있다.

② 손에 신경 혈이 풍부해 단련의 기회를 이용하여 높은 운동 효과가 있다.

③ 신체단련과 지력 개발 및 학습능력의 효과가 있다.

④ 완급에 질서가 있어 뚜렷한 건강효과가 있다.

5. 원리

1) 태극유력구의 4대 특징

① "유(柔)"는 "강(剛)"이 시련을 겪은 후 승화 발전된 결과로 태극유력구의 최대 특징이자 매력이며 태극유력구는 유(柔)의 실현이고 유(柔의) 정수(精髓)이다.

② 단 시간에 긴 거리와 최대 속도를 낼 수 있는 힘의 원천인 "원(圓)"은 힘을 풀고 모으는 최고의 선택으로 태극유력구 모든 기술동작의 핵심이다.

③ 후퇴가 있어야 전면적인 관찰각도를 얻고, 이성적이며 기교 있게 정확히 앞으로 나아갈 수 있는 퇴(退)는 태극유력구 기술의 중요 부분으로 "퇴(退)"를 전제로 태극유력구 동작은 완성되었다.

④ "정(整)"은 태극유력구의 근본 힘을 운용하는 특징을 실현한 것으로 공이 들어와서 나갈 때까지 영(迎), 접(接), 인(引), 포(抛) 4단계가 있다.

2) 태극유력구의 4대 요소

① 영(迎) - 공이 날아올 때 라켓을 뻗어 공을 맞이하다.

② 접(接) - 라켓 가장자리와 공이 들어오는 방향은 일치해야 한다.

③ 인(引) - 공이 날아 올 때 라켓은 공의 운동 방향과 궤도를 향해 움직여 막힘없는 호선운동을 끌어당기는 과정이다.

④ 포(포) - 호선운동을 거쳐 많은 초속도를 얻어 공을 던지는 과정이다.

◘ 영, 접, 인, 포의 호형인화 과정은 이어지고 공을 던지는 과정에 2번째 힘을 내거나 원래 호선의 궤도를 변경해서는 안 되며 라켓 가장자리는 공이 나가는 방향과 일치해야 한다.

6. 기초기능 익히기

공을 받아들이고 던질 때 공과 라켓의 각도

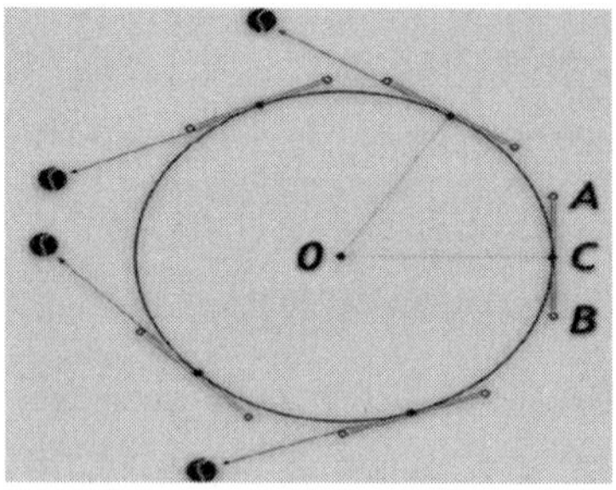

정확함

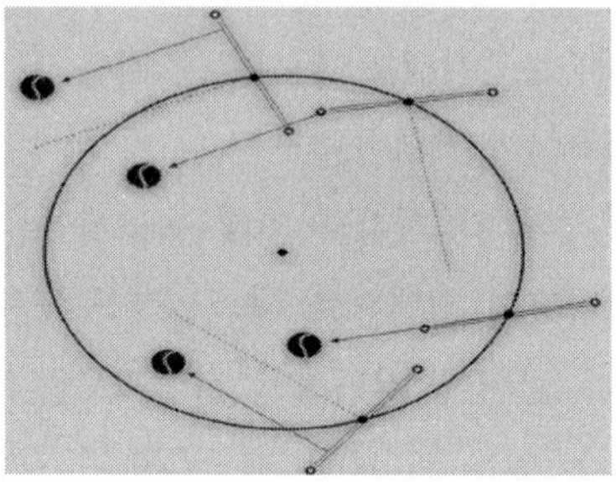

잘못됨

7. 그립

1) 포핸드 그립법

엄지와 식지의 첫 번째 마디로 라켓 손잡이와 라켓 면이 평행을 이루는 넓은 곳을 잡고 나머지 손가락은 자연스럽게 쥐며 라켓 손잡이의 끝부분은 손바닥에 두고 라켓이 손 안에서 자유롭게 움직일 수 있도록 손바닥을 비운다.

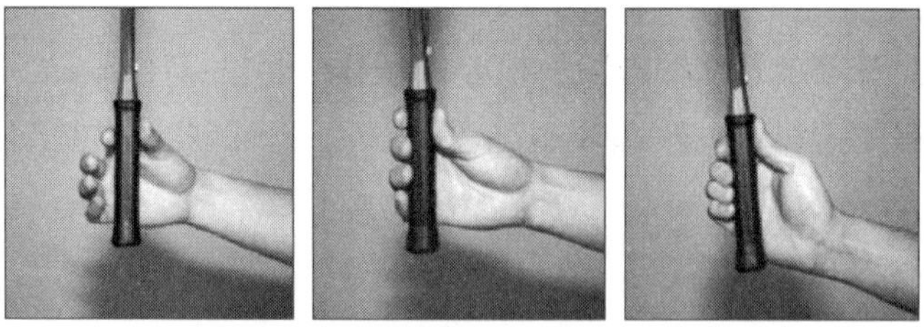

2) 백핸드 그립법

엄지와 식지의 첫 번째 마디로 라켓 손잡이와 라켓 면이 수직이 되는 좁은 곳을 잡고 나머지 손가락은 자연스럽게 쥐며 손바닥은 비우는데 이는 라켓이 각종 복잡한 기술동작에 민첩하고 편리하게 대응할 수 있도록 하기 위함이다.

3) 범하기 쉬운 실수

① 엄지와 식지 사이의 움푹 패인곳에 라켓 손잡이를 바짝 붙인다.
② 라켓을 지나치게 뒤로 잡아 라켓 밑 부분이 손바닥에 닿는다.
③ 라켓 든 팔을 지나치게 긴장시켜 뻣뻣하다.
④ 식지와 엄지를 펴서 손가락을 라켓에 붙인다.
⑤ 다섯 손가락을 다 라켓에 붙인다.

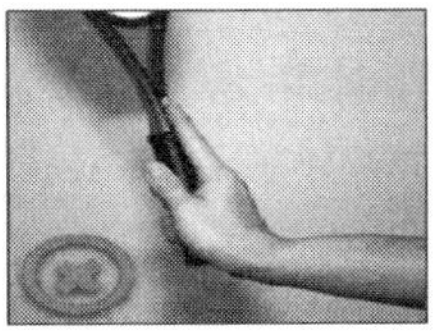

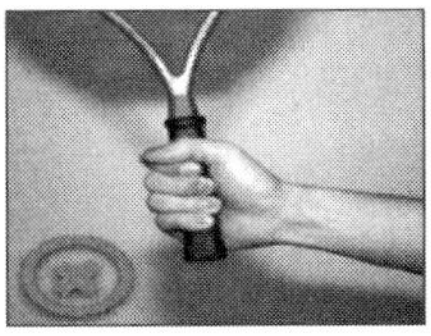

4) 자주 나타나는 문제

① 두발을 8자형으로 한다.
② 두 다리를 곧게 펴고 무릎을 굽히지 않는다.
③ 다리는 펴고 허리를 굽혀 몸의 무게중심이 앞으로 쏠린다.
④ 엉덩이 관절을 이완시키지 않는다.
⑤ 라켓 든 팔을 힘없이 몸 앞으로 늘어뜨린다.

8. 기초기술 숙달

1) 작품 1, 2, 3

2) 실시 주의 사항

① 조급한 동작은 오차가 생기고 지나치게 조심하고 힘만 들어가도 단련 효과가 좋지 않다.
② 운동 방식이 다양하고 체력이 좋으면 코트에 나가고, 체력이 떨어지면 유희시합(규정타법, 선택타법) 경기로 지혜, 기교, 심리 겨루기, 신중함, 노련함, 이성적인 수양을 단련하도록 한다.
③ 리듬이 느려서 즐겁기만 하지 피곤을 못 느껴 무리할 수 있다. 그러므로 운동의 빈도수, 시간, 강약에 제한이 필요하다.

④ 마음은 평온히 몸은 가볍게 하여, 내재된 의식을 외부의 동작으로 집중해야 최대능력을 발휘할 수 있다. 공의 집중은 자신의 마음을 테스트하고, 단련을 통하여 사람과 공이 하나 되는 천인합일(天人合一)로 경지에 오를 수 있고, 신체단련과 의지를 연마하는 목적을 달성할 수 있다.

⑤ 기초단계에서 절대로 서둘러서는 안 되며, 동작의 부드러움과 완전함에 주의해야 한다. 원심과 반경이 고정되어야 온전한 원을 그려내 동작이 아름답고, 원을 그리는 속도는 빨리 해야 힘이 생긴다.

그러나 다른 방향의 원주운동(호형운동)은 볼의 부 정확성을 초래한다.

⑥ 회전속도가 빠를수록 원심력과 구심력이 커져 마찰력도 커지면서 라켓과 공이 더 밀착하며, 볼의 속도를 빠르게 하려면 몸의 회전속도를 높이고, 몸의 균형을 유지하며, 최대한으로 회전반경을 늘려야 큰 힘을 낼 수 있다.

⑦ 볼을 던지는 방향과 힘은 공이 들어오는 순간 결정되며, 호형곡선의 연속성을 유지하고, 2 차 힘을 더해선 안 된다. 원을 거쳐 오는 공의 힘을 풀게 하여 자신의 힘을 합쳐 더 큰 힘으로 반격해야 한다.

9. 경기장

1) 태극유력구(유희, 공연, 경기)

청소년 경기장

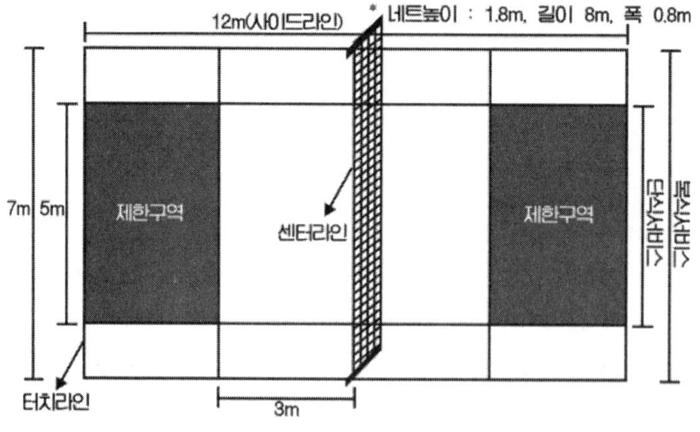

2) 태극유력구

중노년 경기장

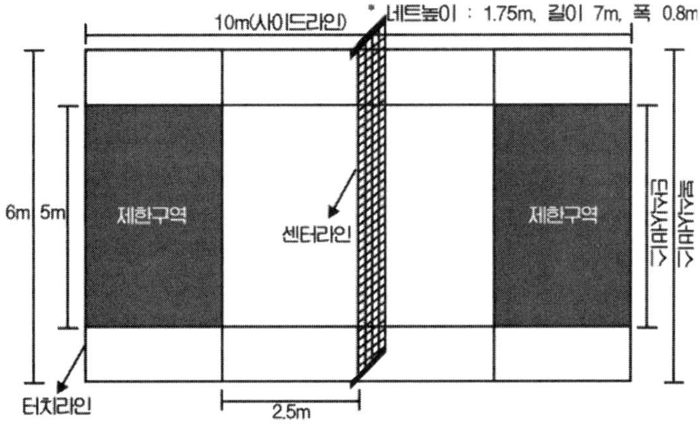

뉴스포츠 종목별 해설

스포츠찬바라 (스포찬)

Sportschanbara (Spochan)

1. 개요

1) 스포찬이란?

스포찬이란? 일본의 검도에서 유래 되었으며 "칼싸움" 이란 뜻으로 검도의 기술들을 스포츠화 연구하여 머리를 보호하는 "헤드기어"와 "방패" "소태도"를 들고 공격과 방어의 호신 기법으로 겨루는 검도형 뉴스포츠 이다.

정통검도의 수련은 수련대로 고수하면서 현대에 맞게 재구성하여 그 기술들을 실전처럼 적용해 "언제나" "어디서나" "누구나" 쉽게 할 수 있는 뉴스포츠로 재탄생 되어 전 세계 약 70여 개국에서 함께 수련되어지고 있다.

스포찬은 검도수련의 목적이 아니라 검도의 기술들을 바탕으로 체육 활동들을 통해 "호신" "건강" "다이어트" 등을 유도 할 수 있고 최소한의 기초와 기본예절을 지킨다면 즐겁게 수련하며 수업 할 수 있는 "체험형 경쟁 활동" 프로그램으로 수련정도에 따라 각 학년층에서 광범위하게 활용 될 수 있다.

2) 특징

- 간편한 수업방식과 안전한 장비로 즐거운 수업이 이루어 질 수 있다.
- 짧은 수업시간으로도 쉽게 호신 기법들을 익힐 수 있다.
- 수업형태에 따라 운동량의 조절을 통해 다이어트 효과가 있다.
- 수업을 통해 기초예절과 기본 예의를 배울 수 있다.
- 겨루기를 통해 집중력과 순발력 도전정신 경쟁의식을 기를 수 있다.
- 개인과 단체경기를 통해 협동심과 배려 심을 기를 수 있다.

<검도와 스포찬의 차이점>

내용	검도	스포찬
장소	검도장의 공간 확보 필수	장소 구분 없이 수업가능 (교실/다목적실/체육관)
장비	검도장비 필수(죽도/호구)	간단한 장비
도복	검도복 착용	간단한 체육복장
수련기간	수련 기간 필요	쉬운 수업방식
안전성	무기의 위험성 노출	안정성 확보

2. 경기 시설 및 용품

1) 경기장 및 경기규칙

(1) 개인전 경기 (1대 1경기)

- 경기장은 경계선을 포함하여 정사각형 사방 6m×6m에서 실시한다.
- 경기장의 중심에 ×표를 표시하고 중심에서 좌, 우로 1,5m 거리에 좌측은 (청) 우측은 (홍)코너로 지정하여 실시한다.

(경기장 규격 및 위치는 상황에 따라 변형하여 실시할 수 있다)

(2) 단체전 경기

- 단체경기는 2인/3인/5인/10인/다수 등의 학생들이 함께 수업하며 연습 할 수 있으며 수업 현장에 맞게 변형하여 실시한다.

(3) 경기시간

- 경기시간은 3분간 1점 또는 3점 2선승제로 실시한다.
- 결승전은 3점 2선승제로 실시한다.
- 경기시간 및 규정은 상황에 따라 변형하여 실시할 수 있다

(4) 경기 승패의 구분

- 경기 중 공격기술을 적용해 상대를 먼저 공격하여 유효공격이 이루어지면 승점하거나 승리한다.
  단) 유효공격은 기, 검, 체의 일치와 공격부위의 구령이(머리/몸통/다리) 동반함을 원칙으로 한다.

(5) 유효 타격부위 및 위치

경기 중 유효공격 부위는 다음과 같다

① 머리부터 발끝까지 전신공격을 인정한다.

② 공격부위는 머리/몸통/다리/손목/찌르기 등이 있다

- 머리 (정면/좌/우)

- 몸통 (어깨에서 허리까지)
- 손목 (좌/우 팔목)
- 찌르기 (얼굴/몸통)

③ 소태도(60cm)를 기준으로 칼끝에서 20cm이내 부분을 유효공격 위치라고 정하고 그 외의 경우는 경미한 공격으로 간주하여 무효를 선언한다.

2) 스포찬 용품

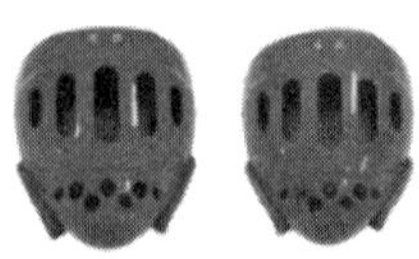

헤드기어
머리를 보호하는 용품

소태도
소태도 (60cm의 길이)

방패
공격을 방어하는 용품

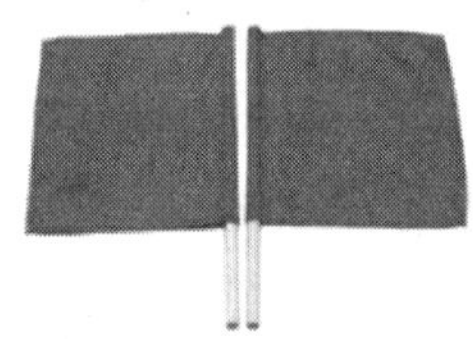

수기
경기 중 승패의 판단표시

3. 경기 방법

1) 1 : 1 겨루기 (개인 겨루기)

(1) 경기 목적

- 경기를 통해 스포찬의 공격과 방어의 기본 기술을 습득하고 호신기법을 이해한다.

(2) 경기 개요

- 개인 1:1 겨루기를 실시해 우승자를 뽑는 토너먼트 경기

(3) 경기장(코트) 구성

- 경기장은 정사각형 6m×6m(공식규정)의 정해진 구역(경기장/코트)에서 실시하며 수업현장에 따라 크기는 바뀔 수 있다.

(4) 경기방법

- 머리 몸통 다리 찌르기 등의 기본 공격 등을 통해 머리부터 발끝까지 누구라도 먼저 타격하면 이긴다.
- 게임은 3분간 한판승부로 운영한다.(상황에 따라 삼판 승 또는 다 득점으로 운영 할 수도 있다)
- 자기신고제가 필요하다.

※ 자기신고제 : 공격과 방어의 성공 시 그 결과를 본인이 인정하고 상대에게 표현하는 방법)

(5) 경기 용품

- 헤드기어 2개(홍1/청1) 소태도2개(홍1/청1) 방패2개(홍1/청1) 수기2(홍1/청

(6) 인원구성

- 선수2명/심판1명 ※공식경기는 심판3명《주심1/부심2명》

(7) 경기 응용법

- 재미를 더하기 위해 헤드기어 위에 풍선을 달아 실시한다.
- 풍선을 헤드기어에 달고 할 경우에는 공격에 의하여 상대의 풍선을 먼저 터뜨리거나 떨어뜨리면 이긴다.
- 동시에 공격하여 동시에 풍선이 터지는 경우에는 양자 패로 간주한다.

2) 3Way《쓰리웨이》

(1) 경기 목적

- 경기를 통해 스포찬의 공격과 방어의 기본 기술을 이해하고 순발력과 판단력을 기른다.

(2) 경기개요

- 3인 1개조로 편성하여 정해진 구역《경기장／코트》안에서 동시에 3인이 겨루기를 실시해 한명의 우승자만 뽑는 토너먼트 게임.

(3) 경기장(코트) 구성

- 경기장은 정사각형 6m×6m(공식규정)의 정해진 구역《경기장／코트》에서 실시하며 수업현장에 따라 크기는 바뀔 수 있다.

(4) 경기 방법

- 세 명의 선수 중 선제공격을 통해 누구라도 먼저 머리 몸통 다리 찌르기 등의 기본 공격 등을 성공한 한명의 선수만 이긴다.
- 소극적이고 공격을 시행하지 않았던 한명의 선수는 자동 탈락.
- 두 명의 선수가 동시에 공격을 실시해 동시타가 발생한다면 둘 다 실격하고 가만히 있던 제3자의 선수가 이긴다.
  ※이것이 3way의 묘미인 "어부지리"라는 특별한 규칙
- 게임은 한판승부로 운영한다.(상황에 따라 삼판 승 또는 다 득점으로 운영 할 수도 있다)
- 다수의 인원이 함께 실시하다 보니 자기신고제가 필요하다.

(5) 경기 용품

- 헤드기어(3개)/소태도(3개)/방패(3개)

(6) 인원 구성

- 1개조: 선수3명/심판1명

(7) 경기 응용법

- 재미를 더하기 위해 헤드기어 위에 풍선을 달아 공격에 의해 터트리거나 떨어트리면 이기는 규칙을 적용 할 수도 있다.

3) 단체전

(1) 경기 목적

- 단체전 게임 등을 통해 협동심을 배우고 스포찬의 공격과 방어의 기본기술을 익힌다.

(2) 경기 개요

- 2인 이상 10인/20인/30인... 이상 등의 동일수의 양 팀으로 나누어 동일 인원수가 정해진 구역《경기장／코트》안에서 실시하는 단체게임.

(3) 경기장(코트) 구성

- 경기장은 정사각형 6m×6m(공식규정)의 정해진 구역《경기장／코트》에서 실시하며 10인 이상 다수의 경기일 경우 수업현장에 따라 바뀔 수 있다.

(4) 경기 방법

- 다수의 단체 양 팀이 시작 구령과 함께 게임을 실시한다.
- 단체게임도 각각 개개인 한판승부로 실시한다.
- 인원이 많을 경우 상대팀의 마지막 선수가 탈락 할 때까지 실시한다.
- 단체게임도 마찬가지로 두 명의 선수가 동시에 공격을 실시해 동시타가 발 한다면 둘 다 실격한다.
- 다수의 인원이 함께 실시하다 보니 자기신고제가 필요하다.
- 단체전에서는 공정하고 정당하게 효과적인 공격을 받았을 때는 인정하고 외로 물러나 내 팀과 상대팀에게 인식시켜주는 배례심이 필요하다.

(5) 인원 구성

- 동일수의 단체 양 팀 (2인/10인/20인/30인...) 심판1명

(6) 경기 용품

- 헤드기어/소태도/방패

(7) 경기 응용법

- 재미를 더하기 위해 헤드기어 위에 풍선을 달아 공격에 의해 터트리거나 떨어트리면 이기는 규칙을 적용 할 수도 있다.

4) 서바이벌

(1) 경기 목적

- 서바이벌 게임을 통해 스포찬 다양한 수업들을 즐겁게 즐기며 그 동안 배운 호신기법의 공격과 방어의 기본기술들을 다수의 인원들과 함께 겨루어 보며 집중력 순발력 그리고 판단력을 길러보자.

(2) 경기개요

- 서바이벌 「Survival」게임은 각각의 개인이 동시에 싸우는 것을 말하며 참가 인원의 제한은 없다. 규정된 장소 내에서 누구와라도 겨루기가 가능하며 마지막까지 살아남는 참가자가 우승 하는 게임.

(3) 경기장(코트) 구성

- 경기장은 다수의 인원이 다함께 즐길 수 있는 공간을 확보하고 실시한다.

(4) 경기 방법

- 전체 학급이(불특정 다수의 개인) 시작 구령과 함께 게임을 실시한다.
- 누구라도 공격과 방어를 할 수 있으며, 겨루기의 승패를 통해 마지막 선수가 남을 때까지 실시한다.
- 서바이벌 게임도 마찬가지로 두 명의 선수가 동시에 공격을 실시해 동시타가 발생한다면 둘 다 실격한다.
- 다수의 인원이 함께 실시하다 보니 자기신고제가 필요하다.

- 서바이벌도 공정하고 정당하게 효과적인 공격을 받았을 때는 인정하고 자리에 앉거나 또는 장외로 물러나 선수와 심판에게 인식시켜 주어야 한다.

(5) 인원 구성

- 전 학급생 (불특정 다수인원)

(6) 경기 용품

- 헤드기어/소태도/방패

(7) 경기 응용법

- 재미를 더하기 위해 헤드기어 위에 풍선을 달아 공격에 의해 터트리거나 떨어트리면 이기는 규칙을 적용 할 수도 있다.

4. 스포찬의 기본기술

1) 인사법

- 차렷 : 소태도를 왼손으로 가볍게 쥔 상태로 왼쪽 허벅지 측면에 약 15도 정도의 각도로 붙여주고 양발을 모아서며 상체를 반듯이 세워 정면을 주시한다.
- 경례 : 차렷의 자세에서 상체만을 약 15도 정도 정면을 향해 구부리며 인사 한다.

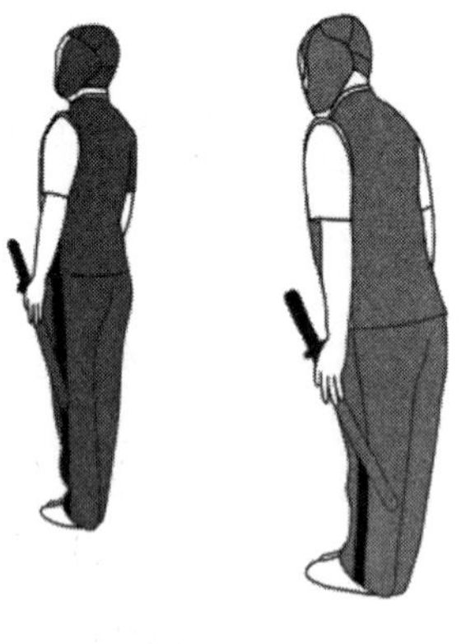

2) 준비 자세

- 준비 자세는 스포찬의 동작들을 하기 위한 기본동작으로, 차렷 자세에서 오른발을 한발 내딛으며 들고 있던 소태도를 몸 앞으로 들어올리며 양손으로 잡는 자세를 취하는 동작이다.
- 준비자세 에서부터 공격과 방어의 동작들이 시작되며 모든 동작의 기초.

(1) 기초 공격법

① 선타에 의한 측면 머리치기

- 선타에 익한 측면《머리치기》는 가장 쉽고 가장 많이 활용되는 공격 기법중의 대표 기법이라 할 수 있다
- 선 란? 준비 자세에서 들고 있는 소태도를 안에서 바깥으로 오른손을 뻗어내듯 공격하는 것으로, 공격을 위한 예비동작이 크지 않아 빠른 공격을 할 수 있는 특징이 있다.
- 준비 자세에서 오른발이 빠르게 한발 나가며 오른 팔을 뻗어 상대의 측면 머리를 공격 한다. 공격 시 구령은 "머리" (몸통과 다리 공격법도 동일하다)
- 공격 후에는 원위치하며 준비 자세로 돌아온다.

※ 몸통과 다리도 공격은 동일하다

(2) 기초 방어법

① 우측면 머리 막기

- 선타에 의한 측면 머리치기 공격에 대한 방어 법으로 가장 쉽고 많이 적용 될 수 있는 방어 기법이다.
- 준비 자세에서

- 상대의 우측 상단에 대한 공격을 인식하고 양손으로 파지하고 있는 소태도를 우측 상단으로 들어 올려 막아낸다.
- 방어 후에는 원위치하며 준비 자세로 돌아온다.

※ 몸통과 다리도 방어는 동일하다

5. 스포찬의 기본 연습법 (트레이닝 법)

스포찬의 기초 과정들을 좀 더 체계적으로 연습하고 효율적으로 수련할 수 있는 트레이닝 연습법이다.

공격과 방어의 기초 기술들을 혼자가 아닌 상대와의 호흡을 맞춰가며 공격과 방어를 주고받으며 거리를 인지하고 목표를 인식하는 효과적 연습법 이다.

1) 우측면 상단 막고 치기

상대의 선타에 의한 측면 머리치기 공격을 막아내고 되돌아가는 상대의 측면 머리를 선타로 받아치는 반복 연습법이다.

① 준비 자세에서 우측면 상단 막고 치기를 위하여 우측면 상단으로 소태도를 들어 올린다.

② 우측은 우측면 머리치기 공격을 실시하고 좌측은 방어를 실시한다.

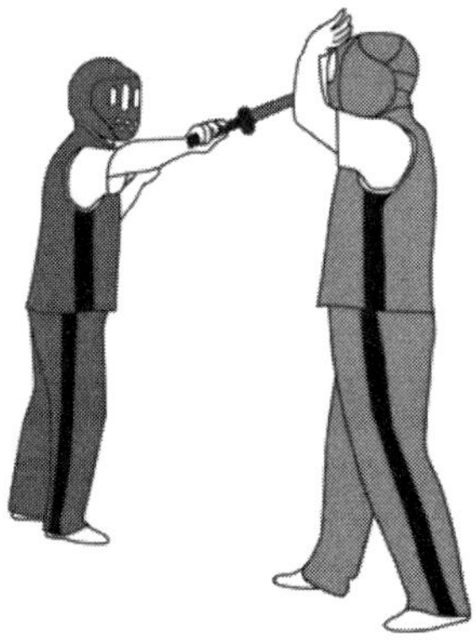

③ 좌측은 공격하고 되돌아가는 상대의 측면 머리를 향하여 선타로 반격을 실시한다.

- 연습 횟수는 1세트를 10회로 정하고 반복 연습을 하자.

뉴스포츠 종목별 해설

라인댄스

Line dance

1. 개요

1) 라인댄스란?

일반적인 라인댄스라 함은 방향을 전환하며 한 음악에 같은 동작을 여러 번 반복하며 추는 댄스를 통칭한다. 라인댄스는 춤추는 장소의 벽(4 Wall)을 따라 시계 반대 방향으로 진행하며 추는 모든 춤을 일컬으며 미국에서 기원하여 발전한 Country & Western Dance를 의미한다. 이밖에 미국 라인댄스에서 영향을 받아 유사한 형태의 즐기는 댄스는 전 세계에 전파된 마카레나, 파라파라 댄스와 치킨댄스가 있다. 현재 미국에서의 라인댄스는 카우보이댄스 또는 웨스턴댄스, 컨트리댄스라는 이름으로 불리며 노인들의 복지를 위해 장려하는 건강댄스로 자리 잡고 있다. 미국에서의 라인댄스는 거의 팔과 몸동작이 없는 Step 위주의 댄스로 구성되어 있으며 2014년 현재 5,000여개가 넘는 라인댄스 작품이 개발되어 보급되고 있다. 한국에서의 라인댄스는 라인댄스의 기본방식을 차용하여 보다 역동적이고 다양한 장르의 댄스 장르와 혼합하여 인터넷 댄스 동호회에서 급속도로 전파되었다. 최근에는 백화점 문화센터, 지역 구민회관, 스포츠 센터에서 라인댄스 수업을 개설하여 생활체육과 문화 컨텐츠로서의 역할을 담당하고 있다. 또한 2009년 개정교육과정 8학년 표현활동 교수학습자료집이 발간되었으며 09개정교육과정에는 교과서에 소개될 정도로 그 교육적 가치가 인정받고 있다. 외국 안무가에 의해 만들어진 작품은 국제대회와 인터넷, 안무가들의 개인 홈페이지, 국제워크샵을 통하여 소개되고 있으며 국내 안무가들이 만든 새로운 라인댄스도 많이 소개되고 다. 라인댄스 지도자의 길을 걷는 전문인들도 매년 꾸준히 증가하는 추세이다. 현재 클래식 라인댄서들을 전문적으로 양성하는 한국라인댄스협회(KODLA), 한국컨트리댄스협회(KCDA), 대한라인댄스협회(사)가 창단되어 전문인 양성과 교원연수를 담당하고 있다.

라인댄스의 장점은 기본적인 루틴을 지켜서 다양한 장르의 댄스를 즐길 수 있다는 점과 동일한 음악에 동일한 동작을 우리나라에서부터 전 세계 사람들과 함께 즐길 수 있다는 것이다. 라인댄스에는 작품이름이 붙여져 있고, 동작에 명칭이 있으며 순서가 정해져 있고, 일련의 동작의 조합으로 짜여진 것을 반복해서 춘다. 이 일련의 동작이 짜여지는 것을 정하고, 라인댄스를 창작하는 사람을 안무가(choreographer)라고 부른다. 안무가에 의해 만들어진 하나의 작품은 세계 어디를 가도 춤추는 방법이 똑같다. 유명한"Trush push"라는 작품은 영국이나 호주에서도 "Trush push"이고, 영국이나 호주를 가서도 그곳의 사람과 함께 출 수가 있다. 이렇게 나 혼자만의 춤, 댄스가 아니라는 점이 다른 어떤 분야의 댄스에 비하여 큰 장점이라 하겠다.

2) 라인댄스의 특징

① 줄을 서서 미리 짜여진 동작들로 춤을 춘다.
② 모두 같이 시작해서 모두 함께 같은 스텝을 하며 음악이 끝나면 춤도 끝난다.
③ 라인댄스에서 사용되는 많은 음악들은 일반적인 4/4박자의 30-34마디의 적당한 빠르기로 걷는 속도를 유지하며 대부분의 춤들도 어떤 연령의 사람에게나 적절하게 되어 있다.
④ 신체를 건강하게 하고 친구를 만나게 하며, 정신적으로 긴장할 수 있게 한다.
⑤ 남녀노소 모두 같은 동작들을 노래가 끝날 때 까지 여러 번 반복된다.
⑥ 춤의 길이도 다양하고, 음악과는 정확하게 맞지 않을 수도 있으나 어느 누구도 그 점을 걱정하지 않는다.

3) 라인댄스의 형식

- 대부분 한줄 또는 여러 줄의 대형을 갖추어 춤을 춘다. (원형 대형도 가능)
- 대부분 모든 사람들은 같은 방향을 보고 춤을 춘다. (마주보는 경우도 있음)
- 시계 혹은 반시계 방향으로 전환하며 춤을 춘다. (이동 및 방향 전환을 모두 포함)
- 기본적으로 오른발부터 춤이 시작된다.
- 동일한 음악에 동일한 동작을 한다.
- 한 음악이 끝나는 동안 보통 4회에서 8회 정도 같은 동작을 반복한다.

① ⊙1wall dance : 일련의 동작이 끝났어도 방향이 바뀌지 않고, 항상 똑같은 벽을 향해서 처음부터 춘다.
② ⊖2wall dance : 일련의 동작은 180도 반대 측의 벽을 향해서 끝나게 되어 있고, 다음은 그 벽을 향한 방향에서 시작한다.
③ ◕3wall dance : 일련의 동작을 3개의 벽을 향하여 추도록 동작이 구성되며 90도씩 오른쪽이나 왼쪽 방향 벽을 향해서 끝나는 것으로 되어있고, 다음 동작은 그 벽을 향한 일련의 동작은 90도 오른쪽이나 왼쪽의 벽을 향해서 끝나는 것으로 되어있고, 다음은 그 벽을 향한 방향에서 시작한다.
④ ●4wall dance : 90도씩 방향전환을 하며 한곡의 작품이 끝날 때까지 계속 4개의 wall을 모두 돌면서 춘다.

4) 라인댄스의 장르유형

(1) 릴트(Lilt)

Lilt motion을 사용하는 댄스로서 즐겁고 경쾌하고 쾌활한 곡조(리듬, 가락)에 맞춰 이루어지는 이 장르는 바운싱(bouncing motion)을 이용하는 것으로 자이브(jive), 이스트 코스트 스윙(east cast swing), 폴카(polka), 삼바(samba)등이 여기에 속한다.

(2) 스무스(Smooth)

스무스 장르는 수평적으로 부드럽게 움직이는 것으로 바운싱을 사용하지 않고 플랫(Flat) 모션을 사용하는 댄스로 나이트클럽 투스텝(nightclub two step), 웨스트 코스트 스윙(west coast swing), 허슬(hustle), 탱고(tango)등을 포함하는 일반적인 댄스가 여기에 속한다. 상하의 움직임이 없는 수평적인 움직임에는 상체의 움직임을 요구한다.

(3) 라이즈 앤 폴(Rise & Fall)

라이즈 앤 폴(rise & fall)과 스윙 앤 스웨이(swing & sway)모션을 사용하는 댄스로 파도 물결처럼 다운-업-업(fall-rise-rise)의 움직임을 지닌 형태이다. 왈츠, 비엔나 왈츠, 폭스트롯, 퀵스텝을 포함하는 모션들을 이용한 일반적인 댄스가 여기에 속한다.

(4) 큐반(Cuban)

큐반(cuban)이나 라틴(Latin)모션을 이용한 댄스로 룸바(rumba), 차차(cha cha), 맘보(mambo)를 포함하는 일반적인 댄스이다. 라틴 아메리칸 춤인 룸바(rumba)는 유사하다. 이러한 이유는 모든 춤의 구성요소가 쿠바에서 비롯되었고, 그 뿌리는 Bolero-rumba, danzon, son에서 찾기 때문이다. 큐반 장르는 전진-홀드-전진-홀드로 진행되며, 전체적으로 수평적으로 움직인다. 큐반 장르의 움직임은 무릎과 힙과 배 부분을 적절히 수행해야 한다.

(5) 펑키(Funky)

극적인 hip-hop, jazz, poppin, break dance, cheerleading과 일관되는 footwork과 bodywork을 시범하는 댄스를 말한다. 모든동작이 스타카토로 끊는 듯한 느낌으로 동작이 이루어지며 신체의 부분을 털어내고, 꺾고, 던지고, 돌리고, 뒤집고, 튕기고, 흔드는 느낌의 장르이다.

(6) 노벨티(Novelty)

노벨티는 카테고리에 속하는 리듬과 댄스의 종류는 릴트, 스쿠스, 라이즈 앤 폴, 큐반, 펑키의 카테고리 춤이 모두 해당된다. 단지 다른 춤과 구별되는 특징은 소설, fun, 연극공연을 특정한 곡에 맞추어진 안무로 시범하며, 동작들의 컴비네이션을 지니고 있는 댄스로서 재미있고, 새롭고, 신기하고, 참신하고, 진기한 느낌을 주는 것으로 가장 대중적이어서 남녀노소 쉽게 접할 수 있는 장르이다. 이미 안무된 작품을 중간 중간에 특정한 리듬에 맞춰 창의적인 모션과 동작들을 요구한다.

2. 라인댄스의 기초지식

1) 발의 명칭

2) 기본방향

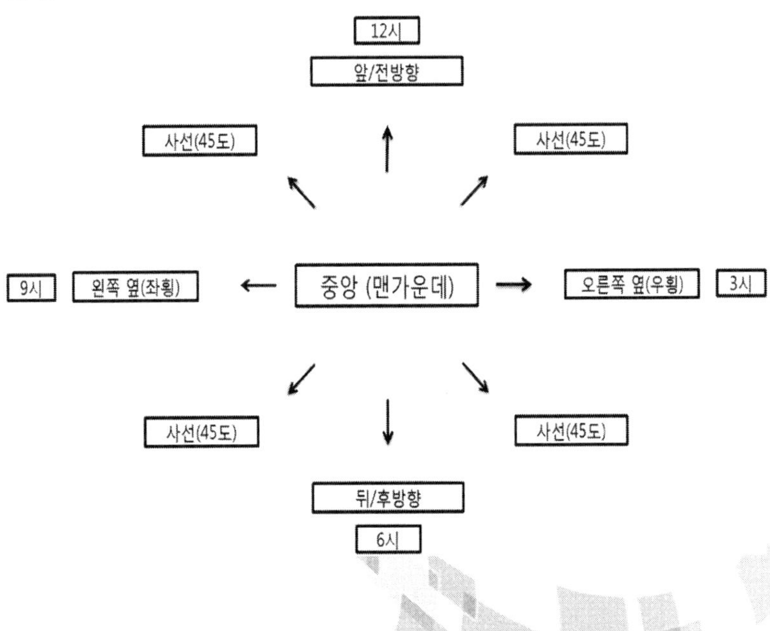

라인댄스 지도시 자신의 위치를 시계바늘의 중심으로 생각하고, 전방을 12시, 오른쪽 옆을 3시, 후방을 6시, 왼쪽 옆을 9시로 표현하여 위치를 설명한다.

3) 기본회전

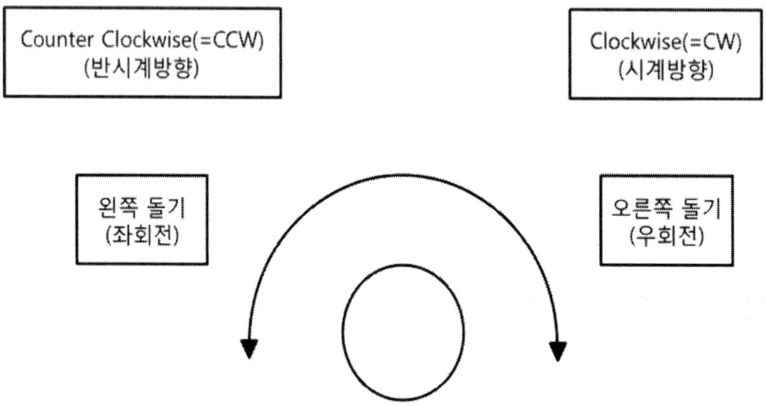

작품에 따라 시계방향으로 턴을 하거나, 반시계방향으로 턴을 하는 작품이 있다. 스텝시트에 작품설명 CCW, CW 는 위와 같이 작품의 회전방향을 말한다.

3. 부록

1) 교수학습자료 1. 라인댄스 기본스텝 용어 및 동영상

번호	기본스텝	용어정리 및 동영상 자료
1	hip bump	"부딪친다"는 의미이며 힙을 전후좌우로 움직이(튕기)는 동작
2	brush	볼로 바닥을 스쳐 올리는 동작.
3	hitch	무릎을 굽혀 당겨 올리는 동작.
4	cha cha	제자리, 앞, 옆, 뒤의 어느 방향이든 가능하며, 오른발 옆으로 스텝(1), 왼발을 오른발 옆에 모으며 스텝(&), 오른발 옆으로 스텝(2), 2count 로 이루어지며 셔플(shuffle)스텝, 트리플(triple)스텝, 샤쎄(chasse)도 같은 형태라 할 수 있다. ▸ 동영상 : http://www.youtube.com/watch?v=FhXoO3QMus8
5	charleston	오른(왼)발을 전, 후, 좌, 우로 무릎을 가볍게 움직이며 발끝이나 뒤꿈치로 찍으며 딛는 동작.
6	coaster step	오른발 앞으로 스텝(1), 왼발을 오른발 옆으로 모으며 스텝(2), 오른발 뒤로 스텝(3).~ 뒤로하는 경우에는 오른발 뒤로 스텝(1), 왼발을 오른발에 모으며 스텝(2), 오른발 앞으로 스텝(3). ▸ 동영상 : http://www.youtube.com/watch?v=0lbVXlr8aJw
7	rock and recover	체중을 왼발에서 오른발 또는 오른발에서 왼발로 옮기는 동작. ▸ 동영상 : http://www.youtube.com/watch?v=Ln4fVGDVMBU
8	conga walk	오른발 스텝(1), 왼발 스텝(2), 오른발 스텝(3), 왼발 옆으로 토로 포인(4).
9	sailor step	오른발을 왼발 뒤로 크로스(1),왼발을 옆으로 스텝(&), 오른발 제자리 스텝(2). 2count로 이루어진 스텝 ~(비하인드 + 사이드 + 사이드) ▸ 동영상 : http://www.youtube.com/watch?v=-accpwdWNzU
10	grapevine	보통 바인스텝 이라고도 하며 오른발 옆으로 스텝(1), 왼발을 오른발 뒤로 크로스(2), 오른발을 옆으로 스텝(3). ~ 반대로 하는 경우는 왼발 사이드 스텝(1), 오른발을 왼발 뒤로 크로스(2), 왼발을 사이드 스텝(3). 보통 4count에는 터치, 킥, 투게더 등등 다른 스텝을 플러스한다. ▸ 동영상 : http://www.youtube.com/watch?v=7GS2CLo7NYw
11	jazz box	오른발을 왼발 앞으로 크로스(1), 왼발 뒤로 스텝(2), 오른발 옆으로 스텝(3), 왼발을 오른발에 모으며 스텝(4). ~ 4count 에서 스텝을 변형하는 경우도 있다.
12	paddle turn	한쪽 발에 체중을 두고 반대쪽 발을 터치나 스텀프 등을 하며 도는 동작.
13	kick-ball-change	오른(왼)발을 앞으로 킥한 후 볼로 딛고 왼(오른)발에 체중을 옮기는 동작. ▸ 동영상 : http://www.youtube.com/watch?v=p6EqQ5nJBP8
14	K step	K모양으로 하는 스텝. 오른발 사선 앞으로 스텝(1), 왼발 오른발 옆에 터치(2), 왼발 뒤로 제자리스텝(3), 오른발 왼발 옆으로 터치(4), 오른발 사선 뒤로 스텝(5), 왼발 오른발 옆으로 터치(6), 왼발 사선 앞으 로 스텝(7), 오른발 왼발옆으로 투게더(8).
15	V step	오른발 비껴 앞으로 스텝(1), 왼발 비껴 앞으로 스텝(2), 오른발 뒤로 제자리 스텝(3), 왼발을 오른발 옆으로 스텝(4) (= Out-Out-In-In)

16	lock step	오른발과 왼발이 앞뒤로 엇갈린 상태로 자물쇠 채우듯 고정 시키는 동작.
17	touch	한쪽 발로 바닥을 찍었다 드는 동작.
18	flick	무릎이나 그 아래 부분을 날렵하게 구부렸다가 발끝을 흔들듯이 움직이는 동작.
19	kick	무릎을 뻗으며 발을 차 올리는 동작.
20	hook	갈고리 모양으로 무릎과 발목을 굽혀 다른 발목에 걸듯이 하는 동작.
21	hully gully	오른발 옆으로 스텝(1), 왼발을 오른발에 모으며 스텝(2), 오른발 옆으로 스텝(3), 왼발을 오른발 옆에 터치(4). (사이드+투게더+사이드+터치).
22	overvine	왼발을 오른발 앞으로 크로스(1), 오른발 옆으로 스텝(2), 왼발을 오른발 뒤로 크로스(3).
23	pivot turn	체중을 한쪽 발에 싣고 회전하는 동작을 말하며 이때 다른 발은 체중을 싣지 않고 앞 또는 뒤에 두고 턴한다.
24	weave	"베를 짜다" "얽히다"라는 의미. 왼발을 오른발 앞에 크로스(1), 오른발을 옆으로 스텝(2), 왼발을 오른발 뒤로 크로스(3), 오른발 옆으로 스텝(4) ~(크로스 + 사이드 + 비하인드 + 사이드) ~4박자 이상의 스텝으로 이루어지는 경우도 있다.
25	stomp	발로 바닥을 세게 구르는 동작.
26	switch step	오른발 힐(토) 터치(1), 오른발 제자리(&), 왼발 힐(토)터치(2),왼발 제자리(&).
27	rocking chair	오른발을 앞으로 락 스텝(1), 왼발 제자리스텝(2), 오른발을 뒤로 락스텝(3), 왼발 제자리 스텝(4). ▸ 동영상 : http://www.youtube.com/watch?v=f7OcGQvpTqs
28	ronde	원을 그리듯이 발을 돌리는 동작. 발이 땅에 닿지않는다.
29	swivel	"비비다"라는 의미로 발바닥으로 바닥을 비비듯 스치며 하는 동작
30	shimmy	어깨 또는 상체를 흔드는 동작.
31	scissor step	오른발을 옆으로 스텝(1), 왼발을 오른발 옆에 모으며 스텝(2), 오른발을 왼발 앞으로 크로스(3), 홀드(4) ~(사이드+투게더+크로스+홀드)
32	together	두발을 나란히 모으는 동작.
33	skate step	발을 비껴 앞으로 슬라이드 하는 스텝.
34	sway	몸을 좌우로 경사지게 하여 흔드는 동작.
35	scuff	뒤꿈치로 바닥을 차며 다리를 들어 올리는 동작
36	tag	박자가 일정한 길이로 진행되다가 어느 부분에서 박자가 길어지거나 변형되면서 동작을 추가 하는 형태.
37	restart	정해진 일정한 박자에 맞춰 동작을 하다가 음악의 길이에 따라 처음 동작부터 다시 시작하는 것.

Tip. 라인댄스 동호회 올댓라인댄스 회원가입 후 로그인

→ 메인메뉴 → 기본스텝 클립 → 40여 가지의 기본스텝 동영상 자료 탑재
→ 동영상자료와 교수학습자료를 활용하여 스텝연습

2) 교수학습자료 2. 라인댄스 step sheet

(1) Hey Boy

ㅇ 안무자 : Ria Vos　　ㅇ 수준 : 초급　　ㅇ 시작 : 오른발

ㅇ 형 식 : 4Wall　　ㅇ 작품길이 : 32박자　　ㅇ 장르 : Novelty

ㅇ 음 악 : Hey boy(by Veona)

카운트	스 탭 설 명
1동작	오른발 웍. 웍 . - 오른발 킥, 볼, 스텝 오른발 포워드 락, 리커버 - 오른쪽 1/2 턴 샤쎄
1-2 3&4 5-6 7&8	오른발 앞으로 웍, 왼발 앞으로 웍, 오른발 킥, 볼, 왼발 스텝 오른발 포워드 락, 왼발 리커버 오른쪽으로 1/2 턴 오른발 샤쎄 (6:00)
2동작	왼발 웍. 웍 - 인발 킥, 볼, 스텝. 왼발 포워드 락, 리커버 - 왼쪽 1/4 턴 샤쎄
1-2 3&4 5-6 7&8	왼발 앞으로 웍, 오른발 앞으로 웍 왼발발 킥, 볼, 오른발 스텝 왼발 포워드 락, 오른발 리커버 왼쪽 왼발 1/4턴 샤쎄 (3:00)
3동작	오른발 크로스. 왼발 포인트 - 왼발 킥앤포인트 재즈박스 1/4 턴 - 샤쎄
1-2 3&4 5-6 7&8	오른발 크로스, 왼발 포인트 왼발 킥 앤 볼, 오른발 포인트 오른발 크로스, 왼발 백 오른쪽 1/4턴 오른발 샤쎄
4동작	왼발 크로스. 포인트 - 오른발 비하인드 포인트. 크로스 왼발 스텝 . 왼쪽 오른발 3/4 패들턴
1-2 3-4, 5 6-7-8	왼발 크로스, 오른발 사이드 포인 오른발 비하인드 포인트, 왼발 크로스 포인트, 왼발 스텝 1/4 턴 씩 패틀 포인트 턴
Tag (Verona only)	3번째 wall에서 3시 방향(16count)
	1-2 오른발 웍, 왼발 웍, 3-4 오른발 포워드 락, 왼발 리커버, 5-6 오른발 백, 왼발 백, 7-8 오른발 백 락, 왼발 리커버
	1-4 오른발 오른쪽 피벗 1/2턴 5-8 오른쪽 왼쪽 쉐이크 혹은 힙 범프

(2) Shawty with U

- ㅇ 안무자 : Dodo Wong & Samantha Yeung　　ㅇ 수준 : 초급
- ㅇ 시작 : 오른발　　ㅇ 형식 : 1Wall　　ㅇ 작품길이 : 32박자
- ㅇ 음악 : Mistletoe (by Justin Bieber)　　ㅇ 장르 : cuban

  Intro: 4 counts - Start on Vocal

카운트	스 텝 설 명
1동작	오른쪽 사이드 맘보 스텝 - 왼쪽 사이드 맘보 스텝 포워드 맘보 - 백워드 맘보
1&2 3&4 5&6 7&8	오른발 오른쪽 사이드 맘보스텝 왼발 왼쪽 사이드 맘보스텝 오른발 포워드 맘보스텝 왼발 포워드 맘보스텝
2동작	런어라운드 왼쪽 1/2턴 왼쪽 패들턴 1/2턴(오른발 4회 터치, 히치)
1&2 3&4 5-8	오른발 왼쪽1/4턴 런 어라운드(9시) 왼발 왼쪽1/4턴 (6시) 왼발 중심축 왼쪽 1/2 턴 오른발 패들 4회 턴(12시)
3동작	오른발 크로스 토 스트럿, 사이드 토 스트럿- 락 앤 리커버 왼발 크로스 토 스트럿, 사이드 토 스트럿- 락 앤 리커버
1&2& 3&4 5&6& 7&8	오른발 크로스 토 스트럿, 왼발 사이드 토 스트럿 오른발 락 스텝, 왼발 리커버 스텝, 오른발 사이드 스텝(슬라이드) 왼발 크로스 토 스트럿, 오른발 사이드 토 스트럿 왼발 락 스텝, 왼발 리커버 스텝, 오른발 사이드 스텝(슬라이드)
4동작	오른발 포워드 터치(힙 범프) - 왼발 포워드 토스트럿(힙 범프) 오른발 포워드 락 리커버, 왼발 히치- 왼발 백 투게더
1&2 3&4 5&6& 7&8	오른발 포워드 토 터치(힙 범프), 왼발 투게더 왼발 포워드 토 터치(힙 범프), 오른발 투게더 오른발 포워드 락, 왼발 리커버, 오른발 백 락, 왼발 히치 왼발 백, 오른발 백, 왼발 백

(3) Disco Beat

○ 안무자 : Winnie Yu ○ 수준 : 초급 ○ 시작 : 왼발

○ 형식 : 2Wall, Hop Pop ○ 작품길이 : 32박자 ○ 장르 : Funky

○ 음악 : Sexy Back (by Justin Timberlake)
Break your heart (by Taio Qruiz)

카운트	스탭설명
1동작	왼발 사이드스텝. 터치-오른발 사이드스텝. 터치 사이드스텝. 터치-사이드스텝. 터치
1-2 3-4 5-6 7-8 옵션	왼발 옆으로 스텝, 왼발 옆에 오른발 터치(3시) 오른발 옆으로 스텝, 오른발 옆에 왼발 터치(상체 왼쪽 1/4턴) 왼발 옆으로 스텝, 왼발 옆에 오른발 터치(3시) 오른발 옆으로 스텝, 오른발 옆에 왼발 터치(상체 왼쪽 1/4턴) 4박자와 8박자에 오른손 스냅
2동작	사이드스텝. 투게더-사이드스텝. 터치 왼쪽 1/4턴 사이드스텝. 투게더-사이드스텝. 터치
1-2 3-4 5-6 7-8	왼발 옆으로 스텝, 왼발 옆에 오른발 투게더스텝 왼발 옆으로 스텝, 왼발 옆에 오른발 터치 왼쪽으로 1/4턴하며 오른발 옆으로 스텝, 오른발 옆에 왼발 스텝 오른발 옆으로 스텝, 오른발 옆에 왼발 터치
3동작	왼발 힐. 토-빅 사이드스텝, 터치 오른발 힐. 토-빅 사이드스텝, 터치
1-2 3-4 5-6 7-8	왼발 앞으로 힐 터치, 왼발 뒤로 토 터치 (또는 오른발 옆에 왼발 터치) 왼발 크게 옆으로 스텝, 왼발 옆에 오른발 터치 오른발 앞으로 힐 터치, 오른발 뒤로 토 터치 (또는 왼발 옆에 오른발 터치) 오른발 크게 옆으로 스텝, 오른발 옆에 왼발 터치
4동작	크로스 락. 리커버. 사이드-크로스 락. 리커버. 사이드 재즈박스 왼쪽 1/4턴 . 포워드 스텝
1&2 3&4 5-6 7-8	오른발 앞에 왼발 크로스 락, 오른발 리커버, 왼발 옆으로 스텝 왼발 앞에 오른발 크로스 락, 왼발 리커버, 오른발 옆으로 스텝 오른발 앞에 왼발 크로스, 왼쪽 1/4턴하며 오른발 뒤로 스텝(9시) 왼발 옆으로 스텝, 오른발 앞으로 스텝

(4) Mambo Rock

- 안무자 : Angels H Guix　　○ 수준 : 초급/고급　　○ 시작 : 오른발
- 형　식 : 2Wall　　○ 작품길이 : 64박자
- 음　악 : Hey Mambo! by Les Forbans.

카운트	스 텝 설 명
1동작	오른발 포워드 토 스트럿
1-2-3-4 5-6-7-8	오른발 토 스트럿, 왼발 토 스트럿 오른발 토 스트럿, 왼발 토 스트럿
2동작	포워드 맘보 - 사이드 맘보
1-2-3-4 5-6-7-8	오른발 포워드 맘보, 터치 (스텝, 투게더) 오른쪽 사이드 맘보, 투게더
3동작	왼발 포워드 토 스트럿
1-2-3-4 5-6-7-8	왼발 토 스트럿, 오른발 토 스트럿 왼발 토 스트럿, 오른발 토 스트럿
4동작	포워드 맘보 - 사이드 맘보
1-2-3-4 5-6-7-8	왼발 포워드 맘보, 오른발 터치 (스텝, 투게더) 왼발 사이드 맘보,　터치
5동작	오른쪽 샤쎄 - 백 락 스텝　왼발 샤쎄 - 왼쪽 하프턴 (3시)
1&2-3-4 5&6-7-8	오른쪽 오른발 샤쎄, 왼발 백 락 스텝 왼발 왼쪽 샤쎄, 왼쪽 오른발 하프턴 (3시)
6동작	포워드 킥 스텝 (4회)
1-2-3-4 5-6-7-8	오른발 킥스텝, 왼발 킥스텝 오른발 킥스텝. 왼발 킥스텝
7동작	오른쪽 바인스텝 - 터치 - 왼쪽 바인스텝 -홀드
1-2-3-4 5-6-7-8	오른쪽 오른발 바인스텝, 터치 왼쪽 왼발 바인스텝, 홀드
8동작	오른발 왼쪽 하프턴 - 오른발 포워드 스텝 - 스텝. 스텝. 스텝
1-2-3(4) 5-6-7(8)	왼쪽 오른발 하프턴, 오른발 포워드 스텝(홀드) 왼발 제자리스텝, (홀드)

(5) September

o 안무자 : Karen Tripp(Canada) Dec 2012　o 수준 : 초급　o 시작 : 오른발
o 형 식 : 2Wall　o 작품길이 : 40박자
o 음악 : "September in the Rain" by Rod Stewart

카운트	스 텝 설 명
1동작	오른발 포워드 셔플 - 락 스텝 - 왼발 백워드 셔플 - 락 스텝
1&2 - 3-4 5&6 - 7-8	오른발 포워드 셔플, 왼발 포워드 락 스텝 (락-리커버) 왼발 백워드 셔플, 오른발 락 스텝 (락-리커버)
2동작	오른발 포워드 셔플 - 락 스텝 - 왼발 백워드 셔플 - 락 스텝
1&2 - 3-4 5&6 - 7-8	오른발 포워드 셔플, 왼발 포워드 락 스텝 (락-리커버) 왼발 백워드 셔플, 오른발 락 스텝 (락-리커버)
3동작	오른발 피벗 하프 턴 × 2 오른발 킥볼 체인지- 킥볼 체인지
1-2 - 3-4 5&6 - 7&8	왼쪽 오른발 피벗 하프턴 × 2 오른발 킥, 볼, 왼발 사이드 - 왼발 킥, 볼, 오른발 사이드
4동작	힙 스웨이 - 오른발 세일러 스텝- 왼발 세일러스텝
1-2-3-4 5&6 - 7&8	힙 스웨이 (4회) (다른 동작 play 가능) 오른발 세일러 스텝, 왼발 세일러스텝
5동작	세일러 스텝 × 2 - 힐, 스텝, 힐(토), 스텝 - 오른발 피벗쿼터 턴
1&2 - 3&4 5&6 -7-8	오른발 세일러 스텝, 왼발 세일러 스텝 힐, 스텝, 힐(토), 스텝, 오른발 왼쪽 피벗 쿼터 턴

3) 교수학습자료 3 : 라인댄스 관련 서적, 인터넷 사이트 소개

(1) 라인댄스 대회 정보

① 학교스포츠 클럽 대회 : 자율종목 - 창작댄스부문
② 백제 창작무용경연대회: 백제문화제 홈페이지(www.baekje.org) - 알림마당 - 새소식에서 다운받아 사용
③ 전남연합회장배 전국 댄스스포츠 대회
④ 삼육대학교 총장배 전국무용경연대회
⑤ 예술마루 (http://artmaru.or.kr/main.asp) : 전국 무용, 댄스대회 정보 탑재
⑥ 생활체조대회경연대회 (지역별로 수시 개최) : 연초 전년도 대회시기를 파악하여 당해연도 학사력을 참고하여 가능한 지역 대회를 선정하여 신청하도록 한다.
⑦ 구리시 라인댄스 우수동아리 경연대회
⑧ 박민채 라인댄스 대회
⑨ 강남구 생활체육 프로그램 경연대회
⑩ 각 협회별 회장배 라인댄스 대회, 국제대회 개최 (협회 사이트에서 대회일정 확인가능)

(2) 동영상 강좌 검색방법

① youtube 검색 키워드
: 라인댄스 동영상 강좌, line dance, 작품명(영어로 검색) + line dance

② 동호회 사이트
: 회원가입 후 무료특강 이용가능, 동영상 자료
Ⓐ 올댓 라인댄스 http://cafe.daum.net/allthatlinedance
Ⓑ 시크릿 라인댄스 http://cafe.daum.net/oplinedance?t__nil_cafemy=item
Ⓒ 정미영의 라인댄스 http://cafe.daum.net/line.dance
Ⓓ 대한 컨트리 라인댄스 동호회 http://cafe.daum.net/real-Dance/
Ⓔ 한국 라인댄스동호회 http://cafe.daum.net/KoLDA2012

③ 협회 소개
: (사)대한라인댄스협회 www.linedance.or.kr
(사)한국라인댄스협회 http://www.linedance.kr/
(사)한국컨트리 라인댄스 협회 http://countrydance.co.kr/

(3) 학생 라인댄스 연습, 수업, 작품, 대회 영상자료

① http://pann.nate.com/video/218189177 : 2011년 서울 국제 라인댄스 대회 학생부 1위
② http://www.youtube.com/watch?v=cc7XDaDHmTA : 수완중 수련활동 중 라인댄스
③ http://www.youtube.com/watch?v=-6RIckbDIdo : 롯데월드 플래시몹- 축제문화
④ http://www.youtube.com/watch?v=mSdDZYG1PpU : 유락여중 수업동영상
⑤ http://www.youtube.com/watch?v=ZlzmsQkLAkM : 인천 고잔고 교내체육대회 발표회
⑥ http://www.youtube.com/watch?v=lyWBzFqwYO0 : 외국 고등학교 수업현장

(4) 참고문헌

① 라인댄스(김영환 외 4인). (사) 대한라인댄스협회. 대한미디어
② 라인댄스의 이론과 실제 1, 2 (마정순). (사) 한국라인댄스협회.

4) 교수학습자료 4 : Dance Festival & Competition 관련 정보

(학교에서 대회 준비시 필요한 준비사항)

준비 사항	인터넷 사이트	사진자료
1. 의상	http://www.thehansom.com/home/ 한솜 : 컨셉별 의상 대여 : 라인댄스는 카우보이스타일로 웨스턴 부츠와 카우보이모자, 조끼 등을 입는 것이 전형적이나 각 장르에 맞게 춤의 특징을 살릴 수 있는 의상을 입는 것이 좋다. 라인댄스 영상을 보고 스타일을 파악하면 쉽다. 댄스의상 로드샵 : 동대문 신평화시장 지하	
2. 신발	http://www.lano.co.kr/ 라노 댄스화 http://www.dancenara.co.kr/index.php 댄스나라 : 재즈댄스화 구입	
3. 응원 도구	검색창: 응원도구 만들기, 응원도구 구매 http://www.happyday.kr/shop/shopbrand.html?xcode=079&type=X&gclid=COCFyLm2gLwCFWIC4godB0YAAw	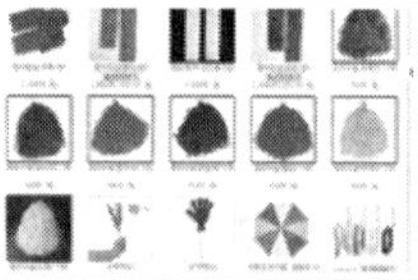
4. 단체 티셔츠, 각종 응원소품	검색창 : 반티, 단체티 등으로 검색 http://www.bant114.com/sub/sub06.asp 반티 114 사이트에서 셋트로 응원소품도 함께 판매함.	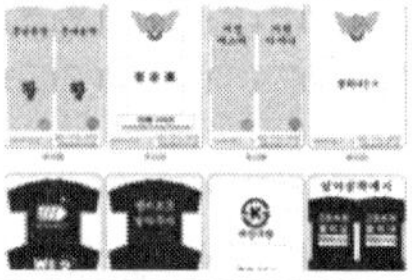
5. 라인댄스 음악 검색 및 저장방법	음악검색사이트 (올레뮤직, 벅스뮤직, 네이버 뮤직)에서 작품에 사용된 곡명을 검색하여 MP3에 다운받아 사용한다. 음악을 편집하여 사용하기도 한다.	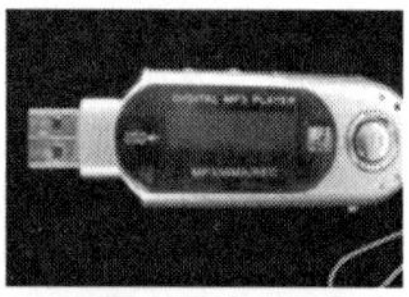
6. 무대 꾸미기	무대 조명 업체에 위탁하거나 풍선을 장식하거나 팀 홍보물을 벽에 부착하는 등 축제분위기를 위해 여러 가지 소품을 이용하여 꾸민다. 학생 자치의 소품팀을 구성하여 아이디어 회의를 하여 운영 가능함.	
7. 시상 준비	시상품, 상장 등과 같은 시상용품을 자체적인 회의를 통하여 예산을 확보하는 방안을 마련하고, 지도교사의 협조하에 준비하도록 한다.	

5) 교수학습자료5 : 댄스 대회 신청서

『2014 00중 "댄스 Competition" 신청자 명단』

No	팀 명	인원	팀 대표	대표 연락처	동아리 소개 (공연 전 팀 소개부분)
1					
2					
3					
4					
5					

6) 교수학습자료 6 : 라인댄스 대회 운영 계획서

제 1 회 ○○ 중학교 댄스 경연대회

Ⅰ. 추진방향

- 교내의 우수한 댄스 동아리들이 참여해 학교스포츠클럽활동의 성과를 전 학생과 교사가 공유할 수 있는 발표의 장 마련
- 학급내에서 팀별, 학교내, 외 에서의 클럽별 생애단계별 무대 경연을 통해 전교생이 참여하고 즐기는 댄스 축제 추진

Ⅱ. 세부계획

1. ○○ 중학교 학교스포츠클럽 댄스반 동아리 경연대회

❑ 개 요

○ 기 간 : 2014. .

○ 무대공연 분야 및 장소

구 분(예)	종 목	장 소	비 고
방송댄스1		체육관, 운동장	
커플댄스			
라인댄스			
방송댄스 2			

※ 운영 기간 및 장소는 프로그램 접수결과에 따라 변경될 수 있음.

○ 대 상 : 5개 교내 댄스 동아리

❑ 추진계획

○ 무대시설, 음향, 조명은 기본 제공

○ 공연에 필요한 소품 및 기타 장비는 자체 준비

○ 무대 공연 소요 시간 : 팀별 10분 이내

○ 공연 순서 추첨 :

❍ 심사 및 시상
- 일　　시 : 2014.　.　(　) ~
- 결과발표 : 2014. 10. 20(　)
- 시　　상 : 2014. 10. 20(　)

2. 심사 및 시상

❑ 심　사

❍ 심사위원 :

❍ 심사기준 사전 제시 :

❍ 심사위원 간 협의를 통한 입상자 선정

❑ 시　상

❍ 대　　상 :
- 시상금 :
- 표　창 :

❍ 인 기 상 :

Ⅲ. 협조사항

동아리 경연 참가 신청서 제출 : 2014.　.　(　)까지

7) 교수학습자료 7. 라인댄스 Festival 운영계획서

라인댄스 festival 운영계획			
일시		장소	
참가팀			
사회자			
개막식			
페스티발 진행 순서			
폐막식			

Tip. 지도교사와 학생이 대회 전반에 관한 컨셉 및 운영 회의를 통해 전체적인 대회 운영의 틀을 계획한 후 구체적은 시안을 작성해보도록 한다.

8) 학생용 학습활동지 1. 라인댄스 창작 step sheet

작품명(창작)

ㅇ 안무자 : 조원이름 ㅇ 수준 : 초급 음악 : 곡이름 (by 가수)

ㅇ 시작 : ㅇ 형식 : ( )Wall ㅇ 작품길이 : ( )박자

카운트	스 탭 설 명
1동작	
1&2 3&4 5&6 7&8	
2동작	
3동작	
4동작	

9) 학생용 학습활동지 2 : 라인댄스 기본스텝 동영상

차시	작품명	기본 스텝 4가지
4차시	Hey Boy	① 킥-볼-스텝 ② 재즈박스 ③ 패들 턴 ④ 락 앤 1/2턴 샤쎄
5차시	Shawty with you	① 맘보스텝 ② 패들 턴 ③ 토 스트럿 ④ 힙 범프
6차시	Disco beat	① 스텝 터치 ② 힐&토 슬라이드 ③ 왼발재즈박스 1/4 턴 ④ 크로스 락 스텝

기본스텝 동영상 파일 참고!

10) 학생용 학습활동지 2 : 라인댄스 기본스텝 순서 익히기

(월. 일) 본시 학습 작품명 :	
1동작	
2동작	
3동작	
4동작	

11) 학생용 학습활동지 3 : 라인댄스 수업 소감문

소 감 문 학년 반 번 이름

12) 학생용 학습활동지 4 : 라인댄스반 학생 협의회 회의록

<table>
<tr><td colspan="4">학생 협의회 협의록
(스포츠클럽 운영의 경우)</td></tr>
<tr><td>일 시</td><td></td><td>장 소</td><td></td></tr>
<tr><td>참 석 자</td><td colspan="3"></td></tr>
<tr><td>협의주제</td><td colspan="3">예) 학교스포츠클럽 활동 계획서
학교스포츠클럽 활동 평가회</td></tr>
<tr><td>협의내용</td><td colspan="3"></td></tr>
</table>

뉴스포츠 종목별 해설

한 궁

HANGUNG

Korea Hands Archery

1. 개요

1) 한궁 이란

한궁 : 한궁 (韓弓, HANGUNG), Korean Hands Archery, (미) Hands Archery 한궁은 한궁핀을 양궁형 표적판에 왼손, 오른손 스트레칭 방식으로 투구하여 높은 점수로 승부를 내는 대한민국의 대표적인 창시형 전통 종목이다.

한궁창시자 허광(대한민국. Kwang Hu, 1962년~)에 의해 한국에서 탄생한 한궁은 양손운동을 통해 좌, 우 집중력과 팔의 유연성 및 근력을 키우고 신체의 좌우 평형성을 증진시키는 생활체육이다.

한궁은 전통놀이인 투호와 전통종목인 궁도, 그리고 서양의 양궁과 다트의 장점을 안전한 한궁핀과 자동점수합산 되는 IT기술을 접목시킨 생활체육이다.

한궁은 안전한 자석식 한궁핀을 점수가 자동 합산되어 나오는 한궁 표적판(1~10점)에 왼손으로 5회, 오른손으로 5회 투구하여 양손 합산점수를 비교하여 승패를 가리는 생활체육 종목이다.

한궁은 자연스럽게 양 손(왼손, 오른손) 및 양 뇌(좌뇌, 우뇌)집중력 향상 운동으로 신체의 균형발달과 EQ발달, 학습 및 운동 집중력향상을 통해 50대 이후 퇴행성질병(어깨 결림, 오십견, 치매)을 예방, 환자의 재활에 도움을 주는 신개념의 뉴스포츠이다.

한궁은 남녀노소, 장애인, 고령자가 쉽게 배울 수 있고, 언제 어디서나 할 수 있는 스포츠로서 계층 간, 지역 간, 가족 간, 세대 간에도 다 같이 즐길 수 있고, 질병예방 및 재활운동으로도 적합하다.

한궁은 한궁대회를 통해 창시형 생활체육종목으로 정착하고 있고, 세계적인 생활체육종목으로 성장하고 있다. 한궁은 유소년, 여성, 학교체육, 노인과 장애인이 안전하고 함께할 수 있는 참여형 스포츠로 적합하여 진정한 생활체육으로 인정받아 3세대 가족스포츠로 급속히 보급되고 있다. 한궁은 양궁 점수체계로 되어 누구나 쉽게 배울 수 있고, 안전하고 몸에 무리가 가지 않으며, 투구 점수가 자동으로 계산 되는 세계유일의 안전한 IT생활체육이다.

한궁은 남녀노소, 장애인 모두가 언제 어디서나 인원에 제한이 없이 할 수 있는 운동으로 가정과 사회의 건강과 행복한 삶을 추구하는 스포츠이다.

2) 한궁의 탄생

한궁은 한국전통종목인 투호, 궁도 그리고 서양의 타겟 스포츠종목인 다트, 양궁의 장점을 융합하여 한국 고유의 IT기술과 안전한 한궁핀을 접목하여 SPORT FOR ALL, 진정한 생활체육인 "안전하고 언제 어디서 누구나 다함께 할 수 있는 스포츠"에 적합한 경기규정을 만들어 탄생한 스포츠이다.

한궁은 세계 생활체육의 범위를 노인, 장애인, 어린이, 여성으로 확장하는 중요한 역할을 하는 생활스포츠 종목이 될 것이다.

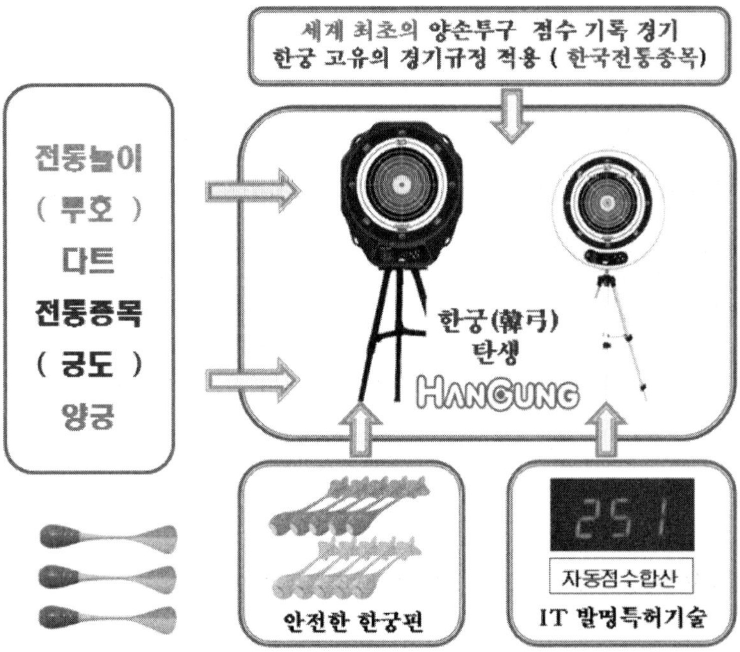

2. 한궁의 기본

1) 한궁보드(Hangung Board)

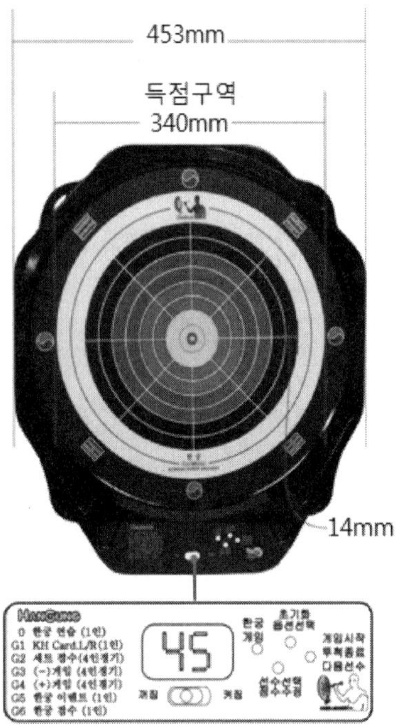

한궁보드는 양궁 표적판을 채택하여 친근하고, 1~10의 점수체계를 가져 고도의 집중력을 요하게 한다.

한궁 표적판에 8개의 선을 넣어 투구의 위치와 방향을 정확히 알게하여 선수들의 투구자세 교정과 힘의 조절을 인지하도록 하고 집중력을 높여 경기력을 향상 시킬 수 있다.

한궁보드는 발명특허인 다중 충격 접점 인식기술과, 자동점수합산이라는 IT기술을 접목시킨 21세기형 스포츠용품이다. 여러 가지 게임모드를 지원하여 다양한 한궁 게임을 즐길 수 있다.

한궁보드는 한궁표적판에 직경 340mm의 득점구역과 453mm 크기의 한궁보드 케이스 점수표시판, 전원스위치, 기능버튼으로 이루어져있고, 1.5V AA배터리 3개로 구동 된다.

2) 한궁점수체계(Hangung Scoring system)

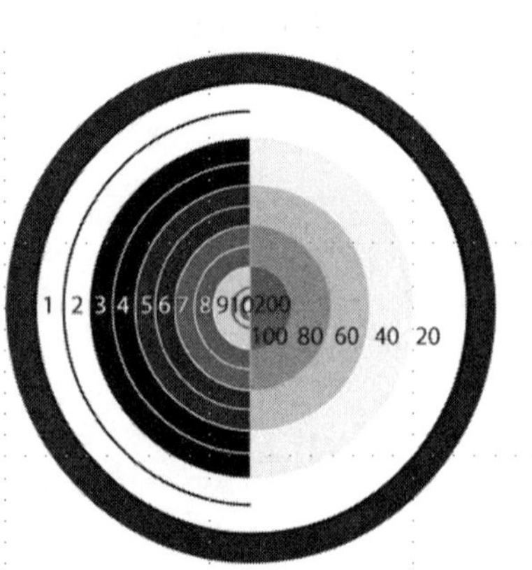

한궁표적판은 득점구역의 직경이 340mm이고, 각각의 점수영역은 14mm이다. 점수는 1~10점으로 구성되어있고 바깥쪽부터 흰색라인 1점과 2점, 검정색라인 3점과 4점, 파란색라인 5점과 6점, 빨간색라인 7점과 8점, 노란색라인 9점과 10점으로 배열이 되어있다.

3) 한궁 전용받침대

한궁 전용받침대는 접이식 삼각받침대 방식을 채택하여 설치와 해체가 쉽도록 되어있고 알루미늄을 사용하여 무게가 가벼워 이동하기 쉽도록 구성되어있다. 이 받침대는 한궁보드를 위, 아래 양쪽에서 견고하게 고정하고, 설치 후 자연스럽게 20도 각도로 한궁보드가 설치되도록 되어있다. 한궁 전용 받침대는 내 충격성이 좋은 ABS수지, 폴리카보네이트와 알루미늄을 사용하여 무게가 가벼우면서도 튼튼한 구조를 이루고 있다.

정식 한궁대회 규격에 맞는 크기를 채택하고 있으며, 보관 시에는 접어서 보관한다. 규격은 펼쳤을 때 1700mm, 접었을 때 630mm이며, 접을 경우, 한궁 가방에 보드와 함께 넣을 수 있다.

접었을때의 모습　　옆모습　　한궁보드 설치 모습　　펼친 전면 모습

4) 한궁핀과 한궁핀 케이스

(1) 한궁핀 (Hangung pin)

한궁핀은 계단식으로 된 둥근자석이 분리된 한궁핀 헤드 속에 넣고 초음파 접착하여 자석이 한궁핀과 분리되지 않는 구조로 되어 있고 날개부분은 부드러운 재질로 만들어져 깨지지 않도록 만들어진 안전한 한궁핀이다.

이것은 발명특허제품으로 대한한궁협회의 공인인증제품이다. 한궁핀의 부착면 모서리는 둥근 모양으로 되어 한궁핀이 한궁타겟에 투구 시 찍힘을 최소화 하도록 되어 있다. 자석으로 부착되는 직경은 8mm이고 무게는 4g정도 이고, 날개는 4개로 이루어져있다.

한궁핀의 길이는 80~90mm로 만들어 진다. 공인인증 제품은 남녀노소 다 같이 사용할 수 있는 81mm길이로 되어있다. 아래형상은 아시아, 미주 지역 한궁핀이고, 유럽형은 한궁헤드 직경이 20mm이다.

아시아, 미국용

유럽용

2) 한궁핀 케이스 (Hangung pin Case)

한궁핀 케이스는 손목에 착용하여 사용하는 것으로 한궁핀 5개를 넣어 두는 곳으로 한궁 핀의 앞 부분이 자석으로 되어 있어 한궁핀이 서로 달라 붙는 것을 막을 수 있고 특히 대회에 참가하는 선수들은 필수로 손목에 케이스를 착용한다.

5) 한궁 거리판, 한궁가방

(1) 한궁 거리판 (Meter Sheet)

한궁 거리판은 한궁보드의 삼각받침대 앞다리 연결선에 경기 경기 종목별 거리에 해당하는 3.0m, 2.5m, 2m, 1.5m에 해당하는 한궁 거리판을 설치하여 한궁 대회를 진행한다.

이 거리판은 물에 젖거나 이물질이 묻지 않기 위하여 PET재질로 되어있으며 인쇄 후 비닐 코팅을 하여 인쇄가 지워지지 않도록 만들어져 있다.

크기는 40㎝×3m(선 중심 거리)로 되어 있고, 50㎝간격으로 기준선이 되어있다.

(2) 한궁가방 (Hangung Bag)

한궁가방은 한궁보드 및 한궁전용 받침대, 한궁핀, 한궁거리판 등을 담아 보관하고, 이동할 때 사용하는 한궁 전용가방으로 손으로 들고 다닐 수 있도록 되어있다.

가방 표면은 쿠션재가 부착되어 한궁용품 보호를 할 수 있도록 되어있다. 한궁가방의 크기는 630×480×15㎜이다. 이는 한궁대회를 야외에서 하거나 한궁 이벤트 및 행사 시에 매우 유용하다.

3. 한궁 투구방법

1) 한궁보드 설치높이 및 투구거리(Height and Distance)

설치높이는 한궁전용 삼각받침대의 앞다리 전면 바닥 면으로 부터 한궁보드의 중심부까지의 높이를 말하며, 투구거리는 선수의 발 앞쪽 기준선부터 한궁 받침대의 앞쪽 스탠드까지의 거리를 말한다. 설치높이와 투구거리는 선수의 성별, 나이, 신체조건 등에 따라 다르게 설정하여 경기를 진행한다.

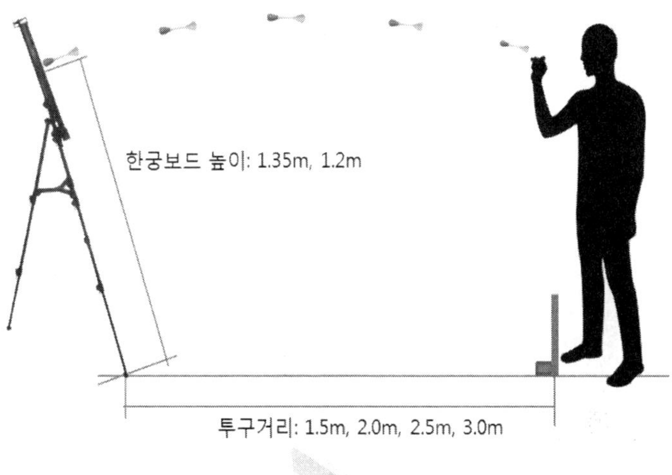

대회 규정 한궁보드 높이	
부별	높이
유치부, 초등부 휠체어 장애인	1.2m
중등부, 고등부 대학부, 일반부	1.35m

대회 규정 한궁핀 투구거리	
부별	거리
유치부	1.5m
초등부	2.0m
여성부, 노인부	2.5m
일반부	3.0m

2) 오른손 쥐기

한궁 핀을 오른손2개, 3개, 4개의 손가락으로 앞 부분 둥근 모양의 몸통을 쥔다. 한궁 개개인에게 적합한 쥐기를 선택하면 된다. 일반적으로 3손가락 쥐기를 많은 선수들이 선호한다.

2손가락 쥐기

3손가락 쥐기

4손가락 쥐기

3) 왼손쥐기

한궁 핀을 왼손 2개, 3개, 4개의 손가락으로 앞 부분 둥근 모양의 몸통을 쥔다.한궁 개개인에게 적합한 쥐기를 선택하면 된다. 일반적으로 3손가락 쥐기를 많은 선수들이 선호한다.

2손가락 쥐기

3손가락 쥐기

4손가락 쥐기

4) 투구자세 (중간형,정면형, 측면형, 중간형)

*투구의 준비자세는 투구자세에 상관없이 표적-한궁핀-눈이 일직선 상에 놓여야 한다.

(1) 중간형

중간투구자세는 가장기본적인 자세이고 투구시 가장 안정된 자세이고 권장하는 자세이다. 이 자세는 몸을 45도 내외의 각도로 서고 양 발을 어깨넓이로 벌리고 투구하는 손을 눈 앞에서 조준을 하고 편안함을 최대로 자세를 취한다. 이 자세의 장점은 투구준비 자세 시 표적, 한궁핀, 눈이 일직선상에 있다가 팔을 당겨 투구 시에도 자세가 흐트러지지 않아 타점이 일정하게 된다.

(2) 정면형

정면투구자세는 양 발을 어깨 넓이로 벌리고 투구하는 손을 눈 앞으로 놓고 반대 손은 자연스럽게 하고 자기 자세에 맞추어 편안하게 한다. 이 자세는 중간형이나

측면형 투구자세로 하기에 어려움이 있거나 다리가 불편한 노인들이 이 자세를 많이 선호한다. 이유는 다리를 살짝 구부렸다 펴면서 그 반동으로 한궁핀을 수월하게 던질 수 있기 때문이다.

이 자세의 단점은 투구준비 자세시 표적, 한궁핀, 눈이 일직선상에 있다가 팔을 당길 때 핀이 어깨 쪽으로 이동되어 투구시 자세가 흐트러지는 단점이 있다. 3m이상의 한궁 대회에는 이 자세가 적합하지 않다.

(3) 측면형

측면투구자세는 90도 각도, 측면자세로 양 발을 어깨넓이로 투구하는 손은 눈 앞에서 조준을 하고 편안한 자세를 유지한다. 어려운 자세이나 전문프로의 경우 이 자세를 취하는 경우가 있다. 이 자세는 몸의 반동을 전혀 활용할 수 없음으로 팔의 근력이 좋은 젊은 사람에게 권한다.

5) 장애인 투구자세 (정면형, 측면형, 중간형)

(1) 정면형

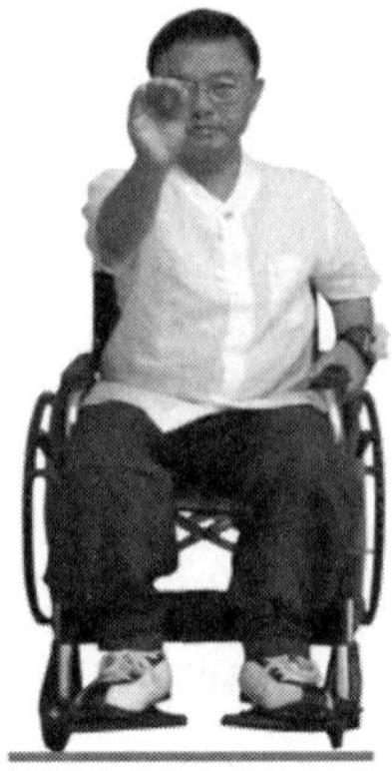

휠체어를 탄 상태에서 한궁보드를 정면으로 바라본 상태에서 투구한다. 이때 휠체어의 발 받침대 위의 발끝이 기준선을 넘지 않아야 한다.

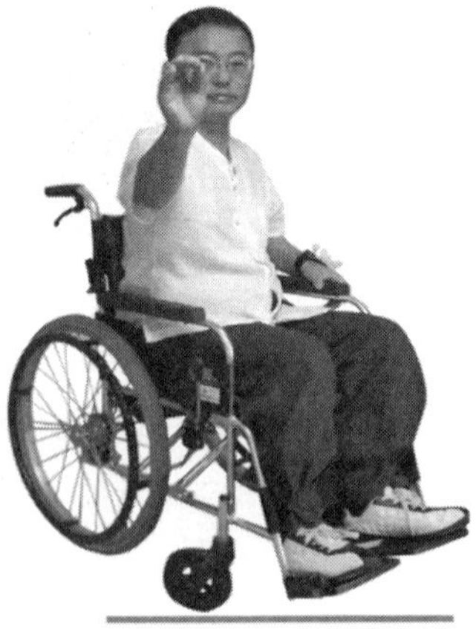

(2) 중간형

기준선을 기준으로 45도 각도로 몸을 튼 상태에서 투구한다. 이때 발이나 휠체어의 앞 바퀴가 기준선을 넘지 않아야 한다.

(3) 측면형

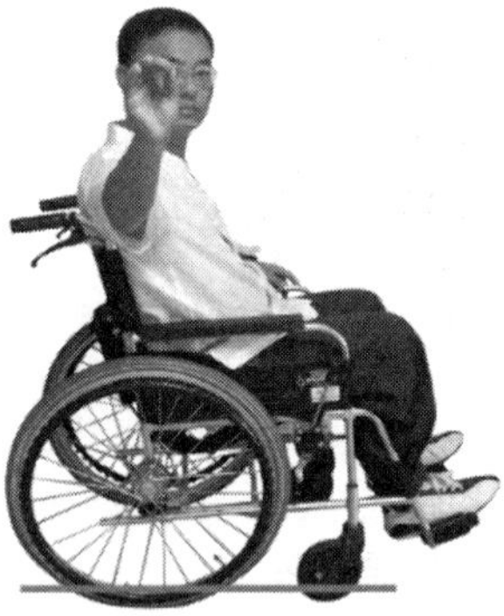

선수의 옆면과 한궁보드가 일직선 상에 놓인 위치에서 투구한다. 이때 휠체어의 한쪽 바퀴가 기준선을 넘지 않아야 한다.

* 자세에 관계없이, 투구하기 전에 휠체어의 바퀴를 고정하여 투구 시 휠체어가 움직이지 않도록 한다.

6) 한궁투구 순서

(1) 투구자세 결정

투구자세는 자신의 신체조건에 가장 적합한 자세에 맞추어 중간형, 측면형, 정면형 투구 자세를 한 가지만을 선택한다.

(2) 조준, 준비, 시작

조준: 팔을 펴서 한궁보드 중심과 한궁핀, 눈을 일직선상에 놓는다.
준비: 조준된 상태에서 한궁핀을 눈앞으로 천천히 잡아당긴다.
시작: 눈 앞으로 온 상태에서 바로 팔을 한궁보드 중심으로 쭉 펴며 투구한다.

조 준　　준 비　　시 작

(3) 점수확인, 기록

한궁핀을 5회 투구하면 선수는 점수를 확인하러 한궁보드 앞으로 오면 심판이 점수를 불러주고 선수가 확인한 후 심판은 점수를 점수기록표에 기록을 한다.

(4) 한궁핀 회수

한궁 선수는 한궁핀을 오른손 5회 투구 후 한궁보드 앞으로 가서 점수를 확인 한 후 한궁보드에 부착되거나 바닥에 떨어져있는 한궁핀을 회수하고 처음 위치로 선다. 그런 후 왼손으로 5회 투구 후 동일한 방법으로 한궁핀을 회수한다.

(5) 투구완료, 점수확인

한궁선수는 투구 완료 후 총 점수를 확인 후 대기 장소로 이동한다.

7) 잘못된 투구방법

손을 뒤로 젖혀 야구공 던지듯이
투구하는 경우

기준선을 밟고
투구하는 경우

투구 전에 뒷발을 드는 경우

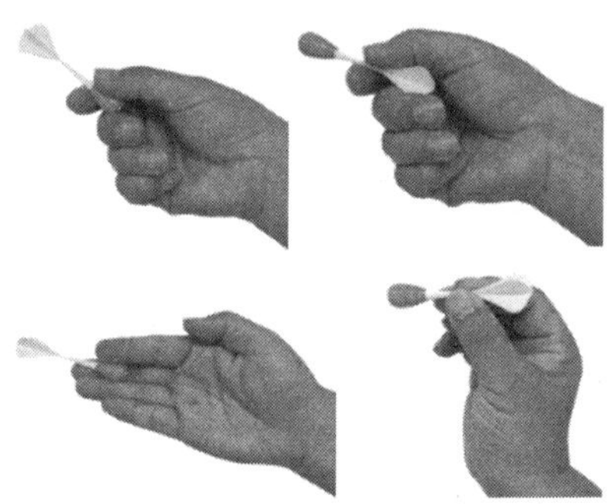

잘못된 쥐기 방법을 이용하여
투구하는 경우

4. 한궁경기장 설치

1) 한궁 2세트설치

인원 30여명되는 경로당이나 복지관에 설치하여 한궁 연습용으로 사용한다. 이는 가정이나 유치원, 회사 등에 설치하여 한궁을 즐기며 한궁 게임을 통해 친목을 도모하는데 적합하다.

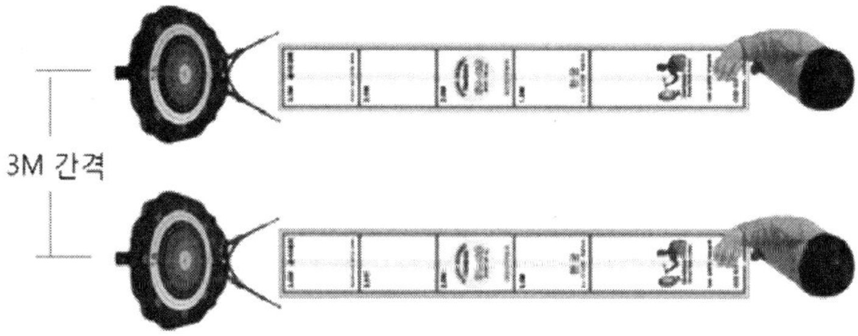

2) 한궁 4세트 설치

인원이 50~100여명 되는 마을회관, 복지관, 사찰, 교회, 태권도장과 가족 소형 한궁대회에는 4대를 설치하여 한궁대회를 한다. 한궁대회는 최소한 4대를 기준으로 할 수 있다.

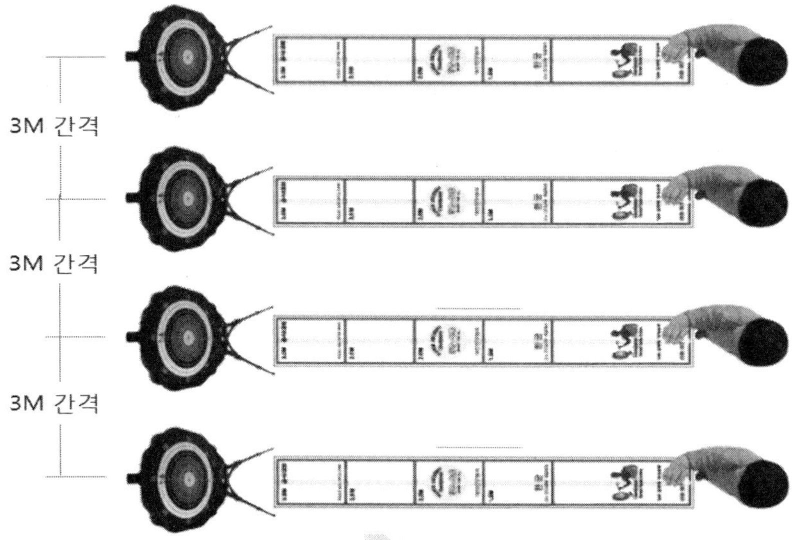

3) 한궁 8세트 설치

한궁 8세트 설치 방법은 실내 체육관이 좋으며 한궁과 한궁중심간 거리는 3m가 규정이며, 한궁 거리판, 기준선을 세팅하고, 1경기장 기본 규격은 2×4m이다.

8세트를 설치하고 한궁대회를 하는 것부터 정식 한궁대회로 인정 할 수 있다. 이것은 참가인원 200~400명의 한궁대회를 할 수 있는 한궁 공식대회입니다.

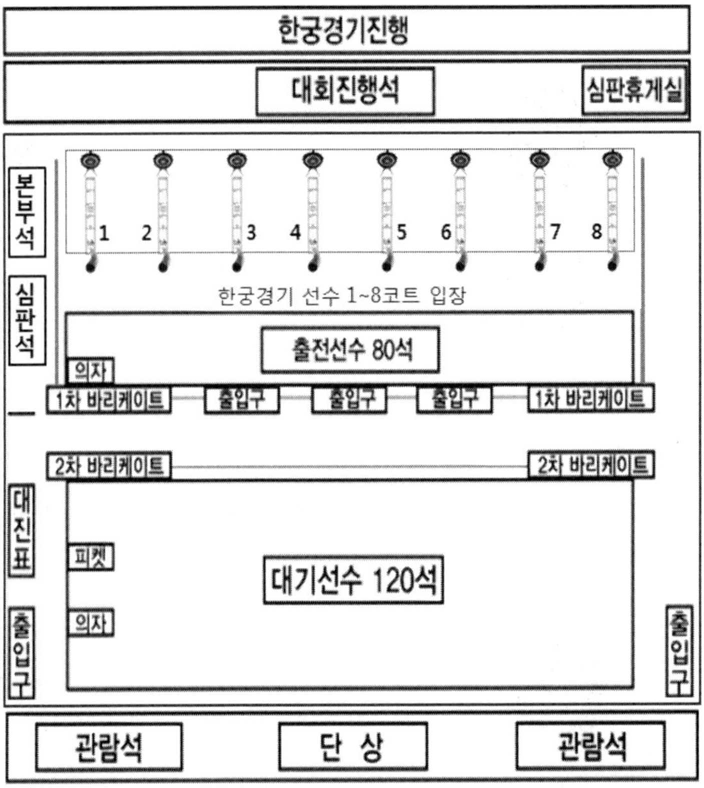

뉴스포츠 종목별 해설

유소년 뉴스포츠 프로그램

Youth Newsports Program

1. 타겟 티볼

1) 목적

티볼 경기의 던지기 능력 향상을 위한 게임놀이로 던지기의 정확도가 떨어지는 아동기 학생들이 정확히 던지는 방법을 학습하도록 한다. 보드게임 방식으로 보드판을 보며 경기의 규칙을 익혀 티볼 경기 전반의 규칙을 습득할 수 있다.

2) 경기개요

10여명 정도의 소수 인원이 실내에서 하는 활동으로 타겟판의 숫자 대신 경기 용어들을 지정하여 붙여 놓고 타겟판에 공을 던져 나오는 용어에 따라 보드판 위에 말을 움직여 경기를 진행하는 방식이다. 보드판을 보며 용어를 익힐 수 있어 안타와 홈런 병살 등의 경기용어를 학습할 수 있으며 경기의 전체적인 흐름을 파악할 수 있다. 또는 베이스를 설치하고 직접 진루하는 방식도 좋으며 두 가지를 병행해도 무방하다.

3) 경기장

타겟판을 6m~10m 거리(연령에 따라 거리 조절 가능)에 두고 타겟판 숫자에 따라 규칙을 정한다.

ex) 1번 · 3번 · 7번-안타, 2 · 4 · 8번 - 아웃, 6번 - 병살 또는 아웃, 5번 - 2루타, 9번 - 홈런

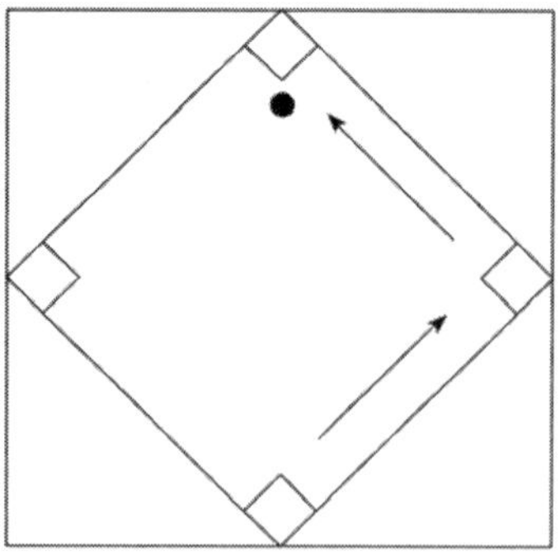
〈보드판〉

4) 경기방법

① 한 팀의 인원은 5명~10명으로 두 팀으로 나눈다.

② 공격 순서를 정하고 전원이 공을 던지며 총 5이닝을 한다.

③ 순서대로 던지기를 시작한다.

④ 타겟의 점수에 따라 보드판의 말을 움직인다. 또는 던진 사람이 자신의 점수에 해당하는 베이스에 가서 선다. 타겟을 못 맞히면 파울로 한다. 파울이 3회면 아웃으로 한다.

⑤ 다음 이닝으로 넘어갈 때 이전 이닝에서 잔루가 있었다면 그 잔루에 다시 말을 두고 시작한다.

⑥ 땅볼로 바닥에 튀겨 올라와 타겟에 맞아도 점수로 인정한다.

5) 용구

타겟판 1개, 공 5~10개, 자석 보드판 + 자석 말 (또는 베이스)

6) 인원

각 팀 5~10명

7) 응용

① 타겟판의 내용은 변경해도 된다.

② 점점 거리를 두면서 한다.

③ 배팅티 위에 공을 올려놓고 타격하여 번호판을 맞히는 방법으로 하거나 한 이닝은 손으로, 다음 이닝은 타격으로 번갈아 가면서 하는 등의 방법으로도 해본다.

※ 타격으로 할 경우에는 정확히 번호까지 맞히기가 어려우므로 타켓판만 맞힐 경우 1루 친출 등의 방법으로 변형하여 진행 할 수 있다.

위 사진과 같이 타켓판을 이용하여 게임을 이해하고 방법을 터득하며 변형하여 게임이 가능 하도록 한다.

2. 안타존 게임

1) 목적

티볼의 안타존 게임은 치기 · 달리기와 같은 전신 운동을 전개시킴으로써 건강을 유지하고 체력을 향상시키는 데 도움이 된다. 처음 티볼을 접하는 학생들이 티볼의 타격 연습을 할 수 있고 안타와 아웃 등의 경기 용어를 학습할 수 있으며 공격 시 의 기본 개념을 터득할 수 있다.

2) 경기개요

10여명 정도의 소수 인원이 실내에서 할 수 있는 게임으로 안타를 치면 베이스를 하나씩 진루하고 아웃존에 들어가면 진루를 할 수 없는 간단한 게임을 통해 티볼의 기본적인 규칙 및 방법을 알아가는 활동이다.

3) 경기장(코트) 구성

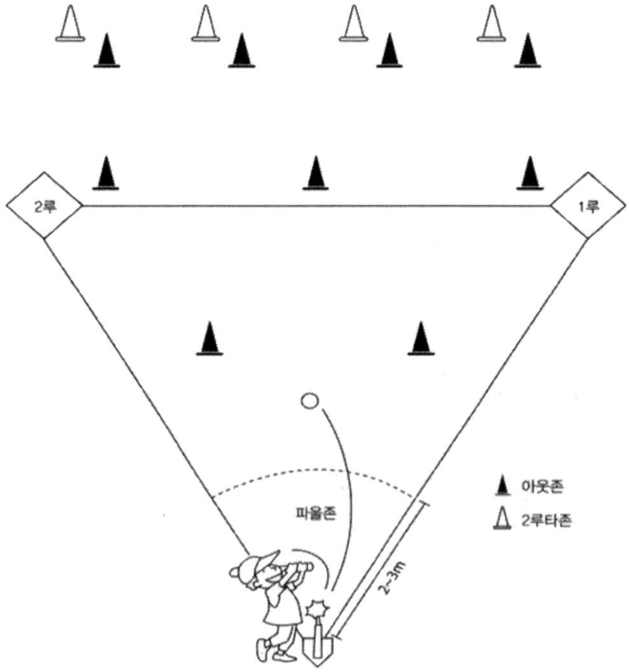

실내의 크기에 따라 차이가 있으나 홈에서 1루까지는 8~10m 정도, 1루와 2루 사이의 거리 또한 8m~10m 정도 둔다. 파울선은 반경 2m로 한다.

4) 경기방법

① 두 팀으로 나눈다.
② 한 팀의 인원은 5명으로 한다.
③ 1번부터 5번까지 순서를 정한다.
④ 전원 타격제로 한다.
⑤ 총 5이닝을 한다.
⑥ 순서대로 타격을 시작한다.
⑦ 안타 존(반환점을 제외한 공간)에 공이 지나가면 원 베이스 진루한다.(굴러서 지나가는 것도 반환점에 닿지 않으면 안타로 한다.)
⑧ 아웃존(반환점)에 들어가면 아웃으로 진루를 못한다.
⑨ 파울이 3회면 아웃으로 하고 2루타 존에 맞으면 투 베이스 진루한다.(공간이 넓은 강당)

5) 용구

티볼 세트, 반환점 (높이 1m) 20개 또는 오뚜기(펀치백), 소프트볼 (지름이 20~25cm)

6) 인원

팀별 5~6명

7) 응용

① 공의 크기를 다르게 하여 진행해 본다.
② 아웃존을 조절해서 경기한다.

[플라잉 디스크]

3. 디스크 농구

1) 목적

플라잉 디스크를 정확히 던지는 방법을 학습하는 활동으로 플라잉 디스크의 비행원리를 알 수 있으며 여러 가지 방법으로 디스크를 던지면서 학생 스스로 디스크를 잡는 그립별 차이와 팔의 각도, 힘 조절 등을 계산할 수 있다.

2) 경기개요

지름이 10m인 원 중앙에 있는 지름 50㎝가량의 바구니에 디스크를 던지는 팀별 게임이다. 팀별 디스크 색깔을 달리해서 정해진 경기시간 2분 동안 바구니 안에 많은 디스크를 골인 시킨 팀이 승리하는 경쟁게임이다.

3) 경기장(코트) 구성

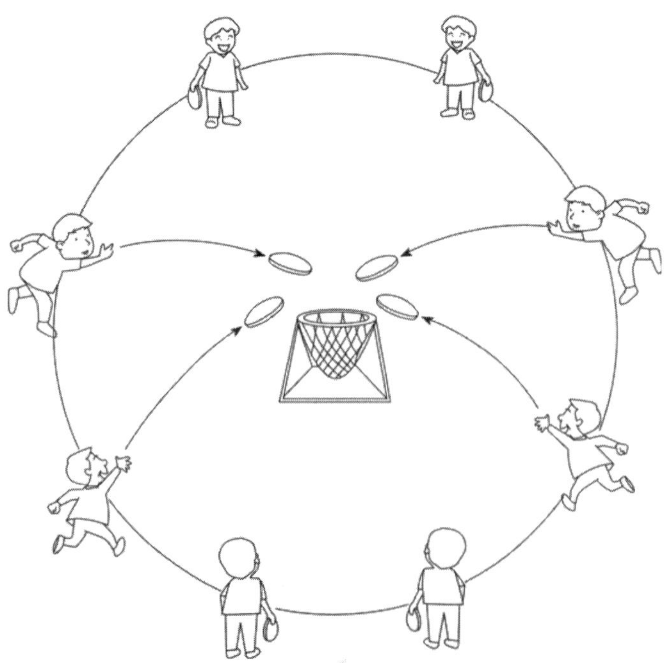

지름이 10m인 원 중앙에 있는 지름 50㎝가량의 바구니를 거치대를 설치하여 매달아 둔다(농구대 대용).

4) 경기방법

① 두 팀이 동시에 경기 한다.
② 원 바깥에서 디스크를 던져 바구니 안에 골인 시킨다.
③ 바구니에 들어가지 않은 디스크는 원 밖으로 가지고 나와서 다시 던질 수 있다.
④ 디스크는 각 팀 10개 사용한다.
⑤ 팀별 디스크의 색을 다르게 한다.
⑥ 경기시간은 2분으로 하며 3세트 진행한다.
⑦ 자유롭게 던질 수 있으나 끝나는 호각 소리와 함께 던져진 디스크는 무효처리한다.
⑧ 바구니 안에 들어간 디스크 수를 계산하여 승패를 겨룬다.

5) 용구

플라잉 디스크 팀별로 10개

6) 인원

각 팀 5~10명

7) 응용

① 바구니의 높이를 다르게 하면서 진행 가능하다.
② 팀별경기와 개인경기가 가능하다.
③ 지름이 10m인 원 중앙에 바구니를 A팀, B팀 각 각 두 개를 사용할 수 있다.
☞ 상대팀의 바구니에 디스크가 들어갈 경우에는 상대팀의 점수로 인정된다.

4. 허수아비 플라잉디스크

1) 목적

플라잉 디스크를 처음 접하는 학생들이 디스크를 날리면서 거리와 각도를 계산하여 정확히 던질 수 있도록 하고 다시 날아오는 디스크를 정확하고 잘 잡을 수 있도록 연습하기 위한 게임이다.

2) 경기개요

지름 10m정도의 원 바깥에 있는 플레이어가 중앙에 서있는 팀원에게 플라잉 디스크를 던져주고 다시 돌려받으면 점수를 획득하는 게임이다.

3) 경기장(코트) 구성

지름 10m정도의 원을 그리고, 원 중앙에 50㎝가량의 작은 원을 그린다.

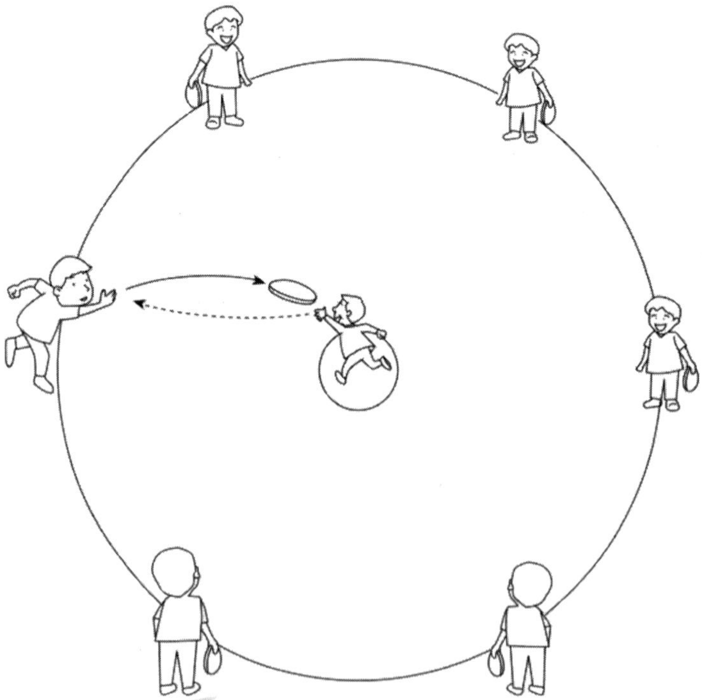

4) 경기방법

① 한 팀씩 경기를 한다.
② 한사람은 원 중앙에 있는 50㎝가량의 작은 원에 서서 날아오는 디스크를 받는다.
③ 원 바깥에 있는 선수가 디스크를 원 중앙에 있는 팀원에게 날려 잡은 후 다시 바깥에 있는 선수에게 던져서 받는데 성공하면 점수를 1점 획득한다.
④ 디스크는 10개 사용한다.
⑤ 디스크가 바닥에 떨어지면 사용할 수 없고 바닥에 떨어지지 않은 디스크는 계속 사용할 수 있다.
⑦ 디스크를 주고받는데 모두 실패해서 10개가 바닥에 떨어지면 경기가 종료된다.
⑦ 경기시간은 세트별 2분으로 하며 3세트 진행한다.

5) 용구

플라잉 디스크 10개

6) 인원

각 팀 당 6명

7) 응용

참여 학생이 너무 어린 경우에는 디스크 주고받기가 아닌 중앙에 서있는 학생이 잡은 수를 점수로 계산한다.

5. 디스크 볼링

1) 목적

디스크 볼링은 누구나 손쉽게 할 수 있는 플라잉 디스크의 재미를 배가 시키는 활동으로 플라잉 디스크를 정확히 목표물에 던지는 연습을 할 수 있다.

2) 경기개요

플라잉디스크와 볼링을 혼합한 경기로 지면이 아닌 공간의 입체감을 즐기는 경기이다. 플라잉 디스크의 다양한 특징을 활용해 볼링 게임을 다른 경기방식으로 접할 수 있다.

3) 경기장(코트) 구성

볼링핀 나열 규격 : 삼각형 한 변이 90cm, 핀은 삼각형 안에 10개를 둔다.

※디스크를 날리는 거리 : 스펀지 디스크 6m, 우레탄디스크 8m

핀은 삼각형 안에 10개를 둔다.

경기장 두 개로 경기한다.

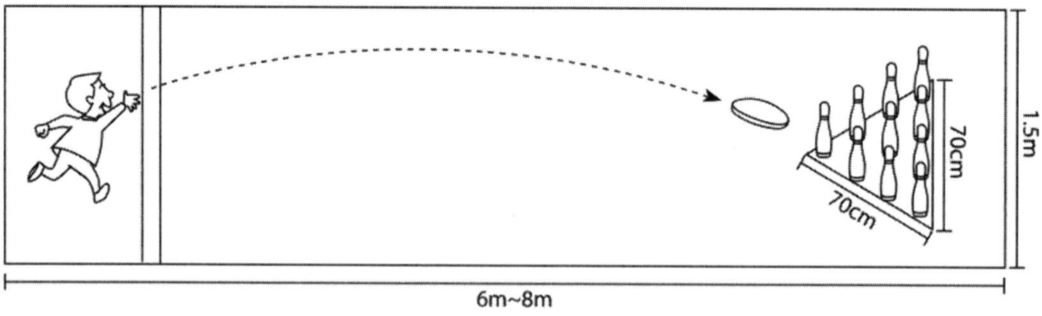

4) 경기방법

① 한 팀의 인원은 4명으로 구성하고, 두 팀으로 나눈다.

② 1번부터 4번까지 순서를 정하여 순서대로 디스크를 날려 볼링핀을 쓰러뜨린다.

③ 총 5프레임으로 한다.

④ 각 프레임에서 첫 번째나 두 번째에서 핀을 모두 쓰러뜨리면 스트라이크로 20점을 준다.

⑤ 3번이나 4번 마지막에 핀을 모두 쓰러뜨리면 스페어 처리한 것으로 15점 계산한다.
※ 4번까지 마쳤을 때 핀이 남아 있다면 남은 핀 개수로 점수를 환산한다.
⑥ 5프레임까지의 점수를 계산한다.

5) 용구

볼링핀 2set(볼링핀이 없을 경우 물을 넣은 PET병), 플라잉디스크

6) 인원

각 레인별 4명

7) 응용

- 볼링과 같은 규칙으로 10프레임 경기를 한나.
- 두 팀이 동시에 경기가 가능하며, 상대방의 핀을 쓰러뜨린 경우에는 상대방의 점수로 인정된다.
- 레인 중앙에 보통 의자 정도의 높이의 장애물을 세워두고 이를 피해 던지는 경기가 가능하다.

6. 플라잉 디스크 피구

1) 목적

안전한 스펀지 플라잉 디스크를 통해 이루어지는 활동으로 플라잉 디스크의 특성을 알 수 있으며 디스크를 주고받을 때 흔히 겪게 되는 상해에 대한 두려움도 없앨 수 있다.

2) 경기개요

중앙의 안전지역이 있는 코트에서 하는 게임으로 안전지역에서는 공격이 허용되지 않고, 잡을 수 있으며 스펀지로 된 플라잉 디스크를 던져 피구를 할 수 있는 단체 경기이다.

3) 경기장(코트) 구성

10m × 5m

중앙에 2m의 안전지역을 긋는다.

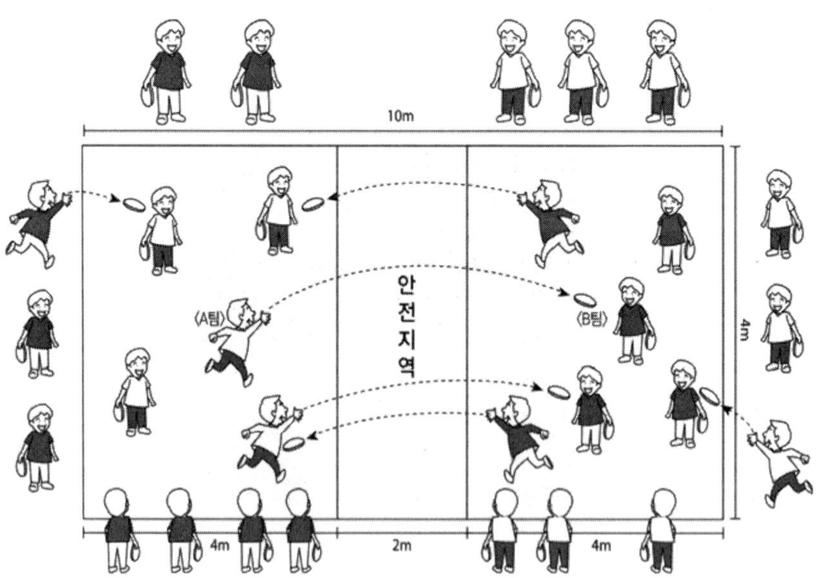

4) 경기방법

① 피구의 경기규칙과 비슷하나, 안전지역에서 공을 잡고 시작하며, 안전지역에서는 공격이 불가하다.
② 외곽의 선수들은 공격이 허용되지 않고 패스만이 가능하다.
② 각 팀당 15명씩 30명이 경기에 참여한다.
③ 디스크를 날려서 상대편을 맞추는 경기이다.
④ 디스크를 던져 얼굴을 맞추면 무효로 한다.
⑤ 디스크를 잡고 공격할 때는 이동 할 수 없고 제자리에 서서 던질 수 있다.
⑥ 공격수는 각 팀당 5인으로 한다.(코트 내 선수)
⑦ 3전 2선승으로 한다.

5) 용구

스펀지 플라잉 디스크 3개

6) 인원

각 팀당 10~20명

7) 응용

- 경기시간을 정해놓고 코트 내에 인원이 많이 남은 쪽이 승리하는 규칙을 적용한다.
- 코트 안에서 뿐 아니라 외곽에서도 공격을 할 수 있도록 허용한다.

[소프트 하키]

소프트하키는 필드하키, 아이스하키, 플로어볼 등 하키형 스포츠를 익히기 위한 리드업 경기로 도구를 이용해서 공을 다루는 능력을 향상 시키는 장점이 있다.

기본적으로 하키라는 스포츠가 도구를 이용하여 공을 다루고 움직임을 필요로 하는 운동으로 공을 자연스럽게 다루고 패싱, 슈팅, 드리블 등 기본 기술을 습득하기 위한 기초가 된다.

또한 소프트하키는 하키형 뉴스포츠를 처음 접하는 어린이들을 위해 부드럽고 안전한 용구와 규칙으로 구성된 경기이다.

용구

구성 : 소프트스틱10개(노랑5, 파랑5), 공1개, 플라스틱 퍽 1개

크기 : 스틱 길이는 63cm, 헤드부분 길이는29cm 폭11cm

재질 : 스틱-플라스틱, 헤드-우레탄

가벼운 플라스틱과 우레탄 재질로 부드럽고 안전한 용구이다.

7. 중앙선 경기

1) 목적

하키형 뉴스포츠를 처음 접하는 어린이들에게 안전한 경기 방법과 스틱을 원활히 사용할 수 있도록 연습을 시키기 위한 경기이다.

2) 경기개요

2개의 팀으로 나누어 각 팀에게 주어진 일정한 영역(코트) 내에서 소프트 스틱을 사용, 상대팀으로 공을 넘김으로써 누가 공을 많이 보내는지를 겨루는 경기이다. 이 경기를 통해 아이들은 스틱으로 공을 다루는 방법을 자연스레 익힐 수 있으며 서로 상대팀과 부딪치지 않기 때문에 안전하게 경기를 진행할 수 있다.

3) 경기장(코트) 구성

2개의 팀으로 나누어 직사각형의 코트를 만들고 중앙에는 선을 그어 팀을 구분한다. 중앙에는 양 팀이 모두 들어갈 수 없는 2m의 영역(안전지역)을 만들고 각 팀의 영역에는 아이들이 서서 공을 칠 수 있을 정도의 공간을 만들어 움직일 수 있는 공간을 확보한다.

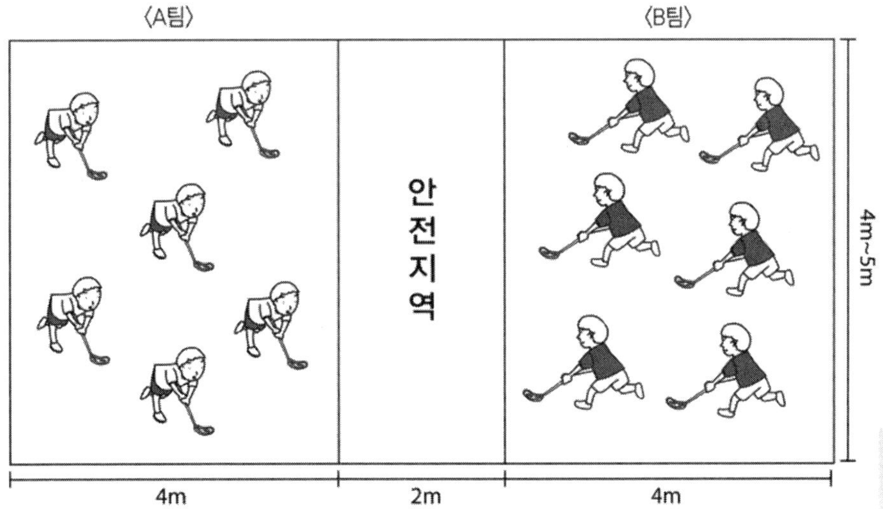

4) 경기방법

- 양 팀에 부드러운 공을 각 5개~10개 정도 나누어 준다.
- 각자의 위치에서 아이들이 준비가 되면 경기를 시작한다.
- 경기가 시작되면 스틱으로만 공을 쳐 상대팀의 진영으로 공을 넘긴다.
- 시작 신호를 하게 되면 안전지역을 넘지 않고 자기 팀 진영의 공을 상대 진영으로 계속쳐내기 한다. 코트 라인을 벗어난 공은 칠 수 없다. (또는 코트 라인을 벗어난 공은 자기팀 의 영역에 가지고 들어와 상대 진영으로 넘길 수 있으며, 안전영역에 위치한 공 또한 가지고 올 수 있다.
- 경기 시간은 대략 5분~10분 정도가 좋지만 아이들의 연령에 따라 늘릴 수 있다.
- 끝나는 신호를 하면 멈추며 각 팀의 진영에 남은 공의 수를 세서 적게 남은 진영의 팀이 이기는 것으로 한다.
- 라인을 벗어난 공이나 안전영역의 공은 어느쪽의 점수로도 인정하지 않는다.

5) 용구

코트 라인, 소프트 스틱, 소프트 하키 공(또는 말랑거리는 부드러운 공, 단 공의 탄성은 크지 않거나 탄성이 거의 없는 공을 사용한다.)

6) 인원

8~10명 (경기장의 크기와 전체 인원수를 감안하여 변경할 수 있다.)

7) 응용

인원이 많을 경우 3팀, 4팀 등으로 진영을 구분하여 함께 할 수도 있다. 3팀일 경우 방사선 모양, 4팀일 경우 사각형을 4면으로 분할한 모양 등으로 코트를 구분하여 변형 가능하다.

8. 우리 팀에게 공을 쏴라 (슈팅게임)

1) 목적

가능한 한 전체 인원이 참여하여 경기를 즐길 수 있도록 고안된 게임으로 한 팀이 공격조와 골대조로 나누어 공격조는 상대팀 공격조를 피하여 뒤쪽에 있는 같은 팀의 골대조에게 공을 보냄으로써 상대방의 빈 곳을 파악하여 공격을 할 수 있도록 훈련한다. 골대조는 단순히 경기를 관전만 하는 것이 아니라 같은 팀이 슛한 공의 위치를 파악하고 공을 잡아야 하기 때문에 수비에 대한 감각을 익힐 수 있다.

2) 경기개요

2개의 팀이 겨루는 팀 별 게임으로 각 팀에게 주어진 영역 안에서 스틱을 사용하여 상대진영 뒤쪽에 위치한 같은 편(골대조)에게 보내는 방식이나. 이 게임을 통해 소프트 하키 경기에서의 패스와 수비하는 법을 자연스럽게 습득하게 된다.

3) 경기장(코트) 구성

2개의 팀으로 나누어 직사각형의 코트를 만들고 중앙에는 선을 그어 팀을 구분한다. 상대팀의 영역 끝 부분에는 같은 팀의 일원들이 위치해 다치지 않도록 2m정도의 공간을 만들고 공을 받을 수 있을 정도의 골대조로 지정한다. 그 뒤로는 공격조가 절대 들어오지 못하도록 교육을 실시한다. 아이들은 서로 양팔을 벌려 닿지 않을 정도의 거리를 유지하도록 위치를 선정하도록 한다.

(코트의 규격은 주변환경이나 특징에 따라 임의로 변경이 가능하다.)

4) 경기방법

- 두 팀으로 나누며 팀 당 인원은 16명 정도로 구분한다. 단 팀 인원은 주어진 환경이나 경기장의 크기, 활동 가능한 인원수에 맞춰 조정해도 무방하다.
- 16명으로 가정 시 10명은 스틱을 사용하는 공격조, 6명은 상대팀 진영의 뒤쪽에 양반다리를 한 채로 앉아 골대조로 위치한다. 골대조의 위치는 정해져 있지 않으나 한번 앉은 위치에서는 자리 이동이 불가능하다.

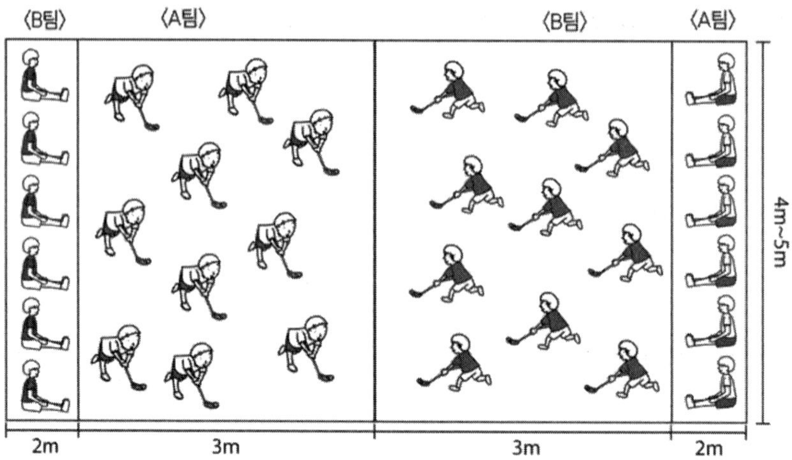

- 경기를 시작하기 전에 말랑말랑한 공 2~3개를 중앙선에 놓아 두고 양팀의 공격조는 중앙선에서 2m 정도 뒤쪽에서 준비하도록 한다.
- 시작 신호가 울리면 공격조는 중앙선에 놓여진 공을 자기 진영으로 가져가 골대조를 향해 스틱을 이용해 슛을 한다. 이때 공격조는 상대팀의 코트로 넘어갈 수 없으며 골대조는 자리이동을 하거나 일어서거나 할 수 없다.
- 자기 팀이 슛을 한 공을 골대조가 잡게 되면 득점으로 인정되고 골대조가 자리를 이동하거나 일어서거나 공을 잡지 못했을 경우에는 득점으로 인정이 안 된다.

  ☞ 경기장의 조건이 사면이 벽일 경우에는 벽을 활용해도 무방하다.
- 승패는 시간제한을 두어 점수를 가리거나 목표점수를 정해서 목표점수에 먼저 도달하는 팀이 승리한다.
- 시간은 유아의 경우 전반 후반 각각 5분씩 총 10분으로 정하고, 초등학생의 경우 7분 정도로 제한한다.

5) 용구

코트 라인, 소프트 스틱, 소프트 하키 공2~3개(각각 색이 다른공)

☞ 공은 말랑거리는 부드러운 공, 단 공의 탄성은 크지 않거나 탄성이 거의 없는 공을 사용한다.

6) 인원

팀 당 인원은16명(공격조10명, 골대조6명)

팀 당 인원은 12~20명까지 가능하며 활동 가능한 인원수나 상황에 따라 조정해도 무방하다.

7) 응용

- 경기인원과 상관없이 할 수 있으나 인원의 수가 너무 적을 경우 골대조 대신에 골라인에 볼링핀이나 의자 등을 두어 골대 대용으로 할 수 있다.
- 공격조와 골대조를 절반 정도씩으로 나누어 전후반을 번갈아 가며 경기할 수 있다.

9. 허수아비 경기

1) 목적

경기 상황에 따른 공격자와 수비자의 역할을 이해하고 각자 위치에서 책임을 가지고 노력하는 필드형 경쟁의 의미를 이해할 수 있다. 게임 참가자들에게 패스의 정확도와 공간인지 능력을 인식 시킬 수 있다. 기본적인 공격 및 수비 전략을 익히기 전 단계에 필요한 활동으로 안전사고에 대비할 수 있다.

2) 경기개요

지름 5~10cm 정도의 공을 이용하는 팀 경기로 주어진 공간 내에서만 스틱을 사용한다. 각 개인은 자신이 정한 자리에 고정판을 놓고 고정판(발판) 위에서 한발은 이동할 수 없으며 자기 자리에서만 스틱을 사용할 수 있다. 따라서 드리블은 불가능하며 패스만을 통해서 득점을 할 수 있다.

3) 경기장(코트) 구성

가로 14m 세로 6m의 경기코트에 중앙선은 없으며 코트 양끝 모서리에는 각 팀별 골대 2개씩을 위치한다.

☞ 골대의 위치는 기본적으로 사이드에 위치 하지만 어떻게 배정해도 무방하다.

경기장에는 공이 빠져 나가지 못하게 사면이 막힌 공간이나 A보드를 설치해 공이 나가는 것을 방지 한다. 막힌 공간이 아니거나 A보드를 설치할 수 없을 경우에는 밖으로 나간 공은 심판이 다시 경기장 안으로 드로인하여 진행한다. 경기장 전체 크기는 인원이나 연령에 따라 임의로 변경이 가능하다.

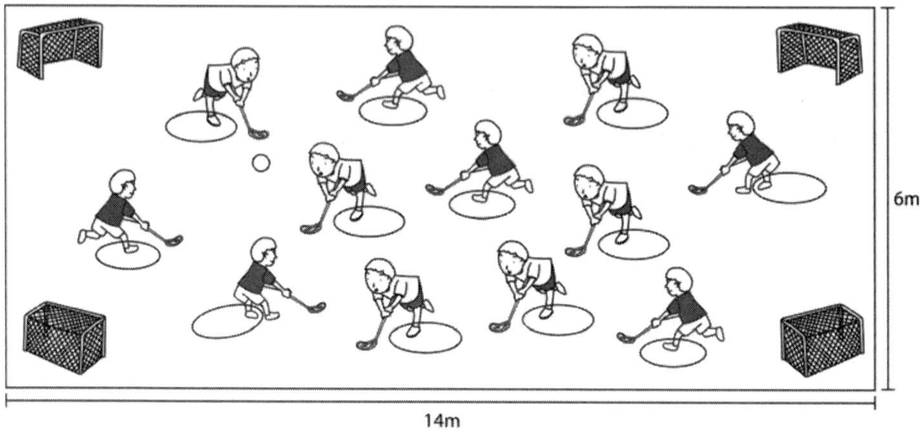

4) 경기방법

- 중앙선은 없으며 바닥 고정판(발판)을 가지고 경기장 바닥 어디든 자기의 자리를 정하여 둔다. 발을 바꿀 수는 있으나 항상 한발은 고정판 위에 두고 떨어뜨리지 않도록 한다.
  ☞ 하키 자세의 중요성과 교정에 기초가 된다.
- 양 팀은 공격수는 상대팀 골대 쪽에 수비수는 본인 골대 쪽에 고정판을 둔다.
- 경기가 시작되면 발을 움직이지 못하므로 상대팀에게 공을 빼앗기지 않게 자기편에게 패스 하는 방법으로 공을 이동시켜 골대에 골인 시킨다. 공이 경기장 밖으로 나갈 시 심판이 경기장 안으로 던져준다.
- 공이 패스 될 때는 가로채기를 할 수 있으나 공을 잡으면 빼앗을 수 없다. 또한 이 과정에서 상대팀의 몸이나 스틱을 터치해서는 안 된다.
- 승패는 시간제한을 두거나 목표점수를 정해서 목표점수에 먼저 도달하는 팀이 승리한다.

5) 용구

코트 라인, 소프트 스틱, 소프트 하키 공(20cm정도의 크기) 1~2개, 골대 4개

☞ 공은 말랑거리는 부드러운 공, 단 공의 탄성은 크지 않거나 탄성이 거의 없는 공을 사용한다.

6) 인원

팀 당 인원이 16명 정도가 되도록 구분한다. 팀 당 인원은 12~20명까지 가능하며 활동 가능한 인원수에 맞춰 배정해도 무방하다.

7) 응용

- 경기인원과 상관없이 할 수 있으나, 인원이 너무 많을 경우 미니 소프트 하키(스틱이 짧은 것)를 사용하여 스틱 영역을 줄여서 게임 한다.
- 인원이 적을 경우에는 양쪽 끝에 골대를 각 팀별 1개씩만 놓고 한다.
- 경기 참가자들이 어느 정도 익숙해지면 패스중이 아니더라도 공을 뺏을 수 있도록 규칙을 변형한다.
- 허수아비 경기가 익숙해지면 한쪽 발을 고정하는 방식에서 벗어나 아이들마다 가로 세로 2미디 정도의 공간을 주고 주어진 영역 안에서만 움직일 수 있도록 제한하여 경기하는 바둑판 하키로 넘어간다. 개인별 공간의 크기는 구장이나 인원수, 숙련도에 따라 유동적으로 변동시킬 수 있다. 바둑판 하키에서 몸(발)은 상대팀의 영역으로 넘어갈 수 없지만 스틱은 넘어갈 수 있다. 다만, 스틱이 상대팀 선수의 몸에 닿게 되면 1분간 퇴장 조치한다.

10. 6인 경기

1) 목적

공격과 수비를 번갈아 하는 경쟁 활동으로 각 개인의 능력과 기능에 초점을 두기보다는, 팀 전체의 목표를 위해 구성원 각자가 자신의 위치에 따라 주어진 역할을 성실히 수행해야 하는 경기이다. 이를 통해 단체경기에 필요한 협동심과 책임감 등을 배양 할 수 있다.

2) 경기개요

본격적인 소프트하키 경기의 하나로 경기 방식은 일반 하키나 플로어볼과 흡사하다. 지금까지와 같이 자신에게 제한된 영역 안에서만 움직이던 방식에서 벗어나 전체 코트를 자유로이 이동하며 패스, 블로킹, 드리볼, 슛 등 다양한 동작을 자유롭게 할 수 있다. 단지 골대 앞 1미터, 골대 양 옆 50㎝의 공간에는 공격팀이나 수비팀 모두 들어갈 수 없도록 하여 골문 앞에서의 심한 충돌을 방지한다.

3) 경기장(코트) 구성

가로 14m 세로 6m 기존의 소프트 하키의 코트에 양끝의 골대 앞 1m정도의 공간에는 공격팀 수비팀 모두 들어갈 수 없는 공간이다. 또한 경기장에는 공이 나가는 것을 방지하기 위한 A보드를 설치한다. 단 6인 경기 또한 경기장 전체 크기는 인원이나 연령에 따라 변경해도 무방하다.

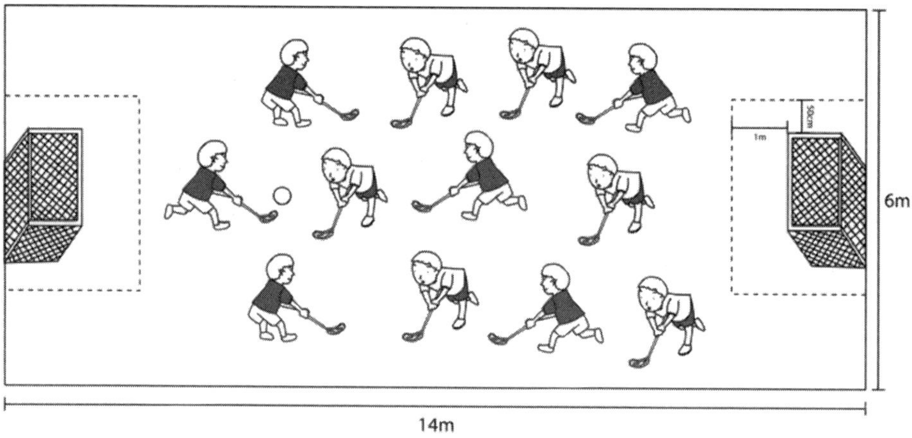

4) 경기방법

- 경기 방식은 일반적인 하키나 플로어볼과 비슷하다. 이동하는데 있어서는 자유롭지만 골대 앞의 경계선에는 공격수나 수비수 모두 들어갈 수 없다.
- 경기를 진행 하는데 있어서 스틱으로 상대팀 선수의 몸(허리위)를 가격하게 되면 반칙으로 30초 퇴장, 2회시 1분퇴장, 3회시 2분퇴장의 규칙을 정해두고 아이들이 이해하고 익힐 수 있도록 반복한다.

  ☞ 반칙사항은 사전에 인지할 수 있도록 교육을 실시한다.

  ① 상대의 스틱을 고의적으로 쳐서 공을 빼앗는 행위

  ② 공을 빼앗기 위해 고의적으로 발로 차는 행위

  ③ 이동 시 스틱을 어깨 위까지 올리는 행위

- 경기시간은 기본적으로 전 후반 각각 5분씩이며, 승패는 시간제한을 두거나 목표점수를 정해서 목표점수에 먼저 도달하는 팀이 승리한다.

5) 용구

코트 라인, 소프트 스틱, 소프트 하키 공(20cm정도의 크기)(유아는 2개 가능), 골대 2개

☞ 공은 말랑거리는 부드러운 공, 단 공의 탄성은 크지 않거나 탄성이 거의 없는 공을 사용한다.

6) 인원

각 팀 당 인원은 6~10명으로 구성한다.

7) 응용

처음에는 6명이 경기에 참여하고 이후, 공격자와 수비자의 수를 늘리게 되면 득점이 많아져 더 흥미롭다.

11. 삼국지 하키

1) 목적

3팀이 동시에 진행하는 경기로 어느 한쪽의 팀만을 상대로 치루는 경기가 아닌 만큼 놀이에 대한 흥미를 배가하고 다양한 전략을 수립하여 진행할 필요가 있어 경쟁과 협력, 경기를 위한 사고의 필요성을 아이들이 직접 깨달을 수 있다.

2) 경기개요

3팀이 동시에 진행하는 경기로 2개의 상대팀 어느쪽이건 공격할 수 있다. 공은 2개를 사용하며 공격에만 치중하다 보면 또 다른 팀이 자기 팀을 공격해 들어 올 수 있으므로 공격과 수비, 상대팀의 움직임을 적절히 파악하며 경기를 진행해야 한다.

3) 경기장(코트) 구성

전체적인 틀은 삼각형으로 세변의 길이가 12m가 되는 정삼각형 형태로 모서리 부분이 골대가 된다. 각 골대 앞 1미터에는 진입 경계선을 두어 공격팀 수비팀 모두 들어가지 못한다.

경기장 전체 크기는 인원이나 연령에 따라 임의로 변경이 가능하다.

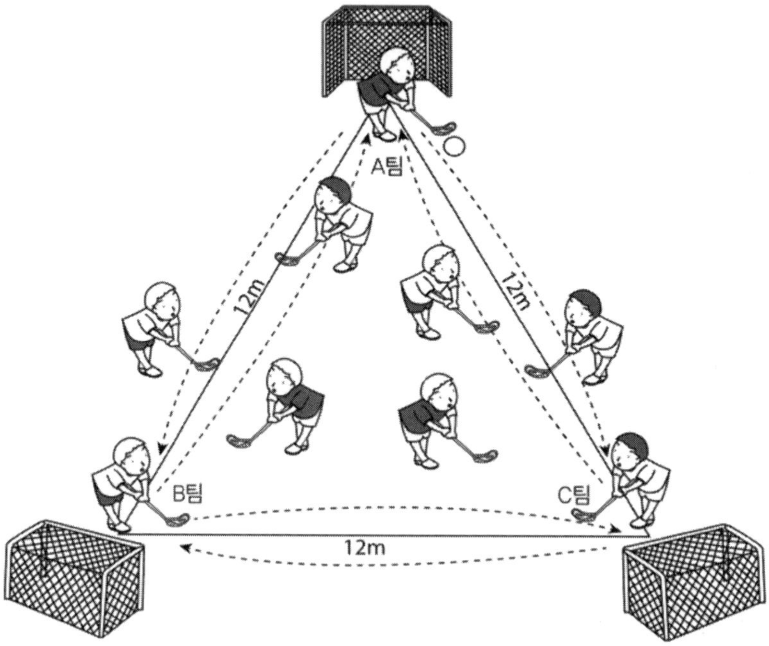

4) 용구

코트 라인, 소프트 스틱, 소프트 하키 공(20cm정도의 크기), 골대 3개

☞ 공은 말랑거리는 부드러운 공, 단 공의 탄성은 크지 않거나 탄성이 거의 없는 공을 사용한다.

5) 경기방법

- 경기 방식은 6인 하키와 비슷하다. 이동과 활동은 자유롭지만 골대 앞의 경계선에는 공격수나 수비수 모두 들어 갈 수 없다.
- 경기를 진행 하는데 있어서 스틱으로 상대팀 선수의 몸(허리위)를 가격하게 되면 반칙으로 30초 퇴장, 2회시 1분퇴장, 3회시 2분퇴장의 규칙을 정해두고 아이들이 이해

하고 익힐 수 있도록 반복한다.

- 5~7명으로 구성되는 3개의 팀(골대3)이 2개의 공을 사용하여 경기한다.
- 경기장 외곽은 A보드 등을 이용해 공이 바깥으로 나가지 못하도록 하거나 A보드를 설치할 수 없을 경우 공이 나간 지점에서 심판이 중앙으로 드로우 인하여 다시 경기를 시작한다.
- 삼국지 하키의 득점 방식은 1) 골을 넣은 팀이 점수를 얻는 방식, 2) 골을 먹은 팀이 점수를 잃는 방식, 3) 골을 넣은 팀은 점수를 얻고 먹은 팀은 점수를 잃는 혼합 방식 등으로 다양하게 적용할 수 있다. 이러한 다양한 점수제로 세 팀들 간에 전략과 전술을 펼치는 방식도 달라지게 된다.
- 경기는 일정 시간(5분~10분 2~3 세트 정도)을 정하여 점수가 높은 팀을 이긴 팀으로 하거나 어떤 한 팀의 점수가 일정 점수(대체로 5점 정도가 적당하며 혼합 득점방식을 적용할 경우 3점 정도가 적당)가 되면 게임을 종료한다.
- 삼국지 히키는 공격 이상으로 수비가 중요하므로 수비의 중요성을 인식 시키고 강조하여 게임 할 수 있도록 지도한다.

6) 인원

각 팀 당 인원은 6~10명으로 구성한다.

7) 응용

전체 합산 점수를 통해 승패를 결정할 수도 있으나 각 세트에서의 승패 여부를 다시 점수화 하여 (예를 들어 각 세트에서 점수가 제일 많은 팀이 3점, 두 번째가 2점, 세 번째가 1점이며, 만약 두 팀의 점수가 같을 경우 두 팀 모두 2점) 몇 세트를 이겼느냐에 따라 승패를 결정할 수도 있다.

경기장에 삼각형의 코트를 그리기 어렵다면 골대만 삼각형으로 배치하고 전체 코트는 사각형으로 둔 상태로 경기를 진행할 수도 있다.

[주사위 피구]

주사위 피구는 소프트한 주사위를 이용하여 주사위에 나오는 색깔이나 번호, 알파벳 등의 기호를 활용하여 다양한 놀이를 할 수 있는 게임이다.

주사위 피구에서 사용되는 주사위는 모서리가 직각이 아닌 둥근 주사위로서 마지막 순간까지 어떤 기호가 나올지 예측하기 어려워 게임의 긴박감을 높여준다.

기존의 피구의 방식에서 아이들의 판단력과 민첩성, 순발력 등을 향상 시킬 수 있으며 주사위 또한 소프트한 재질로 공에 대한 두려움을 해소 시키며 협응성을 함양 시킨다.

용구

주사위피구의 기본규칙

① 주사위가 구르고 있는 동안에는 잡을 수 없으며 굴러가다가 완전히 멈추면 잡을 수 있다.

② 주사위가 코트 안에서 멈추면 코트 안에 있는 사람이 잡고, 코트 밖으로 나가면 밖에 대기하는 팀원이 잡는다.

③ 반드시 자신의 팀에 해당되는 색 또는 기호가 나와야 잡을 수 있다.

④ 날아오는 볼을 잡으면 바로 공격할 수 있다.

⑤ 패스를 하다가 볼이 바닥에 떨어지면 다시 잡을 수 없고 주사위가 구르다가 멈추면 색이 나온 해당 팀이 다시 공격권을 가진다.

⑥ 안전사고 예방을 위해 공격은 가슴 아래로만 하도록 주의 시킨다.

⑦ 공격 시, 볼을 잡은 사람은 한쪽다리는 고정하고 공격해야 한다.

12. 원 컬러 게임

1) 목적

주사위피구의 처음단계로 간단한 규칙을 통해 주사위피구의 간단한 룰을 익힌다. 던지고 받는 활동이 주를 이루지만, 순간적 판단력을 요하는 운동으로 민첩성과 순발력이 향상된다.

2) 경기개요

약 15cm 정도의 소프트한 정육면체의 주사위를 활용한 피구 경기로 6개의 팀으로 구분하고 팀별로 컬러를 지정한다. 주사위를 굴려 자기팀의 색깔이 나오면 공격을 할 수 있다. 상대팀이 모두 아웃될 때까지 경기가 진행된다.

3) 경기장(코트) 구성

주사위피구(원 컬러 게임)의 코트는 원형이든 사각이든 상관없이 경기장에 6명이 뛰어다닐 수 있는 크기면 된다.

4) 경기방법

① 주사위의 6면 6색을 이용한 게임이다.

② 인원은 12, 18, 24명 등 6의 배수로 하여 6개의 팀으로 구성하며 각 팀은 자기팀의 색을 가지게 된다.

③ 각 팀들은 경기 시작 전, 자기 팀 플레이어의 경기 참여 순서를 정한다. 참여 순서에 따라 플레이어는 코트 안으로 들어가 경기를 하며 그 외의 팀원들은 코트 바깥에서 자기팀 플레이어의 패스를 받아주는 역할을 한다.

④ 경기가 시작되면 심판은 주사위 공을 코트 안으로 던져 넣어주고 주사위가 굴러가다가 멈추면 나온 주사위 색깔에 해당하는 팀의 선수가 공을 집어 다른 선수를 던져 맞히면 된다. 공격을 할 때에는 주사위 공을 잡은 순간부터 한발은 제자리에서 뗄 수 없으며 코트 바깥에 있는 자기 팀에게 패스한 후에는 자유롭게 움직일 수 있다. 패스한 공은 가로채기를 할 수 없다.

⑤ 공격은 코트 안에 있는 사람만 할 수 있으며 볼에 맞아 아웃되면, 다음 순번의 플레이어가 경기에 참여하게 된다.

⑥ 볼이 공중에서 코트 밖으로 나가려고 할 때, 코트 밖에서 게임 중인 사람은 손으로 쳐서 주사위 볼을 안으로 넣을 수 있다.

⑦ 코트 밖으로 주사위 볼이 아웃되었을 경우에는, 주사위가 멈췄을 때 나온 색에 해당하는 팀이 볼을 잡아 코트 안에 같은 팀원에게 패스한다.

5) 득점방식

<점수제의 경우>

12명 이하일 경우 점수제로 하여 진행한다. 어느 팀이든 맞추게 되면 공격팀이 1점씩 얻는 방식이다. 3세트로 진행되며 각 5분씩 경기한다.

<인원제의 경우>

18명 이상일 경우 인원점수제도를 사용한다. 만약 한 팀의 인원이 4명인데 모두 아웃이 되었을 경우 게임은 중단되고 남은 팀 중에서 팀원이 4명이 남으면 4점, 3명이 남았으면 3점, 2명이 남았으면 2점, 남은 인원이 1명이면 1점이되고 아웃된 팀은 0점이 된다.

총 3세트로 진행되며 한 세트가 8~10분정도 지나도 모두 아웃되는 팀이 없으면 경기를 중단하고 팀 별 남은 인원으로 판정한다.

6) 용구

주사위 볼(네 면이 15㎝정도 되는 소프트 볼), 주사위의 색깔과 동일한 색상의 팀 구별용 손목밴드(밴드가 아니더라도 팀을 구분할 수 있는 손수건 등도 가능) 라인선, 점수판

7) 인원

12~24명(24명 이상도 가능)

8) 응용

- 인원이 6명일 경우 좁은 공간에서 벽을 활용하여 게임을 진행 할 수 있다. 인원이 적어 코트 밖에 같은 팀이 없으므로 벽에 부딪쳐서 튕겨 나온 볼을 다시 이용하여 게임할 수 있다.
- 익숙해지면 가로채기를 허용할 수 있으며 가로채기 하는 방법도 처음엔 패스하는 공을 단지 쳐내기만 해서 주사위 공이 굴러가게 하여 새로이 경기를 시작하게 하는 방법으로 하고 나중에는 가로채기한 공을 바닥에 떨어뜨리지 않고 바로 잡으면 자기 팀의 공이 될 수 있도록 한다. 단, 이 경우에도 가로채기한 공이 바닥에 떨어지면 주사위가 멈출 때까지 대기하였다가 색깔이 나온 팀이 공격팀이 된다.
- 인원이 많고 공간이 넓을 경우 코트 안에 한명만 들어가는 것이 아니라 2명 또는 3명까지 들어가도록 하여 진행할 수 있다. 이 경우 코트 안에서 공을 잡은 공격수는 마찬가지로 한쪽 발을 뗄 수 없으며, 코트 안에 있는 자기 팀 또는 바깥에 있는 자기 팀에게 패스하여 공격을 연결한다.

13. 투 컬러 또는 쓰리 컬러 게임

1) 경기개요

한 팀이 2개 또는 3개의 색깔을 가지도록 하는 방식이다. 경기 방식은 원 컬러 게임과 같다. 각 팀이 가지는 색깔의 수가 많아지므로 보다 다이나믹한 경기가 된다.

2) 주사위피구의 다양한 응용

원, 투, 쓰리 컬러 게임 방식을 그대로 적용

(1) 코트공격게임

- 코트에 있는 사람만 공격할 수 있는 경기로 아웃된 사람은 밖으로 나간다.

(2) 혼합공격게임

- 코트에 있는 사람과 트랙에 있는 사람 모두가 공격할 수 있다.(피구형)

(3) 원 패스 게임

- 공격을 하기 전에 반드시 한 번의 패스를 하고 공격해야 한다.

기존의 경기장은 4면을 사용하나 2면 경기는 벽을 활용하여 게임한다.

뉴스포츠 종목별 해설

스포밴드

Spoband

1. 개요

1) 스포밴드란?

sports와 band의 합성어로 강도별 고리형 손잡이로 스트레칭, 근력강화, 게임등이 가능한 탄성저항밴드이다. 스포밴드는 2013년 상품화 되어 출시되었고, 모든 스포츠와의 연계가 가능하다는 것에서 착안하여 spoband로 명명되었다. 시간, 장소에 제한 없이 누구나 탄성을 이용하여 피트니스, 다이어트, 재활운동, 자세 교정 등에 활용할 수 있는 저항밴드이다.

2) 특징

(1) 밴드자체 손잡이 기능

밴드 자체에 9개의 고리가 있어, 별도의 악세사리가 필요 없이 간편하게 사용할 수 있으며, 신체, 문틀, 책걸상 등 다양한 곳에 연결이 가능하므로 응용이 자유롭다.

(2) 손쉬운 강도조절

밴드고리 표면의 숫자를 이용하여 운동강도를 4단계로 증가 또는 감소시킬 수 있어 쉽게 운동강도를 조절 할 수 있습니다.

(3) 뛰어난 내구성

기존의 일반 고무밴드와는 다르게 견고한 원사와 특수공법을 사용하여 날카로운 물체에 찢어지거나 늘어지지 않아 내구성이 강합니다.

(4) 다양한 컨텐츠

밴드를 쉽고 간편하게 응용 할 수 있게 운동포스터 및 동영상을 무료로 제공하고 있습니다.

2. 종류

종류	20	25	30
이미지			
사이즈	1100×5×20mm	1100×5×25mm	1100×5×30mm
추천대상	어린이,노인,환자	성인여성	성인여성, 남성
추천분야	스트레칭, 재활, 요가, 필라테스, 에어로빅, G.X		
재질	폴리에스테르 85%, 폴리우레탄 15%		

종류	35	45	55
이미지			
사이즈	1100×5×35mm	1100×5×45mm	1100×5×55mm
추천대상	성인여성	성인남성	운동선수(전문가)
추천분야	스트레칭, 재활, 근력강화, 트레이닝		
재질	폴리에스테르 85%, 폴리우레탄 15%		

3. 운동방법

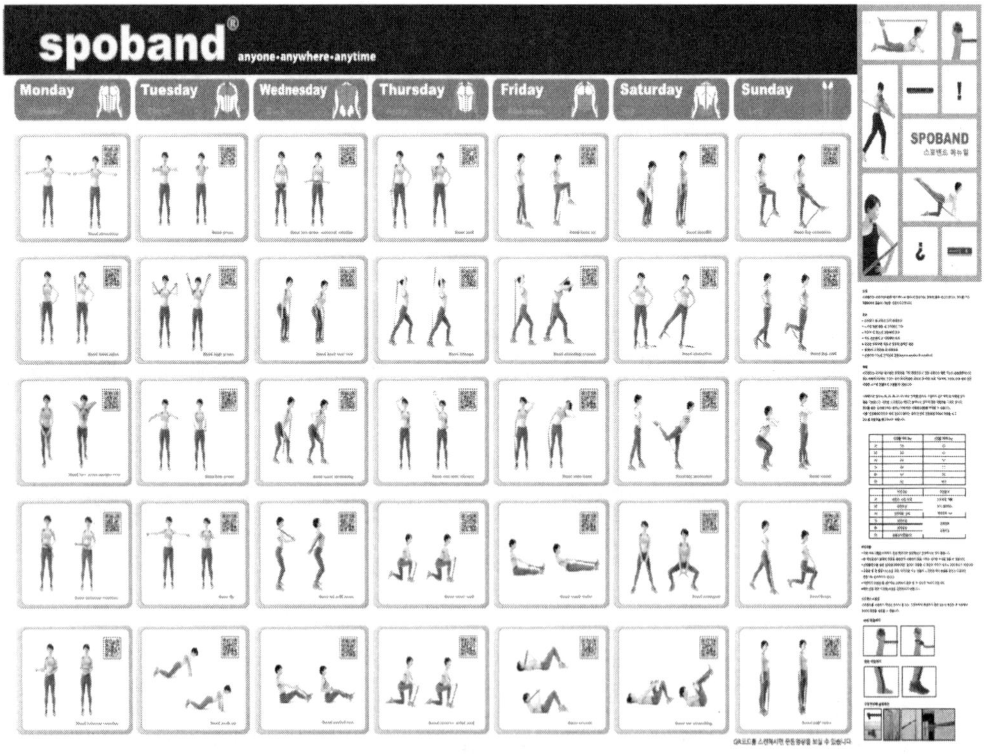

스포밴드는 요일별(부위별) 전신운동을 할 수 있는 운동법 포스터를 제공하고 있습니다.

1) 스트레칭 : 목이나 어깨가 결리고, 뻐근할 때 효과적임.

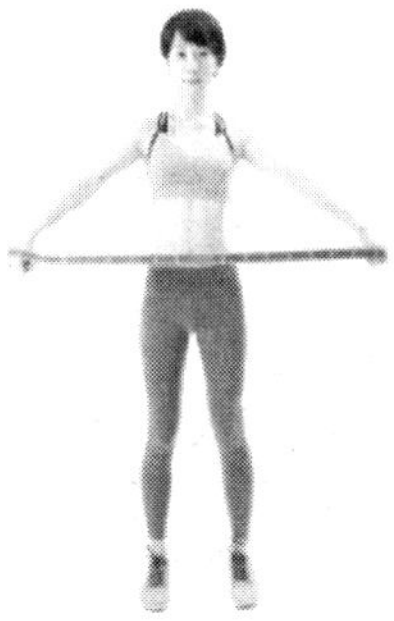
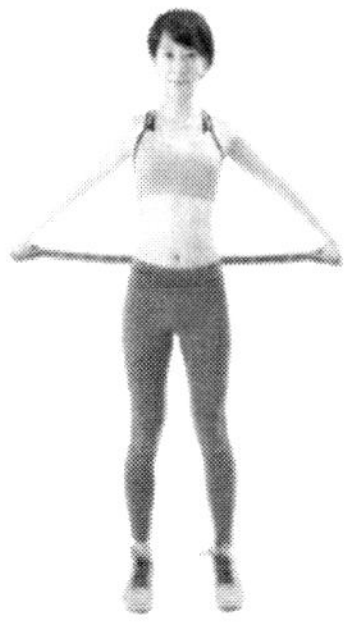

*** 어깨 스트레칭**

1. 본인의 어깨 넓이에 맞게 그립을 잡는다.
2. 팔꿈치를 편체로 밴드는 늘리지 않고, 머리 위로 회전시킨다.
   (노서히 않뇌면 밴드를 늘린다.)
3. 허리에서 30도 위치에 왔을 때 멈추고, 엄지손가락을 최대한 뒤로 젖혀 굽은 어깨를 펴준 후 10초 유지한다.
4. 3회 반복한다.

2) 골반 운동 : 애플힙을 만드는데 효과적임.

*** 골반 운동(에이비덕션)**

1. 한쪽 발목에 스포밴드를 걸어주고 반대쪽 발끝에 끼워준다.
2. 허리는 곧게 펴고 한쪽 다리를 넓게 벌려준다.
3. 스포밴드를 발목에 건 다리를 서서히 올려준다.

3) 등 운동 : 탄탄한 등을 만드는데 효과적임.

*** 등 운동(원 암 로우)**

1. 스포밴드를 잡고 반대쪽 다리에 건다.
2. 다리는 앞뒤로 1보정도 벌리고 운동하지 않는 손은 무릎에 얹어 준다.
3. 무릎을 살짝 굽히고 허리를 숙이되 시선은 정면을 향하고 허리는 곧게 펴준다.
4. 가슴을 내밀며 팔이 옆구리를 스치듯 뒤로 당겨준다.

4) 옆구리 운동 : S 라인을 만드는데 효과적임.

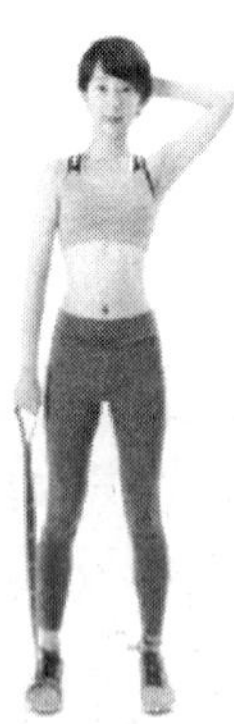

*** 옆구리 운동(사이드 밴드)**

1. 운동하고자 하는 반대쪽의 스포밴드를 발 끝에 걸어준다.
2. 근력에 맞게 그립을 잡고, 반대 손은 머리에 얹는다.
3. 옆구리 외복사근의 수축과 이완을 느끼며 실시한다.

5) 다리 운동 : 각선미를 만드는데 효과적임.

*** 다리 운동(레그 익스텐션)**

1. 스포밴드를 한쪽 발끝과 반대쪽 발목에 걸어준다.
2. 무릎을 엉덩이 높이까지 들어올린다.
3. 무릎은 최대한 고정시킨 채 펴준다.

4. 응용사례

스트레칭

3인 3각

밴드 씨름

밴드 체조

<부록>

강의 및 실습계획서

<table>
<tr><td>교과목명</td><td colspan="2">스포밴드 놀이운동</td><td>담당교수</td><td colspan="2"></td></tr>
<tr><td>과목CODE</td><td colspan="2"></td><td>학점/시간</td><td colspan="2"></td></tr>
<tr><td>교 재 명</td><td></td><td>저 자</td><td></td><td>출 판 사</td><td></td></tr>
<tr><td>평가방법</td><td colspan="5"></td></tr>
<tr><td>목 표</td><td colspan="5">1. 놀이와 게임을 통한 근력 발달
2. 밴드를 통한 감각 발달
3. 탄성을 이용한 신체활동 활성화</td></tr>
</table>

주	일자	주 제	실습내용	과제/참고자료
1		쑥쑥이 체조	전체관절 ROM	
2		밴드 뒤에서 잡아주고 제자리달리기		
3		양손에 밴드 잡고 태권도, 복싱		
4		두명이 마주보고 양손에 고리잡고 손씨름	한쪽 손만도 가능	
5		두명이 마주보고 한쪽 발에 고리끼우고 발씨름		
6		림보	머리-어깨-허리	
7		연결릴레이 후 줄넘기		
8		줄다리기		
9		짝 당겨일으키기		
10		함께 누웠다 일어나기		
11		기차놀이		
12		4인 삼각		
13		발에 걸고 중심 무너뜨리기		
14		점프 뛰어 파도넘기		
15		허리 걸어 제자리 뛰기		
16		허리 걸어 일렬로 앉아서 누웠다 일어나기		

주	일자	주 제	실습내용	과제/참고자료
17		허리 걸고 콘 돌아오기		
18		허리 걸고 징검다리		
19		탄성 이기고 물건 집어오기		
20		양방향으로 발목걸고 기어오기		
21		멀리 던지기		
22		새총쏘기 1인 또는 2인, 3인		
23		선생님이 잡고 있고 돌아가며 당기고 가기		
24		스쿼트로 파도타기	전체 몸풀기	
25		단계별 징검다리	단체게임	
26		양손1번그립 잡고 밴드 가운데 밟고 모듬발로 점프 콘 돌아오기		
27		청기, 백기 게임		
28		양손 번갈아 파도 만들기	페어게임	
29		둘러 앉아 밴드 연결하기	단체게임	
30		둘러 앉아 밴드 연결하기	단체게임	

집필위원장
서상옥 사)한국뉴스포츠협회 회장, 중앙대학교 겸임교수

집필위원
강금성 사)대한플로어볼협회 사무국장
강연정 사)한국뉴스포츠협회 전문위원, 면목중학교 교사
김일수 New Age 컬링협회 사무국장, 경희대학교 강사
김필승 사)한국스포츠경영협회 회장
류태호 사)한국뉴스포츠협회 이사, 고려대학교 교수
박석규 사)한국뉴스포츠협회 전무이사
박재현 사)한국뉴스포츠협회 경남지부 전무이사
설충석 사)한국티볼협회 이사, 대영중학교 교사
오경록 사)한국뉴스포츠협회 상임이사, 경희대학교 교수
우승호 사)한국뉴스포츠협회 이사, 중앙대학교 강사
이병준 사)한국뉴스포츠협회 상임이사, 경상대학교 사범대학 체육교육학과 교수
이병하 대한더블더치협회 사무국장
이영훈 서울 성수고등학교 교감
이준희 서울특별시티볼연합회 이사, 크는나무 대표
정계석 사)한국티볼협회 이사
정기채 사)한국뉴스포츠협회 상임이사, 전남 중마고등학교 교사
허 광 대한한궁협회 회장
홍은정 사)한국티볼협회 연수팀장, 한국여자야구 국가대표 선수
황의룡 사)한국뉴스포츠협회 상임이사, 인하대학교 겸임교수

가나다순

뉴스포츠의 이해 제3판

저 자 사단법인 한국뉴스포츠협회 편
발 행 인 이원길
발 행 처 도서출판 21세기교육사

주 소 100-400 서울 중구 퇴계로 293-1 원진프라자 3층
전 화 02-2269-6561(대)
팩 스 02-2269-6568
이 메 일 21publish@naver.com
블 로 그 www.21publish.info
등 록 1991년 2월 12일 제 1-1128호

초 판 발 행 2014년 3월 20일
제2판발행 2014년 10월 15일
제3판발행 2015년 6월 25일

ISBN 978-89-6131-039-0 93690

정가 25,000원

이 도서의 국립중앙도서관 출판시도서목록(CIP)은 서지정보유통지원시스템 홈페이지(http://seoji.nl.go.kr)와 국가자료공동목록시스템(http://www.nl.go.kr/kolisnet)에서 이용하실 수 있습니다.(CIP제어번호: CIP2014009151)